脱贫攻坚中的 人民教师

凉山篇

中国教育报刊社
组编

华东师范大学出版社
·上海·

图书在版编目（CIP）数据

脱贫攻坚中的人民教师.凉山篇/中国教育报刊社
组编.—上海：华东师范大学出版社，2021
ISBN 978-7-5760-1836-3

Ⅰ.①脱… Ⅱ.①中… Ⅲ.①不发达地区－教育工作
－凉山彝族自治州－文集 Ⅳ.① G527-53

中国版本图书馆 CIP 数据核字 (2021) 第 113081 号

脱贫攻坚中的人民教师——凉山篇
TUOPIN GONGJIAN ZHONG DE RENMIN JIAOSHI——LIANGSHAN PIAN

组　　编　中国教育报刊社
责任编辑　董　理
责任校对　江小华　李琳琳
装帧设计　卢晓红

出版发行　华东师范大学出版社
社　　址　上海市中山北路 3663 号　邮编　200062
网　　址　www.ecnupress.com.cn
电　　话　021-60760555　行政传真　021-62572105
客服电话　021-62865537　门市（邮购）电话 021-62869887
门店地址　上海市中山北路 3663 号华东师范大学先锋路口
网　　店　http://hdsdcbs.tmall.com

印 刷 者　江苏扬中印刷有限公司
开　　本　787×1092 16 开
印　　张　31
插　　页　8
字　　数　544 千字
版　　次　2021 年 8 月第 1 版
印　　次　2021 年 8 月第 1 次
书　　号　ISBN 978-7-5760-1836-3
定　　价　99.00 元

出 版 人　王　焰

（如发现本版图书有印订质量问题，请寄回本社客服中心调换或电话 021-62865537 联系）

编委会

2019 年 9 月 1 日，首批凉山支教教师研修班暨凉山教育帮扶行动动员会召开

首批凉山支教教师研修班暨凉山教育帮扶行动动员会参会人员合影

教育部全国中小学幼儿园教师校园长培训专家工作组及教育
部首期名师领航工程名师赴凉山州开展送教援培活动

教育部全国中小学幼儿园教师校园长培训专家工作组赴凉山
州开展"一对一"精准帮扶活动

教育部 2020 年凉山州中小学校长幼儿园园长国家级专项培训班

凉山支教帮扶团队获得的荣誉

教育部教师工作司领导看望凉山州大山里的孩子

教育部教师工作司领导走进凉山州大山里的课堂，与学生交谈

凉山州大山里的孩子在教室

专家与名师走进凉山

2020 年 5 月 23 日疫情期间，教育部教师工作司召开第二批赴凉山州支教教师网络工作会议，图为主会场参会人员合影

2020 年 9 月 11 日，教育部全国中小学幼儿园教师校园长培训专家工作组会同成都师范学院专家团队深入凉山州布拖县龙潭镇中心小学开展"一对一"精准帮扶活动

教育部教师工作司领导带领第二期名校长领航班培养基地专家在喜德县开展支教调研

第二期名校长领航班培养基地专家在金阳县开展支教调研

"情暖凉山"防寒服捐赠仪式在凉山州举行

支教教师参观西昌卫星发射基地

支教专家与凉山当地教师、学生在一起

支教教师把爱心送到了悬崖村

支教教师在上美术示范课

支教教师在"亲情屋"辅导留守儿童

支教教师与凉山学生在一起

支教教师与凉山学生热情拥抱

支教教师与凉山当地学校全班学生在教室合影

支教教师与凉山当地教师一起参加传承红色基因活动

目 录

前　言

托起明天的太阳

决战决胜脱贫攻坚，是决胜全面建成小康社会的关键之一。党的十八大以来，以习近平同志为核心的党中央把贫困人口脱贫作为全面建成小康社会的底线任务和标志性指标，以前所未有的力度推进，取得显著成效。

随着脱贫攻坚不断深入，集中连片特困地区、革命老区、民族地区、边疆地区深度贫困问题突出，攻坚任务依然十分艰巨。为了打赢这场艰苦卓绝的战役，教育系统充分发挥自身优势，为切断贫困代际传递注入了巨大的能量。

扶贫先扶智。2018 年，教育部、国务院扶贫办印发《深度贫困地区教育脱贫攻坚实施方案（2018—2020 年）》，明确"集聚'三区三州'教育对口支援力量。建立教育扶贫工作联盟，统筹东西部扶贫协作、对口支援、中央单位定点扶贫、携手奔小康等方面帮扶力量，形成对口帮扶'三区三州'教育脱贫攻坚的合力"。

向最难处攻坚，在最痛处发力，一场深度贫困地区教育脱贫攻坚战就此打响。2019 年初，四川省凉山州"控辍保学"工作取得重大进展：通过"地毯式"排查，约 59 000 名义务教育阶段适龄儿童和少年需要当年返校就学。但是问题随之而来：师资短缺 1600 人左右！

马上就要开学，时间紧、任务重，如何用最短的时间集聚最优质的教育资源？教育部教师工作司创新施策，依托"国培计划"中小学名校长领航工程，发挥师资优势，选派120 余所领航工程成员学校共 880 余名教师到四川省凉山州支教。这些支教教师"临危受命"，不讲条件，迅速出发，深入每一个贫困乡村，站在每一个需要帮扶的孩子面前，帮助当地学校实现了如期开学、正常开学，兑现了"不让一个孩子掉队"的承诺。

凉山教育帮扶在行动,怒江教育帮扶行动也随之跟上。"国培计划"中小学名师领航工程精准发力,精心遴选来自全国 29 个省(自治区、直辖市)的 110 多位支教教师进入云南省怒江州 4 县市支教,为当地教育输入"新鲜血液"。支教教师们在自身的努力和外部资源的帮助下,通过示范指导、结对帮扶、巡回视导、联合教研、双师课堂、送教上门等多种方式开展怒江教育帮扶行动,带着怒江的教师们一起前进。

3 年时间里,支教教师来了又去,去了又来。回望这场恢弘壮阔的征程,无数感人的故事、无数鲜活的面孔令人印象深刻。支教教师如同一道光,点亮了乡村的教育"天空"。他们有的来不及告别亲戚朋友就踏上了前往凉山州、怒江州的路,行色匆匆;有的"踏破铁鞋",在走访学生的山路上来回奔波;有的强忍高原反应,凭借顽强的毅力开展紧锣密鼓的教学工作;有的组织本校师生集体对受援学校进行帮扶,让爱心不断延续……

在这批支教教师的努力下,当地不少学生以优异成绩考上大学,有的甚至刷新了县里 10 多年的记录;当地教师团队开始呈现出勃勃生机,一支支科研型团队正在成型。为了展现支教教师扎根一线、无私奉献的可贵精神,教育部教师工作司特别委托中国教育报刊社整理收录了支教教师的优秀事迹,交由华东师范大学出版社出版《脱贫攻坚中的人民教师——凉山篇》《脱贫攻坚中的人民教师——怒江篇》两本书,让他们的故事被更多人看见。

支教教师说:"回顾自己平凡而又不凡的凉山支教之路,难忘凉山夜晚的灿烂星空,不舍娃娃们的咿呀学语。""怒江带给我人生不一样的色彩。作为这里曾经的一位支教老师,怒江,从此也成了我心中的一个牵挂,我会时时关注这里的一切!"他们难忘地方党委政府给予的高度信任和暖心支持,难忘当地老百姓的温暖呵护、体贴关怀,更难忘孩子们真挚的想念和可爱的笑脸。

当地学生说:"希望您永远记得,这片土地上,有想念您的最忠实的学生们。"是的,支教教师不仅记得,更把自己的情和意留下。"常回家看看",是每一个支教教师作出的庄严承诺以及发自内心的愿望。

2021 年 2 月 25 日,全国脱贫攻坚总结表彰大会在北京隆重召开,习近平总书记庄严宣告,经过全党全国各族人民共同努力,我国脱贫攻坚战取得了全面胜利,实现了832 个贫困县全部摘帽,近 1 亿贫困人口脱贫。

回望 2018 年 2 月 11 日习近平总书记在凉山考察时指出的"最重要的,教育必须跟上，决不能再让孩子输在起跑线上"，支教教师们全力以赴、攻坚克难，用奋斗交出了满意的答卷。

这是一次伟大的征程，无数教师舍小家，为大家，跨越千山万水奔赴凉山、怒江，倾情支教；这是一次感动的传递，凉山、怒江的人民感受到了来自党的温暖和关怀；这是一次模式的创新，两地的支教帮扶已经形成多维度"组团式"教育帮扶机制，为未来在全国各地之间形成合作支援新模式树立了良好的榜样。

从 2019 年到 2021 年，3 年的支教虽已期满，但教育部持续帮扶凉山、怒江的行动并没有就此画上句号。支教教师们已经把凉山、怒江当作第二故乡，要用优质教育的"持续接力"，为乡村振兴注入更多发展动能，为孩子们托起明天的太阳。教育薪火相传，乡村全面振兴，一个更美的凉山、一个更好的怒江就在眼前。

第一章

顶层架构

凉山支教行动——一次"组团式"的教育扶贫

教育部全国中小学幼儿园教师校园长培训专家工作组秘书处秘书长　黄贵珍

教育部中小学校长和幼儿园园长国家级培训项目办主任　郭垒

"满山的花儿在等待,彝族的人民在等待,学校的孩子在等待。老师们,你们将要奔赴教育帮扶一线了。身体是革命的本钱,你们要干好工作,张弛有度,劳逸结合,保重身体。我们期待着你们建功立业,我们期待着你们凯旋!"2019 年 9 月 1 日,教育部教师工作司副司长黄伟在首批凉山支教教师研修班暨凉山教育帮扶行动动员会上这样致辞。

2019 年 8 月,"凉山支教行动"正式启动,3 个学期里,名校长领航工程名校长工作室派出的 880 人次支教教师覆盖了凉山州 17 个县市,深度参与学校的教学和管理,帮助凉山教育迈上新台阶、踏上新征程。

缘起——一个特殊的问题

2019 年初,凉山州党委和政府贯彻落实党中央实施精准脱贫攻坚战略任务,遵照习近平总书记指出的脱贫攻坚要求,实现"两不愁三保障""控辍保学"工作取得重大进展:通过"地毯式"的排查和各个方面的共同努力,约 59 000 名义务教育阶段适龄儿童和少年返校就学。

在令人欢欣鼓舞的同时,一个急迫的问题摆在了凉山州政府的面前:约 59 000 名学生需要配备约 1 600 名教师实施教育教学。而此时,凉山州政府面临的问题是教师编制亟缺,即便有编制,也难以及时招聘到岗;若采取临时性扩充教师编制来解决问题,还可能因为阶段性问题的解决而留下难以"消解"的教育可持续发展难题。

面临亟待解决的问题,凉山州委州政府向教育部求援。

教育部即刻作出回应，坚决支持凉山州的教育事业发展，打赢教育扶贫攻坚战，要求教师工作司迅速征召教师支持凉山，保证凉山州按期保质完成脱贫攻坚任务。

入眼——一支名校长队伍

如何能够做到迅速征召千余名优秀教师到凉山州支教？

到凉山州支教，山高路远，当地生活环境相对贫困，而且支教内容既有课堂教学，也有校园管理……这样一项涵盖义务教育全程的系统工程如何落地？更重要的是，支教老师从哪里来？

面对这些难题，教师工作司在领受任务后，马上盘点了可以利用的资源。很快，"国培计划"名校长领航工程名校长队伍进入了视野。

2015年教育部启动实施中小学名校长领航工程，首期64位名校长领航班学员受到社会各界高度关注，已经成为具有较大社会影响力、能够在基础教育事业中发挥示范引领作用的领军人才。2018年5月，教育部启动第二期中小学名校长领航工程，通过各省推荐和项目办遴选，来自全国的、在当地基础教育领域中具有广泛影响力及相当知名度的121位校长（含8位园长）在14所高校进行了为期3年的项目式学习。按照项目规划，每位校长都建立了工作室，吸纳了8至10位中青年骨干校长形成学习共同体。该项目旨在培养造就一批具有共同教育理想与追求、较强研究与创新能力的高素质教育人才，带动区域内学科教师队伍整体素质的提升。

名校长工作室本身就承担了帮扶弱势学校和教师，指导区域教育发展的任务。两期名校长领航班有100多名学员，他们建立了100多个工作室，成员涉及几百所学校，1000多名校长。如果能动员这支队伍，一是可以满足支教队伍的数量需求；二是可以发挥名校长工作室的专业优势，精细化支持凉山州学校教育教学，为凉山州教育扶贫打造一种"组团支教"的精准帮扶模式。

行动——一次深入的实地考察

"通过骨干教师短期支教，带动提高凉山州教师教学能力，缓解短期师资不足的困难，助力凉山州教育扶贫攻坚。"教育部教师工作司司长任友群这样期许。

2019年6月10日至13日，黄伟副司长带领教育部全国中小学教师校园长培训专家工作组黄贵珍秘书长、教育部校长国培项目办郭垒主任及名校长领航班14个培养基地负责人一行 36 人,赴凉山州深入调研各县教育现状及教师缺口情况,了解未来支教教师的生活及工作环境。

14 个名校长领航培养基地校如何结对 17 个县市? 11 个贫困县如何实现特殊帮扶? 每个县的学校数量、教育教学水平、教育管理水平不一样,如何精准配置支教教师? 这 3 个问题迫切需要解决。

6 月 12 日晚,各路调研同志回到西昌。碰头会上,每个名校长培养基地的负责人都表示愿意去最贫困的县开展支教工作并表态一定完成任务,当时的情景令人非常感动。

经过一番研讨,大家就如何开展支教工作达成了共识:第一,确定一个基地至少结对帮扶一个县市的基本工作原则;第二,名校长学员数量排序前三的基地增加一个帮扶县市;第三,确定了一个名校长工作室派出 3 位支教教师结对帮扶一所学校。

组团——一种精准的扶贫模式

如何精准帮扶凉山州教育?教育部教师工作司集中名校长所在学校及名校长工作室成员学校师资优势,依托培养基地,以结对帮扶的方式,选派骨干教师到凉山州17 个县市的高中、初中、小学及幼儿园支教,担任教学、教研和管理工作。

整个工作确定了"组团帮扶"的基本思路,形成了"行政支教 + 学校支教 + 专家送教"三条主线。

从"行政支教"看,教育部教师工作司委托校长国培项目办(国家教育行政学院)具体负责凉山州教育帮扶行动的统筹协调及日常管理工作,并选派校长国培项目办负责人挂职凉山彝族自治州教育和体育局政府教育督学,负责统筹协调帮扶工作。14 个培养基地各遴选 1 名负责人挂职担任县市教育体育和科学技术局副局长(见附录 1),代表基地面向对口县开展专业指导,统筹管理挂职县的支教工作。

从"学校支教"看,领航班名校长为派出的支教教师在受援学校开展支教工作提供专业支持和指导,并与受援学校结对,在学校管理、教育教学、育人文化等方面提供帮助。支教教师中具有高级及以上职称的建议担任受援校的校级领导,具有初级、中级职称的建议担任学校中层干部,使其在学校有更多话语权,能为学校的发展建言献策并能有效开展工作。支教教师的口号是:"我们不是来顶岗的,我们是来带队伍的。"

从"专家送教"看,教育部全国中小学幼儿园教师校园长培训专家工作组秘书处组织专家、带领名师,在支教期间为支教活动提供专业支撑和护航保障。

为了顺利开展教育帮扶行动,明确各支教主体的责任,"国培计划"专家工作组秘书处和校长国培项目办制定了《凉山州支教指南(试行)》(见附录2)。

万事俱备,只欠东风。2019年6月25日,教育部教师工作司印发了《关于开展四川省凉山彝族自治州教育帮扶行动的通知》(教师司函〔2019〕41号),明确了支教帮扶整体方案,充分发挥名校长领航班学员及其所在学校的师资优势,依托培养基地,以结对帮扶的方式,选派骨干教师到凉山州14个县市的学校支教,担任教学、教研和管理骨干。同时,教育部教师工作司司长任友群给各省的教育厅厅长写了亲笔信,得到了热情回应,各省均表示要大力支持。

聚力——一批发展的种子

2019年9月1日,在第35个教师节来临之际,教育部教师工作司、中共凉山州委、凉山州人民政府共同召开首批凉山支教教师研修班暨凉山教育帮扶行动动员会,首批全体支教教师及各省级教育行政部门、有关院校、"国培计划"专家团队、凉山州各县市等单位共600余人参加会议。教育部教师工作司黄伟副司长、教育部全国中小学幼儿园教师校园长培训专家工作组黄贵珍秘书长、凉山州党委陈忠义副书记、凉山州教育体育局廖虎局长等出席会议并发表重要讲话。

动员大会上,黄伟副司长说:"当年凉山彝海结盟,为中国革命作出了贡献。今天,来自全国各地的数百位支教教师传承彝海结盟精神,助力凉山教育发展,必将谱写教育脱贫攻坚的新篇章。"廖虎局长对本次支教行动充满了期望:"希望各位支教教师能早日融入凉山,就像种子一样,扎根于此,为大凉山的孩子们托起一片蓝天。"

动员大会后,来自教育部"国培计划"中小学名校长领航工程14家培养基地、100多所项目学校的325名一线骨干教师,作为第一批支教"军团",跨过山海,奔赴大凉山深处的各县市,开始了这场史诗般的庄重而盛大的支教行动。

支教老师入校后,在承担课堂教学任务的同时,根据自身特长担任学校领导职务或学科主任、教研骨干。从校内看,他们要协助受援校分析发展瓶颈,寻求解决路径,提升教育教学质量;从校外看,他们将结合当地实际情况,组建教学团队,通过专题讲座、示范课、专项教研活动等形式,带动凉山州教师教学能力的提升,有效提高凉山州中小学和幼儿园的办学质量。

在组团支教的工作过程中，支教团队不断梳理对口帮扶县和学校的教育发展问题，明确发展需求，有针对性地、多角度、全方位支持凉山教育事业。例如，江苏省师干训中心统筹江苏省的基础教育资源，针对昭觉县基础教育发展的实际情况，把江苏省较为成熟的乡村骨干教师培育站模式移植到凉山，创建了"昭觉县乡村骨干教师培育站"，通过骨干教师的成长，促成当地教师内生性、持续性发展；齐鲁师范学院与金阳县教育体育和科学技术局签订对口支援金阳县教育发展协议；教育部幼儿园园长培训中心组织领航班学员幼儿园与7所帮扶幼儿园签订"姐妹园"；等等。

"组团式"的精准教育帮扶模式，在完成补充师资这项预定任务的基础上，聚集了名校长领航工程培养基地、名校长工作室及辐射学校、国培专家组等各方优势，建立"为凉山州带出一支队伍，留下发展的种子"的精准帮扶长效机制，助力凉山教育教学质量的提升。

送教——一系列专业的援驰

2019年10月，为配合教育部教师工作司实施的凉山州教育帮扶行动，教育部全国中小学幼儿园教师校园长培训专家工作组秘书处制定《关于组织全国中小学幼儿园教师培训专家工作组及教育部首期名师领航工程名师赴凉山州开展送教援培活动的方案》，组织全国中小学幼儿园教师培训专家工作组的12位专家和教育部首期名师领航班的28位学员，到凉山州开展送教援培活动，深入西昌市、德昌县、宁南县、昭觉县、越西县等，共举办名师报告、同课异构、观摩点评、分组座谈等22个场次的教研和培训活动，涵盖各学段的校长和教师专题培训，为支教活动提供专业支撑和护航保障。

2020年9月，教育部全国中小学幼儿园教师校园长培训专家工作组秘书处制定《教育部全国中小学幼儿园教师校园长培训专家工作组赴凉山州"一对一"精准帮扶活动方案》，组织培训专家工作组23位专家，并联合四川省内7所高校和教科院等机构，共会聚60多名专家分赴凉山州布拖县、昭觉县、美姑、金阳县、普格县、喜德县、越西县7个县，从学校规划、课程教学、内部管理等维度出发，紧紧抓住乡村教师专业发展这条主线，以一所中心校为主进行深度调研，同时走访多所周边校进行把脉问诊。凉山州昭觉县教育局局长勒勒曲尔激动地说："来自全国的优秀教育专家组团把优质教育资源送到我们家门口，这是千载难逢的机遇，我们一定根据专家提出的良策，争取早日把蓝图变成现实！"

温暖——一场爱的接力

索玛花(杜鹃花的彝语名)盛开的季节,凉山州的教育脱贫攻坚已经完成既定的任务,11个贫困地区已经摘下贫困的帽子,名校长领航工程对凉山州的支教活动也画上了一个圆满的句号。

名校长领航工程,以培训项目的方式,支持凉山支教行动,是一个创举,形成了包括培养基地面向全县、名校长工作室定点对口帮扶学校、派出教师一线支教、示范和教研带动、专家定点帮扶指导等多种方法在内的"组团式"教育精准帮扶模式。14个名校长领航工程项目培养基地参与,发动名校长工作室100多个,支教教师880余人次。各基地和名校长工作室开展了丰富多样且有效的教育帮扶支教工作,建立了可持续的教育帮扶机制。这种支教模式,为支教工作提供了一个广泛的创新空间。

在教师工作司的领导下,"组团式"支教活动,为名校长领航工程的"领航"二字,注入了新的内涵。名校长领航工程作为一个培训项目,跳出了校长培训的传统模式,将名校长的专业培养放进国家教育均衡发展的实践框架中,参与到国家扶贫攻坚伟大战略工程中,符合校长培训项目为国家教育发展服务的更高宗旨。名校长领航工程中的校长们,则依托凉山支教活动,不断反思区域教育发展对学校管理提出的要求,即要不断提升实践的"领航"能力;要在实践中践行专业发展的要求,在实践中促进学校的发展,在实践中引领区域教育发展。"领航工程"的培养基地,将校长培训项目与区域教育均衡发展深度关联,进一步反思教师职前培养与区域教育发展需求的匹配度……

在凉山支教行动中,名校长领航工程及其学员、名校长工作室及其成员以及项目学校的支教老师,都为国家大计、民族大业作出了贡献。凉山支教,是新时代史诗般的教育均衡发展行动。2020年9月10日,全国第36个教师节,"凉山支教帮扶团队"荣获由中宣部、教育部联合公布表彰的"最美教师团队"称号。扶贫必先扶智。在党中央的号召下,凉山州教育帮扶行动有序推进、高效开展,来自全国的优质教育资源,是助力凉山教育扶贫攻坚的"利器",支教团队的教育情怀,成就了一条有爱有智的支教扶贫之路。

万水千山路,一枝一叶情。支教大爱美,爱满凉山州。名校长领航工程凉山支教行动的支教之花,正在结出鲜美的果实。

因为有你们，凉山不"凉"

齐鲁师范学院山东省中小学师训干训中心　黄雯
广东第二师范学院广东省中小学校长培训中心　谈心
江苏第二师范学院江苏省师干训中心校长发展部　回俊松

有这么一群教师，他们不仅关注着学生的知识学习与能力提升，还时刻关心着学生的衣食住行和心理健康，让学生爱上上学……

有这么一群教师，他们想方设法帮助有困难的学生，拼尽自己所有的力量去点燃学生心中真善美的火花……

有这么一群教师，他们在完成本职教学任务的同时，开展结对帮扶、作讲座、开公开课、听评课等，最大限度地发挥自己作为支教教师的价值，尽可能地放大支教效果……

他们像钉子一样钉在大凉山，他们就是四川省凉山彝族自治州的支教教师。

凉山州曾是全国深度贫困"三区三州"地区之一。2018年2月，习近平总书记在四川凉山州考察时指出："最重要的，教育必须跟上，决不能再让孩子输在起跑线上。"教育部教师工作司依托"国培计划"中小学名校长领航工程，发挥师资优势，选派200余所领航工程成员学校共880余名教师到四川省凉山州支教，覆盖凉山州14个县市90多所中小学和幼儿园，精准帮扶、快速提升凉山州各地区的教育教学质量。支教教师这个群体，支撑起了凉山的脱贫攻坚战役，自2019年9月至2021年1月，14个基地100所领航学校及工作室共派出880名支教教师赴凉山州开展教育帮扶行动。仅2019年秋季学期短短4个月的时间，各名校长培养基地及名校长工作室赴凉山州开展帮扶工作近40次，送教援培的知名专家和名师达280余人，约8000名凉山州中小学教师面对面聆听知名专家的高水平讲座和接受现场指导。支教团队圆满完成了帮扶任务，受到了凉山州教体局、受援学校、老师、学生、家长的一致好评，为凉山州培养了一支高素质、专业化、带不走的教育人才队伍，使凉山州的教育教学水平得到提升，发生了由内而外的深刻改变！

连续支教——"把他们想为凉山州教育做的事做完！"

远离家乡2000多公里，走上崎岖不平的山路，尽管条件艰苦，但许多教师不仅选择支教，还选择连续支教。

作为程誉技校长工作室选派的3位支教老师，来自广东基地的蒋双花、朱海娇、孙优优分别是浙江台州临海学校里的语文、数学、英语学科的骨干教师，她们有的需要照顾病中的母亲，有的需要陪伴孩子，但3位教师都选择留下。

她们如同出远门的三姐妹，在支教所在学校凉山宁南朝阳小学领导的帮助和安排下，同住一套出租房。无论是工作上，还是生活上，她们相互关心，相互帮助，共同面对实际问题，一起克服种种困难。为了信守自己的诺言，坚守帮扶的使命，她们被称为坚守使命的"三期元老"。

与此同时，来自山东基地的北京市第一六六中学的王蕾校长及其工作室所在学校的毛学慧、索亚东、张彬、曹小燕老师，福建福清城关小学夏金校长及其工作室所在学校的汤顺明、何代航等6位老师，同样提出继续留任凉山州金阳县支教一年。

"留下来，把想为凉山州教育做的事做完！""感受到这里人民的热情，感受到学生对知识的渴望。""想与金阳的师生一路前行，心在一起，干在一起，为金阳县孩子们的成长贡献一份力量，为金阳的教育提供一些帮助，让金阳的教育像索玛花一样灿烂开放！"这是他们的共同呼声。

来自江苏基地的杨丽敏、李宾与来自上海的沈玄龄、瞿浩、梅志俊、柴鑫鹏，同样连续支教3年。

在沈玄龄的美术课堂上，学生自告奋勇地做人像模特，课间嚷着让沈老师给他们画像。学生那种发自内心的对老师的崇拜与对美术的热爱，深深地感染着大家……沈玄龄还把学生的美术作品贴卡纸、装饰、装框后，挂在教学大楼里，做成一面艺术展示墙。学生看到自己的作品被贴出来，欢呼雀跃。

瞿皓面临的困难则是将上海体育教学方式移植过来造成学生"水土不服"，65个孩子在操场上散开，管理起来非常令人头疼。但瞿浩积极应对，任命其中一个学生当体育课代表，让课堂纪律大为改善。为了活跃当地的体育文化，瞿皓作为专业乒乓球教练，制定了"万达爱心学校乒乓队成立计划"，从一年级选拔优秀队员，成立万达爱心学校乒乓队，并挑选了2位体育老师，预备培养为乒乓队的教练。

梅志俊所在的凉山州布拖中学八年级(9)班，学生普遍数学基础薄弱，但学习热情很高。根据这种情况，梅志俊把课后作业的要求降低，几何证明过程以填空为主，作业方式也更多样，从编数学故事到画思维导图。课堂上欢声笑语多了，学生学好数学的信心也越来越足。

这些支教团队一直在用自己的实际行动诠释着对支教的理解，也因此，"支教"这个词语有了它更深层次的含义。它不仅是一个从自己所在地区到凉山的单方向动词，还是一个相互启发、相互激励、相互感染的共生过程。

家访到深山——"你就像我们的妈妈"

育人是教师的天职。在凉山，支教教师不仅承担着繁重的教学任务，还承担起了育人的职责，不仅在课堂上，还在课堂之外。

黄冈思源实验学校的汪颖老师和学生杨都惹相识在2019年9月。一次家访中，杨都惹告诉汪颖，父母在外打工，学习和生活都得靠自己，周末还要照顾读小学的弟弟，所以只能在出租屋自己煮饭配点咸菜吃。那次家访后的第二周，汪颖在放学后留下了杨都惹和班上的另一位男生，专门去了县城新开的一家汉堡店，给他俩点了一个"全家桶"，孩子们开心的笑容让汪颖很是欣慰。在之后的日子里，汪颖也总是有意无意地对杨都惹多加关注，课上会时不时走到他身边看他的练习情况，和他聊天，了解他的课余生活。而杨都惹上课发言积极了，能主动向老师请教问题，课后也会经常和同学讨论，脸上有了更多的笑容。

这样的发现和改变每天都在发生。

在收到支教教师给他们准备的油画棒、彩笔、图画本、美术书等美术用具的那一刻，金阳县寨子乡中心小学的孩子们眼睛亮了起来，笑容无比灿烂。那一刻，辽宁昌图县实验小学美术教研组长张辉无比欣慰。尽管第一次拿着油画棒的孩子们有些胆怯和陌生，但在张辉的鼓励下，他们都大胆认真地开始创作了！他们把自己彝族服饰上的图案画在大鱼的身体上，拿画笔的小手又是那样地小心翼翼，生怕一不小心弄断了油画棒……孩子们虽然是第一次拿起画笔，第一次走上讲台展示自己的作品，但是张辉在他们害羞的表情里发现了那种单纯而甜蜜的幸福感。

一次次家访到深山,一次次送去心灵的慰藉,孩子们感受到支教教师的温暖和热情,他们说:"你就像我们的妈妈。"而这正是对支教教师最好的褒扬。

在合肥市南门小学马玉老师的班里有一位叫贾巴鲁格的8岁彝族男孩,他胆小羞怯、不怎么说话,每天听课认认真真,可是一到写作业、考试就一筹莫展,半天写不出几个字。马玉和其他老师交流后得知,贾巴鲁格来自彝族家庭,父母基本不会说普通话,没有能力关注孩子的学习。绝不能让孩子输在起跑线上,马玉专门制造和贾巴鲁格接触的机会,贾巴鲁格不太敢和老师说话,马玉拉过凳子和他并排坐下,拉拉他的小手,拍拍他的小脑袋,一步步拉近他们的心理距离。贾巴鲁格的识字量极少,写字分不清横平竖直、笔顺先后,马玉从一点一横起,教他写汉字,告诉他做人也要像汉字一样方方正正。慢慢地,贾巴鲁格变得自信了,敢大声说话了,听课也比以前更认真了。他会主动找老师问问题,成绩也有了大幅提升!

"这是教育的力量,这也是教育扶贫的意义。扶贫先扶智。当一个孩子决定奔跑,谁也阻挡不了他前进的脚步,那是生命必然的状态。"这不仅仅是马玉一个人的感受,更是所有支教教师的感受。

真情温暖大凉山——"因为有你,我们不再寒冷"

与教书育人同时进行的,还有爱心捐赠。

2020年12月1日至5日,在教育部领航名校长、合肥市南门小学校长费广海的陪同下,中共合肥市委教育工委专职副书记、市教育局党委副书记李仲生等一行赴四川省凉山彝族自治州金阳县千里送温暖。大家来到金阳县芦稿镇中心校,为该校捐助了价值10万元的教育教学和学生生活物资。除此以外,南门小学的5个班级还分别与城关小学的5个班级开展了结对帮扶。

吉林省珲春市第四中学柴鑫鹏老师在大凉山支教过程中"用爱心圆梦微心愿"的行动方案传到了遥远的东北本校——珲春市第四中学。温情四溢的"圆梦微心愿"火炬在珲春四中校园点燃。一时间,衣物、学习用品、体育用品、书籍等源源不断地送往学校,师生捐物总价值达13万元。许多班主任、家长还主动负担物品运输的费用。

那是一个让许多人永远难忘的时刻,正当彝族新年来临之时,满载捐赠物资的10辆货车,浩浩荡荡,从珲春出发,跨越千山万水驶向遥远的大凉山,把东西送到了凉山州昭觉县万达爱心学校2600多名孩子的手中。师生们在操场上举行了隆重的"微心愿"接收仪式,孩子们穿上彝族迎新的民族服饰,在操场上跳起了欢乐的"达体舞",操着不太熟练的普通话,极其认真地大声说:"谢谢珲春四中的全体师生们,祝你们新年快乐!"

孩子们拿到心爱的礼物爱不释手,脸上绽放出笑容,他们欢呼着、跳跃着,操场沸腾了……

昭觉的冬天特别冷,这里没有空调更没有暖气,孩子们在教室里学习,在宿舍里睡觉,小手都生出冻疮,让人心疼。在大凉山支教的北京市大兴区亦庄镇第二中心小学李宾老师精心组织了"温暖凉山爱心捐赠行动",征集冬服,立即得到朋友们的鼎力支持。棉服 728 件、棉马甲棉坎肩 113 件、棉鞋 103 双、棉帽手套袜子等 100 套、毛毯 120 床,这些饱含人间温情的援助很快到达。在这次雪中送炭般的爱心捐助活动中,昭觉县民族重点寄宿制小学校本部有 588 人收到爱心棉服,北校区有 485 人获得捐助。

在临淄一中于国柱老师的牵头下,临淄教体局、孙正军校长工作室组织了临淄师生爱心募捐活动,为美姑县民族中学校 2300 余名学生捐赠了价值 344850 元的冬季校服。美姑民中的学生第一次穿上了统一的校服,没有统一校服的历史从此结束。临淄教体局、孙正军校长工作室募捐并转赠给美姑民中大额教育专项资金,款额全部经由临淄区红十字会汇往美姑民中,用于支援学校教育。他们还联系了爱心人士举办捐赠活动,为美姑民中捐赠了价值 7000 余元的篮球、足球、乒乓球拍、羽毛球拍等体育器材,以及衣物、学习用具等。

这就是支教教师,他们正尽自己最大的努力帮助孩子们改善学习和生活环境。

要"输血"更要"造血"——"让我们相约成长"

教育是薪火相传,要想让教书育人的薪火在茫茫大凉山代代相传,真正做到"真扶贫,扶真贫",就要做到由"输血"到"造血"。

"结对帮扶,相约成长。"这是支教教师给出的答案。

海南省昌江县第一小学陈晓丽老师在天台小学主动承担了校级示范课、专题讲座、县级赛课评委、带"徒弟"以及学校校园文化建设策划等任务。在专业引领上,陈老师的专题讲座、示范课等得到了老师们的高度称赞,在结对帮扶上,"师徒"一起学习课标,学习教材,听课、评课、撰写反思文章、论文。陈晓丽指导的"徒弟"谭群老师在"中国好教师"论文评比中荣获一等奖。陈晓丽坦言,在半年的支教生活中,感受到了被需要的幸福，而这是对自己的付出最美好、最慷慨的回馈。

历城二中教育集团礼轩小学李濰微老师在支教中与教师吉伍只洗结对，二人无论是教龄还是年龄都一样，都有着充满热情的教育之心，一篇篇教案、一本本作业、一次次磨课、一份份试卷……凝结着两个老师奉献的汗水。

作为教育部中小学名校长领航工程费广海校长工作室选派的第3批骨干教师，合肥市南门小学朱有芳老师主动请缨，千里奔赴凉山州金阳县开展教育帮扶工作。初到学校，朱有芳就与当地教师金拉尾结成帮扶对子。为了更好地帮助金老师成长，朱有芳走进她的课堂寻找问题，进行有针对性的指导，有时也走上讲台亲自示范，将语文课程教学方法和管理学生的理论经验运用在实践中，以助她听中记、看中学、学后仿。金拉尾总是虚心求教，朱有芳则用心解答——真诚地赞扬优点，中肯地提出不足，最后共同商讨改进措施。在金阳县城关小学第3期"青蓝工程"青年教师同课异构赛课活动中，两位老师将教学环节、授课措辞、场景预设、课件设计等细节全部纳入考虑范围，在不同的班级反复试讲，并一遍遍地复盘修正。最终，金拉尾的展示课取得了良好的教学效果，在评课时一再获得同事与领导的表扬。

太原市杏花岭区北中环街小学高素芳老师在支教过程中充分发动本校团队的力量，请山西省实验小学的老师们帮忙搜集学生习作及相关视频等，备好了一堂生动的主题讲座。

"回首支教生活"，高素芳说，"一切工作都是全新的，是富有挑战性的，支教不仅有效地帮扶了当地的教学工作，同时也让我实现了自我成长。""为师者宛若一盏盏的灯。你亮一点，学生就能走得远一点，如果你过于暗淡，学生可能不得不徘徊。"

2019年金秋，辽宁省昌图县实验小学孟立新老师一到帮扶学校金阳县城关小学就全身心地投入到教育教学活动中。在教学中和当地的老师们一起探讨、研究高效的教法、学法，从提高课堂教学效率入手，把昌图县实验小学先进的办学理念"五心九智"和3W4D的高效课堂教学模式推介给老师们。一学期下来，孟立新听评课80多节，每听一节课后都与授课教师进行交流，带回的备课、听评课学习资料，有一尺多高。

绍兴市上虞区区城东小学的林建锋校长支教教师团队的21位浙江名师，则是跨越千里开展送教"接力赛"。从2020年11月27日至12月3日，上虞德育团队带去了"课程思政与场景育人"课堂教学研讨和专题讲座，把"活教育"思想引领下的上虞小学思政课堂立体、情景式地呈现于凉山校园。

"浙江名师们的到来,在学校掀起了一股教育教学研究的热潮,让我们找到了学校、教师更适合的发展方向和新的教育生长点。"宁南县朝阳小学校长吴新梅如是说。

安徽省池州市第十一中学的鲍志新老师通过 3 个月深入课堂听课,对 40 余位教师的课堂教学情况进行"诊断",在支教教师们对青年教师有了初步的了解后,采取了一系列有针对性的工作安排,要求"徒弟"们:熟悉教材,深入学习课程标准,研究、挖掘核心素养内容;在上课的同时多听课,听同学科和不同学科教师的课,丰富自己的知识,借鉴他人的教法;撰写教学日记,记录每天的点滴收获。鲍老师指导青年教师建立了教师个人专业成长发展规划,让每一位青年教师设计自己的发展蓝图,结合工作实际、学生发展实际和个人实际,写出阶段性发展目标和规划。

"合抱之木,生于毫末;千里之行,始于足下。教育之路上,我们相约,共同前行!"这不仅是支教教师的承诺,更是对脱贫攻坚长远大计的宣誓。

一个人能给一所学校带来什么样的改变?一个团队能给一方水土带来什么样的改变?支教教师团队用自己的行动和实践证明,他们改变的不仅仅是一所所学校、一个个家庭,他们改变的是无数个孩子的未来,让他们看到外面的世界,将来成为国家和民族的建设者。

因为有你们,凉山不"凉"!

"凉山支教"教育国家行动

北京师范大学教育学部部长/教育部小学校长培训中心主任 朱旭东

　　党的十八大以来,中国社会发展全面进入到中华民族伟大复兴的进程中,这个进程中最宏大的场面之一就是脱贫攻坚,它既是中国共产党治国理政的重要任务,又是国际减贫的一项重大事业,更是一个震撼世界的减贫奇迹。这个奇迹源自脱贫攻坚的本质,即一场以人民为中心的全方位国家行动,几乎涵盖了社会、经济、文化、教育等各个民生领域。在这些领域的各项脱贫攻坚活动中,教育帮扶行动是体现"扶贫先扶智"的最重要的国家行动,其核心力量便是师资队伍。"凉山支教行动"中的"最美教师团队"就是在国家深度贫困地区凉山彝族自治州教育帮扶行动中涌现出来的一支由国家组建的师资队伍,它是由教育部教师工作司组织 14 个名校长领航工程项目培养基地的 100 多个名校长工作室的成员组成的队伍。这次支教行动形成了"培养基地面向全县、名校长工作室定点对口帮扶学校、派出教师一线支教、示范和教研带动、专家定点帮扶指导"的"组团式"教育精准帮扶模式。这种模式具有显著的国家行动特点,我们称之为"凉山支教"教育国家行动,它在世界教育史上创造了教育发展的典范。

　　第一,这是一项中国可以与世界共享的通过解决教育发展不均衡问题促进社会发展不平衡问题的解决的国家经验。我们都知道教育发展不均衡是世界各个国家,尤其是一些发展中国家和不发达国家长期存在的问题。中国为了通过解决教育发展不均衡问题促进社会发展不平衡问题的解决所实施的教育精准帮扶战略,成为了为实现中华民族伟大复兴而实施的精准扶贫战略的一部分,而"凉山支教"教育国家行动恰恰是这个战略当中不可分割的重要组成部分。教育部教师工作司作为这个行动的组织者,把专业力量和学术力量进行了有机整合,形成了行政力量、专业力量和学术力量的聚合,使之成为人类教育史上一次伟大的教育援助行动。

　　第二,这是中国教育史上一次可以载入史册的伟大的国家教育行动。援助、支教等教育帮扶行为普遍存在于各种组织、团体,甚至个体当中,例如,许多基金会,包括教育基金会发起各种不同形式的教育帮扶项目;一些具有教育热情的个体到需要帮扶的地区去开展相关的工作。与此不同的是,"凉山支教"教育国家行动集国家最优秀的教育资源为一体,以集体的力量来推进教育帮扶,本质上是一场教育的国家行动,是中国教育史上前所未有的可以载入史册的教育国家行动。

第三,这是中国高等教育史上的一次大学学术服务国家重大发展战略的伟大行动。过去,大学在履行人才培养、科学研究、社会服务三大高等教育职能过程中主要还是基于自身的能力和需要服务于社会。而"凉山支教"教育国家行动是在政府的强大推动下,经过顶层设计,推动大学以高度的学术责任感,参与到这场轰轰烈烈的教育帮扶国家行动当中,它很好地诠释和体现了大学的社会服务功能,因此它是一次大学学术服务国家的伟大行动。

第四,这是一次中国的大学与中小学幼儿园合作的典范性行动。"凉山支教"教育国家行动是在政府的组织下,大学与中小学幼儿园参与的一种合作模式,教育部教师工作司借助于主要设在大学的全国14个名校园长领航基地的国家级校园长培养基地,组织基地的校园长学员所在学校的教师参与到这场教育帮扶国家行动中,体现了一种和以往大学与中小学幼儿园合作完全不同的特点:过去大学与中小学幼儿园合作是一种双向或者是平面式的合作,其价值在于促进人才培养、科学研究等,尤其是中小学幼儿园通过与大学合作来促进学校发展;而"凉山支教"教育国家行动是一次跨区域、跨地域、跨领域的合作,它超越了过去大学与中小学幼儿园合作仅仅是为了满足自身发展需要的特点,是大学与中小学幼儿园在合作中共同服务国家重大发展战略的行动,形成了一种新型的大学与中小学幼儿园合作的典范。

第五,这是中国中小学幼儿园校园长和教师进行的一次专业服务特别行动。去凉山支教的校园长和教师长期在自己学校和自己的区域所在学校从事着专业工作,其服务的对象具有专业文化的本土性和熟人性特征,"凉山支教"教育国家行动在文化上完全不同,尽管会体现出一般性的教育规律和专业文化特征,但凉山地区的文化和学校文化的特殊性决定了支教校园长和教师所要面对的巨大文化差异性。可喜的是,支教校园长和教师以其崇高的专业追求和优秀的专业能力圆满完成了支教任务,显示了他们的专业服务精神,"凉山支教"教育国家行动成为他们专业生涯中的一次特别行动。

其实,支教行动也是一次专业力量的有效拓展,身处熟悉的专业环境中的校园长和教师在接触到陌生的专业环境后，通过自身的努力发挥有效作用，实现不同专业环境中的服务拓展。这样的专业行动应该说也是教育专业史上的一次伟大创举。

通过参与这次"凉山支教"教育国家行动，教育工作者不仅坚定了服务乡村教育的信念，更能把在行动中积累的有效经验运用到国家乡村振兴战略中。

倾情教育帮扶，托举振兴希望

四川省凉山彝族自治州教育和体育局　陈燕美　赵健萍

2019年9月1日，是一个特殊的日子，一个值得载入凉山教育史的日子。这一天，教育部凉山教育帮扶行动首批凉山支教教师研修班暨凉山教育帮扶行动动员会在凉山州西昌市召开；这一天凉山迎来了来自全国名校长工作室成员学校的325名支教帮扶教师；这一天，全国中小学校共上秋季学期开学第一课，凉山支教帮扶教师接受专题采访；这一天，距教育部教师工作司到凉山调研仅过去了两个半月……

2019年6月10日，教育部教师工作司黄伟副司长带领全国14个领航校长培养基地专家深入凉山州西昌市、昭觉县等11县市25所学校开展实地调研。6月25日，教育部教师工作司印发《关于开展四川省凉山彝族自治州教育帮扶行动的通知》（教师司函〔2019〕刊号）。9月1日，首批凉山支教教师研修班暨凉山教育帮扶行动动员会在西昌召开，教育帮扶行动正式在凉山落地生根。一切恍若昨日：调研组的各位领导、专家的讨论言犹在耳，帮扶工作启动仪式仿佛才谢幕，教育部全国中小学幼儿园教师校园长培训专家工作组和国家教育行政学院带队开展的送教援培活动似乎还在路上，各位支教教师的支教日记也正滚烫出炉……可眨眼间，一年半的支教帮扶行动已然画上句号，孩子们记住了每一位支教教师的谆谆教诲，家长们不会忘记每位支教教师的倾情付出，凉山教育工作者感恩支教教师的全身心投入、全方位帮扶，大凉山的土地上永远镌刻着支教教师的脚印……短短一年半的帮扶为凉山教育扶贫圆满收官提供了强有力的支持，为凉山教育发展开启新篇章注入了新的活力。

科学部署聚八方英才

2019年9月，由教育部教师工作司牵头，全国14个领航校长培养基地具体负责，从140余所名校长工作室成员学校分3批选派优秀骨干教师880余人次，组成凉山有史以来规格最高、质量最高的帮扶团队。国家教育行政学院选派骨干精英挂职凉山州委教育工委副书记、州人民政府督学，培养基地选派专人挂职各帮扶县市相关行政部门副局长，各名校长工作室学校选派骨干教师挂职帮扶学校校级领导或中层干部，分层负责帮扶行动的开展和推进。教育部教师工作司及时协调北京师范大学、中央音乐学院、西南大学、中国美术学院、金华职业技术学院等高校，"组团式""一校一策"对口支援西昌民族幼儿师范高等专科学校，带动凉山教育教学质量提升。在教师工作司的统筹下，国家教育行政学院、北京师范大学等各培养基地会同省州相关部门制定高质量帮扶方案，全面开展送教援培、智力帮扶、教研帮扶等工作。创新构建的"1＋1＋N"帮扶机制，即，一个教育部专家团队、一个省级承训机构和 N 个优质中小学，精准帮扶凉山 2020 年脱贫的 7 个县 7 个片区 70 所义务教育阶段学校，已成功入选《中国"国培计划"蓝皮书》典型案例。各高校"一校一策"帮助西昌民族幼专加强学科建设、师资队伍建设、人才培养、教学改革，促进学校提升管理水平。各项目办、培养基地积极创新帮扶模式，将上门支教与送教援培紧密结合，先后组织各级教育行政部门、各名校长工作室所在学校领导到凉山开展帮扶工作近 280 余次，送教援培的知名专家和名师达530 余人次，14 000 余名凉山教师面对面聆听知名专家高水平讲座并接受现场指导。

千里驰援铸高尚师德

支教教师从全国各地千里迢迢驰援凉山，按照教育部教师工作司统一安排，在规定时间集结到位，抵达凉山后努力克服生活上的诸多困难，克服教学环境和学生情况的种种差异，迅即投入新的工作岗位、融入新的教师团队中。他们聚力奉献、倾情付出，以实际行动践行教育初心；他们不畏艰险、迎难而上，以奋斗姿态弘扬高尚师德。

人大附中基地第 3 批支教教师陈良根，是湖南省长沙市雅礼洋湖实验中学的副校长，通过名校长领航工作室得知凉山教育扶贫需要支援力量后，他积极响应号召，义无反顾地报名参加了教育部凉山教育帮扶行动。2020 年 8 月，他和同伴抵达凉山州冕宁县，和他一起到来的，还有其就读小学五年级的儿子。陈老师带着儿子来支教的消息很快在冕宁中学传播开来，很多人不解地问他："怎么舍得让孩子受这样的苦？""孩子妈妈舍得吗？"面对同事们的好奇，陈良根老师总是笑着回答："之所以把孩子带上，是想告诉自己，既然来支教，就老老实实地做，踏踏实实地干，扎扎实实地帮，努力做出一点成绩来。"他是这样说的，也是这样做的。清晨，送儿子上学后他就一头扎进办公室和教学楼,进行听课督导、教学教研交流,和老师们研究如何改进教学方式,与学生们讨论如何提升学习效率,从周一至周五,始终如一。冕宁中学党委书记史光伟由衷赞叹:"陈老师是带着真情实意来支教的!"远离家乡,千里帮扶,陈良根老师努力践行着自己"将他乡作故乡,把支教当事业"的承诺,在凉山支教的4个多月里,他团结和带领人大附中基地第3批支教教师,通过传播先进教育教学理念,引领课堂教学改革,营造学校教研教改氛围,搭建平台促进青年教师专业成长,开展结对帮扶,募集爱心助学图书和基金等方式,扎实有效开展支教工作,赢得了支教学校师生们的广泛好评。

对于西昌五小一年级(4)班的一名学生来说,老师的可敬,不仅在于讲台上的循循善诱,还有发生意外时敞开的温暖怀抱以及投来的坚定目光。2020年9月的一天,来自河南省许昌实验小学的支教教师赵晓蔚护着50余名刚放学的一年级新生前往大通门。队伍行进的过程中,一名学生不小心摔倒,撞到了路边的岩石,受了伤,看着伤口渗出的鲜血惊慌失措哇哇大哭。赵老师马上停止队伍,一边抱起孩子止血,一边用温柔坚定的眼神鼓励他。在送受伤学生去医院的过程中,赵老师继续有序安排,把剩下的孩子们安全交给家长们。安全无小事,针对本次事故,赵老师深入分析、举一反三,认真设计了安全教案,采取线上线下相结合的方式对学生和家长进行全覆盖培训。把爱转化为行动,把安全扎根心间,赵晓蔚老师引导孩子们学会照顾自己,努力成长为对自己、对他人都负责任的人。

支教教师中,像陈良根、赵晓蔚这样的支教教师的感人事例不胜枚举。正如陈良根老师在支教教师工作总结座谈会上讲的:"我们这些人,其实都是普通寻常到不能再普通寻常的人,也为工作、生计所困,也为悲欢离合而愁。因为支教,我们的教育人生第一次与时代的脉搏,与国家的战略能够同频共振、相互照应。洗练初心,终得开悟。这既是我们自我修炼的过程,也是我们对师德师心的重塑和守望。"

示范引领植先进理念

支教教师坚持深入教学教研一线,听评课、上示范课,通过指导教研、点评教学、开展讲座等方式,主动带领学科教师开展教研活动,帮助凉山教师充分挖掘自身潜力,学习研讨新的教学模式,探究科学教学方法。

来自湖南省长沙市高新区麓谷小学的廖拥红老师带领他的团队在西昌四小开展教学研讨、教学指导工作,同时他个人还在西昌四小开设了创客课程,引导学生组装无人机。来自重庆巴蜀小学的四名支教教师积极搭建重庆巴蜀小学与西昌二小的友谊桥梁，通过共享"巴蜀公开课"网络平台，共同开展线上教研、互派业务骨干跟岗学习等方式，促进西昌二小教师教学和研修能力提升。来自西安交通大学幼儿园的支教教师李昱是一名有着丰富学前教育经验的教研员。她在西昌市蓝天幼儿园支教期间，经过深入调查，根据幼儿园实际，对幼儿园一日作息时间进行调整，科学合理安排幼儿一日活动，促进幼儿教学科学性、有效性提高。

冕宁县泸沽中学的支教教师魏丹，积极促进该校音乐教研组建设，强化课堂和教学研究，并通过示范课，把自己多年来研究和积累的教学范式呈现给当地教师，启迪他们改进教学方式、提升课堂质量。冕宁县第二中学校的支教教师曾毅，为人谦虚和善、工作一丝不苟，他到冕宁二中后，指导4名年轻班主任开展工作，推出班主任系列培训讲座，指导学校校园文化建设；他所呈现的示范课，引领着冕宁二中的教师们积极探索思考有效教学和学生主体的实践途径。北京大学基地支教团队在甘洛县支教期间，跋山涉水跑遍全县8个片区，认真调研山村学校的教情和学情，不辞辛劳、挑灯夜战，精心准备教学方案、制作PPT，利用周末休息时间为当地教师上示范课、开展专题讲座。来自西北师范大学附中的李红老师主动与甘洛县初级中学的8名青年教师结为"师徒"。平日里，她高效完成自己的教学工作后，挤出时间走进课堂指导结对教师，与他们互动交流、切磋研讨。支教期间，她深入11所初级中学，听课30余节，上示范课、作专题讲座10余次，从听课到评课，从反思到解惑，手把手引领年轻教师成长。

来自广东、河南的支教团队在盐源县支教期间，根据自己的专业及特长在各自支教的学校主动承担学科教学工作，工作中积极克服各种困难，在课堂上充分利用有限时间纠正学生不良的学习习惯，教授学生新知识、新技能、新理念，强化学生的理想信念和卫生习惯教育，多方面提高课堂教学质量，为支教学校教师作出了很好的示范。支教团队还充分利用课后服务时间，在支教学校开展合唱、书法、太极、剪纸、足球、魔方等兴趣班，教学前他们精心准备，教学过程中耐心细致、充满激情，充分激发了学生的学习兴趣，丰富了学生的学习生活，活跃了学生的思维，陶冶了学生的情操。

"支教教师带来了前沿的教学思想、先进的教育理念、科学的教学方法，他们引导本地教师认读课标、钻研教材、精心备课、深入反思，让学校的教育教学更加规范。"正如盐源县教体科局人事科干部所说，支教教师的支教时间虽然短暂，但是他们留下的思想、理念、方法如一粒粒"种子"，正生根发芽、苗壮成长。

倾情奉献显大爱情怀

凉山缺教师,许多教师既承担学校的行政工作,又兼任班主任,还同时任教几个班;凉山有很多家境贫寒或家庭情况特殊的学生,需要特别关爱;凉山很多学校的设施设备、图书资料、课程建设还不健全,学生的个性化成长需要还得不到有效保障……看到这些情况后,支教教师身体力行并广泛动员本校的同事和自己的朋友,开展了形式多样的援建帮扶。

冕宁中学因师资紧缺,心理课程一直没能开设起来,支教教师钟漓到学校后,组织开设了心理咨询课、建设了心理咨询室,还通过本校的力量,援助了心理咨询室的设备。支教期间,钟老师是冕宁中学的著名的"心理医生",学生们有困惑、班主任老师教育学生有困难都喜欢找她。与钟漓老师一样积极发挥专业特长帮助支教学校完善课程建设的,还有来自武汉市常青树实验学校的童浩洋老师。童老师是冕宁县城厢小学校名副其实的全能王,既上美术课,又上体育课,还上信息课、劳技课,他在学校开设课外兴趣班,成立学生社团和兴趣小组,极大丰富了学校的课程建设,为学校注入了新的活力。

西昌市洛古波中心小学是一所乡村小学,这里的孩子大部分是留守儿童,缺乏父母的关爱和引导。许昌实验小学的黄湘萍老师借由姊妹学校校际教研交流活动来到学校后,孩子们懵懂纯真的眼神、羞涩热烈的求知欲深深刻进她的心里。几次活动后,强烈的责任心鞭策她加班加点做出了"爱护我们的身体"教案,专门到学校做了一期关于预防侵害的知识讲座,将"爱护身体"的思想灌输给孩子们,启迪孩子们树立自我保护意识,建立正确的人生观、世界观和价值观。来自山西省太原市实验小学的胡文娜老师,年近六旬、双鬓染霜,她说:"我是带着教育情怀来的,我要在我退休之前认真做点有意义的事。"她来到越西县北城小学后,北小的音乐室成了孩子们最喜欢的地方,校园里飘荡着优美的歌声,北小活跃生动了起来。她说:"孩子们的歌喉真美,我爱他们!"美姑县牛牛坝乡小学支教教师伊彪,来自乐山市犍为县新城小学。她组织少先队员成立帮扶小组,利用周末对学校的留守儿童开展常态化关爱帮扶。牛牛坝乡小学六年级(1)班的学生阿吉石举,父母常年在外打工,家里只有他和年过古稀的爷爷。由于缺乏父母关爱,阿吉石举不爱说话,学习成绩也受到影响。伊老师了解这一情况后,经常辅导他、鼓励他,帮助他克服学习中遇到的难题,重新找到学习的目标,树立学习的信心。伊老师还经常利用课余时间找他谈心，用慈母般的爱心去温暖他，使他变得开朗起来。支教两年间，伊老师累计帮扶留守学生 60 余人，每学期初，她都要对留守学生进行全面家访，并建立专门的家庭联系卡，然后汇总分析、分类帮扶，让学生从关爱中汲取精神营养、寻求前进的动力。在学生们眼里，伊老师就是他们的家人。

　　涓流虽细，终究可以汇聚成河、垒石成丘、聚沙成塔，支教教师们传递的爱心与温暖，表达的温情与关怀，激励着心存感激的凉山师生们拼搏进取、奋力前行。

发挥学科优势，"组团式"对口支援凉山

北京师范大学党委办公室主任/乡村振兴与对口支援领导小组办公室主任　张朱博
北京师范大学党委办公室、校长办公室副主任/乡村振兴与对口支援领导小组办公室副主任　董晓蕾

教育是阻断贫困代际传递的治本之策。四川省凉山彝族自治州，属"三区三州"深度贫困地区。教育落后已成为制约凉山脱贫攻坚和乡村振兴的短板。

作为中国教师教育的排头兵，北京师范大学不遗余力地发挥教师教育优势，立足"组团式"对口支援西昌民族幼儿师范高等专科学校（简称"西昌民族幼专"）和"学前学会普通话"行动两大项目，为凉山州幼教事业发展提供北师大方案，推动"三区三州"教育事业从"输血"走向"造血"。

2019年5月以来，由教育部教师工作司协调北京师范大学、中央音乐学院、西南大学、中国美术学院、金华职业技术学院，国家民委协调西南民族大学，四川省教育厅协调四川师范大学、电子科技大学、西南石油大学、四川音乐学院、成都体育学院、西昌学院、四川幼儿师范高等专科学校、川北幼儿师范高等专科学校、川南幼儿师范高等专科学校、江门职业技术学院，共16所院校"组团式"对口支援西昌民族幼专，助推西昌民族幼专增强综合实力，提高办学水平，实现快速发展。

2018年7月以来，北京师范大学积极投身四川省凉山州"学前学会普通话"行动试点工作，完成了幼教点辅导员培训，推出了凉山州辅导员培养方案、高水平课程资源等系列标志性成果。2019年，"学前学会普通话"行动凉山试点项目组获全国脱贫攻坚奖"组织创新奖"，事迹介绍中专门提到北师大提供幼教专业指导。

牵头对口支援西昌民族幼专

西昌民族幼专是在国家脱贫攻坚、大力发展民族教育和学前教育事业大背景下，

经四川省政府批复、教育部备案，凉山州政府新建的一所公办全日制普通高等专科学校。北京师范大学党委高度重视牵头对口支援西昌民族幼专的工作，程建平书记统筹部署，将其纳入学校"一省一市一县一校"扶贫工作顶层设计。2019年7月，董奇校长赴凉山州代表学校签署了《北京师范大学对口帮扶西昌民族幼专协议书》，正式拉开了牵头对口支援工作的帷幕。2年来，北京师范大学作为组长单位，以高度的政治责任和使命担当，全方位、深层次投入到牵头对口支援西昌民族幼专的工作当中。

一是选派得力干部和学科专家到西昌民族幼专挂职和指导学校的学科专业建设。北京师范大学党委认真研究，在干部的岗位资历、工作能力、政治思想、师德师风等方面综合考量，选派成国志同志到西昌民族幼专挂职副校长。同时，北师大还派出学前教育专家霍立岩教授、附属幼儿园总园长黄珊教授等前往西昌民族幼专，积极参与学校的学科专业建设和人才培养方案的论证，为促进西昌民族幼专起好步、开好局，实现可持续发展作出了努力和重要贡献。

二是派出专家教授和在校学生到西昌民族幼专从事教学科研工作。北京师范大学心理学部舒华教授的科研团队，带领西昌民族幼专青年教师积极开展民族地区儿童语言发展项目研究，并为学前教育系、小学教育系学生开设了"儿童语言发展"系列专业选修课程，心理学部的4名优秀本科生到西昌民族幼专一边实习，一边顶岗支教，承担了"普通心理学""儿童心理学"等相关课程的教学工作。北师大教务部专门在西昌民族幼专设立了学生实习实践基地，根据西昌民族幼专的实际需要选派优秀的本科生、研究生赴西昌民族幼专实习和顶岗支教。在2020年10月下旬西昌民族幼专举办校园文化艺术节期间，北师大派出了哲学学院的董春雨教授，教育学部的刘美凤教授、朱京曦教授和二附中的陈欢老师赴西昌民族幼专，无偿为师生们举办了专场学术讲座，受到师生们的热烈欢迎。

三是实施教师和干部培训工程，助力西昌民族幼专教师队伍建设。北京师范大学努力发挥教师教育的优势和特色，在指导学科专业建设和人才培养的同时，积极承担西昌民族幼专教师和管理干部的培训工作。在2018年8月，幼专建立之初，北师大教育学部承担了首批60多名干部和骨干教师到北师大的培训工作；2020年10月20日至26日，在凉山州彝族年假期间，北师大继续教育与教师培训学院和附属幼儿园总园承担了76名干部教师赴北师大的培训任务。学校领导高度重视，程建平书记作了统筹安排，周作宇副校长和张凯副校长赴一线指导；相关单位精心设计课程，选派高水平专家教授授课,开展管理干部对口交流座谈,安排幼儿园教师到总园跟岗实习等。通过理论与实践相结合,西昌民族幼专干部教师不仅提升了业务水平,也有效提升了实践能力。

舒华教授团队组织幼教点辅导员培训

四是捐资捐物,满足西昌民族幼专发展的迫切需要。为支持西昌民族幼专信息化建设,北师大捐赠了价值 360 余万元的高性能信息存储设备。2020 年,根据学校党委部署,在原协议期内每年从教育基金会划拨 100 万元,用于支持西昌民族幼专建设和教师学生发展。2021 年,北师大向西昌民族幼专捐赠 60 万元教育发展专项资金,用于支持幼专教学质量提升。

五是启动凉山州师生智慧赋能乡村振兴项目。2021 年 4 月 8 日,在凉山州委州政府、国强公益基金的支持下,由北京师范大学新闻传播学院与四川日报、西昌民族幼专等共同发起的"凉山州师生智慧赋能乡村振兴项目"启动仪式在西昌民族幼专举办。该项目共包括 5 大子项目:新技术——"1＋1 手牵手"青少年 VR 看凉山项目、新素养——凉山州中小学教师网络素养提升项目、新课程——"互联网＋"智慧课堂资源共享项目、新视界——随手拍"我和我的家乡"凉山州青少年短视频传播项目、新体验——凉山百名师生游学互联网科技平台项目。项目旨在全面提升凉山州师生网络素养与信息化能力,为经济社会发展奠定坚实的教育基础与人才支撑,从而实现长远、可持续的良性循环。

六是拓展帮扶领域,积极为西昌民族幼专学生提供实习实践基地。2020 年 5 月,北师大教育集团屈浩董事长一行赴西昌民族幼专,与幼专签署了对口帮扶、互利合作子协议,明确北师大教育集团将所属的全国各地的附属幼儿园和小学作为西昌民族幼专学生的实习实践基地。2021年,北师大盐城附属学校等作为西昌民族幼专学生实习基地已经正式启用,并接纳了首批毕业实习生。

七是各对口支援院校积极开展帮扶工作。在北师大积极开展对口支援的同时,由教育部教师工作司、国家民委和四川省教育厅协调的其他院校也和北师大一样,纷纷派出挂职干部、支教教师,捐资捐物、助教兴学,结合各自办学特色和优势积极开展了有效的对口帮扶工作。西南大学发挥教师教育老牌高地作用,率先以对口单招的渠道助力西昌民族幼专青年教师学历提升;电子科技大学为西昌民族幼专智慧校园建设作出了突出贡献;中国美院、中央音乐学院、四川音乐学院积极发挥美术、音乐教育学科优势积极开展联合教学,助力西昌民族幼专艺术系的学科建设和人才培养;四川师范大学极尽本省"地主"之谊,全方位、多层次精准帮扶,特别是在教科研和以教育推动乡村振兴的策略和方法方面帮扶成效卓著;西南石油大学在学校党建和大学生思政工作方面帮扶成果突出;金华职院、江门职院在高职高专发展策略、1+X证书人才培养方案的制定方面提供了良好的范例;川幼、川南幼、川北幼作为同类师专,更是在人才培养方案的制定、学校管理和质量保障体系建设方面为西昌民族幼专的起步和发展贡献了智慧和力量。西南民族大学则在民族教育方面大手拉小手,与西昌民族幼专共同打造区域民族教育的新高地。

深度参与凉山州"学前学会普通话"行动

2018年5月,国务院扶贫办和教育部共同启动了"学前学会普通话"行动,率先在四川省凉山州开展试点工作。

北京师范大学自2018年7月以来,积极投身四川省凉山州"学前学会普通话"行动试点工作,承担了支持东五县(昭觉、布拖、美姑、金阳、雷波)和安宁河流域五县一市(德昌、会理、会东、宁南、冕宁、西昌)共11个县市8万余名儿童学前学会普通话的扶贫任务。两年多来,学校集中优势资源,顺利完成了3848名幼教点辅导员的全员培训,为凉山州学前儿童"量身定制"普通话学习资源,并推出了凉山州辅导员培养方案、高水平课程资源等系列标志性成果,取得了积极的工作成效。

一是学校高度重视,创建工作机制。北京师范大学党委高度重视凉山州扶贫工作,将其确定为学校扶贫工作的首要任务,融入学校整体战略规划。学校党政主要领导共同担任学校扶贫工作领导小组组长,对凉山州扶贫进行专题部署,学校扶贫办专门负责协调推动凉山州扶贫相关工作。程建平书记、董奇校长等校领导先后4次带队赴大凉山实地考察,深入昭觉、美姑、德昌和西昌等地进行调研,并多次组织专题研讨会推进凉山州扶贫工作。

北京师范大学党委书记程建平赴凉山州实地调研

为确保该项目的顺利推进,学校还成立了凉山州"学前学会普通话"行动专项工作组,由王守军副校长担任组长,成员单位包括与凉山州扶贫密切相关的8个单位,根据工作进展需求随时召集会议,最大限度发挥北师大作为教师教育排头兵的优势,竭尽全力为凉山州扶贫提供全方位保障。

二是多方调研论证,量身定制实施方案和学习材料。大凉山地势险峻、重山环绕,县与县、村与村之间路途遥远,交通不便,"悬崖村"就是大凉山地理状况的典型代表。在这样的条件下,通过什么方式才能实现8万余名学龄前儿童"听懂、会说、敢说、会用"普通话这一基本目标呢?经过调研摸排,学校决定以凉山州"一村一幼"为基础,通过培训让幼教点辅导员学会教儿童说普通话的方式来实现"学前学会普通话"行动的目标。但考虑成本、交通、辅导员日常教学等实际因素,培训幼教点辅导员无法通过在京在校的常规方式来实现,而是需要采用全体实施团队和专家集中利用暑期时间奔赴大凉山集中攻坚的方式来开展实施工作。

确定了基本的实施方式后,接下来就是通过开展全面调研,为凉山州"量身定制"

一套项目实施方案。学校在最短时间内组建专业实施团队,组织大批专家集中利用暑期日夜兼程奔赴大凉山,开启扶贫征程。通过4次共22天的实地调研考察、4次百余名各县辅导员代表集中座谈、全体辅导员近4 000份电子问卷调查和东五县16个试点幼教点辅导员电话访谈等多种方式,对凉山州幼教点的基本情况和项目实施进展进行全面摸底,遵循教育规律和儿童语言学习规律,结合凉山州幼教点教育现状,量身定制了一套"专业上经得住推敲,实践中管用接地气"的项目实施方案。

实施方案有了,怎样在如此短暂的时间内编写出符合实际需求的具体学习内容呢?学校充分发挥学科优势,依托学校认知神经科学与学习国家重点实验室十几年来的已有研究成果,结合凉山州学前儿童的实际情况,为凉山州学前儿童"量身定制"了一套普通话学习材料。材料研制坚持"学习内容来自儿童实际生活""大输入量,多通道学习""注重伴随学习,积极营造浓厚的普通话学习环境"等理念,本着"边研发、边实施、边优化"的原则,不断"迭代"优化,顺利完成了学习材料的研发和11个县市1 567个幼教点的材料配送任务。

由于该项目时间紧、任务重,该行动采取"边试点、边培训、边总结、边推广"的方式,逐步出方案、出模型、建平台,用最短时间、最小代价、最高质量,覆盖11个县市的每一个村级幼教点,惠及每一名学龄前儿童,支持每一位幼教点辅导员胜任普通话教学任务,辐射带动民族贫困地区儿童的普通话学习和健康成长,推动凉山州学前教育的深化改革与规范发展。

三是实地攻坚克难,圆满完成幼教点辅导员培训。工作进入落地阶段,首要任务就是2018年暑假要完成凉山州东五县3 000余名幼教点辅导员的全员集中培训,16个试点幼教点要在8月1日先行开课。实施团队兵分五路同时开战,分头负责研发资源、支持保障、招兵买马、集体备课、统筹培训等。这过程中遇到的困难一个接一个,比如各县教育局没有培训场地、经费紧张、暑期培训时间已排满等。为此,实施团队一遍遍排兵布阵,与州县教育局反复沟通,仔细研究专家怎么分组,培训时间如何有效衔接,怎样精简人员节约经费,如何最大限度发挥每一个人的作用等,每个细节都费尽心思。当地车队一位师傅说:"我拉了那么多来大凉山扶贫的人,就属你们这个团队行程安排最紧凑,半天功夫都不带耽搁的。"所有老师全部通宵达旦进行开课前各方面的筹备工作,终于确保了第一场培训顺利进行。

在培训过程中,有的会场条件不理想,专家只能扯着嗓子喊,一场培训下来嗓子就

辅导员培训现场

坏了。当地生活条件非常艰苦,美姑县的老师4个晚上换了3家宾馆,还有老鼠从床上爬过。去往各县的路全部是陡峭的盘山路,夏天频发的泥石流、高原反应都是对专家和团队的考验。每次赶赴大凉山,所有人员都是半夜三四点收拾行李赶往机场,落地后立即开始工作,熬夜加班更是家常便饭。

正是在这样的工作状态和节奏下,2018年7月27日至12月4日期间,学校共派出123人次培训专家,分22个批次,圆满完成了11个县市3848名幼教点辅导员的集中培训任务。培训坚持"所学即所用,所学即所教"的原则,基于辅导员普通话开课所需设计培训课程。另外,以幼儿园规范化办学为主题,对德昌县120名幼儿园骨干园长和教师开展了为期5天的集中研修。培训得到了各县教育局和参训辅导员的高度评价,各县问卷调查满意度均达95%以上。

四是推出系列可供推广的标志性成果。北师大经过实地调研、反复研讨、百日攻坚等环节的连续奋战,针对幼教点多为混龄班,辅导员素质参差不齐、流动性大等关键难题,推出了凉山州"学普"行动培养方案,并与北师大出版集团及教育集团一起推出了凉山州"学普"行动三级课程资源体系、首批视频教学资源等。这些系列标志性成果,为今后在更大范围内推广"学普"行动提供了充分的指导依据和专业支撑。

五是项目成效显著。凉山州辅导员与幼儿在普通话教学与学习方面进步明显。辅导员已初步掌握了普通话教学的基本理念,能够积极利用北师大培训的方法和配发的教学资源开展教学工作,初步具备了普通话教学能力,教学成就感和责任感逐渐加强。各县幼教点儿童在普通话学习中表现出浓厚兴趣,正在不断养成敢说、爱说普通话的好习惯。

昭觉县龙沟乡书租村幼教点辅导员蒋阿依说:"当我们坚持让孩子们每天学习普通话后,发现孩子们其实都在慢慢适应。我尝试按照北师大老师教的小组活动方式,给孩子们分了组,孩子们的学习效果果然好了很多。"

金阳县南瓦乡地洛村日牡洛幼教点辅导员阿力只惹说:"通过几个月的学习,最近有不少家长向我反映,孩子知道了饭前要洗手、要经常洗头洗澡、每天穿得干干净净的。他们还会回家给父母唱在幼儿园学到的歌曲。学生的进步是老师教学的动力,我也越来越有信心了!"

2020年12月20日,高校对口支援西昌民族幼专工作推进会暨"十四五"持续帮扶西昌民族幼专签约仪式在西昌举行,北京师范大学等16所对口支援院校与西昌民族幼专签署了"十四五"持续帮扶工作协议。未来,北京师范大学将继续努力,为巩固拓展脱贫攻坚成果与乡村振兴有效衔接贡献力量!

第二章

帮扶实践

基地探索

为了大凉山的呼唤

北京师范大学教育学部/教育部小学校长培训中心　徐志勇

如果你不知道这个地方

就不会懂得有一种渴望

当你听到远山的呼唤

你就明白我为何远走他乡

城市的夜空灯火辉煌

人们看不到自己的闪光

当我来到遥远的村庄

山间的萤火也能把孩子的梦照亮

——节选自中心凉山支教之歌《远山的呼唤》

过去的凉山州是全国典型的深度贫困地区,11个民族聚居县均曾为深度贫困县,基础设施落后,物质贫困与精神贫困叠加交织,教育问题积重难返。当时的凉山教育亟待脱困:儿童大面积失学;师资短缺,优秀师资更是匮乏;教育教学及管理方式不能适应新时代要求,学校极其重视成绩但分数普遍很低。这样的教育发展水平,意味着凉山州诸多的孩子们已经输在了起跑线上,学校教育无法发挥阻断贫困代际传递的作用。

2019年6月,教育部小学校长培训中心(以下简称"中心")一行考察了凉山州教育发展情况,近距离亲身感受到了凉山人对发展的渴望,家长和学生对优质教育的呼唤。对于凉山州教育而言,需要同时处理3个棘手问题:既要解决师资短缺,又要提高师资质量,还要提升办学水平。这时,距离全国决胜脱贫攻坚尚有不足2年时间,任务艰巨繁重。

在开展凉山州教育帮扶行动之前和过程中,中心多次开展帮扶工作调研,明确需求,根据受援地校的新情况、新问题采取针对性帮扶策略,面向全国名校长领航班成员校组织支教教师团队,开展国家级示范性培训,为受援地校改革教育发展建言献策等,发挥国家级名校长领航工程培养基地的示范引领作用,专业化点对点开展教育帮扶工作,为凉山州教育脱贫攻坚和质量提升提供有力的专业支持。通过"授人以渔",提升受援地校的自主"造血"功能。

一、 为了最美的遇见——教育帮扶团队精细化组织管理

自 2000 年成立以来,中心持续性地面向西藏、新疆、内蒙古、青海、云南等地的边疆地区、少数民族地区和农村贫困地区开展校长和教师培训,如南疆(和田)校长培训项目、西藏校长发展项目等,累计培训 1300 多位农村和边远贫困地区的校长。在"三区三州"国家深度贫困地区的中小学,处处都能见到中心团队人员忙碌的身影。在点对点帮扶贫困地区培养教育人才、提高办学质量方面,中心具有丰富的经验。

为做好凉山州支教帮扶工作,在教师工作司和校长国培办的领导下,中心做了大量的准备和计划工作。2019 年 8 月 17 日,中心发出了凉山支教公开信,呼吁领航校长们以更高的政治站位、更周密的部署安排,完成凉山支教事业。中心承诺将一如既往地以最高质量标准做好这次帮扶行动的准备工作,尽最大可能为支教老师顺利完成帮扶工作提供优秀的专业后援队伍和良好的后勤保障。

根据校长国培办关于做好凉山州支教教师名单报送、行程安排和到岗生活工作安排的相关通知精神,中心分别组织了首期 6 位领航名校长、第 2 期 10 位领航名校长及其工作室,于 2019 年 8 月、2020 年 2 月及 2020 年 8 月完成了 3 个批次的支教教师报名及派遣工作。3 个学期以来,中心共派遣 113 人次支教教师参加凉山州支教工作,具体包括首批凉山州支教教师 39 人,第 2 批 37 人,第 3 批 37 人。中心是派出支教教师最多的名校长领航工程培养基地。

在通盘考虑西昌市及盐源县学校教学实际需求、领航学校要求及支教教师个人意愿的基础上,经过多方沟通,西昌市和盐源县教体科局将支教教师分派在西昌一小、西昌宁远学校小学部等 9 所学校,及盐源县盐井小学、民族小学、工农街小学 3 所学校任教,挂职学校副校长或主任,并为支教教师在教学、教研、组织活动中发挥引领示范作

用提供条件保障。

"听党指挥，能打胜仗，作风优良！首战用我，用我必胜！"教育部小学校长培训中心支教教师们宣誓，一定会认真对待来之不易的支教的机会，克服各种困难，服从受援学校的工作安排，尽心尽力做好支教工作，以优异成绩出色完成支教任务，决不辜负凉山州广大学生、家长及各级领导的期望。

二、 特别的爱献给特别的你——针对需求"送培入凉"

作为国家级培训平台，中心是一个教育学术研究知识转化为办学实践的孵化器。中心依托北京师范大学雄厚的师资力量，以教育学部教育学科群的优秀专家学者为主，聘请教育部领导专家、北京市及全国其他地区的著名专家学者、名校长、名师等为授课专家、兼职教授和实践导师，集政策、研究、教学、实践于一体，满足不同层次、不同类别、不同对象的培训需求，为学员提供丰富多彩的学习内容。3个学期以来，中心按计划有序组织了多次精准培训帮扶活动。

（一）邀请凉山州受援校的校长代表参加中心学术活动

2019年10月12日至13日，2019年全国小学校长学术峰会暨"思与行——百年名校文化传承与教育创新"学术交流会在成都市盐道街小学举行。峰会云集多名国内知名教育专家，由全国二十个省、直辖市、自治区近300名校长参加，与会嘉宾齐聚一堂，共商百年名校文化传承，共议基础教育创新发展。中心邀请凉山州小学校长参加中心在成都市组织的2019年全国小学校长学术峰会，与全国优秀校长进行交流碰撞，同时将会场活动进行网络实况直播，辐射凉山州。

（二）组织中心领航班名校长凉山州教育帮扶培训

2019年10月14日至15日，教育部小学校长培训中心领航班名校长凉山州教育帮扶"送培入凉"活动在西昌市宁远学校举行。凉山州教体局党组书记、局长廖虎，教育部小学校长培训中心领导，西昌市政协副主席吴仿，西昌市、盐源县和木里县教体科局负责人出席了培训会议，凉山州两县一市的400余名教办主任、校长等参加培训。

廖虎同志作了题为《凉山州组织开展教育帮扶工作的策略与经验》的报告。领航班11位名校长分别围绕"学校优质发展与学校特色发展""教师专业发展与课程教学改革"作了主旨发言。领航校长们希望，帮扶活动在凉山这片热土上生根、开花、结果，祝愿凉山教育事业的未来更加美好。培训活动结束后，领航班名校长、支教老师、两县一市的教办主任及校长到宁远学校、西昌二小、西昌四小参加多场主旨报告、座谈研讨、观摩交流活动。

教育部小学校长培训中心领航班名校长凉山州教育帮扶活动启动仪式

(三) 举办西昌市中小学教育管理人才高级研修班

10 月 28 日,由教育部小学校长培训中心、北京师范大学校长培训学院与中共西昌市委组织部共同主办的"西昌市中小学教育管理人才高级研修班"在北京师范大学举办。中心创造条件帮助西昌市全体参训人员充分利用北京师范大学优质教育资源,学习先进教育理念和教育政策,帮助校长们升华教育实践经验,形成学习共同体,做到"知行合一",提升教育管理专业水平。

10 月 31 日下午,中心凉山州教育帮扶系列活动走进北京市海淀区第二实验小学,开展校际交流活动。张国立校长及学校行政班子成员结合学校实际向来自西昌的校长们就学校文化建设、办学理念、特色课程、总务工作及信息化建设等方面进行了详细介绍。西昌市宁远学校校长易华德代表参访校长表示,在此次交流活动中受益匪浅,对海淀区第二实验小学的精心安排表示衷心感谢,希望今后能进一步加强校际交流,促进共同发展。

(四) 举办 2020 年凉山州小学校长国家级专项培训班

依据 2020 年"国培计划"示范项目安排,教育部教师工作司委托教育部小学校长培训中心等后援单位于 9 月 12 至 26 日,在凉山州西昌市举办"教育部 2020 年凉山州中小学校长和幼儿园园长国家级专项培训班"。中心承办了"凉山州小学校长国家

西昌市受援学校与北京市海淀区第二实验小学开展校际交流活动合影

级专项培训班"，来自凉山州各县的 150 位校长参加了此次培训活动。

中心对此次培训工作高度重视，每个培训班配备 2 名专职班主任，课程安排紧凑、内容丰富多样、理论与实践相结合，邀请了北京师范大学教育学部专家、兄弟院校专家、京外理论与实践专家、全国中小学名校长领航班校长及其名校长工作室成员等为学员授课。

学员们对教育部小学校长培训中心给予了高度评价，纷纷表示此次培训具有很强的政治性、实践性、针对性和指导性，既有理论上的高屋建瓴，又有实践上的方法指导，是一次心灵的洗礼，思想的升华，切实感受到受益匪浅，收获颇丰。

培训期间，中心领导先后前往西昌市第一小学、西昌市第五小学和盐源县盐井小学看望支教教师，并向支教教师和学校赠送了由中小学管理杂志社编辑、北京师范大学出版社出版的学术专业书籍。

三、 为教育发展贡献金点子——发挥区域教育发展政策智库作用

中心不仅是一个培训单位，同时又是依托于北京师范大学教育学部的专家团队，

拥有丰富的专家资源和咨询工作体系,参加制定国家教育发展规划、校长专业标准研究、开展教育国际合作交流,为各级政府的政策和战略制定提供咨询支持,发挥了智库的作用。

(一)赴凉山州开展教育现状考察和教育帮扶活动

2019年6月10日至13日,国家项目办组织了名校长领航工程培养基地赴凉山州开展教育现状考察和教育帮扶活动。根据安排,由教育部小学校长培训中心相关负责同志与北京大学、清华大学同仁组成的第3调研小组,通过实地考察和焦点座谈,对凉山州甘洛县、越西县城区的中小学教育和学前教育情况进行了深入调研,提交甘洛县、越西县教育帮扶调研报告,就甘洛县、越西县教育发展现状、对教育帮扶的希望、培养基地的支持措施及条件保障等作了汇报。

为了将培养基地与凉山州教育帮扶工作落实、做好,该报告提出了在人员派出、支教待遇落实等方面需要解决的问题,建议主管部门出台措施予以解决。

(二)参加教育部中小学教师校长培训专家组凉山州"一对一"精准帮扶指导活动

2020年9月9日至13日,中心领导参加了教育部中小学教师校长培训专家组赴凉山州开展"一对一"精准帮扶指导活动。

教育部组织专家赴凉山州进校"问诊",全面推进"一对一"精准帮扶

专家组对昭觉县四开中心校、大坝乡中心校、地莫乡二五小学、民族中学等单位，聚焦"赋能提质，助力乡村教师专业发展"这一活动主题，从学校规划、课程教学、内部管理3个维度、14个观测点采取座谈、采访、查阅资料等方式进行诊断，为昭觉县的教学教研和校长及教师成长，学校规划发展，学校管理等作出了精准的诊断并提出针对性意见和建议。

（三）开展西昌市和盐源县教育帮扶调研活动

中心每个学期都会派支教工作负责人及团队到西昌市和盐源县开展教育帮扶调研工作，实地考察支教教师工作情况、当地教育发展情况、校长和教师面临的困难和挑战，为今后更好地开展帮扶活动作准备，为西昌市、盐源县的教育改革与发展提供智力支持，以实现"精准帮扶"。

2019年12月24日至29日，中心调研团先后来到西昌市第一小学、盐源县金河九年一贯制学校、盐源县民族小学、盐源县工农街小学、盐源县盐井小学、盐源县梅雨镇娃儿嘴小学、盐源县棉桠乡中心小学、盐源县下海中学、盐源县干海小学、盐源县中学校等学校，了解当地学前至高中教育发展情况。中心将调研情况汇总并及时反馈给各领航名校长工作室，为后续的精准教育帮扶行动提供参考。

2020年5月24日至26日，中心分别在西昌市和盐源县开展了凉山州教育帮扶行动支教工作调研活动。西昌市和盐源县教体科局相关负责人对当地教育发展面临的

西昌市支教教师在中心调研活动上合影

问题进行了分析,建议中心、领航学校和支教教师团队加强研究,一方面做好学校教学工作,另一方面多为盐源县的教育事业改革与发展建言献策。

2020 年 11 月 15 日至 18 日,教育部小学校长培训中心分别在西昌市第六小学、西昌宁远学校、盐源县工农街小学和盐井小学开展支教工作调研活动,分别在西昌六小、盐源县盐井小学召开中心第 3 批教师座谈会。受援学校的校长们介绍了学校发展历程、文化建设、课程教学改革情况,着重凸显了领航名校长工作室支教老师们如何发挥引领作用和教师结对发展作用。中心在西昌市支教团队的 8 个小组、盐源县支教团队的组长和老师们分享交流了支教体会,支教老师畅所欲言,分析支教情况以及自己可以为推动学校交流、发展做哪些力所能及的工作,并为未来领航学校与凉山州学校建立可持续的"手拉手"工作机制建言献策。

(四)参加受援县教育公益活动并开展讲座

调研活动期间,应盐源县教体科局邀请,校长培训学院副教授、教体科局副局长(挂职)徐志勇参加盐源县教体科局"中国好老师"公益活动,举行"新时代教师发展策略"讲座并开展研讨。徐老师提出新时代下老师们教学研究要解决合作困难、难出成果、效率不高的问题,引领学生开展项目学习,培养学生的关键能力与核心素养,帮助学生形成未来走向社会的生存与生活能力。

(五)参加西昌市援凉高层次人才聚智荟活动

2020 年 12 月 24 日至 26 日,中共西昌市委、西昌市人民政府举办的"山水相牵聚

中心副院长,西昌市教体科局党委委员、政府督学(挂职)
徐志勇参加西昌市援凉高层次人才聚智荟并发言

英才·同心携手绘新篇"援凉高层次人才聚智荟活动。凉山州委常委、西昌市委书记马辉出席会议并讲话。徐志勇副教授作为西昌市教体科局党委委员、政府督学（挂职）受邀参加此次活动，结合自身专业，聚焦西昌市坚持教育优先、打造教育品牌的主题，作为援凉人才代表作大会报告《新时代西昌市优质学校群建设》，为西昌"十四五"高质量发展高效能治理建言献策。

四、 架起校际友谊之桥——发挥结对帮扶平台作用

在第 1 期、第 2 期教育帮扶行动中，中心注重引领领航名校长工作室与凉山州受援校建立可持续性结对帮扶发展工作机制。第 3 期帮扶行动一如既往重视建立长期结对帮扶机制，领航学校积极投入，开展了一系列结对帮扶工作。

2020 年 9 月 17 日至 19 日，凉山州盐源县"中国好老师"公益行动计划教学研讨活动暨教育部中小学名校长领航工程彭娅校长工作室、西昌市第一小学盐源送教活动在盐源县工农街小学举行。彭娅校长工作室广州市越秀区东风东路小学、西昌市第一小学与盐源县工农街小学签署缔结友好学校合作协议。爱心教育手拉手、远程教育心连心，在彝族年前夕，彭娅校长工作室给工农街小学 120 名建档立卡贫困户学生赠送了新棉衣，孩子们收到棉衣都露出了会心的笑容。

2020 年 9 月 25 至 29 日，教育部中小学名校长领航工程柯中明校长工作室带领本工作室 4 所成员校领导和骨干教师到盐源县开展精准结对帮扶，实现"三个一"的帮扶目标，即：走进课堂，对学生上一节示范课；走进教师，对教师做一个学术微报告；走进家庭，对困难群众献出一点爱心。工作室学校分别结对盐源县盐井小学、盐源县民族小学、盐源县黑山小学及盐源县柏林小学。柯中明校长工作室 4 所学校家委会的爱心物资及捐款共计 18 万多元捐赠给各结对学校。

2020 年 11 月 5 日，由湖南省教师发展中心主办，长沙高新区教育局、教育部中小学名校长领航工程左鹏校长工作室协办的"湘来宁远，绽放课堂"湖南名师课堂展示教研活动在西昌市宁远学校举办。14 堂精彩的展示课见证了老师们先进的教育理念，扎实的专业基本功，过硬的教学组织能力。从教学设计到课改理念，从专业素养到教风教态等，都对受援校老师的专业成长起到引领作用。

2020 年 11 月 15 日至 20 日，教育部中小学名校长领航工程余卫校长工作室分别赴凉山州西昌市第四小学、盐源县工农街小学开展教育教学交流活动。余卫校长工作

室向盐源县工农街小学捐赠了一台速印机以及其他相关学习用品。余卫校长表示教育帮扶不仅是一个承诺,更是一份担当与责任,将进一步加强交流与沟通,互学互鉴,实现资源共享,携手进步,共同发展。送教上门,不仅是真情的体现,还是教师们的责任担当,更是与帮扶学校携手同行,共谋发展的情怀和努力。

2020年12月12日至15日,教育部中小学名校长领航工程王羽校长工作室及3所成员校领导老师共赴四川省凉山州开展联合教育教学交流活动。贵州省教育厅教师处领导参加活动,工作室6所学校的校长和骨干教师参加。活动期间,王羽校长工作室开展了慰问捐赠活动暨西昌市第四小学文博分校"暖冬行动",为孩子们带来了文具盒、彩色笔、铅笔、书包等学习用品以及篮球、足球、跳绳等体育器材。

五、 功成必定有我——凉山州教育帮扶成效、成果与经验

功成不必在我,但功成必定有我。从2019年8月至2021年1月,教育部小学校长培训中心从凉山教育发展所面临的现实问题出发,所开展的凉山州教育帮扶工作取得了显著的工作成效,工作方式特色突出,得到了上级领导单位、凉山州教育管理部门、受援学校师生等各方面的认可与赞许。

(一)教育帮扶成效和成果

1. 有效缓解了凉山州师资短缺的问题

扶贫先扶智,"造血"先"输血"。为确保2020年全面打赢脱贫攻坚战,加强对凉山州教育扶贫力度,教育部启动"凉山州教育帮扶行动",通过组织"国培计划"中小学名校长领航工程项目学校的教师到凉山支教,为凉山州学校补充一批教育教学和学校管理骨干,示范、引领凉山州教师专业素质的提升。中心积极响应和参与了此次教育帮扶行动,3个学期以来,组织了114人次的支教教师赴凉山州。中心的教育帮扶成员来自教育部名校长领航团队,是国字号队伍,规格高、使命光荣,领航学校的支教教师不忘初心、克服困难,用他们的专业和智慧出色地完成了支教帮扶任务,让凉山州的学生有变化、教师有变化、学校有变化。

2. 提高了受援地校的内生性发展能力

凉山州教育脱贫攻坚,短期来看必须首先解决师资短缺问题,长期来看需要提升受援地校的内生性自我发展能力。支教教师团队进入学校后,根据学校要求承担教学任务,同时还要发挥领航名校骨干教师作用,通过开展集体教研、研讨课、组织大型活

动等方式引领受援地校教师发展,提高受援地校教师专业能力。以中心为平台,领航名校与受援地校建立起了对点"手拉手"帮扶关系,建立友谊学校,受援地校可以通过线下、线上融合的方式利用领航名校的优质资源,建立可持续性的帮扶机制。

中心组织专家力量和名校资源,与凉山州教育主管部门合作,开展精准教育帮扶。通过建立对点帮扶机制,持续性开展专业教育帮扶行动,提升凉山州受援地校的学校发展规划能力、文化发展能力、课程与教学改革能力、组织大型学生活动能力和促进教师专业发展能力等,帮助学校领导干部与教师形成自觉观察学校文化、反思教育教学动态、创新性地谋划学校发展策略的思维方式,提升受援地校内生性的发展能力,推动凉山州教育事业的改革与发展。

3. 增强了领航校长服务国家重大战略的能力

在领航班学员职责中,中心要求在基地的研修引领和导师的指导下,学员要和培养基地、导师一起制定个人学习计划,充分开展同伴互帮互学,开展学校管理案例研讨、办学诊断研讨、课题研究等群组活动,要求领航校长带领所在学校和教师积极服务于国家脱贫攻坚等重大战略,参加教育公益活动,发挥引领示范作用,具体包括:第一,争取地方政府和教育行政部门支持,在本地建立名校长工作室,制定活动计划,积极培养本地中青年校长,帮扶薄弱学校提升办学水平;第二,积极参与各级教育行政部门和培养基地组织的送教下乡、巡回讲学、名校长论坛、专题报告、专题调研等活动。

对领航校长而言,参加凉山州教育帮扶,对于他们的专业发展和影响力提升而言是一次良好的机遇,中心为领航校长提供了平台,有效地发挥了他们在教育思想、实践创新和社会责任等方面的示范引领作用。

4. 有效助力凉山州教育事业追赶发展

3个学期以来,中心积极响应和参与凉山州教育帮扶行动,组织了支教教师赴凉山州,举办了凉山州小学校长国家级专项培训班、凉山州西昌市中小学教育管理人才高级研修班,邀请对口帮扶学校校长参与中心组织的校长专业发展论坛,参与"一对一"精准帮扶指导活动,组织"国培计划"校长学校与对口学校手拉手等,提高了凉山州对口帮扶学校的办学水平。在教育帮扶过程中,按照州教体局要求,凉山学校积极向教育部领航学校学习,在帮扶活动中为名校长和帮扶教师们发挥管理经验、办学眼界、教育理念优势开方便之门,取好"真经"。中心通过各方协同,助力凉山教育事业追赶发展、跨越发展。

（二）探索建立可持续性教育帮扶机制

中心为期3个学期的凉山州教育帮扶行动圆满结束，这不是终点，而是新起点。通过各方的艰苦努力，凉山州教育脱贫攻坚取得了决定性胜利，但还需要持续用力跑好新长征，建立可持续性的凉山州对点教育帮扶机制。

1. 中心可持续帮扶机制

对于中心来说，将继续与凉山州教育管理部门和学校开展对点帮扶，主要工作包括：

（1）持续性地"送培入凉"。利用中心所具有的专家资源和名校长、名师资源，定期面向凉山州开展骨干校长培训、新校长培训、学校后备干部培训及教师培训，更新学校领导和老师的教育观念，帮助老师掌握前沿教育理论和教学方法，推动学校教学改革；

（2）组织理论专家和实践专家团队，对凉山州受援学校进行针对性诊断和指导，提高学校办学水平；

（3）与凉山州及市县教育管理部门建立起对点帮扶机制，定期开展州及市县教育发展情况调研，发挥智力支持作用，为凉山州教育改革与发展建言献策等。

2. 领航名校可持续帮扶机制

对于领航名校及其工作室而言，通过参加凉山州教育帮扶行动已经与受援校建立起结对帮扶关系，未来双方继续加强合作，开展深度教育帮扶：

（1）领航学校及其工作室将持续性地开展"送教入凉"，派出名师骨干教师到凉山州受援校现场授课，开展共同教研；

（2）鼓励支持凉山受援校派出教师到领航学校进行跟岗学习，探索建立校际置岗交流学习机制；

（3）领航学校、领航工作室成员校、凉山州受援学校等合作建立教育发展共同体，联合开展教师、学生活动，开展联合教研，组织学校发展论坛；

（4）利用移动互联网、大数据及智慧教育技术，构建领航名校工作室、受援校的网络教学与研究联盟，共同开发在线课程，开展互动教研、空中课堂和双师教学，推进在线资源共享，以线下、线上相融合的方式提升受援校办学水平。

来自广州市越秀区东风东路小学彭娅领航校长工作室的杨兰老师，是教育部小学校长培训中心赴凉山州支教团队的一员，在盐源县工农街小学开展教育帮扶工作。杨老师是小学音乐高级教师,给孩子们带来美妙的音乐课程;发挥示范作用,挂职工农街小学副校长,引领受援校教师发展;多次发起"东风筑梦凉山情"捐赠活动,纾困解难,在腊月寒冬为冻得缩手缩脚的孩子们捐赠冬衣和鞋子。杨兰老师学生的学生陈伯君(现在就读于中国音乐学院)听说了杨兰老师在凉山州盐源县支教的故事,特地自己作曲,并请知名词作家陈道斌作词,创作了歌曲《远山的呼唤》,并进行了录制。

歌中唱到:

远山的呼唤

那是来自心灵的渴望

青春开垦的原野

就是我的诗和远方

远山的呼唤

那是来自生命的歌唱

把爱播种在远山

相信明天将是遍野春光

一段支教路,一生凉山情。

3个学期的支教工作暂告一段落,对于我们、对于凉山州教育同仁来说,一切过往皆为序章,我们会站在新的起点上,与领航班校长一起,以更高的政治站位、更周密的部署安排,继续完善教育帮扶工作机制,持续性地开展对点教育帮扶工作。教育部小学校长培训中心将一如既往地以高质量标准持续性地开展教育帮扶行动,尽最大可能搭建凉山州教育帮扶平台,助力新时代凉山州教育优质均衡发展。对于凉山教育的发展,我们充满了美好的期待。

不忘初心履使命，驰而不息助前行

东北师范大学/教育部幼儿园园长培训中心　缴润凯　吴楚

作为全国唯一的名园长领航工程培养基地，教育部幼儿园园长培训中心携领7位领航名园长以带动凉山学前教育改革发展为目标，将推动教育理念更新和引领师资队伍成长相结合，全面推进凉山教育帮扶行动。7位领航名园长亲笔撰写《亲爱的凉山，我们准备好了》一文，"坚信心中有阳光，眼里有远方，脚下有力量"，顺利开启"幼有优育"凉山帮扶行动。

一、提高站位，注重加强顶层设计

（一）建立帮扶机制，确保帮扶实效

扶贫应同扶志、扶智相结合。教育部幼儿园园长培训中心（以下简称"园长中心"）自接到凉山教育帮扶行动任务便高度重视，深感责任重大，使命光荣，不断加强大局意识，提高政治站位，根据国家学前教育发展的战略需求和凉山州幼儿园发展的现实诉求，结合东北师范大学"U-G-S"教师教育模式及名园长领航班的培养方案，遵循"目标一致、责任共担、资源共享、协同创新、共同发展"的原则，形成"培养基地引领—行政部门协调—领航园长指导—支教教师深耕—受援园所发展"的"五位一体"帮扶机制，积极探索一套可复制、可借鉴、可推广的凉山州幼儿园质量提升的模式和路径，助推凉山教育脱贫攻坚和教育事业发展。

"五位一体"帮扶机制中，每个主体通力合作、密切配合，实现目标明确、任务明确、责任明确、举措明确，精准发力。园长中心重点凸显培养基地价值引领的作用，负责帮扶模式的宏观设计、帮扶行动的统筹推进、支教团队的组织运行等，充分发挥国家级园长培训基地在学前教育和师资培训等领域的理论优势，持续提供智力支持；教育行政部门统筹负责帮扶工作落地落实，提供经费、物质、政策等方面必要的保障；领航园长

具体做好结对帮扶工作，为受援园所提供发展改进的策略，对支教教师给予教育理念的指导；支教教师充分发挥实践经验和专业优势，带动受援园所教师掌握先进思想、更新教育观念、提升教育质量；受援园所应充分发挥主观能动性，主动求变，结合自身发展实际，认清"困"中之需、找准发展之"机"，全面促进教师队伍专业成长，助推幼儿园高品质发展。

通过"五位一体"帮扶机制，将单项帮扶转变为多方合作，强化智力支持，重在形成合力。在践行教育帮扶行动中，多方依据资源共享、平台共通、特色共建的思路，优势互补、观念互通、人员互动的策略，实现教育帮扶从"输血式"到"造血式"的蝶变，构建长期稳定多元的幼儿园发展共同体，为凉山学前教育的发展做出应有的贡献。

（二）坚持需求导向，践行精准帮扶

知标本者，万举万当。每所受援幼儿园在办园特色、课程建设、教师队伍等方面各有不同的现实困惑，各个工作室找准问题，方能提供行之有效的破解思路。精准实施教育帮扶，重在精准，贵在精准。园长中心及领航园长开展凉山教育帮扶行动坚持需求导向，结合痛点难点问题，积极想办法、出实招、见真效，破解发展瓶颈，并在满足需求的基础上进一步引领需求，促进受援园所实现办园质量的提升。

园长中心积极面向凉山彝族自治州教育和体育局及西昌市教育体育和科学技术局以及7所帮扶幼儿园，深度调研了解凉山幼教的整体发展现状和受援园所的实际需求：一方面，有针对性地遴选政治信仰坚定、教育情怀深厚、专业素养过硬的支教教师，先后选派的3批累计63人次的支教教师队伍，汇聚正高级教师、省名师工作室主持人等教学骨干和业务园长、保教主任等管理骨干，是一支可以带动区域内幼儿园提高办园质量和推动改革发展的优质队伍；另一方面，紧紧围绕帮扶需求，制定园本化、定制化、精准化的帮扶方案，切实做到精确化配置帮扶队伍，精细化制定帮扶内容，精准化帮扶受援园所。

在调研中，西昌市蓝天幼儿园表示在园本教科研及园本课程建设方面亟待发展，兀静园长工作室结合需求，选派正高级教师同时也是业务副园长的李昱老师支教，负责园内科研工作，引导教师树立问题意识、形成科研思维、提高研究能力，打造"阳光体育"课程体系，探索适切的园本教科研机制。凉山州机关第二幼儿园在户外体能活动和教育信息化建设方面存在发展瓶颈，宋青园长工作室先后选派2位兼具体育教学和信息技术专长的教师，确保专业引领的延续性，提高组织户外体能活动的水平，提升教师信息技术素养。

（三）重视党建引领，加强师德建设

园长中心高度重视加强对支教教师的思想引领，建立支教教师党支部，以支部建设带动团队建设，通过重温入党誓词、定期召开主题党日活动等形式，引领支教教师筑牢教育初心，厚植爱国情怀。

二、 提升质量，推动教育理念更新

（一）思想引领，更新教育理念

开展凉山教育帮扶行动，不仅仅是通过支教教师满足凉山州幼教人员不足的"幼有所育"现实需求，又要着眼长远借助领航园长的力量助力实现"幼有优育"的未来发展。因此，园长中心通过开展专项培训、送教援培、公益论坛等多方位、多角度、多层次的帮扶方式，关注凉山园长教师的专业发展的长远性和生态性。

我们举办"凉山州国家级幼儿园园长培训项目"，邀请20余位全国学前教育知名专家学者和优秀园长赴凉山为全州的幼儿园园长解读学前教育改革发展的热难点；开展"凉山州学前教育发展学术论坛"，引领凉山州幼儿园园长和西昌民族幼儿师范高等专科学校的学生更新观念，积极思考，与西昌市民族幼儿师范高等专科学校携手共同打造凉山州幼教联盟，为凉山州学前教育的发展作出应有的贡献；举办"乐响生活、爱满凉山"艺术领域教育研讨会，由省级学科带头人等优秀教师亲自执教，通过示范展示和互动交流，破解凉山幼儿园教师在音乐教学活动中的困惑和难点。

园长中心携领航园长工作室通过线上与线下相结合的方式组织专题研修活动10余场，辐射凉山州公民办幼儿园、一村一幼幼教点的园长老师2 300余人次，有效实现教育理念更新，丰富教育实践。

（二）入园诊断，引领发展改进

教育帮扶一年半的时间里，园长中心组织专家学者和领航园长工作室围绕园本科研能力和办园特色凝练两个维度实行任务驱动，先后17次赴7所受援园所入园指导，全面诊断幼儿园发展现状与问题，提出行之有效的整改策略，突破幼儿园发展瓶颈。凉山州机关第一幼儿园通过打破场地限制，融合民族特色，建立户外体育大循环综合活动；西昌市东风幼儿园明晰发展规划和办园理念，深挖凉山红色文化底蕴，积极用好人文资源，梳理出符合时代精神与本土特色的园本课程体系；凉山州第三幼儿园顺利完成筹建工作，王翠霞园长工作室为其拟定、调整、完善各项制度 106 项，认真反复梳理采购清单，筛选明确 9 大类共 716 件材料，认真分析幼儿园所处地域的生源情况，制定招生预案和招生摸底方案，精心设计摸底调查表，为顺利开园招生作好充分准备。通过行之有效的园所发展改进方案助推受援幼儿园坚持"本色"，迈进"特色"，提升办园治园能力，丰富园所发展内涵，为优质长远发展奠定基础，也为凉山州打造区域内特色品牌幼儿园贡献力量。

三、 专业引领，提升师资队伍水平

（一）提高园本教研水平

园长中心将支教教师工作的核心定位为"以教研促提升"，根据每位支教教师自身专业优势和受援园所的实际需求，通过研究式、示范式、浸入式等丰富多样的形式指导园本教科研活动，开展专题培训实践。李昱老师等指导园本课题《提升园本化美术课程应用及推广有效性的实践研究》《绘本阅读中培养幼儿审美素养的实践研究》《民族地区学前幼儿学会普通话的有效策略的实践研究》等 11 项；李金老师等围绕"幼儿数学核心经验及表现力水平""幼儿体育游戏设计与典型案例研讨"等进行专题培训 120余场；徐钦佳老师等结合"集体教学活动的有效设计与实施""多媒体教学具使用与实践""低结构材料的创意使用""基于幼儿发展现状调研结果的集体教学活动方案优化与实施"等不同主题进行示范展示、听课评课等 300 余次。支教教师通过指导受援园所的园本教科研活动，引导培养不同能力、不同阶段的教师实现专业赋能和走向专业自觉，建立学习发展共同体。

（二）有效提升信息素养

教育帮扶行动启动之初，园长中心和领航园长敏锐地捕捉到受援园所在教育信息化建设和教师教育信息技术素养方面的能力亟待提升。连续 3 批选派多位兼具信息技术专长的支教教师为日常教学和班级管理中应用 ICT 提供精准的指导，陈小梦老师等组织园内和跨园之间的《幼儿园教师教学信息素养的提升策略》《多媒体教学具使用与实践》等专题报告 10 余场；宋青园长工作室捐赠华东师大黄瑾教授团队研发的数学教玩具——"慧玩数学"，以及玛塔编程机器人，丰富创意设计数学活动的教学资源，逐步更新受援园所教师的教育资源观和技术素养观，提升教师信息技术素养和园所教育治理水平。

疫情防控期间,隔离不隔爱,园长中心和领航园长持续开展远程帮扶,有针对性地为受援园所提供远程指导,分享"心课堂""小荷有约""云教研""繁星点点"等优质在线资源600余项,组织支教教师录制绘本故事视频,开展"用爱陪伴"主题活动。通过互联网在"停课不停教、停课不停学"期间为受援园所提供温暖与问候,带来抚慰和惊喜。

(三)影子学习拓展视野

秉持着"请进来"和"走出去"相结合的理念,依托园长中心在全国遴选的近200所优质幼儿园设立的实践教学基地和领航园长的教育资源,园长中心先后组织西昌市红旗幼儿园等幼儿园园长和骨干教师40余人次赴北京、上海、西安等地知名幼儿园和高等学府进行实地考察和影子学习,深入学习优秀园所保教经验,掌握诊断和解决保教问题的方法;组织西昌市蓝天幼儿园杨沙莎园长参加全国幼儿园园长大会,现场学习教育实践创新经验和优秀成果。通过影子学习引导受援园所拓展实践视野,提高科学保教能力,促进教师队伍整体水平提升。

(四)合力打造特色课程

为推动受援园所逐步提升办园质量,凸显办园特色,领航园长和支教教师在园长中心的指导下,结合对口幼儿园发展实际,深入开展调研。通过引导受援园所教师进一步探索教学过程、丰富教学材料、总结教学经验等方式,逐步形成基础课程和特色课程相结合的园本课程体系。各个受援园所均已建立园本特色课程,如西昌市蓝天幼儿园的阳光体育活动、西昌市红旗幼儿园的食育课程、西昌市红星幼儿园的编织特色工作坊等。来自北京市第一幼儿园的刘金玉园长工作室支教团队为凉山州第一幼儿园精心打造户外体育大循环综合活动,既结合红色本土文化,又能充分促进幼儿体能锻炼。支教教师团队更是认真梳理、严谨编排,形成一本教师指导用书《幼儿园户外体育游戏循环区创设的行动研究——基于文化资源视角》,旨在保证教学活动后续的持续发扬和有效完善。通过共同打造园本特色课程,进一步满足幼儿的个性化、特色化发展需要,助推幼儿园高品质发展。

(五)培养凉山未来幼师

山东省淄博市实验幼儿园的王翠霞园长工作室根据工作部署对口帮扶凉山州机关第三幼儿园,幼儿园属于在建状态,因此帮扶工作既包括负责幼儿园的筹建和教师培训工作也涵盖承担西昌民族幼儿师范高等专科学校学生的教学工作。这对于支教教师既是发展机遇更是专业挑战。王翠霞园长工作室支教教师积极转变观念,承接任务,一方面负责西昌民族幼儿师范高等专科学校第一批三年制学前专业学生"幼儿语言教育与活动指导""幼儿园教育活动设计与组织"等专业课的教学工作。他们充分发挥实践经验丰富的优势,生成"做加法、习教法"的幼师教学法,有效丰富课堂教学内容,切实提高学生实操能力,受到校内师生的一致好评,被聘为西昌民族幼儿师范高等专科学校指导教师。支教期间,他们共展示 6 节公开课和 10 余节示范课,独立设计的 8 个规范教案等教学材料、2 万余字的备课记录和 5 万余字的授课讲稿全部赠送给学前系,为西昌民族幼儿师范高等专科学校的教研工作和优秀师资队伍的培养提供了宝贵的智力支持。另一方面,支教教师还承担学科建设、学生指导、凉山州机关第三幼儿园教师队伍建设等多项工作,为未来扎根凉山州学前教育的师资培养贡献力量。

四、 形成合力,引领区域协调发展

(一) 凝聚共识,建立发展共同体

分则力散,专则力全。园长中心和领航园长将凉山教育帮扶行动视为持续支持贫困地区幼教发展的长期工作。7 名领航园长各自的名园长工作室辐射带动全国百余所幼儿园和百余名园长,形成"同学习、谋发展、共成长"的学习共同体。受援园所与领航园长签订姐妹园友好协议,即加入长期稳定多元的幼儿园发展共同体,共同挖掘优质教育资源,通过师资培训、研讨交流、实践互访等多种形式的教育交流,为教师、幼儿搭建丰富教育资源、提升教育理念和拓宽教育视野的平台。为期一年半的帮扶期间,物质支持方面,领航园长工作室先后为受援园所捐赠图书 19 348 册、玩具 4 493 件、医用外科口罩 5 500 个、儿童服装 416 余套,约合人民币 80 万元;智力支持方面,领航园长工作室先后开展一系列有针对性的驻园诊断、送教援培等活动,切实做到凝聚共识、汇聚力量,形成教育帮扶的新生态,全面推动区域内学前教育的可持续发展。

(二) 示范辐射,帮扶"一村一幼"

涓滴成海,众木成林。通过深度调研了解,凉山州学前教育最主要的短板便是乡村幼教点。凉山州于 2015 年 10 月启动实施"一村一幼"计划,旨在帮助彝区学前幼儿学好普通话、养成好习惯,但教育理念依然非常陈旧和落后。为充分发挥教育帮扶的示范引领作用,园长中心经与凉山彝族自治州教育和体育局及西昌市教育体育和科学

技术局的沟通,组织支教教师定期赴普格县马里哄村、昭觉县普诗乡玄生坝村等地的"一村一幼"幼教点开展送教活动,为孩子们赠送书籍、添置玩教具、购置足球,更带去了先进的教育理念。李金老师等多次为"学前学会普通话"行动全覆盖公(民)办园长教师及幼教点辅导员进行专题培训,为"一村一幼"辅助读本修订献计献策。刘秀红园长工作室选派的王薇老师、刘建军老师及林杏老师在西昌市"学前学普"童谣、儿歌创作大赛中获得一等奖。西昌市教育体育和科学技术局副局长许剑锋说:"领航园长帮扶7所幼儿园,7所幼儿园再去辐射乡村园和幼教点,建立形成发展共同体,助力凉山一村一幼和学前学普工作提升,切实阻断贫困的代际传递。"

五、 守望相助,涓涓细流汇成大海

教育帮扶永远守望相随,回顾园长中心与领航园长一路走来的凉山教育帮扶之路,既收获各界的关心、指导和帮助,也取得一定的成绩、效果和荣誉。

(一)强化宣传,扩大辐射作用

2019年9月1日,中国教育电视台对园长中心支教教师朱侗伸老师和林晓伶老师进行采访;2020年1月5日,《中国教育报》对园长中心凉山送教援培活动作《凉山脱贫攻坚幼教有力量》专题报道。《上海托幼》《学习报》等期刊先后对结对帮扶模式进行跟踪报道,凉山州电视台、海南电视台、《海南日报》等媒体对各园长工作室特色帮扶活动进行专题报道。充分利用电视、报刊、网络等媒介,层面丰富、形式多样地对支教教师的感人事迹和有效做法进行宣传,扩大教育帮扶行动的辐射效果,取得良好的社会效益。

(二)总结成果,推动经验反思

一年半的教育帮扶行动卓有成效,受援园所收获丰硕成果:1园承担的四川省教科研重点课题《民族地区学前幼儿学会普通话的有效策略的实践研究》荣获2020年度子课题阶段成果一等奖;1人荣获"凉山州优秀教育工作者"荣誉称号;4人荣获"西昌市教书育人楷模""西昌市教育名师"等荣誉称号;72人次在第十三届"当代杯"全国教师职业技能大赛中荣获奖项;42人次在各级论文比赛中获奖;等等。支教教师收获众多荣誉:1人荣获淄博市脱贫攻坚先进个人;1人荣获黄浦区青年岗位能手荣誉称号;1人荣获淄博市脱贫攻坚专项奖励嘉奖;4人被西昌民族幼儿师范高等专科学校聘为"专业指导教师";1支教团队荣获西昌市"学前学普"童谣、儿歌创作大赛一等奖;1支

教团队指导的教学活动荣获四川省教育科学研究院 2020 年四川省幼儿园游戏活动二等奖;等等。

园长中心和领航园长积极总结教育帮扶成果,进一步梳理凝练,生成如《构建有生命力的教育帮扶模式》《构筑发展共同体的教育帮扶新格局》等帮扶范式相关文章,确保"造血机制"有效运行、帮扶成果有效延续。

"我在北大等你"——教育扶贫"甘洛模式"探索

北京大学教育学院培训办公室主任　范皑皑

北京大学教育学院是教育部名校长领航工程培养基地之一，也是国家教育研究的重要智库，加入凉山州脱贫攻坚战伊始思考的就是如何实现支教工作的可持续发展，如何推动当地教育实现健康提升和良性循环。贫困或许是相同的样态，但是脱贫可以有不一样的模式。教育是可持续发展的根本，但是教育的发展不是千校一面、千县一面，需要因地制宜、因时而易。

2019 年 9 月，北京大学基地工作组在盘山路蜿蜒了近 6 个小时，从成都到达甘洛县城的时候，我们对甘洛曾经的经济繁华和对再次繁盛的渴望有了理解。甘洛北距省会成都 320 公里，南到州府西昌 237 公里，曾被誉为"西部铅都"。一个曾经依靠资源变得富庶的县城，过去没有为现在投资教育，那么在资源消耗殆尽之后，现在又用什么为未来投资教育？甘洛如何发展让人民幸福和满意的教育？北京大学基地专家组在经过了多次实地调研和考察之后，明确了"我们要做什么"和"我们能做什么"，并逐步探索出教育帮扶的"甘洛模式"：以北大聚精神、以平台汇资源、以美育传幸福。

作为新文化运动的发源地、中国最早研究和传播马克思主义的基地，北京大学与家国民族的命运紧密相连。北京大学于学生而言是一种精神的凝聚，于教师而言是一种信念的鼓励，于校长而言是一种理论的支持，于社会而言是一种模式的示范。所以，我们对教育扶贫中的不同参与主体，从不同的角度构建"我在北大等你"的信念契约，并探索了如何通过北京大学的兼容并包思想凝聚学生的向往、教师的追求、校长的期待以及社会的目标，如何以北京大学为平台筛选出适合甘洛地区发展的教育项目、产品、师资、教学模式等等资源，如何在"五育并举"中以美育为支点培养爱家乡、有自信、享幸福的人才，从而为脱贫攻坚中的师生赋能。

一、 学生——"我在北大等你"是一种激励

当我第一次踏入甘洛县民族中学的课堂,欣赏了孩子们表演的特色乐器,深感接收到了一份来自甘洛孩子们的礼物。他们的眼中有对于北京大学的憧憬,也有对北京大学意味着什么的些许迷茫。他们用自己的表演表达了对远在北京的最高学府之一的敬意。乐团的老师让我给孩子们讲两句,我看着孩子们,只轻轻说了一句"我在北大等你"。

并不是每个孩子都能在高等教育的某个阶段就读于北京大学,更不是每个孩子都需要上北京大学。对于学生而言,北京大学表面上是学子们向往的地方,实质上是学术卓越追求者的聚集地和精神家园之一,象征着学生的理想和目标。对甘洛的学生而言,最重要的不是他们能否在高考中达到北京大学的分数线,而是他们是否有学习的勇气和决心。通过调研、走访以及支教教师的反馈,我们发现,很多甘洛的学生主观上觉得读书无用,他们的家庭也并没有支持他们持续学习。未来社会需要人保持不断学习的能力,学习已经没有边界,泛在化的学习随时发生,而学校的重要作用已经不只是教授学生知识,还在于引导学生形成正确的价值判断、持续的学习习惯以及灵活的适应能力。

"我在北大等你",对学生而言是一种精神激励,要有理想和目标,才能有前进的动力。我们通过教育扶贫留给欠发达地区学生的应该是终身学习的意识和能力。只有这样有学习兴趣、学习意识的学生才可能把"扶贫先扶智"的理念落到实处,才能真正把扶贫的"输血模式"变为"造血模式"。

二、 教师——"我在北大等你"是一种鼓励

教师是教育发展中的核心人力资源,也是甘洛教育发展中最短缺的资源。甘洛县各级各类学校共有学生约 5.4 万人,只有 2 000 多教师,教师严重缺编,这给"控辍保学"带来了很大的难度。所以甘洛县动员了一切可以动员的力量,四川宜宾学院的大四学生百余人同时到甘洛顶岗支教,教育部领航工程名校长工作室派出骨干教师前往甘洛帮扶。虽然从 2019 年秋季学期至 2020 年秋季学期,北京大学基地派出的支教教师只有 43 名,但是他们所承担的工作远远超过 43 名教师的常规工作,发挥远远不止500 名教师的作用,直接和间接影响的当地教师人数超过千人。支教教师通过专题讲座、示范课、教师培训等等形式用自己的专业发展成果为甘洛教师赋能,大大小小的赋能活动不下百场,平均每周都有不同学科、不同主题、不同形式的赋能活动。

关于支教教师的角色和作用,我们一直有很多思考:他们不是普通的顶岗教师,而是在管理和教学相关领域都有丰富经验的名师;他们的价值不仅在于教好每一个学生,更在于向甘洛当地教师示范如何教好每一个学生;他们的能力不仅仅标志着自己的专业水准,更可能成为甘洛教师学习的榜样;他们不是一个个体验生活的"飞行"教师,而是一个个踏实奉献的"扎根"教师;他们不仅仅是燃烧自己的"蜡烛",更是需要不断补充能量和照亮更多人的"火炬"。2019年12月,当北京大学基地专家组再次来到甘洛调研和慰问支教教师时,我们许下了"我在北大等你"的承诺,形成一个惯例,邀请支教教师参加每年年初举行的"北京大学基础教育论坛",为支教教师赋能,为他们提供学习机会。北京大学家校共育研修班创建以来,历次参与支教的教师都能获得优质、公益的学习资源。

"我在北大等你",对教师而言是一种鼓励:只有教师发展了,教师才能引领教育的发展;只有鼓励骨干领航教师在专业上和思维上有所发展,受援学校的普通教师才能有更高的标杆。

三、 校长——"我在北大等你"是一种支持

校长的眼界和格局决定了一个学校的办学高度和广度,领航工程名校长就是甘洛受援学校校长最好的学习对象。名校长及其工作室相继开展了诸多实地调研、送教下乡等活动。甘洛的受援学校与陕西、山东、吉林、河北、上海等地的名校长工作室所在校成为友好学校,这种交流学习不是简单地学习做法,还有思想上的交互、观念上的更新。还记得2019年9月送第一批支教教师到甘洛时,甘洛教育局同志面有难色,他们担心派出的副科教师有余而主科教师不足。之后的事实很快证明,体育教师对于学生身心发展是必不可少的,一些学生在体育赛事中的表现傲人;而随着甘洛县书画研究中心的成立,美术教育成为甘洛教育的一张名片。

甘洛的校长有一些没有走出过四川,没有到过北京。因此,2019年末,北京大学教育学院邀请甘洛县50多名中小学校长赴北京大学开展了为期一周的学习和访问。他们在北京大学对教育理论发展前沿、最新教育技术的运用等进行了学习和探究,对北京民族小学进行了参观和学习,并就甘洛县的教师激励政策改革与专家进行了研讨。

"我在北大等你",对校长而言是一种理论的支持,因为北京大学往往是教育中新思想、新理念、新实验的酝酿之地,鲁迅先生说"北大是常为新的"。"五育并举"在概念

上并非新事物,但是北京大学基地的名校长"实践课"和名教授"理论课"却让校长对此有新认知、新理解。

四、 政府——"我在北大等你"是一种示范

从接受支教任务的第一天开始,我们就无时无刻不在为支教任务进行布局。北京大学基地的直接资源是有限的,但是北京大学参与到"三区三州"教育扶贫工作中带来的力量和影响是无限的。北京大学基地是甘洛支教的倡议单位,更是甘洛教育发展的资源平台。对于社会各界而言,北京大学身体力行,参与到"三区三州"脱贫攻坚的伟大事业中,就是一种示范;而"我在北大等你"就是对有志于为脱贫攻坚战作贡献的各种主体的召唤。

"10月25日,大连八中全校师生为甘洛中学捐书17箱,共1000余册,在各班级建立图书角""12月11日、22日,高杨杰校长工作室捐赠13 500余册图书""12月19日,窦继红校长代表北京大学基地名校长向甘洛县捐赠图书13 841册,北京大学国际学校运营与管理研修班同学会捐赠校服769套"。翻阅记录可见,名校长工作室各成员校持续不断为甘洛师生提供图书资源,教育企业家和其他民办学校先后为甘洛县小学生和幼儿捐赠近40万元的衣物。

北京大学基地中名校长领航工程基地校派出的教师力量是有限的,未来帮扶更多将通过双师课堂、教师教研交流、学生活动交流等方式来进行。为了使得这种帮扶能够可持续,我们认为除了依靠远程双师课堂和资源共享、不定期的互访送教,还需要周边优质教育资源就近发挥辐射效应。为此,2019年12月北京大学教育学院牵头,与成都市教科院和甘洛县教体科局签署了《北京大学教育学院联合成都市教科院帮扶甘洛县教育发展框架协议》。成都市教科院和成都未来教育家联盟与甘洛县4所基础教育阶段学校建立了帮扶机制,帮助受援学校全面提升教学管理、课程建设、人员激励和学生发展等多方面的质量。

"我在北大等你",对于政府和社会各界而言,意味着一种公益的示范,一种资源的感召,一种力量的传递。

随着2020年脱贫攻坚战的全面胜利,我们已经跨入了新的发展阶段,前途光明,然而教育是一项需要时间的事业,扶智之路依然漫长。以北大聚精神、以平台汇资源、以美育传幸福的甘洛教育扶贫模式只是初步尝试,且行且探,且思且看。

凉山教育帮扶行动成果综述

北京教育学院教育管理与心理学院　胡淑云　郑璐

"与以往相比,这是会东县各学校干部教师培训时间最长、培训人数最多、学校交流频次最多、交流地域最广、收获最多的一次培训。会东各学校将所学所得消化整合,给学校的管理、教学质量的提高、教师的发展、学生的成长都带来了很大变化。"凉山彝族自治州会东县副县长杨开金同志在 2021 年 1 月 8 日教育部"凉山教育帮扶行动"北京教育学院培养基地会东县支教团工作总结座谈会上如是说。

第一次学校运动会、第一支口风琴队、第一次县级教育大讲堂、第一个阳光大课间等若干"史上第一"是北京教育学院培养基地在凉山州会东县、雷波县留下的最美印记。2019 年 9 月起,对口 2 个县,帮扶 11 所学校,来自 9 个省市共计 56 位支教教师……"国培计划"中小学名校长领航工程北京教育学院培养基地大力推进"凉山教育帮扶行动",履行培养基地职责,倾力倾情,创造性地扎实推进各项帮扶行动,圆满完成了 3 个学期的教育帮扶工作,助力凉山打赢脱贫攻坚战。受援学校干部、教师、学生的精神面貌和工作学习状况均发生可喜变化,学校管理、教育教学、课堂课间等都有很大改观。

一、探索有效机制,提升帮扶品质

帮扶工作起步阶段,培养基地就制定了《"国培计划"中小学名校长领航工程北京教育学院培养基地教育帮扶凉山州会东县/雷波县运行机制》。实践表明,该运行机制有效地保证了帮扶行动的稳步扎实、有条不紊、内涵丰实、深入开展。

帮扶过程中,培养基地积极探索有效的推进策略,北京教育学院培养基地负责人、首席导师,教育管理与心理学院院长胡淑云教授提出打通教育帮扶"最后一公里"的实践路径。

一是守土明责,明晰培养基地在教育帮扶中承担的"非常"角色和"特别"使命;二是务本求实,清晰角色定位,凝聚价值共识,创新管理模式;三是精准发力,拿出真招实招,采取"四式一十二招",力求让教育帮扶"真""实""精""准"。具体而言,通过"三原则"(因"实"制宜、进退有节、各尽其责)求"真",解决真需求真问题;通过"三定"制(定点首责制、定期教研制、定期汇报制)求"实",让帮扶更有实效性;通过"三动"制(互助流动制、前后联动制、往来走动制)求"精",增强帮扶精密度;通过"三进"制(调研跟进制、领航跟进制、项目跟进制)求"准",提升辐射培训精准度。

二、 团队全情投入,提升精度密度。

会东县和雷波县支教教师在 11 所学校认真履行挂职副校长、校长助理工作职责,发挥传、帮、带作用,带动辐射到两县学校干部 165 人,教师 1 974 人,学生 36 231 人。为了使两县乡村学校也享受到优质的教育资源,雷波支教团助力雷波县教师"国培计划",为中小学骨干教师开展系列讲座。会东支教团积极组织"送教下乡",通过开展入校诊断、上示范课、校际交流等活动,帮助会东农村干部教师成长。

特别是从 2020 年起,针对当地学校的实际需求与不足,会东支教团组织策划"会东教育大讲堂"系列讲座 11 场,利用周末时间传经送宝,把帮扶的范围由 9 所县城学校扩大辐射到全县 13 所中学、51 所小学,有 1 000 余名干部教师从中受益。会东县教体局局长王世伟感慨地说:"会东县教师们足不出户就能通过'会东教育大讲堂'向来自省外各名校的优秀教师们学习好的教育教学方法,机会难得,我们的校长和教师们一定取其长处,认真学习,着手落实"。

三、 着力供需调研,促进精准帮扶

"扶贫先扶志""扶贫必扶智""精准扶贫"。为提高教育帮扶工作的针对性,实现按需帮扶、精准帮扶,培养基地始终关注帮扶需求,先后开展 5 轮需求调研,参加的领导、专家和领航校长 170 人次。从西昌的启动仪式到会东的"开学第一课",从北京的培训到会东的"二次调研",从雷波的实地考察到佛山的集中研修,供需双方的频繁互动交流,进一步提升了帮扶的精准性。

最是难忘五次调研。

行动之始首轮调研。2019 年 9 月 3 日上午在会东县政府会议室举行的凉山教育帮扶行动会东县首批支教教师见面座谈会,会东县9位学校校长分别介绍了学校的情况和对教育帮扶的需求;分管教育的县委常务、宣传部部长王礼学,分管教育的副县长杨开金等领导介绍了会东县基本情况以及为支教教师和教育帮扶所作的有关安排,也表达了对教育帮扶的希望。18位支教教师先后进行了自我介绍,表达支教热情和设想。这些内容,既是见面会的程序性安排,也是北京教育学院培养基地为了解帮扶需求、指导教育帮扶、实现精准帮扶开展的调研活动。

我们不仅把这次会议看作一次现场调研会,而且看作支教教师落地会东、帮扶行动平稳起步及各项工作有序开展的关键"第一课"。胡淑云教授作了长达90分钟的讲话,条分缕析,既有高度又细致入微,对帮扶双方提高站位、认清角色、各安其位、各尽其责、有序工作具有切实的指导意义,让"供需双方"都感到"心里亮堂了""知道咋干了",保证各项工作平稳起步,有序展开。

行动之中再度调研。2019年10月29日,北京教育学院培养基地教育帮扶凉山州会东县座谈会在北京教育学院举行。会东县9位校长汇报了支教教师在会东工作的情况,"敬业、认真、主动、热情、能力强、水平高、示范引领"等赞扬贯穿始终。北京教育学院院长何劲松对大家在教育帮扶凉山州的工作中付出的努力表示感谢,强调一定要关心支教教师、干部的安全与健康。

教育部教师工作司黄伟副司长在讲话中表示,凉山教育是凉山脱贫攻坚的重要环节,党和国家都十分关心凉山教育的发展。这次教育部举全国之力对凉山州进行教育帮扶,其中北京教育学院作为国家级教师校长培训基地,作为北京市师训、干训中心,积极响应国家政策,开展了一系列专业优质、个性突出的帮扶活动,特别是召集会东县教育同仁来到北京与领航校长一起学习,并不在教育部要求的工作范围之内,而是一种"教育自觉"的体现。

推进帮扶三度调研。2019年12月11日,北京教育学院党委副书记卢晖率领本培养基地项目团队和领航校长一行23人奔赴会东县开展"实地调研",目的是实地考察支教教师学期工作情况、生活情况;实地调研所帮学校的情况和需求,探访会东县各位领导,就如何持续有效开展教育帮扶进行深度会谈,为继续选派支教教师和开展其他帮扶活动作准备,以促进"精准帮扶"。

次日,卢晖副书记代表北京教育学院培养基地向会东县中小学校捐赠北京教育丛书和学生读物;胡淑云院长与高俊松局长签署教育帮扶持续合作协议。

北京教育学院党委副书记卢晖率队走访会东县拉马乡中心校

疫情过后四度调研。2020 年肆虐全球的新冠疫情并未阻碍凉山教育帮扶行动的进程。5 月 21 日,疫情刚刚平稳,北京教育学院基地第一时间组织来自广东、陕西、天津、河北、云南、四川、辽宁 7 个省市的 17 位支教教师经过长途跋涉赶赴凉山州会东县开展教育帮扶工作。5 月 22 日下午,教育部凉山教育帮扶行动北京教育学院基地第 2 期支教教师座谈会在会东县教体科局召开。会议期间,北京教育学院教育管理与心理学院(校长学院)名校长项目办副主任、会东县教体科局副局长(挂职)郑璐博士与会东县县委常委、宣传部部长、社科联主席王礼学,副县长杨开金,会东县教体科局局长王世伟以及各受援学校校长就进一步完善帮扶工作体系、进一步精准对接帮扶重点、进一步有效破解帮扶难点等问题展开交流。双方表示,一定牢记使命担当,加大帮扶力度,齐心协力、同频共振、共同期待凉山州教育脱贫攻坚战胜利号角的吹响!

相聚佛山五度调研。随着全国疫情的平稳,胡淑云院长、郑璐博士与凉山州会东县教体科局领导、部分受援学校干部教师和第 3 批支教会东的全体支教教师会聚广东省佛山市南海外国语学校。在南海外国语学校举行的首期会东县干部教师培训班开班仪式上,胡淑云院长代表北京教育学院培养基地感谢当地省、市、区等对黄新古校长工作室开展会东教育帮扶行动给予的大力支持,也感谢受援的会东县从县委、县政府

北京教育学院基地会东支教团第2批教师抵达西昌

到教育同仁给予教育帮扶行动的热情回应和采取的积极互动。

佛山情牵大凉山，两地学校、校长、教师和孩子们结下了深深地友谊。返程之际，所有人情不自禁地哼唱起由黄新古校长工作室成员周少伟校长创作的歌曲——《那座山》。

<blockquote>
凉山：我要告诉你

我是大凉山的孩子

苞谷挂满了土墙

我背着篓赶马送饭

佛山：我要告诉你

我是佛山的孩子

白云落在高楼上

看车水马龙的景象

凉山：对着那座山

传来歌声悠扬
</blockquote>

我的梦在远方

在天空上回荡

合唱：你在那座山

我在那座山

说着不同的方言

却有共同的心愿

你在那座山

我在那座山

是佛山是大凉山

也是我们心里的那座山

······

四、"走进去"，提升帮扶"含金量"

继胡淑云院长帮扶"第一课"之后，培养基地组织领航校长开展系列专家讲座：宋建东、杨立雄、白祥友、张洁、李维兵、黄新古等领航名校长现身说法，围绕学校文化建设、校长课堂领导力、学生成绩提升、教师专业成长和学校课程建设等当地校长关心的

北京教育学院基地会东支教团第3批教师合影

主题分别进行专题讲座,分享他们的办学理念和实践智慧,发挥榜样示范作用,会东县中小学校长 47 人全部参加培训。

2020 年 11 月 17 日,吉林省辽源市多寿路小学张洁校长带领 10 名骨干教师刚刚完成了为期 1 周的会东送教助培活动。张洁校长将工作室第 1 期会东县支教教师徐绍霞组织两地师生绘制的 7 米长卷"彝汉一家亲",送给会东师生,愿彝汉文化融合之树常青。这也正是培养基地组织"送教上门",沟通感情,提升帮扶"含金量"的一个缩影。

五、"请进来",提升帮扶"精气神"。

2019 年 10 月 25 日至 31 日,培养基地邀请会东县受援学校校长来北京教育学院参加领航名校长为期 1 周的"集中研修"活动——走进北京名校;问道教育大咖系列课程;北京育英学校现场"普通学校优质发展:理念与行动"主题交流会。会东县教体科局局长、副局长带领 9 位校长全程参加学习。感慨、感动、感激、感悟、使命、责任、情怀等成为校长学习心得中的高频用语。"规格高、帮扶实、效果佳。"会东县和文中学殷菠校长用这 9 个字概括了北京教育学院培养基地教育帮扶的感受。

一年半以来,来自河北省等 9 个地区的领航名校长敞开校门,邀请受援学校干部教师前来观摩论教,会东县干部教师来到各地结对帮扶学校参观学习、切磋交流,3 学期共计 500 余人次。其中,2020 年 11 月 16 日至 20 日,来自会东一小、会东二小、会东三小、嘎吉中学等学校的 89 位干部教师来到会东县教师教育教学培训基地——广东省佛山市南海外国语学校参加为期 1 周的培训。会东县县委教育工委陈全万副书记在活动现场讲到:"感谢北京教育学院培养基地对会东县教育帮扶的大力支持,感谢黄新古名校长工作室带来先进的教育教学理念,'新六艺'教育理念深深扎根在大凉山深处,教育扶贫托起大凉山的希望。"

帮扶行动以来,会东县中小学干部教师通过数次外出访学,办学视野得到了拓宽,办学观念、教学理念受到了潜移默化的积极影响。

北京教育学院向会东县中小学捐赠图书 400 余册,价值约 20 000 元;向会东县、雷波县捐赠《中小学管理》杂志 200 余册。北京教育学院领航项目组到会东县农村学校调研时捐赠现金 10 000 元。黄新古校长工作室团队走进会东县第二小学、第三小学、民族中学、野租乡中心校 4 所对口帮扶学校,共向 4 所学校捐献 40 万元教育爱心基金。

北京教育学院培养基地黄新古校长工作室团队向野租乡中心校捐赠 138 台口风琴,并通过现场授课,使学生在 30 分钟内学会 3 首曲子,开启音乐扶志之旅。此外,黄新古校长安排佛山南海外国语学校支教教师林桐宇定期到野租乡中心小学开展送教活动,让那里的孩子会唱歌,会吹口风琴,让乡村的校园里也时时有歌声、琴声在飘荡。

帮扶工作收官阶段,为进一步巩固脱贫攻坚成果,培养基地各领航名校长工作室与会东县、雷波县对口学校均建立起长效帮扶机制。例如,黄新古校长工作室将所在学校设为会东县干部教师培训基地。

这条路没有走完。云南省昆明滇池度假区实验学校杨立雄名校长工作室支教教师龙江在临别时专门赋诗一首写到:

<blockquote>
脱贫攻坚举国重,
驰援凉山共筑梦。
共享共建成大计,
索玛花开别样红。
</blockquote>

深度帮扶助力冕宁教育大发展

中国人民大学附属中学　杜祥　杨帆

2019年,教育部教师工作司高瞻远瞩,作出了依托"国培计划"中小学名校长领航班学员及培养基地结对帮扶国家深度贫困地区——凉山州中小学校教育发展的决策,人大附中联合学校总校培养基地(以下简称基地)接到任务后立即响应,启动项目。2019年7月13日至18日,基地集中培训,刘彭芝校长与基地各位校长学员共同研究基地的凉山支教工作。为了更好地开展工作,刘校长特别邀请教育部全国中小学幼儿园教师校园长培训专家工作组执行秘书长黄贵珍同志作报告《支持凉山是国策》,为基地校长们进行了单独的培训与动员。各位校长们积极表态,坚定执行教师司项目办和基地的决定,坚决完成支教任务。

在各位校长的积极准备下,第1批26名支教教师如期开赴凉山,基地派出3位同志一起赴凉山协调支教相关事宜。9月1日,教师司召开了首批凉山支教教师研修班暨凉山教育帮扶行动动员会,全面部署支教工作,并对支教教师进行了深入的培训,拉开了凉山支教的大幕。

基地一共11个校长工作室参与了支教工作,分3批共派出支教教师54名:第1批26人,第2批29人,第3批18人,合计73人次。其中2名教师连续支教3个学期,12人支教2学期,40人支教1学期。基地共支教凉山州2个县:冕宁县、越西县,共8所学校。基地名校长及其工作室率队赴凉山支教17次,近100人次,爱心捐赠合计72万余元。

一、深入一线,发挥示范引领作用

冕宁县师资相对匮乏,教师缺口较大,支教项目如雪中送炭,大部分支教教师都深入一线,承担教学任务,很多都超工作量工作,甚至是跨年级教学。老师们平均每周课时 10 多节,最多的每周 20 多节课,如刘燕姿、闫航天老师等。他们任劳任怨,无私奉献,缓解了当地师资短缺问题。

"王老师的课是真正既有深度又有温度的历史课。每 2 周 1 次的教研活动,王老师都积极参加,悉心评课,带动了新老师成长,给冕宁中学历史组带来了很多宝贵的东西。"冕宁中学教师评价支教教师王京。

集中教研、集体备课是学校教学工作的重要保障,受援地区的各个学校在集中教研和集体备课方面开展不够深入,缺乏对教学的引领性,不利于教学质量的提升,也严重影响教师的专业发展。支教教师在各受援校担任学科教研组组长,尽力推动各个学校集中教研和集体备课工作。在冕宁二中地理组组长詹江平看来,支教教师张超负责地理组教研,使二中地理教研活动"赶在实处、走在前列"。

实践证明,示范课的引领对受援地区教师的专业发展非常有效,他们可以通过观摩、分析、模仿,提升自身的教学水平。支教教师们毫无保留,公开示范,在各受援校起到良好的示范引领作用。2019 年 10 月 11 日到 14 日,基地支教教师周学强在德昌县举行的教育部组织的送教援培活动中,面向全体支教教师上了示范课"富贵不能淫",获得专家的高度评价。

二、 从"输血"到"造血",带动当地教师成长

"师徒"结对帮扶,"一对一、手把手"带"徒弟"是基地帮扶的一大特色,支教教师带着受援校教师,从教育理念、备课,到上课、指导、全面引导,深度提升当地教师的教育教学水平。

曾毅老师是一位资深的学校德育工作者,有一套非常有效的班主任管理和培训方法。他在冕宁二中全面开展班主任培训,效果非常好,广受好评。

孙亚灵老师把越西二中闲置多年的心理健康室开了起来,开辟了越西县心理课的荒地,使该校的心理健康教育得以开展,并为越西县进行心理教研工作,培训心理教师。

冕宁中学心理课程和心理咨询一直处于空白状态,来自湖南雅礼中学的钟漓老师在冕中首次开启了心理课,为师生提供心理咨询服务,并建起了冕中心理发展中心。

张定国老师在越西县 2019"国培"送教下乡教师素质能力提升培训中,为来自全县的 50 多位语文教师献上一堂题为《立足核心素养,引领初中散文课堂教学》的专题

讲座。

许玲老师的班会课积极、热情、充满正能量，特别受学生欢迎，她几乎在泸沽中学各班都上了一遍，甚至上到了冕宁二中。

受援校在学校文化建设，师生活动方面相对薄弱，严重制约学校发展，支教教师将原学校的很多特色活动引入受援校，极大提升了受援校的办学活力。

张希鸿老师在泸沽中学开起了学校建校史上规模最大的书画作品展。

刘鹏老师启动了冕中的高三启动式，极大地鼓舞了学生士气。

童浩洋老师在城厢小学带领学生们进行航模活动。

北京八一学校保定分校的3位支教教师将学校富有特色的学前教育活动引入冕宁民族中学，对2019级新生开展为期1周的新生入学教育，培养初一年级新生的行为、学习、生活、纪律等良好习惯，入学教育涵盖军训、拓训、组织、制度、梦想、心理、研学7项内容的课程。

"他们到校后便主动与师生进行交流，详细了解了学校的基本情况，将援助学校的入学教育模式和课堂教学模式引入学校，收到了很好的教育效果。"民中的校长这样评价3位支教教师。

桃源一中的3位老师到冕中报到第1天，就决定每周找准一个问题，每周改善一项工作。针对冕中跑操存在的集合速度慢、队伍不整齐、精神不振奋等突出问题，刘鹏马上召开政教处、体育组专题协调会，提出具体要求、明确工作任务、落实工作职责，并两次召开全校各班班长、体育委员、领跑员会议，极大调动了学生干部的积极性和带头作用。

三、把脉问诊，为学校管理出谋划策

支教教师中很多都是资深的学科专家和学校的优秀管理者，他们在学校管理等方面有独到的见解和方法，经过深度调研，有针对性地对受援校各项工作把脉，解决疑难问题，破解教育难题。

杨明瑛校长是雅礼实验学校的校长、资深数学教师，他以一名普通教师的身份走进数学组办公室，了解数学组的基本情况和教学状态，加入了冕宁中学数学组的微信群。他到高一至高三几个年级具有代表性的班级去听数学课，也听了英语、体育、物理、化学、地理、生物等不同科目的课，总共听课26节。他发现冕中教师在教学中师生

双边活动开展层次不高,课堂教学中在启发学生思维、调动学生学习积极性、激发学生的好奇心、培养学生的兴趣等方面存在一定的不足,课堂教学质量整体不高,其主要原因是教师备课不充分。尤其是在研究学生的学情上,没有予以足够的重视。不少的课堂都缺乏有"营养"的问题设置,很多时候都是你问我答的简单互动模式。

同时,他也发现了冕中存在在学校管理中的一些问题,比如教学常规工作不扎实,网课的问题、教研薄弱,集体备课效果欠佳,青年教师的成长缺乏指导。针对这些现象,他与学校领导进行有效交流与沟通,指出存在的问题,一同分析对策,得到学校领导的认同。学校邀请他向全校教师作一次专题讲座,谈谈学校教育教学工作。他以"同心协力,奋发图强,再创冕中辉煌"为主题,从教育思想理念、教育教学常规工作、学校教学研究、教育教学质量的评价与学校管理到学校文化建设,作了深入的指导,反响热烈,也坚定了学校领导改革的决心。

陈良根校长是雅礼洋湖中学校长,他的报告《我们所要追求的职业幸福》,直击教师职业倦怠问题,给冕中老师警醒。

来自桃源一中的3位支教教师为提高受援校班主任管理水平,围绕"新时代冕宁中学班主任理论与实践工作"主题撰写了一份高质量的经验交流材料,针对目前班主任工作面对的问题,提出卓有成效的解决思路与办法,初步形成了冕宁中学班主任工作的标准和要求,为凉山州高中教育的发展总结出可供借鉴的冕中智慧。通过经验交流会,进一步推动了冕中班主任利用科学思维、理性思维智慧带班、科学育德,教育指导学生全面发展。

重庆渝北区第二实验中学曹洪老师的报告《如何构建高效的学校教研团队》,指导泸沽中学有效开展教研活动。他还筹集了奖学金3 000多元,全部用以帮助初二年级22名品学兼优的寒门学子。

支教老师们还在教学中不断思考,写出很多高质量的文章,对一些问题提出方案与建议。曾俊老师写了关于越西西城学校的调研报告,对学校发展提出整体的建设性建议;贺川老师写了关于冕宁民族中学的调研报告与建议;王浩老师写了关于凉山彝族青少年行为习惯及家庭教育的思考;张超老师写了冕宁二中办公室文化建设的方案;曾毅老师写了冕宁二中校园文化建设方案,这些文章为受援校发展指明了方向。

四、 扶危济困，尽显大爱情怀

几年的时间,校长工作室 17 次赴凉山开展活动,带去名师示范课 40 节,教学研讨会 20 次,校长专家报告 50 余次。召开了冕宁县首届校长论坛。万玉霞校长还创新校长工作室的帮扶模式,积极探索"校长—老师—学生"三位一体教育帮扶机制,实现教育帮扶变"输血"为"造血"。各校长工作室还与受援校建立了深度合作关系,邀请受援校领导、教师去考察调研,长期给予受援校指导与帮助。

许玲老师充满爱心、积极向上的生活态度影响了一大批师生,个人及发起朋友圈捐款近 20 万元,这种捐助到现在还一直在持续。

陈德玮老师发起桃冕结盟奖赏金,第 1 期奖学金 5 200 元,第 2 期奖学金 6 000 元,第 3 期奖学金 9 000 元,孙川专项资助 2 000 元,合计 2.6 万元。

曾毅老师也发起对冕宁二中贫困学生吉胡依真木的资助,长期给孩子家庭以帮助。基地派出的挂职副局长杜祥老师募集了 2 万多元,长期资助这个家庭。

通过帮扶,支教团队把先进的教育理念、科学的教学方法、敬业奉献的精神、积极进取的文化、热情温暖的大爱,留在了凉山。在基地支教总结大会上,冕宁县教体局全体干部参加,各校校长参加,感恩千里帮扶。所有的受援学校都写来了感谢信。

冕宁县泸沽中学相关负责人说道:通过一年半的支教,学校发生了内在的转变。老师们的工作态度有了较大转变,敬业精神不断增强。过去老师们把教书当职业,作为自己谋生的手段,现在老师们把教育当事业,每位教师主动自觉承担联系 3 名以上学生,关注他们成长,关心他们生活,辅导他们学习,指导他们选择正确的人生道路,学校形成了"老师关爱学生,学生敬爱老师"其乐融融的和谐师生关系。

泸湖中学初二学生骆伍呷在信中写道:

在初二上学期的后半段时间里,我基本是属于自我放弃的状态,觉得没啥好继续的了,同学们也基本上都是这样。

但是,唯一让我支持的下去的就是许玲老师……她让我们知道了原来我们也被那么多的人关心着,让我们懂得了分享与感恩,也懂得了"坚持,不管怎样都要坚持。坚持自己喜欢的东西,坚持自己认定的事,坚持不管遇到怎样的困难都一定会战胜它!"

在支教教师们的努力工作下,重点帮扶的冕宁中学学生孙川 2020 年以优异成绩考上清华大学,刷新了冕宁 10 多年的记录。

梁希鸿老师创作了 100 多幅凉山系列画作。

许玲老师记下了 100 篇温暖的支教日记。

王浩老师为泸沽中学设计了学校宣传画册和教学楼外立面。

人大附中联合学校总校基地凉山教育扶贫项目被评为"2019 民生示范工程"。

接下来,我们还将继续发挥基地平台优势,长期助力冕宁教育,依托国家基础教育资源共建共享联盟平台等对冕宁教育进行持续性帮扶。

努力打造乡村骨干教师培育站

江苏第二师范学院江苏省师干训中心　季春梅　回俊松

在"国家级项目与省级项目协同发展、融通互促"的理念指引下,江苏省师干训中心将"江苏省乡村骨干教师培育站"的成功实践经验与昭觉县、布拖县教育实际相结合,创建"昭觉县、布拖县乡村骨干教师培育站"。此培育站是在教育部教师工作司、教育部中小学校长幼儿园园长国家级培训项目管理办公室、江苏省教育厅教师工作处领导下,江苏教育行政干部培训中心具体组织实施的专业学习型组织。培育站由昭觉县、布拖县具有共同愿景、目标和价值信念的教师组成,通过对话、合作、反思等方式,围绕昭觉县、布拖县教育教学现实问题进行研究讨论,并将研究成果付诸实际行动。

2015年,为落实国务院和江苏省乡村教师支持计划,江苏省教育厅师资处和江苏省教师培训中心在深入调研基础上,以立足乡村、按需建站、分类施训、培育骨干的模式,以"提升观念、改变行为、引领同伴"为理念设立"江苏省乡村骨干教师培育站",以期达到"骨干引领,全员提升"的目的。几年来,"江苏省乡村骨干教师培育站"累计培养乡村骨干教师近20 000人,为江苏省基础教育的发展,特别是乡村教师队伍的建设作出了重要贡献。"昭觉县、布拖县乡村骨干教师培育站"是江苏模式在凉山州的新实践、新探索。

"昭觉县、布拖县乡村骨干教师培育站"具有如下几方面的特征:一是充分尊重昭觉县、布拖县骨干教师的主体性,以两县骨干教师的学习为中心,破解传统教师培训脱离教师工作情境的困局;二是充分调动两县骨干教师群体的积极性、主动性,使教师之间能够互相激励,取长补短,思想碰撞,破解传统教师专业发展活动中教师单打独斗的困局;三是充分运用多种学习形式,鼓励两县骨干教师真正参与到专业学习活动之中,积极思考、互动、探究,形成实践智慧与能力,破解传统教师专业发展活动中教师消极被动学习的困局;四是充分整合国内先进地区优质资源,为两县骨干教师发展提供专业的引领,破解县级教师专业发展活动资源薄弱的困局。

一、 培育站的具体实施

"昭觉县、布拖县乡村骨干教师培育站"的实施理念是"四位一体"的,即"目标引领、主题递进、分类推进、成果检验"。

培育站的目标在于构建覆盖两县教师发展的支持体系:(1)解决一定时期内两县骨干教师短缺的困境;(2)引领、带动两县教师专业发展水平;(3)提高两县中小学学校管理者专业发展水平。

培育站教师专业发展内容以总主题统领,分主题递进,通过 3 个学期的系统专业化学习实现既定目标。

培育站共建设 11 个,分为 2 类,即 9 个按学段、学科建设的"乡村骨干教师培育站"和 2 个"学校管理者培育站"。

骨干教师培育站的人员构成采取"1＋N＋1＋学员"的形式,即由 1 位江苏省级青年教育家型教师培养对象做主持人,几位江苏省级青年教育家型教师培养对象做核心组成员,1 位县骨干教师做具体组织协调人,与两县骨干教师组成专业学习共同体。

学校管理者培育站的人员构成采取"领航名校长＋1＋学员"的形式,由"国培计划"——第 2 期中小学名校长领航班江苏基地领航名校长做主持人,1 位骨干学校管理者做具体组织协调人的形式,与两县学校管理者组成专业学习共同体。

培育站的成果检验标准以实践为导向,主要有:(1)培育站建设规范,工作计划、实施方案、活动开展过程性资料、总结材料完整度高;(2)内部管理完善,学员考勤记录完整;(3)学习共同体建设有效,每个学期研修不少于 3 次,合计不少于 9 次;(4)培育站主持人积极发挥示范辐射作用,开设示范课或专题讲座;(5)研修活动主题鲜明、形式多样、扎实有效;(6)生成资源丰富,网络研修参训率高,成果丰富;(7)培育站对学员有教学和教育教学研究的考核标准。

二、 培育站的组织保障

凉山州昭觉县教育帮扶活动涉及"国培计划"中小学名校长领航工程项目学校的教师、领航项目学校、名校长培养基地、凉山州县、市行政部门等多方协同,各方遵循"目标一致、责任分担、成果共享、合作发展"的原则,保障帮扶工作顺利完成。

(一) 强化组织领导, 成立教育帮扶工作指导小组

指导小组由江苏省教育厅教师工作处马斌处长、江苏省师干训中心常务副主任季春梅和昭觉县、布拖县教育体育局主要领导担任组长;江苏省师干训中心副主任徐伯钧、陈玉乔担任副组长。

(二) 强化联系, 选派干部赴昭觉县挂职

江苏省师干训中心选派回俊松同志挂职担任昭觉县教体局副局长, 具体协调帮扶工作事宜。

(三) 强化主体责任, 多方协同共济

江苏省师干训中心主要负责理念引领、智力支持、技术指导和培训资源保障, 为两县教师、校长、培训者专业发展提供专业支撑。

昭觉县、布拖县教育行政部门为帮扶活动提供政策保障和必要的经费支持, 诸如培育站教师、校长、培训者的遴选, 开展活动所需要的时间、场所等的保障。

(四) 强化考核评估, 注重帮扶实效

对应工作职责和工作实际, 协同各方切实加强对教育帮扶工作进行指导、督查, 把工作做在日常、做在经常、落实落细。切实完善信息沟通机制, 按照"月调度、季汇总、学期通报"的要求, 及时将工作开展情况报各协同主体。

(五) 强化舆论宣传, 积极汇报帮扶工作成果

各个培育站要创新形式, 积极向帮扶工作领导小组报送帮扶工作开展情况, 着力介绍教师发展情况、校长发展情况和学校改进情况, 宣传教育帮扶工作中的先进典型, 进一步凝心聚力, 增强信心, 打赢脱贫攻坚的决胜之战。

三、培育站的成效

江苏省师干训中心在3个学期的教育扶贫工作中不断探索、不断实践、不断反思总结, 现从不同的角度对工作成效予以呈现。

江苏省师干训中心采用自编问卷和深度访谈的方式, 对凉山彝族自治州昭觉县和布拖县受援助的9所学校的1 738位正式在职教师进行调查研究。

问卷和访谈提纲主要围绕"教育扶贫工作的针对性""乡村骨干教师培育站的效果""教育扶贫工作对学校带来的最大改变""教育扶贫对自身专业成长带来的改变"以及"对教育扶贫方式的看法"等设置问题。

通过对问卷和访谈数据进行分析,我们发现扶贫工作的成效主要表现在如下几个方面:

1. 两县教师中有 58.8% 认为,当前教育扶贫工作的针对性很强。

2. 两县教师中有 55.4% 认为,乡村骨干教师培育站的工作对两县教师的发展具有很强的带动作用。

3. 两县教师认为,教育扶贫给学校带来改变的方面依次为:教师队伍建设、学校管理品质、学校文化提升、课堂教学质量提升和校本教研品质提升。

4. 两县教师认为,教育扶贫给自己教学能力带来改变的方面依次为:上课水平、班级管理、备课能力。而在备课能力中,以学会如何研究课标、教材、教法与学情,做到因材施教最为显著。

5. 两县教师对教育帮扶形式的倾向依次为:示范课引领、直接指导课堂教学、备课指导、校本教研。

在 3 个学期的教育扶贫工作中,"国培计划"中小学名校长领航工程江苏基地领航名校长积极响应教育部教师工作司的号召,积极组织安排支教教师赴两县的中小学开展支教工作,同时采取多种形式的校际活动交流。具体表现在:

江苏省师干训中心组织江苏基地第 1 期、第 2 期的 14 位中小学名校长,累计派出了 88 位支教教师,对口帮扶昭觉县和布拖县的 9 所中小学。支教教师在凉山州支教期间,从多个层面、以多种形式投入到支教工作中。例如:(1)支教教师紧紧围绕教学工作,通过直接承担教学任务、听课评课、上示范课等形式提升受援学校的教学质量;(2)支教教师将自己工作学校的先进管理理念、方法介绍到受援学校,并结合受援学校的实际情况,制定受援学校的管理制度;(3)支教教师重视学生的生活习惯养成和德育,开展多种形式的活动培养学生良好的生活习惯和爱国主义情操;(4)支教教师身体力行,发挥辐射带动作用,对新入职的教师开展培训活动;(5)支教教师在受援学校和"国培计划"中小学名校长领航工程项目学校之间发挥了联系桥梁的作用,开展"校际互访""图书、文具捐赠"等活动。

领航名校长与支教教师在教育扶贫工作中既推动了两县中小学的发展,同时自身也获得了进步,他们将自己的感悟以文字形式刊载于《中国教师报》和《中国教育报》,记录在每月的支教总结之中。

四、 思考与展望

消除绝对贫困是中国扶贫征程中的伟大胜利,接下来如何消除相对贫困则是一项长久性的工作。在3个学期的教育扶贫工作中,我们取得了一系列成果,同时也面临一些问题,这些问题也可为未来的工作提供改进依据。

(一) 加大有关教育帮扶政策方面的培训力度,激发教师主动发展的内生力

启动围绕教育帮扶政策相关内容的专项培训,解读教育在脱贫攻坚战中的重要意义,系统分析梳理相关教育政策,明确教师个体的使命与责任担当,激发教师主动发展的内生动力,最终实现内力与外力的有机融合。

(二) 重点研究大规模学校大班额教育的特质,力争做到精准扶贫

昭觉县、布拖县的9所学校均为大规模大班额学校,大部分学校在校生人数超5 000人,多数班级的班额都在60人以上,有些班级学生人数达到100人。大规模办学与大班额教学是两县学校教育的显著特征,是教育扶贫工作需要直面的问题。

帮扶团队需要深入现场,全面开展调研,积极探索民族地区大规模办学、大班额教学的现实困境与应对策略,如"小先生制教学"等教学组织形式的创新应用,以此激活全体学生参与学习的自主性与自觉性。

(三) 因地制宜开展名师送教活动,做到教育帮扶的普及性与针对性

在数据分过程中,我们发现教育扶贫工作仍具有一定程度的局限,未能全面顾及当地教师。数据表明,当地新教师与骨干教师都对"名师示范课"的教育帮扶形式认可度高,需求非常强烈,且建议要依据当地校情、班情、学情进行示范课引领。名师示范课的普及面、普及度以及因地制宜性,需要加强。

(四) 加强教师信息素养的培训力度,助力民族地区教育现代化

面向全员,开展课件制作与应用培训、线上教学专题培训、媒体教学课例观摩以及多种客户端使用培训,让随时随地学习与教研逐渐普及,让教育现代化助推民族地区教育质量的整体、加速提升。

另外,加强基于教学实践的远程自主研修,让一线教师主讲研修内容,如结合课例讲解如何上好一节课,如何提优补差,如何开展班级管理,如何进行个性化作业设计,如何持续开展特殊学生的帮扶工作等。总之,给一线教师提供最具获得感、对教学实践有显著帮助的培训项目。

（五）启动优质教育资源共建共享行动，让帮扶走向减负增效与可持续发展

分析数据显示，教育扶贫过程中，有培训不够接地气、成为负担、面不广，以及培训后整体实践很难改进的现象。究其原因，就是上好一节课太费力，教师负担重。因为好的教育教学，除需要先进的理念、设施设备与实践智慧之外，还需要时间与精力开发、整理、优化教育资源。如何让教师从繁重的备课、上课、作业批阅、个别辅导中摆脱出来，优质资源共建共享共创很重要。基于国家课程的实施，一些资源与素材江苏可以直接提供，如物理学科很多章节重难点突破的教学微视频，一些物理小实验，一些分层分类课内外使用的基础题库，全套的二维码自主导学资源，等等；还有一些综合实践活动，可以提供方案供借鉴。另外，通过专家引领与校本研修，采取分工合作的方式，将常态教育教学资源库建立起来共享，教师个人只需依据学情作修改完善即可。每一位教师建立一个自己的完整教育教学资源库，一边优化一边实践一边完善，并共享。好的优质教育资源库建设好，一方面将减负增效落在实处，另一方面让教育帮扶走向可持续发展，尤其是优质均衡与教育现代化的可持续发展。

（六）持续采用多样化帮扶形式，重点建设当地名优骨干教师队伍

分析数据显示，名师示范课引领、名师进课堂指导、校长进校顶岗指导、"师徒"结对指导、教学常规指导与检查、教师专业能力测试、教学技能大赛等形式，深受当地教师认可，帮扶效果也非常好，但覆盖度不够广、持续性系统化推进不够。建议后期整体规划，在强化与优化传统帮扶项目的推进的同时，积极面对有限的帮扶师资力量，启动一校一学科名优骨干教师建设行动，分梯队打造当地名优骨干教师队伍，以滚雪球的方式建设出一个本地自主帮扶内循环，以"造血"的方式创造性推进多样化的帮扶形式，激活每所学校的校本培训与学校教师队伍建设，实现根本的教育帮扶。

满山花儿在等待

广东省中小学校长培训中心办公室副主任　谈心

　　为贯彻中共中央、国务院关于打赢脱贫攻坚战的决策部署，教育部教师工作司下发了《关于开展四川省凉山彝族自治州教育帮扶行动的通知》（以下简称"通知"）。广东基地接到通知以来，认真学习习近平总书记"要把发展教育扶贫作为治本之计，确保贫困人口子女都能接受良好的基础教育，具备就业创业能力，切断贫困代际传递"的指示精神，全面落实通知要求，充分发挥领航名校长及其所在学校的师资优势，依托培养基地，以结对帮扶的方式，选派65位骨干教师到凉山州宁南县、美姑县支教，担任教学、教研和管理骨干。通过骨干教师支教，为凉山州输送优质师资，引领带动受援县教师教学能力提升。通过培养基地结对帮扶，开展教师、校长培训实践，发挥培养基地的辐射作用，帮助宁南县、美姑县提高教育发展水平。

　　广东基地的领航校长具有深厚的教育情怀和家国情怀，他们认真贯彻通知要求，克服各种困难，派出首批支教教师24位、第2批支教教师17位、第3批支教教师24位，对口帮扶凉山州宁南县和美姑县8所学校。广东基地13位领航名校长与宁南县、美姑县的受援学校签订校级帮扶协议，建立了持续帮扶机制。广东基地及其领航校长工作室共捐赠价值153万元的物资，另捐赠图书4万余册。广东基地所有支教教师均开设了校级公开课，其中4位支教教师参加教育部国培办援培活动公开课示范带学；程誉技、林建锋、徐华、周庆、熊绮、叶丽敏、张德兰、陈文艳等领航校长先后组织主题支教团队赴宁南县和美姑县示范带学。周庆、任慧、张忠宝、徐华、叶丽敏校长等先后接待了跟岗挂职学习的宁南中小学校长。广东基地支教团队的扎实工作，深受宁南县和美姑县教育同仁的好评，也获得教育部教师工作司的充分肯定。广东基地支教教师代表陈礼旺老师应邀参加了中央电视台"闪亮的名字——2020最美教师"发布会节目录制，支教教师代表蒋京春老师获得由中共中央、国务院授予的"全国脱贫攻坚先进个人"荣誉称号。

3个学期的凉山支教,广东基地支教工作亮点精彩纷呈。首期领航班广东基地班长北京潞河中学徐华校长团队陈礼旺老师成立了宁南县首个特级教师工作室,引领全县中学骨干教师成长,培育特级教师后备人才;团队崔启林老师在教育部国培办援培送教活动中面向全州教师开设公开课示范。潞河中学为宁南中学捐赠图书4500册。河北正定中学周庆校长在2019年暑期就接待了宁南中学团队参访交流并承诺分享相关复习资料和支持骨干教师培训,同时派出河北英语名师宋云英老师赴凉山支教。宋老师主动承担英语成绩较弱班级的教学,通过一个学期的努力,带给了宁南中学英语高效课堂的"诀窍"。哈尔滨十七中学刘艳伟校长团队于灏老师将东北林业大学、北京十一学校的优质教育资源带到了宁南初级中学;东北林业大学研究生团队为宁南初级中学提供心理咨询服务,并邀请了北京十一学校章巍副校长到宁南示范带学。哲商小学程誉技校长团队为宁南县捐赠图书3万多册,爱心书屋善款32万元,同时团队的蒋双花、朱海娇、孙优优老师在凉山支教3个学期,都荣获了凉山州优秀教师荣誉称号。山东临淄一中孙正军校长团队为美姑县民族初级中学募集了大额教育专项资金,善款高达535 609.85元(含校服款),并为美姑县民族初级中学全校学生准备冬季校服;同时,他团队的于国柱老师发挥其学校文化教育专长,组织专家团队为美姑县民族初级中学设计了一训三风,创作了校歌,深受好评。

第2期领航班广东基地班长海南省海口市琼山区椰博小学叶丽敏校长团队组织工作室成员向学校捐赠善款458 238.28元,捐赠物资价值20 411元,并多次组织名师团队赴宁南示范带学交流和接待前来跟岗学习的宁南民族小学管理团队,深受好评。银川六中王骋校长团队秦莹老师和白洁老师多次承担公开课示范教学和教育专题讲座,宁南民族初中师生受益良多。襄阳市恒大名都小学张德兰校长团队捐赠善款85 399元,捐赠物资价值19 088元;团队的张珺老师发挥教育信息技术专长,周末为学生开设选修课,参与朝阳小学科学特色课程建设,并获得四川教育电视台报道;刘子威和刘雪老师在教育部国培办援培送教活动中面向全州教师开设公开课示范;张德兰校长2次亲自带队组织10多位特级教师和其他名师深入凉山宁南示范带学,深受好评。南昌一中熊绮校长团队刘钟老师在教育部国培办援培送教活动中面向全州教师开设公开示范课;熊绮校长亲自带领教研员和骨干教师赴宁南县和美姑县示范带学交流,深受好评。绍兴市上虞区城东小学林建锋校长团队组织了8次宁南县主题支教活动,涵盖了语文、数学、科学、德育、学前教育等学科和领域,包括 20 多位浙江名师在内的支教专家在宁南支教示范带学 6 周,开设 85 节公开课,举办 70 场主题报告会,对 10 多所学校进行办学诊断,深受好评;同时,捐建 2 所学校阅览室、2 所实验室。扬州市梅岭小学陈文艳校长团队 10 人在宁南支教示范带学 7 天,开设 9 节公开课,举办 5 场主题报告会,并对 3 所学校进行办学诊断,深受好评;同时,捐赠图书 4000 余册。昆明市武华小学任慧校长团队和广州市花都区秀雅学校张忠宝团队热情接待前来跟岗挂职学习的宁南中小学校长,深受好评。

广东基地不但整合领航校长学校资源开展凉山支教,而且发挥广东基地自身作为国家级培训基地的优质培训资源优势,服务凉山支教。广东基地根据宁南县和美姑县教师队伍建设的个性化需要,先后策划组织了美姑县骨干校长专题培训班、美姑县小学科学教师专题培训班、宁南县中小学校长专题培训班、宁南县初级中学骨干教师赴粤跟岗专题培训班,协办了宁南县中小学校长跟岗挂职培训班、美姑县小学语文教师专题培训班,参加人数合计达 300 多人次。此外,广东基地还募集了总价值 10 万余元的社会资金和物资,捐赠给美姑县教师进修校和宁南县民族小学。广东基地领导高度重视凉山支教工作,广东第二师范学院党委书记王左丹同志亲赴四川凉山开展扶贫支教暨大学生助力脱贫攻坚创新创业实践调研,与宁南县政府、县教育局领导共同揭牌"广东第二师范学院大学生社会实践基地",将师范生创新培养与凉山支教有机结合。

满山花儿在等待,凉山的孩子在等待;凉山支教,我们领航在路上。

把水浇在树根上

齐鲁师范学院山东省中小学师训干训中心干训部主任　黄雯

为贯彻中共中央、国务院关于打赢脱贫攻坚战的决策部署,落实国务院关于加强对四川省凉山彝族自治州教育扶贫结对帮扶指示精神,2019 年 9 月 1 日,教育部教师工作司决定组织"国培计划"中小学名校长领航工程培养基地名校长领航班学员及名校长工作室成员、名校长现任职学校骨干教师,开展面向凉山州的教育帮扶行动。齐鲁师范学院山东省中小学师训干训中心培养基地根据教育部教师工作司的部署,承担对口帮扶凉山州金阳县的任务。责任在肩,使命光荣。为了不辱使命,高质量完成对口帮扶重任,齐鲁师范学院基地确立了"精准帮扶,把水浇在树根上"的对口帮扶指导思想。

急人所需,帮人所难,"用发展的办法消除贫困根源"是精准帮扶方略的应有之义。行动伊始,齐鲁师范学院基地负责人和项目专家即两赴凉山州金阳县实地开展需求调研,邀请金阳县分管副县长和教体局领导两次来到山东面对面对接工作,共同研讨帮扶方案,提出了"1+1+8+N"的帮扶模式,即由齐鲁师范学院牵头统筹项目规划,紧密对接金阳县教体局,充分发挥 8 所领航学校资源优势,实施"规定项目+特色项目+自选项目"的"组团式"项目帮扶策略,提出"规定项目要到位,特色项目要精准,自选项目要暖心"的项目实施要求。并选派山东省中小学师训干训中心干训部主任黄雯同志挂职金阳县教体局副局长,专职负责对口帮扶组织协调工作。

自 2019 年 9 月至 2021 年 1 月,齐鲁师范学院基地 8 所领航学校及工作室共派出62 名支教教师赴金阳县开展教育帮扶行动,其中有 6 位支教教师留任支教 1 年。支教教师在州、县、校内共开设讲座 124 场、公开课和示范课 188 余节,听评课 3 157 余节,累计授课 4 908 余节,送教下乡 117 余次。同时齐鲁师范学院向金阳县 2410 名中小学幼儿园教师免费开放山东省教师网络课程资源和研修平台,共开放通识性专题课程

金阳县教体局领导赴山东与齐鲁师范学院基地林松柏校长对接帮扶工作事宜

28 849节,优秀课例及点评资源2 117节,圆满完成了帮扶任务,受到了金阳县教体局、受援学校、老师、学生、家长的一致好评,为金阳县培养了一支高素质、专业化、带不走的教育人才队伍,使金阳县的教育教学水平得到不断提升,发生了由内而外的深刻改变!

齐鲁师范学院基地领航校长赴金阳县看望第1批支教教师

一、"像钉子一样钉在大凉山"——规定项目落实到位

齐鲁师范学院基地的支教教师们严格要求自己,在支教的第一天就建立班委,设立班规和班徽,明确纪律,组成了一支志同道合的团队,形成工作合力。每所受援学校都成立了支教小组,严格听从金阳县教体局和学校的工作安排,全脱产全身心投入支教工作,支教教师团结共融,互助友爱,形成了齐鲁领航基地的支教文化。

齐鲁师范学院基地带领第 2 批支教教师赴金阳县

齐鲁师范学院基地的支教教师们牢记教育部教师司领导的嘱托——"不说你们,只说我们",与金阳县教育同仁融为一体,把金阳教育发展视为己任,同时牢记齐鲁师范学院基地领导的要求——"要像钉子一样钉在大凉山"。支教期间,先后 3 批来自 8 所领航学校的 62 名支教教师以"俯下身子、披着泥巴,做一名真正的金阳教育人"为宗旨,深入了解受援学校情况,认真进行调研,制定每学期帮扶支教计划,主动参与规划受援学校的教育教学工作,帮助受援学校加强教师队伍建设,组织开展校园文化建设、学生活动指导等系列活动。在完成本职教学任务同时,开设示范课、公开课、专题讲座等,参与引领各学科、各年级的教研活动,组织支教教师开展"师徒"结对、送教下乡等帮扶活动,极大缓解了金阳教师队伍人数不足带来的教学压力,最大化地发挥了每位支教教师的价值,最大限度地放大了支教效果。北京市第一六六中学王蕾校长及其工作室所在学校的毛学慧、索亚东、张彬、曹小燕老师,福建福清城关小学夏金校长及其工作室所在学校的汤顺明、何代杭等 6 位老师提出继续留任支教 1 年,他们说:"金阳

需要发展、渴望发展，感受到金阳人民的热情，感受到学生对知识的渴望。""想与金阳的师生、新的支教同伴一路前行，心在一起，干在一起，为金阳县孩子们的成长贡献一份力量，为金阳的教育提供一些帮助，让金阳的教育像索玛花一样灿烂开放！"

二、"把水浇在树根上"——特色项目精准实施

什么是我们想做的，什么是凉山金阳需要的？"把水浇在树根上"是齐鲁师范学院基地一直坚持的原则。

齐鲁师范学院基地的领导和专家8赴凉山州，金阳县委县政府对山东基地帮扶项目高度重视，金阳县委书记毛正文、县委副书记方凤华、宣传部长吉付约古、副县长阿余拉哲、县教体科局党组书记尔古子合多次参加研讨交流和对接工作，双方密切联系，深度沟通，聚焦金阳县实际需求，确定了山东基地帮扶特色项目。为充分发挥山东省远程教育资源优势，齐鲁师范学院与金阳县教体局签订对口支援金阳县教育发展协议，内容包括：齐鲁师范学院向金阳县2410名中小学及幼儿园教师免费开放山东省教师网络课程资源和研修平台；金阳县骨干教师、校长赴山东名校跟岗研修；齐鲁师范学院教授、齐鲁名师名校长到金阳县送教和建立校级交流活动。齐鲁师范学院基地的8位领航校长分别与金阳县中小学校制定了对口帮扶、"手拉手"班级及校际交流活动方案。支教期间，金阳中学龙堵火校长赴北京市第一六六中学跟岗学习6周；合肥南

齐鲁师范学院基地领导赴金阳县看望第3批支教教师

门小学赴金阳县开展教育帮扶,为受援学校捐助10万元教育教学经费和数箱学生生活物资;山西省实验小学与帮扶小学开展校际联盟活动,开通网络联校,教师"同备一堂课",学生"同上一堂课";辽宁昌图县实验小学、海南三亚市第九小学、湖北黄冈思源实验学校、宁夏吴忠市利通街第一小学向金阳县学校捐赠10 000余册图书;福建福清城关小学给金阳县中小学送来免费智慧校园软件等。同时,金阳县2 410名中小学幼儿园教师免费在山东省教师教育网研修平台上学习包括幼儿园、小学11个学科、初中15个学科、高中16个学科的通识性专题课程和省市优秀课例。齐鲁师范学院基地和8所领航学校尽己所能,帮人所需,一个个特色项目精准落地,盛开了金阳山上朵朵索玛花。

三、"我能为金阳留下什么"——自选项目温暖凉山

齐鲁师范学院基地的每一位支教教师都在思考,"支教结束后,我能为金阳留下什么,我将从金阳带走什么。"每位支教教师在各自的受援学校大展才华,结合学校需要挖掘自身潜能,为学校发展尽心尽力,为凉山教育留了下一颗种子,为自己的人生留下了一份记忆。

山西省实验小学张燕老师为金阳县城关小学的50个班级设计班规、班训、班徽、班歌及班级口号等。北京市第一六六中学毛学慧老师带领高三年级组成功举办金阳中学首届高三励志高考动员大会,索亚东老师亲自动手制作物理演示电路板,并为当地学校购买灵敏测力计等实验装置,让物理得以还原实验科学的本质,把抽象的原理"搬"上了书桌。福建省福清市城关小学何代杭,宁夏固原市原州区第二小学靳璐、石嘴山市惠农区惠农小学李彦鹏等支教教师发挥专业优势,帮助金阳学校建立社交平台公众号。福建省福清市融侨小学汤顺明、青铜峡市第六小学袁霞,宁夏吴忠市利通区第七小学吕鸶、吉阳区丹州小学王美兰等支教教师发挥音乐、美术专业特长,创建金阳首支鼓号队,并多次举行鼓号演奏送教下乡活动。湖北省浠水县团陂初级中学毛志元、黄冈思源实验学校汪颖,安徽省合肥市南门小学李海洲等支教教师对金阳中小学教师进行信息技术培训,组建信息技术交流学习群。辽宁省昌图县实验小学杜敏,安徽省合肥市南门小学王蕾等支教教师在金阳县校园视频歌手大赛活动中,指导校园歌手视频作品,展现凉山少年的时代风采。辽宁省昌图县实验小学纪秀博、于忠华,海南省三亚市第二小学冼冬霞,安徽省合肥市南门小学余乐琼等10位支教教师策划组织

金阳县中小幼全学段师生共同开展"养成良好习惯，爱护公共环境，提高文明素养"教育活动。辽宁省昌图县实验小学张辉、孟立新、孙华东，宁夏吴忠市利通街第一小学王刚、利通区第十五小学杨柳，宁夏青铜峡市汗坝小学郭咏梅，海南省三亚市第九小学孙杨、三亚市吉阳区月川小学吴富友、昌江县第一小学陈晓丽、琼海市嘉积镇中心学校大礼小学曾练，山西省太原市杏花岭区新道街小学李蓉、北中环街小学高素芳、后小河小学张阳，兰州大学附属学校张浩，宁夏吴忠市利通区第十三小学战晓芊等支教教师在支教期间走访困难学生家庭，给大山里的孩子带去暖心的关爱和对未来的希望。山东省济南市历城区义轩学校李潍微，北京市第一六六中学刘颜、王霏，北京国际职业教育学校曹小燕、张彬，湖北省黄冈实验中学邓仁辉，武穴市大金中学苏林涛、黄冈思源实验学校高超，安徽省合肥市南门小学黄新、马玉、朱有芳、丁艳、童玲、马淮娜老师等支教教师，在支教期间顺利完成"国培""县培"等送教送培下乡活动。太原市杏花岭区虹桥小学校肖志宏、新道街小学张敏生、新建路小学袁彩琴，海南省三亚市第九小学蔡君豪、三亚市育才中心学校陈红玲、陵水黎族自治县中山小学黄秋雅，福建省福清市城关小学钟妹妹、王娟等支教教师在支教期间开展"青蓝工程""师徒"结对帮扶，帮助金阳县的青年骨干教师快速成长。

　　支教是一项神圣而伟大的使命。齐鲁师范学院基地和支教老师们深刻领会脱贫攻坚精神，自觉克服困难，为金阳县孩子们的成长贡献了自己的一份力量，为金阳的教育提供了一些帮助，圆满地完成了支教任务，让金阳的教育像索玛花一样灿烂开放！

传承彝海结盟精神，助推凉山教育发展

河南师范大学教育学部教师教育办公室主任　彭小洪

河南师范大学基地高度重视凉山州帮扶工作，结合普格县学生、教师和基础设施等全方位条件，在帮扶的过程中，着力从点燃教育梦想、助力教师专业发展、拓展物质帮扶、探索基地协同等方面，形成"四轮驱动"的教育帮扶模式。

一、教育燃梦，点亮未来

习近平总书记多次强调要"大力发展贫困地区的教育事业，让贫困地区的孩子接受无差别的教育，用教育阻断贫困的代际传递"。"艰难困苦，玉汝于成"，支教过程，势必充满挑战。受制于自然和文化的因素，支教学校和原任学校的办学环境、教师能力、学生学习习惯、生活习惯等方面的差异，都是我们在实现教育阻断贫困的代际传递中需要克服的重重困难。

帮扶团队以身作则，无私奉献，展现出高尚的师德认知。帮扶团队全员参与帮扶学校党总支组织的"不忘初心，牢记使命"主题教育活动。他们认为，作为党员教师，一定要坚定对教育事业无比忠诚的信念，牢记全心全意为人民服务的宗旨，以身作则、无私奉献、为人师表，以党性注师魂、以党风促教风，力争在支教期间，影响身边的一批教师、带出一批好学生，并发挥专业特长、加强社会服务。

团队还根据彝区生源实际情况，扎实开展学困生转化和控辍保学工作，利用个别谈话、作业批改、学生家访、赠送学习用品、捐资助学等形式与学生建立感情，利用周末时间响应"千师进万家"活动，到贫困学生家中进行家访，鼓励他们用知识改变命运，引导学生树立远大学习目标、为实现理想努力学习。

"一颗鸡蛋从外到内打破，它只是一盘菜；一颗鸡蛋从内到外打破，它就是一个生命。"因此，关注学生，开展教育燃梦是帮扶工作的起点。"扶贫先扶志"，基地在选派教师的过程中,遴选师德高尚、教学技能娴熟、经验丰富的教师。他们带着火把参与到教育帮扶过程中,点燃普格县教育的希望。

二、 引领教师，铸就中坚

普格县现有教师数量普遍不足,缺编问题突出,村小及教学点不得不聘用大量代课人员。教育帮扶不仅仅是为了实现教师数量的变化,更重要是通过支教教师的示范和引领,为当地培育一支"能教、会教"的教师队伍,实现"输血"与"造血"同步完成。基地通过制度建设探索项目制在教育帮扶过程中的作用,引导支教团队和当地教师团队结对子,让双方围绕教材分析、教育教学技能、教学科研等方面,实现共同进步,实施"青蓝工程";引导名校长团队和当地教育管理干部结对,实施"管理提升工程"。

江苏省海州高级中学、常州市第五中学、盐城市龙冈中学、泰州市第三高级中学、苏州高新区第一中学、徐州市铜山中学、南京市雨花台中学初中部、宿迁市沭阳县建陵高级中学、江苏省板浦高级中学分别在智慧校园建设与发展、艺术教育、教师专业发展、语数英学科共建、拔尖人才培养、选修学科共建、体育与健康、校园文化建设、德育工作方面与普格中学签署项目合作书,通过合作共建,引导普格中学教育教学内涵式、跨越式发展,为建设高品质学校奠定基础。

三、 物质帮扶，奠定基础

物质支撑是教育开展的基础,普格县教育在发展过程中同样面临着物质保障不充足的问题。基于此,基地注重物质帮扶,助力解决基本的教育难题,帮助特长学生获得充足发展,激发教师队伍活力。为推动发展进位,基地组织各名校长及工作室成员前往对口县送培帮扶,并捐赠物资、器材、图书及资金等,全方位为普格教育发展助力。

基地为了激发教师队伍活力,设立围绕教育教学的奖励。李新生支教团队募集社会捐助 10 万元,用于教学过程管理奖励,以此为支点"撬动"教师的工作积极性。周艳名校长支教团队,筹备 10 万元,设立"苏普杯"课堂教学技能大赛奖励基金,为"苏普杯"课堂教学技能大赛的顺利开展提供资金保障,以此激发教师的积极性,促进教师专业发展。苏州高新区第一中学筹备 30 万元,在普格县成立"索玛花开"教育奖励基金,奖励在全县教育教学工作中表现突出的教师,以此增强教师的获得感、成就感,促进教师在立德树人过程中的积极性。

基地为了学生的全面发展,捐助设立各种社团。针对体育和艺术特长学生,李新生校长支教团队先后筹集资金购买体育器材和乐器,成立校园足球队和艺术团,培养学生的体艺素养。

四、 基地协同,同心同力

在帮扶的过程中,为了更好地完成各方面工作,基地经常和华东师范大学基地、华南师范大学基地等多次交流帮扶工作开展经验,利用不同基地的优势资源,探讨不同基地的协同机制,共同助力普格县教育。

2020 年 11 月中旬,李扬老师应教育部名校长领航工程"余卫校长工作室"邀请,支教团队 3 人赴西昌市第四小学和盐源县工农街小学,参加南昌大学附属中小学"余卫校长工作室"支援凉山州教育教学交流活动,为两省三地教师先后作了示范课的点评和题为《做一个有担当、有思想、有品味的英语教师》的讲座。跨基地协同培育取得相应效果。

经过系统的帮扶,河南师范大学与普格教育系统建立了深厚的友谊,帮扶工作取得了丰硕的成果,留下了宝贵的经验。帮扶工作虽然接近尾声,但河南师大与普格教育的情谊才刚开始。未来,普格中学的老师可以通过到历城二中挂职、跟班学习等方式,将济南先进的教育理念和方式带回大凉山。海州中学表示与普格中学形成了"四个约定":第一个约定,请他们走出大凉山,每个学期派出管理队伍、教师团队到江苏 9 所学校跟岗学习,分别为他们进行系统、扎实的实地研训;第二个约定,每年举办一次高峰论坛,"9＋1"成员学校围绕高品质高中建设进行主旨发言;第三个约定,"9＋1"成员学校每学期轮流召开一次现场会,展示本校及其他成员学校的发展成果;第四个约定,工作室成员学校每年深入凉山州一次,持续深度帮扶。

立体多维深度介入帮扶

广西师范大学教育学部　孙杰远

国家扶贫攻坚工作进入关键期，"三区三州"扶贫工作是脱贫攻坚的重中之重。广西师范大学教育学部作为教育部中小学名校长领航工程培养基地，积极响应教育部号召，基地首席专家、广西师范大学副校长兼教育学部部长、教育部长江学者特聘教授孙杰远教授系统设计、整体推进，定点支持四川省凉山彝族自治州喜德县基础教育发展，持续开展 2 年 3 期的支教行动，确立"系统设计、驻点支教、周期送教、区域互动"的帮扶方针，通过资源整合和互助互学的方式，组织名校长领航班学员及名校长工作室成员积极开展面向凉山州的教育帮扶行动，先后选派 3 批支教队伍前往喜德县进行教育帮扶工作。通过高校送教、名校送课，专家团队、高校与中小学校长团队携手相助，共同制定优质课堂，构建研学一体的精准教研活动，精准落实"1 + 1 + N"对"1 + 1 + N"的对应帮扶要求，形成了"上挂下联""城乡互动""协同并进"的"一对一"帮扶体系。在支教的过程中，支教团队与当地学校教师互学互助，共同为喜德县学校建设资源平台、完善研训机制、打造骨干教师队伍而努力，充分展示教育扶贫在脱贫工作中的重要作用。

一、 实地调研，互促互学

为了更深入、全面了解大凉山学校的现状，支教团队先后来到喜德县多所学校进行调研，与当地学校的老师们互相交流和学习，同时体会到各级政府对学校教育的支持和重视，为后续教育帮扶工作落到实处提供有力的事实依据。2019 年秋季期，首批支教教师调研了 10 余所乡村学校，了解学校的基本情况，为即将开展的凉山州教育扶贫工作打下基础。当年 11—12 月期间，领航名校长工作室夏忠育校长一行驱车来到离喜德县城 100 公里外的米市镇中心小学校、洛哈镇中心学校、额尼乡中心小学校等公办学校以及两河口镇波振小学和瓦尔西总村的幼教点调研。2020 年 5 月，"凉山谣"支教团队一起调研了民族小学、城关小学和喜德中学,整体学习感知各校文化特色,为下一步开展校际间的结对活动做准备。2020年11月,在喜德中学勒革瓦铁校长的带领下,支教团队的章高华、韩京里、邵展、吴劼等教师到喜德县米市镇、洛哈镇和额尼乡中心小学调研。

二、 建构团队,深入课堂

在支教过程中,不断有教师积极加入教育部中小学名校长领航工程广西师范大学培养基地的校长工作室,与喜德县当地教师共同推进中小学的教育发展进程。夏忠育名校长工作室组织了工作室成员赴喜德县开展了为期3天的送培、送教和考察交流活动,使基地校和帮扶校密切联系、资源共享、共同发展;郭彩霞校长工作室成员,东胜区第一小学东校区执行校长丛海军带领支教队伍赴喜德县实验学校进行了送教活动;田雪梅校长工作室安排对口支教的喜德县城关小学的领导和教师一起走进山西省吕梁市城内小学进行交流学习;赵玲校长工作室的汪勇老师也将在芜湖师范附小的工作实效和自身的工作经验与所支教学校的教师们进行了分享。

为了将教学新理念带进帮扶学校,提高课堂教学水平,支教教师们深入课堂、以身示范、深度引领、互促互学,以集体的力量推动喜德县课堂教学改革。支教教师们充分发挥引领和示范作用,根据各个学校的教学情况,制定了精准的教研活动方案,带头引领喜德县中小学的教研工作。

三、 搭建平台,家校共育

喜德县脱贫艰难的原因除了缺少相应的发展条件外,还在于当地人们思想未能发生改变。教育资助的扶贫方式除了必要的物质支援外,还需要从培养一名贫困学生,脱贫一户贫困家庭,造福一村的"扶智"模式开展。支教教师们在驻点支教的过程中,在必要的教育教学工作之余,还需要兼顾针对学生的精准家访,落实学生的需要,提升家庭成员对教育的重视度和参与度,切实从家庭内部改变孩子的教育环境,实现家校共育的目标。在支教的过程中,教师们开展家访活动,切实掌握学生家庭情况,助学生实际之需。2019年秋季期,以田雪梅校长工作室成员刘潭明、贺红梅为代表的教师,开展"千师进万家"家访工作,利用放学后和周末时间深入学生家庭进行家访,了解学生的家庭情况以及当地文化,手把手教家长用手机来学习,并进行友好交流互动。半年来支教团队共家访 56 家,在家访的过程中,深切感受到这里不少家长卫生健康知识欠缺,思想意识淡薄,迫切需要多层次的帮扶。

家校共育是帮助孩子健康成长的重要方式。2019 年 9 月,以田雪梅校长工作室成员刘潭明、贺红梅为代表的教师,积极联系教育部国家行政学院"家校共育数字化项目平台"工作人员,搭建了学习平台,走进学生家中,走近学生心灵,用真情去浇灌,用爱心去温暖。2019 年秋季期,郭勤学名校长工作室李小斌老师主动长期捐助民族小学双亲亡故、品学兼优的六年级学生王沙,并承诺每月资助其生活费,直至孩子大学毕业。张勇老师与教育局扶贫攻坚小组一起,深入一线参与贫困户建卡建户、发放援建物资、动员山上老乡搬迁入住国家援建的安置房等一系列扶贫活动。

四、爱心援助,情暖人心

支教队为喜德县驻点支教学校捐书赠物,填补学校物资缺口的同时,给予学生更多获取知识的机会。2019 年秋季学期,郭彩霞校长工作室为思源实验学校爱心捐赠图书共计 5 198 册,并捐赠 1 台同屏互动教室设备。郑惠懋校长工作室组织泉州市丰泽区第五实验小学的教师、家长和学生为喜德县民族小学募集了 75 000 元的爱心款项,用于购买月琴和班级的图书柜,还积极发动学生捐赠了约 1 500 本图书。工作室发动泉州市安溪县当地琴行捐赠了 12 把口风琴,发动泉州市各界爱心人士为喜德县中学捐赠价值 10 000 元的图书,为民族小学、波振小学等贫困学生捐赠衣物和款项总价值近 20 000 元,并和部分品学兼优的学生建立长期的资助关系。2019 年 10 月 28—31 日,郭勤学校长工作室带领 4 位教研组长抵达喜德县,开展为期 2 天的"送培送教"活动,为喜德中学捐助 5 万元体育器材,向喜德中学贫困生爱心基金捐款 2 万元。2020 年秋季,赵玲校长工作室发起了"以书架桥,共沐书香"捐书活动,为思源实验学校的孩子们捐赠课外书籍 16 312 本。叶连成校长的爱心朋们友持续接力,再次为喜德孩子们共捐了 230 双童鞋,这些爱心童鞋就像冬日里的暖阳,让他们冬天不再寒冷,温暖了脚更温暖了心。此外,安徽省宣城市为思源实验学校的孩子们送来了书籍 628 本,书包、文具各 400 套,价值达 5 万余元。

五、扩大宣传,助力建设

为推进喜德县中小学学校的管理建设,支教团队在驻点支教学校开展与学校管理经验相关的宣传活动,助力喜德县中小学校管理水平提升。为使思源实验学校宣传工作再上台阶,汪勇老师筹备开展学校新闻报道摄影培训讲座,提升学校的宣传水平。支教团队在喜德中学初中部开展中考招生宣传工作,鼓励初中学生努力学习和积极报考喜德中学。团队刘潭明校长与城关小学田明强校长互动交流,在学校课间操不能外出活动的情况下,建议尝试引进山西昌梁城内小学室内操,加强学生体育运动时长,探索五育并举的培养机制。团队汪勇老师为思源实验小学的公众号团队进行第2次校园新闻宣传工作培训,组建了思源公众号团队,并进行学校版面的内容编排和素材整理工作。团队在民族小学和城关小学支参与了学校的教职工例会,参与学校日常管理并分享宝贵经验。

六、 组建社团,提升精神

在支教过程中,支教团队开展校园文化建设经验分享,与驻点支教学校携手共建美好校园精神文明。支教队员刘潭明、李小斌等到城关小学和喜德中学等学校共同探讨校园文化建设的发展方向,涉及班级团队建设、班级文化建设、家长团队建设和人际关系建设等4个方面。同时,支教队员在校园内积极组织开展各式各样社团活动,提升学生综合素质,例如:张益嘉老师在思源实验学校开展六一庆祝会经典诵读比赛,并筹建思源实验学校的校园广播站;吴锋老师在喜德中学组织学生进行跑步锻炼;汪勇老师在思源实验学校开展校园足球队的选拔和训练活动,并打造品牌社团;刘潭明校长在城关小学开展"保护好我们的孩子,防止意外伤害和性侵害"的线上教育活动,并邀请医学博士、主任医师李州利分享了相关知识和防护经验。

七、 做好引领者,当好提升者

"三区三州"的支教,是国家在教育脱贫攻坚层面的重大部署。广西师范大学培育基地作为教育帮扶行动的"依托",被赋予2项"特别"使命:一是引领使命,扩大教学对象和服务半径,发挥辐射作用,如结对帮扶,开展教师、校长培训实践、定期组织面向结对帮扶地区的培训活动等;二是服务使命,紧扣"负责与结对地区教育行政部门联系协调和支教教师的管理服务工作"的要求,既要当好"指挥员",保证帮扶团队有序运行、提供最优质的帮扶资源、实施最具模式创新的帮扶行动,又要当好"战斗员",开展面向结对地区教师、校长的培训工作,并对支教教师的工作给予专业指导。

凉山州是国家脱贫攻坚战中的"硬骨头",其中,彝族人口占 90% 以上的喜德县是国家扶贫开发工作重点县。根据"治贫先治愚,扶贫先扶智"的思路,广西师范大学教育学部带领的支教团队努力从源头上打破贫困,立足于课堂、扎根于教研,着力于提高驻点学校的教学水平,带动全县教育质量的提升,例如:郝小雨老师开展了鄂尔多斯与思源实验学校的线上数学教研活动,以"同课异构"的形式开展听评课活动;叶连城老师组织了"情智数学"课堂的实践研究线上联动研讨活动,通过课例呈现、专家点评、课题报告 3 种手段为民族小学的教师搭建了交流学习的平台;张益嘉老师组织开展了喜德思源实验学校五(4)班和东胜一小三(5)班线上结对仪式;汪勇老师筹备开展了皖川藏 3 地少先队活动课云教研活动。在广西师范大学基地的大力支持和指导下,皖、川、藏 18 所学校的辅导员教师现场参与了少先队"云教研"活动。

在广西师范大学教育学部的精心策划、组织和推进下,支教工作收获了许多成果,包括促成广西师范大学体育学院与喜德中学初步达成体育特长生、教练员培养合作的框架协议,进一步提升了支教帮扶工作的教育效应和社会效应。我们欣喜地看到,八桂大地与凉山喜德的共建共生正在顺利开展。

主题引领有方向，双微驱动有力量

华南师范大学教师教育学部　黄道鸣　童宏保

教育部国培领航华南师范大学基地对口帮扶凉山州德昌县，为支教行动设计了"主题引领，双微机制驱动"的领航支教行动方案，精心选拔了领航名校长工作室的优秀教师赴德昌中学、德昌三中、德昌民族中学、德昌实验小学、德昌二小支教，执行国家教育精准扶贫政策，圆满完成教育部安排的支教任务。基地通过工作室成员挂职支教，为当地带出了一支骨干教师队伍，搭建了一个双方学校和师生交流的平台，留下了支教薪火，谱写了教育华章。

一、 主题引领有方向

华南师范大学基地高举领航旗帜，以"核心基础、思维课堂"为主题引领，聚焦问题进行领航支教；加强师德培训，关爱学生，尤其是学困生，让教师专业化成为师德提升的共识；加强校本教师培训与行动研究，建立教学质量管理机制，推进提升教学智慧校本培训。

我们以"落实新课标，培养学科核心素养"培训为主题引领，团队协作、任务驱动、分层推进，每年确定一个校本教研的主题，把问题转化为课题和任务进行研究，让任务驱动教学推进，让任务不断有层次、有质量，推进教育高质量发展。这是教师教学智慧追求的理想，也是学校发展的理想。

基地团队针对德昌支教学校的实际情况，开展专项调研，根据学校诊断与改进原理，发现学校在办学思想、学校规制和课程体系、教育行为等的对应性方面存在的问题。

基地特别重视支教工作的顶层设计，推进支教体系化和多层网络化。从方案的设计到后期学校改进诊断都围绕"主题引领，双微机制驱动"，引进教育资源、带出强有力的团队，留下长效机制和远程教学平台。在领航名师对接领航名校长工作室的过程中,基地强调学校教育诊断,不断推动办学思想的想法、学校制度和课程体系的说法,以及教育行为上的做法"三法一致"的学校发展。

通过支教教师、基地专家和多方支持,我们建立多层套接的教研网络与网络共同体,实现整体超越,包括从县教育发展中心、学校建立套接的教研体系,加强课程目标研究和培训,保障以教师为本的教研制度和环境。从学校看,我们提供教师发展的物理环境和人际环境;从教师个人发展看,入一行修一行,专业发展是自己的立身处世之本,也是走出大门的门面和荣耀。用教学的智慧培养有智慧的学生是教师的骄傲,也是教师的本分。我们努力让上好每一堂课成为教师的自觉意识,让主动学习成为学生的好习惯,让为师生发展提供良好环境成为管理者的风尚。

基地支教专家主题引领研讨会

二、 双微驱动有力量

一方面,华南师大基地通过微团队形成支教动力:华师教育专家团队为支教行动群提供理论支持,支教学校团队在支教行动群的指导下实施教育实践改革与创新,华师领航工作室成员学习共同体作为纽带将其他主体连接为一个支教共同体,华南师大作为后方构建宣传支持群,对德昌支教进行跟踪报道。在实施过程中,王红教授、黄道鸣副部长等坚持从始至终不断跟进,开展各种讲座,引进各种资源。陈菁、周大战、王立争、朱毛智、张基广校长带领工作室成员先后到德昌进行实践指导和其他对口帮扶行动,周大战校长还带去了企业资源支持。

另一方面,基地将支教大目标细化为系列微任务:工作室根据自己的支教任务,进行目标分解,列出系列微任务,用任务驱动,打造团队,用团队培养提升支教执行力。系列微任务前后衔接,主题突出。任务执行中,基地各名校长工作室都形成了自己的支教特色和风格。

湖北武汉张基广校长工作室团队赴德昌送教帮扶,为当地教师开展示范课、专题讲座等送教活动,并为德昌一小捐赠运动器材游乐滑滑梯1套。支教老师王桂莲指导的多位当地老师在县优质课评比中获一等奖;林起连老师指导的花样跳绳初见成效;姚晓宇老师的示范课、专题讲座在县优质课评比活动中被《德昌观察》报道,指导的当地老师参加县优质课竞赛获一等奖。姚老师还组织湖北省武昌实验小学与德昌一小"携手同行,共创童书"的活动,让武昌、德昌的小朋友通过书信交流学习方法,共同创写童书。

湖南长沙周大战校长工作室的陈帅、谭旭利老师,利用自身专业及资源优势,引入社会资源解决了学校多年未解决的校园广播设备陈旧落后问题。同时,他们针对乡村学校设备差、教具落后等情况,就地取材,在没有专用仪器的情况下,自制简单设备,用竹竿测量学生身高、用饭堂秤测量学生体重等。他们还带领德昌县第三中学小学部6位教师来到长沙高新区学习交流。广西玉林的林波秀老师联合德昌县教研室组织开展了"德昌县小学英语五校联合教研活动",推进"民族地区小学英语植入式教学"集体备课,有效指导了以片区为实体组建片区内教研团队;吕玲玲老师为多学科教师作电子白板的使用培训,改变当地老师把电子白板当传统黑板使用的习惯;张丽梅老师开展数学组"重数学思维培养,为培养学生新的思考习惯带来可能"的教研活动。支教教师还牵头组建学校德育团队,积极打造"乐雅"文化校园,营造"三乐三雅"的浓厚氛围,并激活学校社交平台公众号进行营运,使社会对学校有更多的了解。公众号的良好效果促使县教育局更加重视对教育的宣传,并注册了县教育部门第一个社交平台公众号"德昌教育"。

江西南昌的胡久强老师为凉山州的班主任上关于立德树人的主题班会示范课,利用自身优势,代表德昌县多次参与讨论州级教育部门文件,提出合理建议。刘学斌老师以每周组织两次《论语》读书分享等活动形式,多角度激发学生读书的热情。

天津的贾则旭、古建兴、宋雁蓓等支教老师,通过参加"万师进万家"活动到当地贫困学生家进行家访,并在支教中不断调整自身教育教学,在基地"核心基础,思维课堂"的主题下,以更接地气的方式完成支教任务。

领航名校长工作室团队与领航名教师德昌支教顺利会师

三、"不为名不为利，只为情义"

华南师大基地提出了"不为名不为利，只为情义"的支教口号，发挥基地专家和名师资源优势，无偿为德昌教育贡献心力。2020年9月20—25日，华南师范大学培养基地教育部领航名师项目童宏保、万瑛、陈亚利、卞珍凤、张慧、黎洁谊、蒋秦群等一行9人，走进德昌，进行了为期1周的学习交流，通过参观学校、听取校长报告、听评课交流、上示范课、作专题讲座和面对面基于问题的研讨、访谈中层干部和部分师生等形式，了解学校办学思想体系、学校发展规划、课程体系和管理制度，体验管理制度落实情况，观察教师的教育教学行为、学生的学习行为和领导班子的管理行为以及与师生的关系，发现学校的办学优势，聚焦存在问题，分析原因，提交作业，供学校和教育行政部门决策和办学参考。项目组具体听评课54节，开设示范课7节、讲座8次，访谈4校30多次，举行座谈5次。

2020年9月28日《凉山日报》以《教育部"国培计划"：中小学名师领航工程华南师范大学培养基地领航凉山州支教行动德昌行》为题专门报道了此次支教行动，对我们进行了充分肯定，报道中写道："支教专家精心准备、负责任的态度、精妙的教学构思、精彩的课堂展示给现场师生留下了深刻印象。视角独特、见解新颖、推心置腹的诊

华南师大基地领航名师专家团在德昌三中支教

断交流活动更是将活动推向了高潮。"

德昌教育局领导对基地的主题引领、团队支持的领航支教给出了高度评价：支教带着温度，活动具有深度，基地为德昌教育带来温度，基地的专业保障了支教的深度。

一年半的支教终结硕果，2021年1月11日，教育部名校长领航工程华南师大基地德昌支教工作总结会在德昌中学举行，教育部全国中小学幼儿园教师校园长培训专家工作组秘书长黄贵珍、华南师范大学教师教育学部常务副部长王红、德昌县教体科局副局长肖雄等人员参加，会议由华南师范大学教师教育学部副部长、德昌县教体科局副局长（挂职）黄道鸣博士主持。黄贵珍秘书长强调，本次支教活动对"三区三州"全面打赢脱贫攻坚战起到了重要作用，对华南师大在这次为期一年半的支教思路、工作成效给予肯定，对华南师大在支教过程中充分融入领航校长培训的"双微机制（微团队＋

黄贵珍秘书长在总结会上讲话

微任务)"为支教教师提供问题解决的抓手予以表扬。同时,黄秘书长对支教教师已有成果的提炼总结提出了要求,对领航名校长的持续帮扶提出了希望,对德昌教师发展中心往后的工作计划提出了方向和建议。

支教的征程永无止境,华南师范大学将秉承"不为名不为利,只为情义"的教育情怀,为凉山,为德昌教育继续贡献心力!

名师引领

"扶＋服－浮"——教育帮扶加减法

吉林省辽源市龙山区多寿路小学　张洁

根据教育部《关于开展四川省凉山彝族自治州教育帮扶行动的通知》要求,教育部名校长领航工程北京教育学院基地张洁校长工作室承担了凉山州会东县第四小学和第五小学的帮扶任务,认真研读上级指导方案后,工作室精心设计帮扶形式与内容,并在实践过程中研究探索形成了"扶＋服－浮"模式,即:扶需,从需求出发,形成外部力量与内部"创造性补需"的相辅机制;服务,强化服务意识,开展相关工作;"浮"则指在帮扶行动中需要做减法,坚决摒弃浮于表面,华而不实的作风。工作室力求最大限度地提升行动质量,增强服务效能,让教育帮扶真正有力度、显实效、建实功、成实事!

一、赋能型帮扶——从思想到行动

工作室统一了以下五个"思想",引领受帮扶学校提高办学品质,实现共促、共研、共生、共发展。

"了解内需,切合实际":不能仅从自己学校的特色、长处出发,而须考虑到对方的实际需求;

"美人之美,美上加美":支教者对凉山州的帮扶绝不是全盘否定,全面改变,而是结合实际情况使其在原有基础上借鉴提升,双方共享互助,和而不同,兼容并蓄,都能得到更好的发展;

"内心柔软,传递温暖":有善心、爱心才不负我们的帮扶初心。要积极主动、倾尽全力,站在受援学校的立场和角度为其长足发展服务;

"立足长远,授之以渔":对受援学校人员的指导应该是发展性的,有提升空间的,不能生硬灌输,强制受援学校原样移植方法,要精心为他们赋能,使其成为自身"造血"的教育者;

"博采众家，合力相助"：利用工作室资源，将成员学校的力量整合，形成合力，拓宽帮扶领域和帮扶渠道，形成"校校有担当，人人有情怀，事事有人做，项项有发展"的良性帮扶体系。

二、 需求式帮扶——从局部到整体

教育是个动态系统，我们结合两所学校在发展过程中需求的变化灵活调整策略。两所学校领导班子和教师代表一起拟定需求方案，工作时按需拟定此次送培计划，我们汇集到的需要指导的问题较之前确定的项目更具体化了，更倾向于实际操作，因此确定了"2020 年 11 月凉山送培方案"，并精准实施。我们还从工作室成员校中精选了学科优秀教师，与两所学校的老师们面对面互动交流，为他们答疑解惑，并带去了示范课，涵盖了语文、数学、音乐、体育、美术等学科。支教教师用精彩且妙趣横生的课堂设计和独具特色的教学风格，给参与活动的师生留下了深刻的印象。

三、 创新型策略——多渠道交流

我们提倡按需帮扶，注重畅通渠道，坚持五个结合：

（一）专家指导与自主思考相结合

两地心，教育情。两所学校的领导一定要在借鉴的基础上自主思考，自主研判，形成自己学校的特色，促进学校切实发展。

（二）实地考察与岗位研究相结合

教育帮扶，光有理论的指导是不够的，必须要让受授者走出大山，走到帮扶学校实地考察，看校园、看教师、看学生、看课堂，切身体会与感受，直观感悟、了解，他们才能启动思维，激发灵感，回到本岗的时候才有经研究、借鉴的成果产生，并将成果真正落到实处。2019 年 11 月，多寿路小学迎来了凉山州会东县四小和五小的领导和老师 20 余人，这些教育同仁跨越 3 000 多公里从巴山蜀水来到千里冰封的北国，开始为期 1 周的参观学习交流活动，了解学习文化理念，观看各社团活动展示。工作室精心设计了切实际、可借鉴、能复制、易操作的培训内容，从党建工作、后勤工作、教学常规管理工作、德育工作、课堂教学、体卫艺工作以及考核制度与办法等各个方面开展了交流展示活动，让来自学校各个岗位上的凉山同仁都收获满满。双方在交流中碰撞，在碰撞中思考，在思考中成长，研思共进，提质互促，交流共生，教育情长！

（三）主场学习与博采众长相结合

考虑到各学校都有自己的特色和可借鉴之处，为给会东同仁更多的学习借鉴机会，本工作室安排他们到吉林省四平市中央东路小学开展市外访学活动，整洁的校园环境，特色大阅读校园文化建设给来访者留下了深刻印象。

（四）线下学习与线上互动相结合

吉林与凉山，一个在东北，一个在西南，距离遥远，面对面的学习交流形式毕竟有限，信息时代为我们提供了极大的便利。我们不断拓宽交流方式，网络交流、电话沟通，学习提升无处不在。疫情导致两地不能实地交流，我们就发挥网络优势开展活动，提高被帮扶学校和各成员校"停课不停学"工作质量。

（五）全员互动与对口共商相结合

同研共培，精准高效，携手同行。工作室全员发挥全方位引领作用，以"一对一、点对点、岗对岗"的方式，让同一岗位的管理者，同一学科的教师以及有相关需求的个体建立网络交流共同体，随时随地开展交流。

四、菜单式服务——从输血到造血

我们把对凉山的教育帮扶定位为"服务"，从他们的需求出发设计帮扶内容、帮扶形式、帮扶方法，提供菜单，供受助学校做选择，以"服务"的心态传递我们的好思想、好方法、好特色，并提高对方自主创新、高效运用的能力，实现从"输血"到"造血"的跨越。

五、引领式帮扶——从践行到辐射

学校的发展是一个动态、连续的过程，只有起点没有终点。帮扶重在引领，引领重在持续，我们在即将结束3年帮扶行动的关键时刻，为四小和五小的后续发展出谋划策。2020年12月，工作室全体成员与会东四小、五小教育同仁相聚云端，以线上专题讲座的形式，帮助受扶学校作"十四五"发展规划，立足于"基于改进的学校发展规划"的实践定位，着眼于学校的自我改进行为，引领学校主动寻找问题与不足，制定并落实相应的改进行动，不断提升学校的办学品质。这次云端的"规划培训"让校长们懂得制定规划要"遵原则、重方法、按步骤、有内容、分阶段"，同时让他们对"学校现状分析、学校发展目标、学校发展要素、实施思路设计、发展保障系统"这五项内容的具体操作方式有了深刻的了解，在此基础上制定出完整的、符合学校实际和发展远景的规划。这也是学校未来长足发展的基础。

支教教师发挥自身的辐射作用，影响带动帮扶学校以外的校长和师生，实现资源共享，共谋发展。王维老师支教期间每周对全校教师进行培训，将其引入"问题—学习—探究—问题"的主动发展之路。他带领教师们组建主题研修团队，印制手册，开展活动，让校本主题研修系统这颗种子在大凉山上生根、发芽、开花，绽放出绚丽的色彩！他主动发挥辐射引领作用，不顾路途的遥远，不怕翻山的疲累，相继到多所学校帮扶送教，作讲座、上示范课、指导教学……为乡村教育事业默默奉献。

六、 天然去浮华——"扬弃"中坚守

教育帮扶行动贯彻中共中央、国务院关于打赢脱贫攻坚战的决策部署，实实在在落地，让山区的孩子能够得到更好的成长资源、成才条件。支援、扶持凉山发展绝不能走过场、捞荣誉，绝不能华而不实、浮于表面，我们从源头抓起，选派支教教师时，严格筛选，细致考量，将政治素质高、业务能力强、思想品德好的教师选派到四川凉山，把好关、选好人、定好位，力求行动切实、高效。

"扶＋服－浮"模式的实践，使教育帮扶效果显著。我们不断研究、思考、矫正、发展、超越，探索出高效有力的可持续性教育帮扶机制。工作室成员和多寿路小学全体人员用实际行动诠释着"手相牵、心相连，教育帮扶不畏任重路远！担使命、做实事，教育情怀无惧山高水长！"教育帮扶是一项长远工程，张洁校长工作室与会东县教育已经组成了一个共进共生的团队。

今天，我们在会东种下了温暖和希望，明天，会有更多的太阳花绽放在中国教育的大地上。在未来的日子里，我们还将步履坚定，踏歌前行，互通互助，共行共长，不求隆重的庆典，只愿留给岁月一段坚实而有力的足迹……

把爱的种子种在凉山的教育沃野上

贵州省道真仡佬族苗族自治县民族中学　王琦

扶贫先扶智,治贫先治愚。作为"国培"中小学名校长领航班学员,我们肩负的不仅是思想引领和实践创新的重任,还有人才培养和服务社会的责任;我们不仅仅关注自己的学生、教师和学校,还要关注社会、国家和民族的事务。"不独亲其亲,不独子其子",我们应具备"仁爱之心"的"大爱"境界,必须要为凉山教育补齐短板助一臂之力。

贵州省道真自治县民族中学与昭觉县民族中学达成对口帮扶协议,开展了形式多样的帮扶工作。两校分别成立以校长为组长的对口帮扶工作领导小组,指定专门联络员联系日常工作,并根据帮扶项目的具体需要,分别成立了以两校相关人员组成的项目实施小组,负责各帮扶项目的落实。两年来,道真自治县民族中学按照"整体帮扶,突出重点"的思路,在办学理念、管理模式、师资队伍建设、课堂教学、科研管理、教学质量评估体系建设、贫困学生帮扶等方面构建了帮扶机制。

道真自治县民族中学共派9名教师到昭觉县民族中学进行支教。他们协助学校进一步完善规章制度,做到有章可循;帮助学校构建各学科教研组,营造浓厚的教研组文化;积极开展班主任培训,更新育人理念,提升班级管理能力;通过教师会及专题会强化教育教学工作,规范教育教学行为……

吉古比史是昭觉民中一名高三学生,他和支教教师在交流中谈到他的父母一辈子没有走出过大山,现在庄稼(苞谷和洋芋)收完了,父母就给村里放几十只羊,每个月只有微薄的收入。谈起读书,吉古比史滔滔不绝地述说他的"历史":上小学时,走3个小时的路才到村里的学校,每天疲惫不堪。上初中后,到了民族中学,一个月放一次月假,这样才有时间和精力学习。看到同学考上高中,走出大凉山,想到自己的境况便开始努力。虽然成绩不太好,但我一定要走出去,一定要改变……听着他的讲述,支教教师拭去眼泪后鼓励他说:"一定会改变! 一定能改变! 加油!"

9位教师的支教生活结束了，但教育大爱在他们身上得以体现。杜小建说："支教是一种磨练，是一种奉献，更是一种收获。想起在昭觉县民族中学工作和生活的一幕幕，心中自有一番激动与难忘之情。在那里，有着一双双对知识、对外面世界充满渴望的眼睛；有着一群兢兢业业、踏踏实实工作的基层教师。我相信，凉山教育的未来一定会越来越美好。"冯永江说："我的支教结束了，我的心却一直牵挂着凉山，我把情永远留在了昭觉，回到原来的工作岗位，我依旧在关注着凉山。"

为了持续加强交流与合作，两校建立了定期联动工作机制。

一是领导结对，双方学校管理人员互相参观学习，借鉴对方成功经验。每学期期初双方召开一次共建领导联席会议，共同研究和探讨学校管理及教育教学工作等方面的问题，有针对性地确定学期或学年共建工作计划及重点。我校在学生日常行为管理、校园文化建设、学生社会实践活动等方面与昭觉县合作共建，指导当地学校开展富有特色的校园文化活动；利用现代教育技术提高课堂教学效率和水平，帮助和指导受援校开好信息技术课，用好教育资源，开展教研活动，实现教学资源共享，提高课堂教学质量。

二是教师结对，根据共建学校教师发展需求，开展教师结对活动。双方采取课题合作、集中培训、上示范课、听评课等手段，在教育管理、教学理念、教学方法、教育科研、教学评价、课题及课题研究等多方面互相切磋，相互促进、共同提高。每学年双方开展共建学校教师结对交流活动，以活动为载体，形成"学习、研究、实践、探讨"为一体的教研氛围，挖掘出先进的教学理念和教学方法。我校采取与结对学校青年教师"师徒"结对等方式，进行"一对一"业务帮扶，促进青年教师成长进步。

三是结对共建平台，开展赛课评比活动。结合教学实际情况，双方每学年组织开展一次"同课异构"课堂教学比赛，实现在活动中交流、进步、共建，寻找差距，弥补不足，携手提高双方教师队伍综合素质。

四是现代教育技术应用共建。双方应充分挖掘和利用现代教育技术资源，最大程度地开发共建学校的现有教育教学资源优势，使其在教育教学中充分发挥应有的作用。

把苏派教育辐射到更远的地方

江苏省海州高级中学　周艳

教育部名校长"领航工程"周艳校长工作室积极响应教育部关于加强凉山州教育扶贫结对帮扶的号召，共分3批选派8名骨干教师，秉持江苏教育人"立德树人"的初心和使命，到凉山州普格县中学支教帮扶。本着"尽己所能、发挥优势、资源共享、共同进步"的原则，各项工作有序、高效、顺利开展，圆满完成了支教帮扶任务，赢得了广泛赞誉。

一、统一思想，齐心协力，提高对支教帮扶工作的认识

初到普格中学，江苏团队以凉山支教的"五把五全"作为工作标准，以"走、看、听、访、问"的形式作了前期的调研工作，通过走访、听介绍、实地考察等方式，初步了解校园文化、校情、学情和教情等。

支教团队及时与学校领导沟通，接受学校安排的任务。工作要做好，规划先行。接到任务后，每批教师都碰头开会，规划工作思路，研究支教工作重心。充分研究教材，为课堂教学指导奠定基础。团队第一时间深入处室、学科、班级，及时了解情况，熟悉受援学校教育教学现状，把握学校的教情与学情，积累第一手资料，为进一步融入并开展工作打下基础。

支教团队还细致研究了四川省的考试说明与近3年的高考试卷，及时了解教学的动态，为教学提供依据。团队深入教学第一线，走进课堂听课、课后与任课教师研讨，参与备课组的集体备课。除此之外，团队还与当地教师、学生进行交谈，听他们内心所想，真正地走进师生的心里，为支教工作的开展指明了方向。

二、明确目标，制定措施，切实落实支教帮扶工作目标

根据工作室要求，支教帮扶以提升受援学校教师队伍整体素质和受援学校教育教

学水平，促进教育教学高效发展为目标，开展了一系列扎实有效的活动。

团队分别召开了各处室、各年级、各教研组的领导座谈会，了解他们的发展规划、工作计划、具体措施、创新设想、困惑之处等。根据先期调研所掌握的校情、教情、学情，团队研讨与起草了关于普格县中学校的工作建议 10 余份，涉及教学、科研、德育、集体备课、新教师培养、年级管理等多个方面，并通过 3 批支教教师不断补充完善，让学校工作更加规范、有效开展。

工作室采取定期赴普格中学送教、安排普格中学教师来校短期学习、联合组织集体备课、线上教研、共享校本资源与课程改革成果等方式进行对口支教，努力为普格中学多办实事，使普格中学在教学管理、课程实施、师资力量、教科研和教育教学质量等方面有显著提高。

三、 充分利用现有资源优势，对师资力量进行培训

随着支教工作的深入开展，本着"留下一支带不走的支教队伍"的支教精神，充分利用和发挥先进教育理念及丰富的教育教学经验的优势，对普格中学的教师进行了形式多样的培训，进一步提高他们的教学水平和科研水平。

支教教师通过讲座、评课议课、座谈、上示范课、线上教研活动等形式，对当地教师进行培训；利用网络、资料库等资源给普格中学传经送宝，使学校教学水平和科研水平得到了很大的提高；与普格中学一起对常规管理、教师管理、学生管理、卫生管理等 4 大方面进行修改和补充，逐步完善了学校的管理制度，帮助学校提高管理质量。

四、 助力青年教师成长

支教教师与当地青年教师结对，与青年教师分享自己在教育教学、知识结构、教学技能等方面的经验，双方共同探讨、悉心教研。他们还帮助和指导青年教师不断改进与完善课堂教学方式，强化课堂教学的有效性；不断总结教学经验，提高教育教学水平。在支教教师的指导下，多名青年教师在州县级教育教学比赛中获奖。

五、 营造教研促学氛围

支教教师通过深入课堂听课调研，收集第一手资料并分析学校的教学现状，认真制定切实可行的教研、培训计划，以"教研促教学，培训带全体"为目标，创造性地开展

了形式多样、丰富多彩、行之有效的教研活动。他们还通过教研活动研究教学,促进教学工作良性发展;通过培训活动,提高教师的专业知识水平,使教师实现专业水平和对新课程认识理念的共同提升和发展。支教团队组织了首届"苏普杯"课堂教学技能大赛,筹备了奖品,为教师发展建设平台。

六、 推进培优补差增效

支教教师利用休息时间,分类辅导,扎实开展培优补差活动。对学优生,"开小灶";对学困生,"补温火"。通过一帮一、错题诊断、计算比赛等活动,提高学优生的兴趣和自学能力,促进学困生转化。对学优生,教师培养他们良好的做题习惯,增加具有挑战性的练习,使其掌握一定的学习方法,对所学的知识善于总结,达到事半功倍的效果;对学困生,教师引导他们正确认识自我,形成良好的学习态度,并提倡积极鼓励评价。

七、 延续助困护学爱心

工作室成员校通过各种途径筹备资金、物资为普格县的教育提供帮助,为普格中学以及普格县多所学校捐赠书籍、衣物、体育器材、学习用品和各类助学金 130 余万元,为普格县控辍保学工作贡献了力量。

从起航地出发——红船支教团的爱与奉献

浙江省嘉兴市实验小学　张晓萍

这是一次爱心接力，9位红船起航地的教师陆续从嘉兴南湖出发，跨越千山万水，将爱和希望的种子播撒到凉山腹地；这是一次智力援助，嘉兴支教教师以课堂为主阵地，传递教育教学理念，助推凉山教育教学发展；这更是一次精神引航，带着期望与嘱托，张晓萍校长工作室精心设计帮扶方案，协同北城小学构建了"三个助力""四项举措""五个提升"的"345"教育帮扶模式，使帮扶学校从办学理念、教师发展、学生成长等方面得到提升，让"红船精神"的光芒闪耀在凉山大地。

一、 三个助力——有力支撑教育帮扶

（一）思想引领助力——提升教育帮扶的"精气神"

"红船精神"激发教育帮扶的内在动力，提升教育帮扶的"精气神"。对越西县全体支教老师进行了多次"红船精神"党课宣讲，让红船精神在凉山州深深扎下根来。在建党99周年来临之际，红船领航党小组组织越西县北城小学的全体党员，以"云微党课三地连"的方式组织观看云党课，了解学习川浙两地党员老师在平凡岗位上的不平凡事迹。

（二）机制保障助力——确保教育帮扶工作"长效化"

教育帮扶任重而道远，建设稳定长效的教育帮扶机制，可以为巩固教育脱贫成果、助力乡村振兴提供重要保障。

1. 统筹推进机制

工作室需承担多个角色，一是"指挥员"，协同北城小学领导班子，制定学期帮扶工作方案，以确保红船领航团队开展最有效的教育帮扶；二是"战斗员"，协同成员学校，开展面向北城小学乃至越西县的校长、教师培训工作，并对支教老师工作给予专业指

成立"红船领航"党小组

导;三是"联络员",及时将工作室教育帮扶情况向清华大学培养基地、区市教育行政部门进行汇报、反馈。

2. 定期会商机制

由嘉兴市教育局组织人事处牵头,县市教育局组织人事科负责人、张晓萍校长工作室负责人及成员校校长、北城小学校级领导定期会商,及时解决教育对口帮扶中存在的问题与困难。

3. 长效协作机制

嘉兴市实验小学与北城小学签订了东西部教育帮扶结对合作协议,从而更好地帮助受援地区学校提升学校管理水平、教师素养及教学质量。

（三）社会公益助力——汇聚教育帮扶的"正能量"

工作室积极发挥社会引导作用,动员了广大热心社会公益力量加入。2019年12月上旬,工作室前往北城小学支教,带去了由浙江当地公司支持的465套课程学具;2020年1月,原浙江省教育科学研究院院长王炳仁教授委托工作室在北城小学建立爱心书架,捐赠了300余册书籍供孩子阅读。工作室还汇聚了嘉兴市的多个爱心家庭及单位为北小的孩子捐赠了文具、书包、书籍、棉衣等物资。疫情期间,工作室联合了本地几家企业,调集了一批物资,助力北城小学防疫抗疫。嘉兴日报感动于红船支教团的爱心奉献,2020年6月专门安排记者远赴凉山越西县,进行了为期1周的深度采访,返程后用2整版作了报道。

二、四项举措——有力推动教育帮扶

（一）践行优质课堂——助推凉山教育教学发展

支教老师以课堂为主阵地,通过示范课、互动研讨等多种形式传递教育教学理念,发挥引领作用。

1. 扎根课堂主阵地,带动学校形成良好教研氛围

支教老师深入学校的教研活动,主动执教观摩课,作专题讲座,带动学校形成良好的教研氛围。9位支教老师的精彩示范课和倾情援教援培获得全校高度评价。而日常的教学中,支教老师还积极组织、参与教研组研讨活动,通过交流、分享优秀的教学经验、资源,推动学校教学教研的开展。

2. 主动引领示范,助推县区域教研工作开展

支教老师们积极主动承担区域层面的示范课、讲座、赛课评委工作,给参与区域层面活动的老师带来全新的教育理念。

3. 深入走访调研,实现教育精准帮扶

北城小学97%以上为彝族学生,特殊的语言环境和家庭背景为教育教学的开展造成了重重困难。针对学生使用语文教材的情况,黄周琴老师面向越西县38位一年级语文任课老师作了深入而细致的调查。在此基础上撰写了报告,使得语文教学更有针对性。

4. 名师组团送教讲学,发挥工作室带动力和影响力

送教团队为北城小学全体老师及当地中小学校长作学校管理、学科教学主题报

告,执教观摩示范课,与各科老师进行互动交流、答疑解惑。送教团队还以 STEM 工作坊的形式,引领北城小学各学科教师一起进行激光切割智能机器人的制作体验,让北城小学的老师感悟如何加强跨学科知识的融合,培养孩子的实践能力和创新意识。

张晓萍校长工作室送教团队以 STEM 工作坊的形式引领学校老师进行制作体验

(二)实施青蓝工程——促进青年教师成长

支教老师与越西县北城小学教师开展了青蓝工程结对仪式,支教老师们充分发挥传、帮、带作用,着力在学科方向、教学理念和教学方法方面进行引领,促进北小教师教育教学能力的提升。

日常教学中,支教老师的课堂随时向"徒弟"开放;"师徒"结对展示课活动中,支教教师们在课前和"徒弟"一起备课,课后深入教研,并且带动相应教研组共同听课议课,同研共磨一节课,在交流中一起提升与进步;"国培计划"送教下乡活动中,支教老师带领北小开课老师反复研磨,形成可操作性最优的方案,提升教师的教学能力。

(三)首创心育小组——关爱特殊儿童群体成长

支教老师在北城小学成立了首个心理健康教研小组,并以此为基础,在学校建立了"童伴之家",开展面向特殊儿童群体的心理健康主题活动。

1. 心理团辅,培养凉山孩子健康心理

心理健康教研小组老师带领北小的孩子走进趣味盎然的心理教育团辅课,培养孩子们积极健康的心理。并利用学校的广播系统,开启"心灵寄语"晨间播报、"心动之

声"午间在线辅导,出刊北城小学心理健康知识小报,为全校学生科普心理知识,引导他们树立正确人生观、价值观。

心理教育团辅课

2. 心理个辅,助力特殊群体儿童树立阳光心态

了解到学校有 200 多名留守儿童、12 名孤儿和 5 名残疾儿童,心理健康教研组陆续组织开展了"播种美丽心情,拨动快乐心弦""关爱留守儿童,助力健康成长""点亮留守儿童毕业梦想""加快乐能量,助我心飞翔""讲给女孩子们的悄悄话"等心理健康教育活动和专题讲座。

每天,心理健康教研组都会在"亲情屋"开展沙盘游戏、心理个辅,通过游戏中的互动与融合,让这些孩子打开心扉,树立阳光心态。课余时间,支教老师们或是走访,或是帮助缺少关爱和生活困难的孤儿家庭结对浙江爱心家庭,或是化身为爱心使者,筹集文具、过冬衣物,让孩子们在留守环境中不孤单,有爱常伴。

3. 首创亲子课堂,家校协同

教研组每月为北小全校教师开展心理健康知识讲座,鼓励教师们做家庭教育指导师,并首创"快乐心"线上线下相结合的亲子课堂。沈硕文老师还走进西昌电视台直播间,录制"百校千村万户"感恩工程节目,掀起了凉山州家庭教育的热潮。

(四)融入学校中心工作——切实助推脱贫攻坚战走向胜利

1. 推动开展学校少先队工作

支教老师推动北城小学建立"红领巾奖章"争章方案,制定相关争章细则,提升少先队工作引领力和组织力。以少先队建队日、六一儿童节等为时间节点,推进"从小学先锋,长大做先锋"建队节主题教育活动,提高少先队组织的影响力。

2. 投身当地扶贫工作

支教教师们实地参与扶贫工作,深入到大凉山腹地的乡村,走访慰问当地村民,了解他们的饮食起居,并送上爱心物资。他们参与到扶贫工作动态情况排摸、登记造册、控辍保学等各项扶贫工作,全力陪跑,温暖凉山。

支教教师们跟随凉山当地学校实地开展脱贫帮扶工作

三、 五个提升——有力彰显教育帮扶

工作室立足红船支教团队的各项帮扶举措,整合多方资源多维助力,使教育帮扶工作取得了较为显著的成效。

(一) 促进学校管理理念有效提升

支教教师积极参与到学校各项管理工作中,就校园文化、民族教育、寄宿制办学、强化学校日常基础管理、重视教师绩效评价体系等方面积极建言献策、协同管理,将先进的教育管理理念潜移默化地传递给北小的管理团队。

(二) 推动学校教研氛围有效提升

支教教师担负起各学科的教研帮扶责任，组织开展全方位、多元化教学研究活动，丰富了教学研究的形式与途径，带动了教研氛围，让北小教师在新思想、新策略的引领下不断成长。

(三) 助推学校少先队品牌建设有效提升

北城小学少先队坚持育人为本，不断深化活动，为少先队工作开创新局面，先后荣获"禁毒工作先进集体"、2019—2020 年度凉山州"优秀少先队集体"等荣誉。

(四) 推动学校心育意识和能力有效提升

心理健康教育教研组充分发挥专业力量，不仅开展了诸多关爱留守儿童等特殊群体的行动，也带动了学校心理健康教育师资队伍建设，提升了学校心理健康教育的能力和专业化水平。

(五) 推动家校协同育人意识有效提升

面对当地中小学家庭教育缺失的现状，支教团队迎难而上，走访学困生家庭，与学生家长电话沟通，还首创线上线下相融合的亲子课堂，开启了偏远地区家校合作新模式。

从红船起航地出发的支教老师们以自己的爱与奉献，带动了学校和区域教育学科的发展、教育理念的更新，用行动传递温暖，让"红船精神"的光辉普照凉山大地。

多元化支教模式助推师生共成长

天津市南开区中营小学　华联

习近平总书记指出，扶贫必扶智。让贫困地区的孩子们接受良好教育，是扶贫开发的重要任务，也是阻断贫困代际传递的重要途径。教育能让贫困地区的孩子掌握知识、提高素养、改变命运，是造福家庭、富强国家的重要基石，是最有效、最直接的扶贫手段。2019年7月，华联校长工作室组织教师赴凉山州支教。在天津市教委的全力支持下，工作室成员们积极准备、精心筹划，并充分发挥区域辐射、引领带动作用，先后选派出5位优秀教师奔赴四川省凉山彝族自治州昭觉县工农兵小学，在一年半的支教工作中，我们的团队探索出了一条支教形式多样化、支教内容多元化和合作空间立体化有机融合的实践道路。

一、支教形式多样化

线上线下两种教学形式相辅相成。由于疫情肆虐，支教教师采取了线上支教的方式，向受援学校的教师们推荐了教育教学电子资源，如教师教学用书、课堂教学课件等。在教育部凉山帮扶行动江苏基地网络"全研修"活动中，我们以网络平台为载体，华联校长以"学校文化建设的思考与实践"为主题，向昭觉县、布拖县教育教学管理者宣讲了学校的办学理念，以及如何建构校园文化。在教育帮扶行动中，我们将对支教地教育教学管理者的培训放在了首位，因为一位好校长成就一所好学校，好的管理者能够找到学校个性发展的路径，并且把个人对教育、对学校生活的理解融入其中，使一所学校显现独特的精神气质。

二、支教内容多元化

我们多方面了解昭觉教育现状及需求，认真研讨，精心制定帮扶策略，让昭觉的教师开拓视野,包括:宣讲教育教学新理念,追赶新课程改革的步伐;执教课堂教学引领课,追求课堂教学效益;推荐教育教学必读书,唤起教师自身发展的持久动力。我们还让昭觉的孩子享受更丰富的教育资源,不仅学习本领,而且开阔视野;精准帮扶最贫困的家庭和弱势群体,给予他们更多的关爱与温暖;通过课堂主渠道,进行文化智慧的渗透、启迪、滋养和教育,增强其发展的内在和可持续力量。

(一) 专题培训,促进专业发展

围绕教师基本功、班级管理和教师业务发展等方面,支教教师向受援校教师进行专题性培训,促进其专业发展;分学科教学培训,引领其更新观念;帮助其深钻教材,把握基本体系、特点,提高综合运用教材的能力和水平;鼓励其灵活运用教材,设计有效学习活动,合理使用教学媒体,改革课堂教学模式,变革学生学习方式,基本实现学生自主学习。

(二) 践行课堂,关注生命成长

为了促进受援校教师专业成长,提升学生核心素养,支教教师以课堂为主阵地,为全校教师执教观摩课,通过这种形象、直观的方式,提升教师的课堂教学水平。

如何上好复习课往往是老师们的疑惑所在,支教教师走进课堂,为全校教师展示了一堂别开生面的复习课——"倍的认识"。课前,教师亲自编写讲义,复习内容与学生的生活紧密相连,由浅入深,层层递进。课堂上,教师在启发学生掌握知识的同时,梳理解题方法,指导学生整理、归纳知识,培养学生的思维力、创造力和解决实际问题的能力。

支教教师以课堂教学展示为载体,引领受援校教师努力钻研课堂教学,活跃教学研究氛围,推动各学科教研活动的深入开展,提高全体教师的教研水平与课堂教学设计能力。

(三) 关爱学生,扬起希望之帆

支教教师多次利用业余时间,走访工农兵小学特困生家庭,为孩子们送去精美的学习用品,并详细了解贫困家庭的生活状况,勉励他们克服困难,共同努力,重拾生活信心。一箱箱文体用品满载着天津市中营小学学子的爱心,翻山越岭,来到昭觉县工农兵小学。天津中营小学六年级(9)班与昭觉县工农兵小学六年级(6)班同学以同步连线直播的方式举行了"手拉手"系列活动——"爱心是最美的课堂"。以支教活动为载体,凉山州昭觉县工农兵小学与天津中营小学之间架起了一座桥,传递暖暖的爱心,联结两地学生的美好情谊。

（四）多彩活动，助力学生成长

工农兵小学和中营小学开展了多彩的系列活动："同跳一根绳，共享健康快乐""同读一本书，对话同一个故事""手牵手，庆中秋"……虽然相隔千山万水，两地的孩子们有着各自的生活习惯，但是他们生活在同一片土地上，同在蓝天下，共享童年的快乐！

两校的班级手拉手，两校的学生心连心。为了开展好两校师生"心手相牵，品味书香"活动，天津中营小学学生为昭觉县工农兵小学的伙伴捐赠 3 000 余册精美图书，架起两地孩子启智育德的桥梁。

三、合作空间立体化

天津市南开区中营小学与昭觉县工农兵小学的老师们分享教学资源，助推昭觉教育的发展。中营小学从 20 世纪 80 年代就开始进行信息化教学的实践与研究，为确保国家和地方课程的有效实施，进一步激发学生学习的欲望，学校组织全体一线教师基于课程标准，以教材为依托，以满足学生学习需求和促进学生发展为目标，搭建学校课程资源平台，实现了课程资源的开发、共享与应用，提高课堂教学效益，目前已经开发出课程资源数万个。在支援昭觉县的过程中，这些资源全部向受援校师生免费开放，通过津蜀两校云平台，进行资源共享，将资源功能最大化，发挥帮扶活动的最大效能。学生在教师指导下，运用网络平台实现在线学习，学生的学习潜能得以发挥。

一年半的光景，团队中的每一位成员秉承热爱学生的责任感、育人成才的使命感和专业成长的紧迫感，以身作则，影响带动受援校教师工作的积极性、主动性和创造性，通过构建多元化支教模式，团队助推师生共同成长。每每想到"扶过贫的人像战争年代打过仗的人那样自豪！"这句话我们就会心潮澎湃！难忘在凉山州昭觉县教育帮扶中所作的每一次努力；难忘师生间的深情厚谊；难忘凉山学生孜孜以求、持之以恒的精神……

教育扶贫，功在千秋。我们将更加艰苦卓绝地奋斗，不忘教育初心和神圣使命，用辛勤追逐梦想，用汗水诠释担当，助力昭觉县教育的发展，矢志不渝地行走在教育扶智的路上。

脚踏实地共帮扶，心系凉山同筑梦

天津师范学校附属小学校长　侯立岷

为助力会东教育补短补差，提档升级，为凉山决战决胜脱贫攻坚贡献力量，侯立岷校长工作室充分发挥优质教育资源优势，通过双向师资交流活动，以天津师范学校附属小学为基地，组成学科帮扶团队，通过跟岗学习、集体研修、主题培训等活动，引领帮扶学校不断提升教师能力、办学质量，创建高效课堂，充分发挥"名校长工作室"的辐射作用。

一、 理念引领行动——"双程共助"精准帮扶

"双程"指"支教教师＋工作室"。工作室筛选具有丰富教学经验的骨干教师参与支教任务，分享多年教育教学工作中积累的经验，在参与当地教学工作的同时开展教育科研，结合教学理论与对点学校的特征进行实践探究，与对点学校教师团队共同探索一套因地制宜的教学方案，不仅"授人以鱼"，还要"授人以渔"。

工作室也密切关注支教行动，时刻保持着与支教教师的远程沟通、交流。通过视频等手段及时掌握受援校的情况，并将支教教师在帮扶受援校时遇到的难题进行共研共商，通过工作室成员群策群力为支教地区的教师给予全方位的指导，协助支教教师更好地完成帮扶任务。

双程共助的支教模式将工作室成员校的经验更好地传输给受援校，更加充分地实现支教教师的价值，并将对受援校的帮扶作用最大化。此外，工作室指导 2 位支教教师在会东一小组建"教学研修团队"，制定长期帮扶计划，搭建坚固永久的桥梁。当支教任务结束后，工作室仍可以长期保持与受援校的联系，继续改善受援校的教学条件，时刻关注受援校的发展，及时传达工作室在后期发展中所探索出的新理论和新方法，双方携手并进、共同发展，做到"一时支教，时时共助，互利双赢"。

二、 文化润泽生命——日新月异，助力发展

在一次每周举行的视频例会上，支教的孙莉老师反映道："这所大山环绕下的小学真是漂亮，新修的校舍干净整齐，绿色植被郁郁葱葱，盛开的花朵娇艳欲滴。各个专用教室设备齐全先进。但是，学校在教育教学发展理念、教育教学管理、教师队伍培养等方面还存在明显的短板。"针对孙老师提出的问题，侯校长组织工作室的骨干教师进行了专题讨论。有人提出，要想提高受援校的教育水平，首要任务是要对当地教师进行培养，打造一批具有优良师德师风、先进教育理念、优秀业务能力的教师团队。还有老师提出，可以邀请会东一小的骨干教师来天津进行跟岗学习，帮助他们培养骨干教师。侯立岷校长表示："这是一所新建校，前进的步子不要太快，要稳扎稳打，一点点进步！"她给2位支教老师布置了任务，要她们先把该校所有老师的课认真听一遍，在摸清了课堂教学的基本情况后，再找到教师课堂教学中存在的一些共性问题进行针对性帮扶，并提出2位老师每周要向工作室上交一份工作汇报，遇到问题要及时与工作室沟通，要脚踏实地、扎扎实实做好帮扶工作。

此后，2位老师汇总了课堂上暴露出的问题，在每周的视频例会上，都会与工作室其他成员进行认真分析、归类，听取大家的建议。最后，工作室将帮扶重点放在了教师的常态课、集备集研和教师基本功3个方面。常态课先从教师的备课抓起，如语文课，主要借鉴天津师范学校附属小学长期使用的"激、感、品、读、悟、拓——六步导学法"，即首先根据教材内容的特点，激发学生的学习兴趣与求知心理，在教学时先整体感知课文内容、理清文章脉络，随后品味重点词句、读出自己的感受。通过语言文字以及前几步的学习感悟文章主旨，最后结合实际进行文本、知识与生活的拓展。同时，根据会东第一小学的实际情况，工作室成员共同制定了"会东一小教师常态课课程标准"，科学地规范了常态课要求，使老师们按照标准对照自身进行改进，让上好每一节课成为常态。

集备集研是教师团队交流教学方案、统一教学进度、解决教学难题的重要环节，但是，会东一小却缺少这一环节。这引起了我们的高度重视。两位支教老师分别组建了语文和数学研修团队，聚合受援校各个年级的学科组长和骨干教师，定期和研修团队开展活动，教他们开展集备集研的方法、步骤，并且绘制了集备集研记录表，帮助老师们养成勤于讨论、善于记录、及时反思的好习惯。为了提高受援校教师的基本功，2位

老师通过讲座讲解如何设计板书、如何使用课件、如何进行朗读训练等内容,提高了当地教师的业务能力。通过集备集研,所有教师凝心聚智,群策群力,步调一致,反思共进。

三、 疫情难阻真情——转换战场,携手共进

新冠疫情的肆虐为工作的开展带来了诸多挑战。第一个挑战就是第2期支教被迫推迟,支教时间大大缩短。如何在第1期帮扶的基础上再进一步,做到减时不减质?工作室的智囊团在2位支教教师临行前和她们进行了沟通,提出了"抓重点、高效率、巧方法、重落实"的方法。在奔赴凉山的第2天,2位支教教师就走进课堂。为了使学生尽快把疫情期间落下的知识补上,在课前,她们带领老师们认真备课,提炼出每节课的核心内容,删繁就简,充分提高课堂效率;在课堂上,尽量采用游戏、儿歌、故事等方式激发学生的学习兴趣,让学生充分利用课堂时间,保持较高的专注度;此外,充分利用好课后实践,多和学生交流,了解学生在知识上的漏洞以及学业上的需求,有侧重点地进行指导,并让师生尽快适应彼此的节奏。她们教会学生利用"思维导图"进行归总复习,及时总结课上所学知识,做好分类整理以便于日后复习。面对低年级识字量大的特点,她们教会学生运用多种方法识记生字,例如象形法、形声法、会意法、加一加、减一减等等,使学生掌握灵活的识记方法,提高学习效率。

新冠疫情带来的另一个挑战是学生无法聚集进行户外活动。为了解决这个问题,保证孩子们充足的体育锻炼时间,2位支教教师向校领导建议开展"室内操"活动,但学校没有体育教师能够在短时间内编排出一套科学的健身操。为了让学生们尽快增强体质,孙莉老师立即与侯立岷校长取得联系,提出了遇到的困难。工作室非常重视,立即召开工作会议,研究解决方案。在大家的共同商议下,针对会东一小只有一到三年级,学生年龄比较小的特点给出了解决方案:将我校最简单的一套"雾霾操"作为会东一小的临时室内操,很快,这套动作简单易学、符合学生年龄特点的室内操走进了会东一小的每间教室。每天上午,在老师们的组织下,同学们随着极富动感的音乐节拍,挥动双臂,舞动双腿,他们动作规范,精神饱满,脸上洋溢着阳光灿烂的笑容。室内操不仅让学生们锻炼了身体,还为学生们提供了轻松、快乐的课间活动。会东教育频道对此进行了专题报道。

四、 真情携手会东——深度交流，补足短板

2019 年 11 月 17 日，2 位支教老师带着四川凉山彝族自治州会东一小的 12 名骨干教师和行政领导远赴千里来到了津沽大地，在几天的学访中，工作室的骨干教师们纷纷献出自己的宝贵经验，让会东一小的老师们满载而归！教育不能闭门造车，一定要多出来走一走、看一看、学一学，才能够改一改。

教育帮扶永远在路上。支教并不是一腔热血、一时热情，而是需要脚踏实地、勤恳实干；帮扶也不能仅靠一个人或几个人的勤劳付出，而要靠整个团队的齐心协力。经过 18 个月的帮扶，会东一小这所新建校发生了很大的变化，教师的教学风格从"我行我素、孤军奋战"转变为"步调一致、齐头并进、各美其美"。学校逐渐拥有了明确的教学安排、教学规范，并明确了 2 次备课、集备集研的方法。教师懂得了如何通过"六步法"激发学生的学习兴趣，引导学生主动学习。教师团队志向统一、训练有素，为会东县教育事业的发展不懈努力着。

每一条喜讯的传来都令工作室全体成员欢欣鼓舞：凉山州全面脱贫，凉山支教团队被教育部评为 2020 年度"最美教师团队"，2 位支教教师被评为"州级优秀支教教师"……这背后是我们与凉山人民心连心、手牵手奋斗的日日夜夜、是让"脚踏实地、精益求精、新益求新"精神根植会东教育的 18 个月、我们相信会东教育的明天有你、有我、有我们，未来侯立岷校长工作室将继续助推会东教育在"乡村振兴战略"中大放异彩，使其成为会东人民的新希望。

教育的守护者与奋进者

河北省衡水市第十三中学　白祥友

　　当阳光里氤氲的花香随着微风在白祥友校长工作室里弥漫开来，投影屏幕上"衡水市第十三中学赴四川凉山州支教帮扶启动仪式"赫然醒目。连续 2 年，2 批优秀的工作室成员带着一腔教育报国的热血，肩负"让生命成长，让人民满意，让国家强大"的使命，开启了一场"用生命影响生命，用教育传递力量"的支教之行。工作室主持人白祥友在启动仪式上这样深情地鼓舞大家："教育不单单是一个职业，更是一种事业，当我们每个人成为一名老师的那一刻起，你遇到的每个人都是你生命中最重要的人，每一刻都是生命中最重要的一刻，每一处都是生命中最重要的地方。'以己度人，急人之困'方为正道，在祖国最需要的地方发光发热是我们的荣耀，让我们用短暂的时光去做一件让我们终生难忘的事。"

　　满载着期待，支教成员历经 20 多个小时的辗转奔波，去会东县赴一场支教的"约会"。

一、缘来，我们成了一家人——教育的播种者

　　"教育不是把篮子装满，而是把灯点亮"，决战决胜教育脱贫攻坚，要"输血"更要"造血"。白祥友工作室成员们踏入川滇之上的会东时，便豪情满怀地准备好要把衡水十三中的理念与经验在这片沃土上播种出希望。

　　一心扑到工作中，欣喜会东逢家人。6 位老师把会东当成自己的家，把支教学校当成自己的衡水十三中，每天勤勤恳恳备课、盯早读、上课、辅导晚自习、巡查教学楼和宿舍楼、静候孩子们就寝……杨洪敏老师的一席话代表了工作室所有人的心声："每一个细节都让我感动，这里有着热心肠的家人，凉山真的不'凉'。这里不仅是支教的地方，更是家，离家千里不孤单，我将竭尽所能爱我的凉山家人，就像他们爱我们一样！

竭尽所能,教凉山的孩子们,就像教我的孩子一样!"

二、 心中有梦想,步伐有力量——教育的耕耘者

智慧锦囊倾心授,业务提升促发展。工作室成员聚智聚力,以当地教育教学实际为土壤,一场场业务能力的培训,犹如春雨一般滋润着教育的沃土,他们用倾囊相助诠释着责任与担当。

支教老师和学校的高三老师一起探讨一轮备考的趋势和方法,他们从衡水十三中的发展经验,谈到集体智慧、团队打拼,从命题趋向谈到备考方法,层层深入。例如,支教的语文老师从最为棘手的文言专题复习入手,讲到诗歌、文本阅读、作文的复习,可谓面面俱到。"全面清晰,方法精准,精彩纷呈",当地老师们赞不绝口、意犹未尽。

远方的山脊,风干了岁月;火热的内心,唤醒了希望。每一场培训,工作室的成员毫无保留地向当地老师们传授自己一路走来的经验所得。白祥友校长的那句"用心、用力、用情"是工作室支教成员最坚定的工作信仰。

三、 眼中有光芒,灵魂有书香——教育的唤醒者

白祥友校长曾提出:"教书育人犹如让草木萌生,尊重生命规律,激发潜能靠的是内涵激发,让每一个鲜活的个体能够经历成绩进步的收获、成长过程的闪光、生长蓬勃的喜悦,由外驱力的牵引到内驱力的生成,为学生的终身成长注入源自内心的、升华而成的精神动力,让他们收获学习、做人、生活全方位的提升。爱,是一切教育的基础。"工作室成员的支教老师们带着这样的支教理念在寒来暑往间绘就着会东教育美丽的画卷。

清晨,和文中学每一间教室里传来的琅琅读书声成了这个校园最动听的音符。初来和文中学的老师们发现早读的状态不佳,学习效率有待提升。"一定要激发孩子们的学习热情,让大家活跃起来!"于是,他们悉心调研,共同研讨,并与语文组、英语组老师多方面沟通,提出了"任务单 + 当堂检测"的高效早读方法,规定任务、时间,用检测来督促跟进学习效果。每天,老师们为每个班级提前准备早读前的励志动员,点燃每个孩子的学习热情,配合巡查老师进入每个班级查看学生早读状态,记录问题,在下一个早读中提出整改建议。创新的举措唤醒了和文中学孩子们内心的斗志,如今,早读成为了和文中学的一张新名片。

"口号要嘹亮,因为那是我们战胜一切困难的气势;踏步要用力,因为那是我们走出大山去的豪情;排面要整齐,因为那是我们齐心协力众志成城的团队气场!"这是大课间的操场上支教老师王雷与孩子们讲的一番话。来到会东中学后,他积极协助体育组对高三年级的跑操及操场阅读进行改革,"让孩子们焕发活力、释放压力,跑出精气神、跑出战斗力"就是他的标准和方向。每天,他都会与高三年级一起跑操。让孩子们获得生命和成长的力量是每一个支教人的心之所向。

奋进有担当,未来有力量。工作室的支教老师们在幽静美丽的会东,默默地化作一盏盏灯,照亮了当地学生和老师的成长道路。抬头仰望,满天星辉,熠熠生光,放眼会东的校园,所见是一群心中有爱、眼中有光、爱生如子、师德高尚的奋斗者。一大批有温度、有质量、有内涵的教育工作者正在这片土地上茁壮成长。

至纯至美凉山人,至酣至畅会东情。工作室在白校长的指导下,利用互联网平台与凉山地区开展线上教育论坛、线上教学经验分享、线上课程实况直播等活动,以高度的责任感和使命感尽心、尽力、尽责,辐射带动更多的生命成长,取得更多教育成就,让立德树人的主阵地承载起祖国富强梦、民族复兴梦的责任与担当。

"老师您好,我是您的一名毕业学生的妈妈,前段时间在网上无意间看到了您去四川凉山支教了,我们全家人对您很是敬佩。最近我一直有个心愿,就是拿出1万元钱资助贫困山区中生活上有困难的孩子们,不知道您现在教的班里或是学校里有没有需要帮助的孩子,还有就是请在和他们说到这件事的时候不要提到我的名字,谢谢您!"

这是2020年10月22日前往支教的工作室成员李正老师收到的一条信息。为了完成家长的托付,他通过与和文中学老师沟通了解情况,对所在学校10名困难学生进行了资助,并鼓励他们通过自己的努力改变命运,心存感恩,以后能在力所能及的范围也去帮助更多的人。上善若水,大爱无疆。爱的传递充盈了凉山帮扶行动的每一个瞬间……

凉山的夜空,灿烂星河点缀着漆黑的天幕,万家灯火照亮了巍峨的凉山,白祥友校长工作室的成员们用行动诉说着一个个千里之缘的筑梦故事。心系教育,守护成长,情注凉山,我们一直在前进路上。

教育路上,我们携手前行

南昌大学附属小学　涂宜梅

2019年秋,"三区三州"脱贫攻坚战进入关键时期。教育部教师工作司吹响了大凉山教育帮扶行动的号角,余卫校长工作室和南昌大学附属小学积极响应号召。趁着金秋,伴着远山的呼唤,8位优秀教师先后奔赴凉山州开展教育帮扶工作,在这个收获的9月,他们跨越山河,播种希望。

对工作室来说,支教既是神圣的责任,也拓宽了自身履行辐射、示范和服务功能的途径。基于这样的认识,南昌大学附属小学的教师怀揣着教育帮扶的梦想,踊跃报名参加凉山州支教工作。

工作室主持人余卫正式接到参与四川凉山州支教任务信息时,是2019年8月5日早晨5点多。当时他正在从北京开往南昌的列车上,100多位班主任刚刚结束了在北京师范大学的集中培训,随他一起返回南昌。"我们有大凉山支教的任务啦,有哪些老师愿意去呀?"这一嗓子把大家的睡意赶跑了,老师们踊跃报名,不仅有70后、80后和90后,60后的老师也不甘示弱,最积极的杨晓雯老师就是一位60后。她说支教是她一直以来的一个梦,是自己和大凉山彼此的成就。

综合考虑各方面因素,工作室和学校经过慎重研究,决定选派杨晓雯等8位优秀教师分3批赴凉山州支教。为了确保支教任务圆满完成,工作室高度重视支教教师队伍建设。团队再小,建设与管理必不可少。第1批支教教师确定以后,就明确指定年龄最大的杨晓雯老师为第1批支教教师组组长。接过余校长的托付,看着身旁两位年轻的同事,杨老师说:"立刻想到课文《金色的鱼钩》里面的老班长。"

支教帮扶期间,支教教师除了承担相应学科教学任务外,还结合各自专业特长,在教育观念更新、特色活动开展、困难学生帮扶等方面主动出主意、想办法、作贡献。

初到西昌市第七小学,胡老师得知学校目前没有专职体育教师。从此,他开始教学生广播操,组织课间阳光长跑,纠正学生课后的危险游戏……挺拔的身影和孩子们的欢笑声一起留在了七小的操场上。在同一片操场上,还有第2批支教的胡徐欢老师和第3批支教的黄贻胜老师,3位体育老师带着一波又一波"小苗苗",在太阳底下奔跑,满头的汗水在阳光下熠熠生辉。

在最美好的年纪,在最美的西昌古城里,商亿媛和侯佳遇见了西昌五小。九月最后一个周末的早上,商老师啃着老街上买的锅盔,在五小门口等到了一群背着画板、带着小帽子的萌娃,写生小分队从这个周末开始行动了。以后,每一个周末的上午,在熙熙攘攘的老街边上坐着的,除了山上下来卖菌子的彝族老人,还有画画的少年。绘本《我们的家乡·西昌古城》正借着孩子们的画笔慢慢长大。侯佳在支教结束的那个暑假,看着电脑里的学生作品,一张一张地编辑着孩子们的绘本,编辑着她们和西昌的美好回忆。

那个用纸团和胶带团成的"足球",肯定牵动了每一个支教老师的心吧。刚到五小的侯佳、胡徐欢,在看到这样的"足球"时被深深地触动。几天后,一个社交软件群悄悄壮大着,群里的每一个成员积极捐钱献策,在2020年六一国际儿童节当天,两位老师为西昌市第五小学的49名特困救助学生、农村低保家庭学生和孤儿每人赠送了一双

六一儿童节,工作室为西昌五小困难学生送来了远方的祝福

运动鞋、一个书包和一套学习用品,鼓励他们树立信心、努力学习,愿他们更快乐地成长。这份来自远方的六一儿童节礼物,让南昌的叔叔阿姨和西昌的小朋友们素未谋面,却暖意互溶。

经过一段时间的深入了解,支教老师发现一些学科需要更多的公开课和高质量的学术讲座,于是主动牵线搭桥,承担起了西昌四小、盐源县工农街小学与南大附小的联系、对接工作,促成了工作室第2次到凉山州开展教育教学交流活动。2020年11月15—20日,工作室主持人余卫校长不仅带着江西省数学特级教师付培兵、南昌市语文名师程水生、江西省班主任技能竞赛一等奖获得者李燕和优秀青年教师陈玮琦,而且还把全国优秀小学校长、新疆昌吉一小校长、特级教师马建萍一起动员到西昌市第四小学和盐源县工农街小学开展教育教学交流和帮扶活动,在两所学校共开设示范课8节、专题培训4个。工作室组织强大的专家阵容到盐源县工农街小学送课、送培,对该校影响很大。此外,工作室还向盐源县工农街小学捐赠了一台速印机。

工作室组团来到西昌四小开展教育教学交流活动

支教老师们通过结对帮扶、主题教研、座谈专题讲座等形式,发挥示范引领作用,带动凉山州教师更新教育观念、提升教学水平。他们犹如凉山州教育天空中一颗颗闪烁的星星,和当地老师们一起,点亮了大凉山孩子们的梦。

3个学期的支教工作虽已结束,但一年半以来在支教工作中建立起来的深厚友谊不会结束,今后南大附小将深化与凉山州兄弟小学的交流合作,相互学习,共同进步。

2020年11月19日,工作室主持人余卫校长对西昌市第四小学黄德钢校长和第五小学王敏校长说:"欢迎你们带团队到南昌来参观交流、传经送宝。"黄校长和王校长都表示要建立长期的交流合作关系。那一天,相隔2000多公里的3所小学立下了西昌之盟。工作室开启了帮扶盐源县工农街小学的新征程:一是指导"十四五"发展规划工作;二是协助策划校园文化建设;三是接受干部、教师跟岗培训;四是引领课程建设,促进特色发展。

教育路上,我们携手前行⋯⋯

精准发力,构建有生命力的教育帮扶模式

上海市黄浦区荷花池幼儿园　宋青

2019年6月,宋青园长工作室接到教育部教师工作司《关于开展四川省凉山彝族自治州教育帮扶行动的通知》,第一时间积极响应、制定计划,先后派出3批支教帮扶小组,远赴凉山州机关第二幼儿园扎根工作,以"精心专业帮扶,促进优质发展"为目标,努力构建有生命力的教育帮扶模式。工作室通过组建专业素养引领的支教小组,用科学细致的学情调研让"坚守儿童立场,呵护幸福童年"的先进教育理念通过因需、因地制宜的教育实践像根一样深入大凉山深处,穿过泥土的缝隙,劈开坚硬的砺石,向四处伸展根须,最终抽芽发干,生枝生叶。我们通过带动、辐射、引领,携手更多的同行提升大凉山的教育品质,发展当地的教育内涵。

一、 凸显专长,组建小组

组建小组是"生命力帮扶模式"得以有效实施的起点。工作室遴选爱岗敬业的优秀青年教师,使支教小组的构成体现多样性的特点,积极遴选少数民族背景的教师。每位教师有各自突出的优势与特点,并且前后2批支教小组教师专业相对一致,保证在支教时间内实现专业引领上的延续。支教小组教师的专业特长涵盖五大领域,并独具一定的个性化特征。

二、"身入心至",细致调研

细致调研是"生命力帮扶模式"落地的依据。以问题为导向,有的放矢地开展精准帮扶,才能真正提供受援园最急需、最准确、最有效的支持,只有发现关键问题、抓牢突出困难,帮扶才能凸显效果。工作室先后两次走进对口帮扶的凉山州机关第二幼儿园,实地考察办园情况,对办园理念、幼儿发展水平等进行现场调研,了解凉山州独特

的自然资源、文化资源和历史资源。

当地丰富多彩的文化风俗及珍贵的文化遗产，自然渗透到孩子们生活的各个方面，将这些开发成课程资源能让孩子们感觉到亲切，更愿意自主地探索学习，使民族文化、民族精神得以传承和发扬。同时，西昌还是我国的卫星发射基地之一，关于航天和科技的课程资源就在孩子们身边，州二幼在艺术教育中体现了源于生活、与大自然生态结合的理念，为融入自然、社会、民族特色进行了大量的创新实践，深度体验式的航天课程激发孩子们对浩瀚蓝天的奇思妙想，激发他们学习科学知识、探索宇宙奥秘的热情，这些得天独厚的环境都是支教小组开发园本课程、设计教学活动时考虑的重点内容。

三、实现"造血"，持续发展

教育扶贫的实质应体现在从"输血"到"造血"的转变。"生命力帮扶模式"的实践落地，要营造平等互助的氛围，将上海学前教育的先进理念和方法输入凉山州，因地制宜地开展各项工作，授人以"鱼"的同时更授人以"渔"。

支教小组结合专业特长与凉山州机关第二幼儿园教科研存在的痛点、难点，围绕多媒体教学具使用与实践、阳光体育及室内运动的优化、集体教学活动的有效设计、低结构材料的创意使用、基于幼儿发展现状调研结果的集体教学活动方案等不同主题，开展了30余场专题培训和示范展示。为了丰富州二幼的教育资源，工作室提供了上海市二期课改的教材及幼儿操作材料，由支教小组和教师们一起结合教材开展教研及教学；捐赠数学教玩具以及编程机器人，为老师设计数学活动提供硬件支撑。

支教小组每2周向工作室汇报工作要点，及时梳理支教中的成效与问题，明确下一阶段的工作方向。宋青园长工作室始终作为支教教师的智囊团，助力其高质量完成支教工作。对于如何成为出色的"师父"，上海市音乐幼儿园的黄颖岚园长提出，除了从自身擅长的艺术与语言领域为切入点开展带教工作，更要基于"徒弟"的需求和幼儿的现状，让带教计划具有针对性与操作性，制定点线面层层深入的带教计划：以一个班级为焦点，以艺术领域、语言领域为主线，以周次月次为频率面向全园辐射带教阶段性成果，每周现场展示交流活动、每月园级示范观摩活动、领域主题讲座活动，把音乐、绘本阅读教育的独特魅力与前瞻理念在日常的点滴中进行传递。工作室也积极将"师徒结对"推广到全园，通过带教互研，以学习共同体的方式将学前教育前沿理念、个性化支持幼儿成长等专业精神和专业理念分享传递给更多的老师。

通过远程交流，支教小组确定了以日—周—月为线索的整体带教思路：从一日教学计划着手，共同思考如何将要点与理念渗透到活动中；从每周一次的结对观摩中，共同践行基于活动现场的反思性教学；以每月一次的公开教学展示为契机，共同形成可推广的教学经验。除了日常工作，宋青园长工作室通过线上线下相结合的方式，组织成员开展不同主题的专题讲座，解惑实践中的难题。上海市黄浦区紫霞幼儿园园长宋文漪园长开展的"数活动的创意设计"讲座，在"什么是数概念？"的互动游戏中，教师们发现"数"就在我们身边，进而结合一些数学集体活动的设计与实施，深刻地体会到来源于幼儿日常生活的数学习蕴含着游戏化的特征，通过关注幼儿的所思所想及兴趣，环环相扣、层层递进的情境化环节设计，数学活动能做到既"有趣"又"有用"，既引发思考又助力提升。

现在，二幼的教师们还经常远程和支教老师交流运用信息手段开展教学的新点子。奚尤旎老师指导的论文在中国教育教学研究会第19届中国教育系统（基础教育）年度论文评选中获奖。阳光大体育中大班额活动时的消极等待、运动密度不足、技能与体能结合不科学等难题迎刃而解。经过十多次的研讨，二幼的老师们投放低结构材料时有了更多思考：这些材料幼儿需要吗？能怎样让现在的空间得到优化？开展绘本教学时，反复阅读绘本、解读情节、抓牢蕴含在细节处的内涵成为了老师们组织阅读教学的关键环节。

四、深入幼教，不落一个

教育帮扶的"生命力"在于萤火之光也能照亮前方的路。宋青园长工作室注重在支教工作中加强学前教育宣传，深入层峦叠嶂的山区，让家长愿意送适龄幼儿来接受教育；把"一个也不能落下"作为开展教育帮扶的重点，助力建立安全优质、多元包容的学前教育公共服务体系。

支教小组定期前往凉山州普格县马里哄村幼教点、洛子村幼教点等地对口帮扶，结合当地"幼儿学习普通话推广项目"开展了"特别的爱给特别的你"活动，面对幼儿听不懂普通话的情况，支教小组相互配合，用有趣的语言游戏拉近彼此的距离，游戏中由一位老师用动作示范配合拟声词激发孩子们游戏的兴趣，另外一位老师在旁用普通话语音同步进行匹配复述，充分考虑到不同幼儿的语言发展水平和接受程度，确保活动质量。

支教帮扶期间，宋青园长工作室先后募集3 000余件玩教具、7 000余册图书绘本，合计40余万元的物资，到布拖县山区开展"山区教育梦·扶贫在行动"活动，真正深入教育扶贫最需要的地方。此外，工作室成员幼儿园的教师们也利用协同线上教研的方式提供大量优质的远程师资、课程与研究成果，为国家的学前教育事业全力以赴，用实际行动诠释新时代的教师精神。

回顾教育帮扶之路，宋青园长工作室支教小组收获了各界的关心、指导和帮助，2020年12月，教育部全国中小学幼儿园教师校园长培训专家工作组黄贵珍秘书长到凉山州机关第二幼儿园亲切慰问支教教师；《上海托幼》《学习报》等期刊先后对"有生命力的教育帮扶模式"进行跟踪报道；支教中表现出色的老师荣获"2019年度黄浦区青年岗位能手"称号。

支教教师对工作的辛勤付出、高度的专业热情感染了州二幼的每一位教师。个人之力或许渺小，但当我们的力量彼此交汇，亦能聚起千钧之力，从而使集体焕发出向上而生的力量。让每个孩子都能享有公平而有质量的教育，需要每一个教育工作者身体力行、执着担当。

聚焦关键要素，实现精准发力

重庆市渝北区实验中学教育集团　陈后林

脱贫攻坚是一项伟大的历史工程和民心工程。在党中央提出的"五个坚持、六个精准、五个一批"和"两不愁三保障"的工作要求中，"发展教育脱贫一批"和"义务教育有保障"这个光荣而艰巨的任务自然就落在了我们教育工作者的肩上。刘彭芝校长以其崇高的教育情怀，积极响应党中央的号召，带领教育部卓越校长领航班人大附中基地的全体学员校长积极投身于"三区三州"之一的四川省凉山彝族自治州开展教育脱贫攻坚工作。

从 2019 年秋季开始，陈后林校长工作室先后派出了 3 批 8 位老师和 3 位校长参加此次支教活动，老师们讲正气、守初心、顾大局，任劳任怨，恪尽职守，创造性地开展工作。全体支教老师均被评为凉山州或冕宁县优秀支教教师，2 人被聘为凉山州基础教育专家顾问团成员。支教活动中，工作室捐款捐物价值近 10 万元，为凉山冕宁送去智慧，送去温暖，为人大附中基地争得了荣誉，为凉山冕宁的教育脱贫事业作出了贡献。

一、 聚焦理念更新——精准发力助推学校教育创新发展

刘彭芝校长有言：教育最大的创新是理念的创新。为受援学校输入新的办学理念是工作室开展此次支教活动的头等大事。工作室学员开展专题讲座，传递自己的办学和育人理念，冕宁二中校长表示一定要认真梳理、打造学校文化，以先进的办学和育人理念引领学校的创新发展。

二、 聚焦队伍建设——精准发力助推学校教育持续发展

教师的业务软实力就是学生生命成长的硬支撑，教师的持续发展是学校持续发展

的根本保障,帮助受援学校教师的成长是我们本次支教工作的重心。对于教师成长我们主要关注两个方面:一是职业信仰,二是专业能力。《生命因奋斗而精彩——做一个适合于组织的人》师德教育专题讲座拟解决教师想干事、能干事、善共事、干成事和不惹事的问题,以别开生面的形式对老师们进行了职业道德教育,传递了正能量,赢得了高度认可,为提振冕宁二中广大干部职工的精气神起到了很好的助推作用。在专业能力方面,支教老师为冕宁二中的班主任开展了《如何建设有归属感的班集体》《初中班会课的设计与实施》《初一学生养成教育及载体初探》等专题讲座,为提高冕宁二中的班级管理水平付出了心血,提供了经验。

三、 聚焦课堂教学——精准发力助推学校教育质量提升

课堂始终是学校教育教学的主阵地,抓住了课堂,就抓住了支教活动的根本,提高教师的课堂教学质量就是提高学生的学习质量。教学生学会学习是课堂教学的最高追求。支教期间,老师们围绕"自立课堂的建设与实践"开展专题讲座、教研课、示范课。德智体美劳协调发展是新时代学校教育应该追求的新境界,支教老师带领泸沽中学学生参加"2019年四川省青少年拳击锦标赛",一举获得多枚奖牌,居本次比赛排行榜首位,全队还获得体育道德风尚奖,其中,13人获"国家一级运动员"称号,11人获"国家二级运动员"称号!

四、 聚焦钱物支持——精准发力解决学校师生眼前困难

解决受援学校师生眼前的工作和生活困难也是我们工作室的任务之一。"爱心大使"曾毅老师联系渝北实验中学赞助冕宁二中书柜,设立奖学金,资助经济有困难的教师;促成重庆市委宣传部、市文明办的"川渝一家亲文明校园进四川"志愿服务活动在冕宁县大桥镇中心小学校落地,并资助学生寝室建设;发动亲友、志愿者为贫困生家庭募集资助基金4万元。

五、 聚焦境界提升——精准发力培植支教教师教育情怀

支教的过程也是老师们自我成长的过程。支教教师叶齐宏如此记录道:"山区的学生是艰苦的,但他们有着严谨的学习态度和强烈的求知欲,那一双双渴求知识的眼睛让我暗暗下定决心,静下心来,踏实工作,与学生们一起探索新知、发展潜能、认识世

界。这是一段忘却不了的情感历程，这是一首值得珍藏的赞歌，这是一份生命的成长诗篇，这是一次心的历练，这是属于青春的不灭印记……"一名支教教师感慨："支教生活给了我一段难忘的体验和感受，给自己人生留下了不可磨灭的印记，生命因它而更加丰富和精彩，这将是我今后工作的不竭动力。"支教教师曹洪动情地说："能在脱贫攻坚收官之年来凉山支教，我的生命一定会因这段经历而变得更加精彩。我将继续不忘初心，牢记使命，做一个'有理想信念、有道德情操、有扎实学识、有仁爱之心'的'四有'好老师。"支教教师廖红亮说："赠人玫瑰，手留余香！直到现在，回想起在冕宁的144个日日夜夜，有过不安，有过挣扎，也有彷徨；有过温暖，有过感动，更有希望！凉山帮扶项目结束了，我的支教生涯也结束了。但是我想，我们对凉山的关注不会结束，我们对凉山孩子的爱永远不会结束！"

目前，重庆渝北实验学校已经和凉山冕宁二中、西藏芒康中学、重庆酉阳浪坪中学、麻旺中学以及区内的 3 所薄弱学校签订了长期帮扶协议，帮扶薄弱学校教育已成为我们为之不懈努力的一份责任。

凉山支教,为爱远行

辽宁省沈阳市启工二校建北教育集团　李欣欣

爱是一盏灯,黑暗中照亮前行的远方;

爱是一首诗,冰冷中温暖渴求的心房;

爱是夏日的风,冬日的阳;

因为爱,我们走在一起,远赴他乡。

这段文字是李欣欣校长代表工作室接受了大凉山支教任务后写在日志里的,可谓道出了为能够成为国家"脱贫攻坚战"中的一员而激动的教育人的心声。

李欣欣校长为支教教师送行

一、为爱谋划——理念先行

支教这个词对于李欣欣校长工作室而言并不陌生,工作室组建两年来,一直致力于开展各项扶贫帮困活动,参与省内农村校长、乡村教师培训项目,多次到贫困县区开展培训活动。"大凉山支教与我们以往的支教行动有什么区别? 支教行动的重点在哪里?"自接受任务之后,这些问题就一直萦绕在李校长头脑中。为统一思想,李校长组织召开了专题工作例会,向工作成员们宣读了教育部文件,并组织进行了深入学习,通过学习,大家认识到:教育扶贫能让贫困地区的孩子掌握知识、改变命运,是最有效、最直接的精准扶贫方式之一。

摆脱贫困,不仅要摆脱物质的贫困,也要摆脱意识和思想的贫乏。在扶贫工作中,如果一味依赖外部力量帮扶,不重视提升贫困群众的教育、文化水平和综合素质,振奋他们的精神风貌,光"输血"不"造血",一旦外部力量撤走,"返贫"现象极易发生,势必影响扶贫脱贫的质量和效果。"扶贫先扶智"决定了教育扶贫的基础性地位,"治贫先治愚"决定了教育扶贫的先导性功能,"脱贫防返贫"决定了教育扶贫的根本性作用。从长远来看,教育扶贫是拔掉穷根、阻断贫困代际传递的关键,所以,参与大凉山支教任务的所有人都义不容辞、使命重大。我们有责任通过自己的努力,帮助大凉山的孩子们享受优质教育,在阻断贫困的代际传递中作出应有贡献。

二、 为爱施助——扎实行动

工作室制定的教育帮扶行动方案主要包括:(1)每期召开支教教师总结交流会;(2)定期发表支教教师教育帮扶事迹;(3)组织工作室亲临凉山指导支教工作;(4)组织支教教师撰写支教总结;(5)召开支教教师分享会。

李欣欣校长为支教学校做指导

支教的时光在一节节并不普通的课堂中，在一次次卓有成效的培训中慢慢流淌，一年半的支教历程，工作室的支教老师们携手相伴、合作互助，在受援学校给予的舞台上各展其才，担当付出。他们敬畏教育部赋予的使命担当，敬畏领航名校长工作室的殷切嘱托，敬畏自己敢于挑战自我、义无反顾选择支教之路，敬畏与各位教育同仁的相聚带给每个人的成长，正是这份敬畏之心，让支教教师更加懂得尊重、理解和包容。他们有针对性、循序渐进地开展了一系列教育帮扶工作，受到了教育部及凉山州、辽宁省教育部门的褒奖，先后获得教育部颁发的"凉山支教最美教师团队""凉山州优秀支教教师""辽宁省骨干教师"等称号。

三、为爱联动——多维互动

为了进一步搭建两地教师交流的多维平台，李欣欣校长实施了三级帮扶机制。一是两次赴大凉山，亲自指导、培训；二是支教教师带着工作室的理念、思想奋斗一线；三是借助互联网平台，互动交流，传播教育之声！

四、为爱创新——深度实训

有温度的教育是爱的教育。这温度来源于教育者内心的仁爱与情怀！支教教师带着工作室的教育理念、教学思想积极投身课堂，与受援学校一起让教研走向深度。

谈到支教过程中的教师培训，支教团队的李威副校长说：作为教师，在思考如何成长之前，不妨先丈量一下自己与书本的距离、与学生的距离、与家长的距离、与名师的距离、与社会的距离，让距离变得恰到好处，并在丈量的过程中学习、反思、成长。

五、为爱亲授——榜样示范

上示范课是工作室成员们最为重视的，听支教教师们的示范课是大凉山老师们最为享受的。

这节别开生面的数学示范课"'圆的世界'作品赏析"就是工作室的刘久钰老师带来的一场教学盛宴。在刘老师的组织和指导下，同学们饶有兴趣地从"数学技能""数学文化""数学探究""赏析寄语"四个板块进行探索，刘老师与同学们分享了自己的感悟，课堂上不时传来同学们的欢声笑语……在课后"赏析评语"板块中，刘老师表示："在'数学文化'和'数学探究'板块中，我不仅看到了同学们丰富的数学素养，而且还看到了同学们在语文、美术、信息技术等方面的天赋。难能可贵的是,有的作品展现了丰富的想象力,表现出了勇于创新的志向。"听课老师们深深感受到了刘老师对同学们的关爱和希望,这份对于学生的热爱和期望是为师者最为难得的!

六、 为爱总结——凝心展望

2021年1月15日,李欣欣校长组织工作室全体成员参加了教育部小学校长培训中心凉山州教育帮扶行动第3期支教工作总结大会。受疫情影响,这次会议在线上进行。李威副校长代表工作室在会上做了发言,她说道:"难得与大凉山相遇,我要好好珍惜这段时光。让自己在工作之余,深度了解大凉山,了解当地文化……我调研的第一个内容就是学校的需要帮扶的实质问题。不辞辛苦,翻山越岭,来到盐源的学校,去了解,去记录,去思考。我调研的第二个内容是当地文化,和当地的孩子们在一起,和当地老乡交流聊天,主动学习当地语言,品尝当地美食,了解当地风俗。感受到了大凉山在党的扶贫政策关怀下,发生的巨大变化。"

支教团队针对性的援培,以及始终关注大凉山孩子、研究课堂教学的心无旁骛,都在朴素地表达着这样一条道理:教育扶贫不是自我标榜,而是设身处地,基于现实条件抓住关键环节,用一次次实践效果引发的思想革新。心系凉山,走进凉山,携手凉山,共同促进中国基础教育改良,工作室一直在思考着、努力着。

一次支教行,一生教育情。在大凉山整体脱贫,开启新征程之际,我们深感实现让每个大凉山孩子享有公平而有质量的教育、推进大凉山教育现代化,使命光荣、任重道远。面向未来,工作室继续不忘立德树人的初心,牢记为党育人、为国育才的使命,积极主动开展工作,通过结对子、带徒弟、建立名师工作室等多种方式开展多维度、"组团式"的教育帮扶,以点带面、精准引领,继续实践远程教育模式,推进教育资源共享,为缩小城乡教育资源差距贡献力量。我们还将继续为大凉山地区的学校提供各类帮助:一方面,通过组织开展慰问活动,援助书本、学习用品等,改善当地办学条件;另一方面,通过远程"云帮扶"的形式送学,开展爱心教育活动,特别是为应需输出,比如为英语、数学、音乐、体育、美术、计算机等薄弱学科提供一些优势资源服务教学,为当地教育注入新鲜血液,帮助提高当地学校的师资水平。此外,我们还会尝试组织开展"结对子"等活动,提供"一对一"帮扶。工作室将借助丰富的数字教育资源,通过线上直播授课、课件录制分享等方式,让当地学生在家门口就能享受到优质教育资源,为凉山教育帮扶不断贡献智慧和力量。

正如李欣欣校长所说：工作室这一平台，就是把大家凝聚在一起，一起做一些力所能及的事情，一起去感受教育带给我们的惊喜和美好的人生体验，一起坦诚以待、共建共享……

深入大凉山，我们将个人梦与中国梦紧密相连，让个人的人生价值和教育理想与时代同频共振，在凉山教育脱贫攻坚行动中贡献力量，用热情温暖学生的心田，以博爱善待每一个孩子，让理想之花绽放出绚烂的色彩。

让每一个孩子幸福成长

广东省佛山市瀚文外国语学校 黄新古

黄新古校长工作室在支教帮扶凉山教育中,构建了"一体两翼四梁八柱"的教育帮扶模式(如图1所示),取得了令人欣喜的成效。

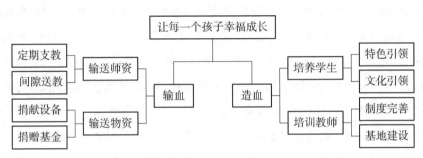

图1 "一体两翼四梁八柱"教育帮扶模式

一、构建模式——"一体两翼四梁八柱"

"一体"指教育帮扶行动紧紧围绕黄新古校长工作室的办学理念——"让每一个孩子幸福成长"展开。

"两翼"指"输血"和"造血"的有机结合。"输血",指在教育帮扶过程中,输送优秀师资,给予一定的物质支援,来提升受援学校的师资力量,改善受援学校的办学条件。"造血",指通过传播先进的教育思想、理念,培养学生的自信,为每个孩子的当下成长和未来成才储备"幸福元素"。通过培育凉山州会东县骨干教师,提升教师的自觉意识,以星火燎原之势撒播新的教育思想、教育观念。

"四梁"指围绕"两翼"开辟的主要帮扶路径。以"输血"为主轴,进行具体的物质支援,涵盖两方面:一为输送师资,二为输送物资。以"造血"为主轴,进行先进的理念传播:一为学生培养,二为教师培训。

"八柱"指基于"四梁"的八大策略让教育帮扶路径具体落地。其一,输送师资,包括定期支教和间隙送教;其二,输送物资,捐献教学设备和捐赠助学基金:教学设备包括音乐器材、健体器材等,助学基金包括爱心基金、活动基金等;其三,培养学生,包括特色引领和文化引领:特色引领,指在结合受援学校实际情况的基础上,打造学校的教育特色,形成学校的特色品牌,以点带面,对帮扶地区产生辐射效应;文化引领,指在受援学校加强制度文化建设、德育文化建设以及校园文化建设等;其四,培训教师,包括完善常规制度和建设培训基地,为教师可持续发展提供保障。

二、 帮扶凉山——余音绕"凉",不绝于耳

(一)支教凉山

支教老师排除万难,发挥自身所长,用制度规范和特色教学,推动2所学校快速发展。

在民族中学,朱喆老师一方面坚持课改,制定体育课的规章制度,包括:每周集体备课制度、教师示范课制度、大课间跑操制度以及校园足球运动机制,坚持创新德育工作,树立"学校每个教师都是德育工作者"的德育观,建立"星级班"评比机制,努力为学生营造一个积极向上、团结互助、干净整洁的校园学习生活环境;另一方面,把南海外国语学校践行的健体教育带到了民族中学,把佛山武术教给民族中学的孩子。吴彩凤老师则继首期赴凉山支教后,继续扎根会东三小,贡献自己的力量。

(二)送教凉山

受会东教育大讲堂邀请,黄新古校长为会东县全体中小学干部作题为《让每一个孩子幸福成长》的大型讲座,讲述了"新六艺"教育的实践历程,把"让每一个孩子幸福成长"的理念播撒在凉山大地,让在场教师感受到了先进的教育理念和有担当的教育情怀。他结合自身实际,分享了学校团队建设的发展思路和制度管理的教学理念,赢得了与会教师的热烈掌声。此外,工作室为会东县第二小学、会东县第三小学、民族中学、野租乡中心小学分别捐献了10万元的爱心基金,把南海外国语学校的爱心义卖款送到了千里之外的大凉山,也把佛山孩子的爱心传递到了大凉山。

(三)教师培训

工作室与会东县教育体育和科学技术局进行了合作协议签约仪式,使南海外国语学校成为会东县教育教学培训基地,正式打开双方全方位、多样化、深层次交流学习的新局面。到目前为止,工作室已经举办了3期教师培训,共培训凉山校长和教师近700

人次,让他们先后走进工作室成员学校进行现场参观交流,目睹这些学校的党建特色、办学理念、特色教育和办学成就,用新思想、新观念去描绘大凉山教育的美好明天。

(四)展望凉山

2020 年 11 月,会东县教育同仁在走进民乐小学进行参观交流的过程中,聆听了由民乐小学老师作词谱曲,学生演唱的歌曲《那座山》,歌词节选如下:

凉山:　对着那座山
　　　　大声地呼喊
　　　　我的梦在远方
　　　　在山谷里回响

佛山:　听见那座山
　　　　传来歌声悠扬
　　　　我的梦在远方
　　　　在天空上回荡

合唱:　你在那座山
　　　　我在那座山
　　　　说着不同的方言
　　　　却有共同的心愿

　　　　你在那座山
　　　　我在那座山
　　　　是佛山是大凉山
　　　　也是我们心里的
　　　　那座山

周少伟校长说:"我希望凉山和佛山的孩子,能够一起演唱这首歌,走向璀璨的'星光大道'。"在打通教育帮扶"最后一公里"的征程上,佛山和凉山之间搭建了一座"心桥"，两地师生形成了心与心的交流、交融，共同书写了一段教育佳话。希望在未来的岁月里，两地孩子能够携起手来，"翻过那座山，蹚过那条河"，共同为实现中华民族伟大复兴的中国梦而奋斗。

三、形成特色——产生品牌效应，构建帮扶机制

工作室成员把南海外国语学校的"新六艺"教育带到了大凉山，铺就会东教育的特色底蕴。"新六艺"教育的核心是"六个一工程"，即：人人都有一颗仁孝之心，人人能写一手好字好文章，人人都有一项健体专长，人人都会一门乐器，人人参与一项科学探究活动，人人能讲一口流利的外语。考虑到帮扶学校的现状，工作室决定在受援学校推行"六个一工程"中的"一项"，迅速推进其向特色化方向迈进，经过不懈努力，帮助受援学校打造了特色品牌，还对周边学校形成辐射效应。3年时光，从一所学校的教育特色彰显到周边学校的齐头并进，正是教育帮扶，点燃了凉山会东县教育的星星之火，相信在受援学校的示范、引领、带动下，会东教育将会大放异彩。

黄新古校长工作室与会东县教体局对接，选派优秀支教老师前往会东县支教送教、建立会东县骨干教师培训基地，形成长期交流沟通机制。（如图2所示）

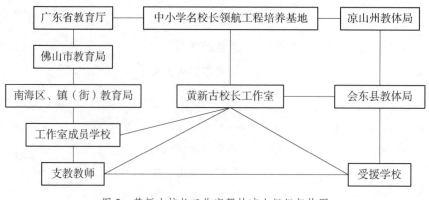

图2　黄新古校长工作室帮扶凉山组织架构图

四、总结成效——"扶智"更"扶志"

（一）理念引领，全面发展

工作室在具体的教育行动中，把"让每一个孩子幸福成长"的理念带到了凉山州会

东县受援学校,让学生走向美好的未来,体现了工作室教育帮扶的情怀和支教团队的大爱,成为打通教育帮扶"最后一公里"的重要精神支柱。

(二) 双管齐下,多策并举

工作室在充实物质的基础上唤醒精神,在改变受援学校办学条件的基础上,唤醒受援学校师生对美好生活的向往。围绕"输血""造血",工作室创新支教策略,形成多策并举的推进路径,包括:在定期支教的基础上,进行每学期不定期送教;在支援教学办公用品的基础上,捐献爱心基金等。

(三) 培育自信,书写未来

教育帮扶,既要"扶智",更要"扶志",要让每个孩子对当下有信心,对未来有希望。工作室用音乐的力量温暖、深入、激励每个孩子奋发向上。会东二小的图书馆里、操场上、楼梯间,甚至是学校的仓库里,学校周边的田野里,都飘荡着丝竹声。会东二小的"梧桐树"少年宫口风琴队已经启航,这群孩子希望能够像凤凰一样栖于梧桐树上,飞出大山,飞向更高更远的地方。正如林桐宇老师所说的那样:"音乐扶志,一个都不能少,特别是对于特殊儿童的关照与陪伴,也许他们在有些学科处于劣势,但节奏与旋律却能让他们与其他小朋友一样得到快乐与成长。""音"为爱,今日,余音绕"凉"不绝于耳,凉山深处的孩子敞开心扉,奏响更美好的明天。

山海相连支教路，领航心系索玛花

海南省直属机关第二幼儿园 李琴

"老师，你们是海南来的呀？是我们这里的海南吗？"

"不是哦，我们来自有大海的那个海南。"

以上是四川省凉山彝族自治州西昌市东风幼儿园的孩子们和教育部领航工程李琴园长工作室派出的老师之间的一番对话。孩子们的海南，是西昌市的海南乡；老师们的海南，是距离西昌1500多公里之外的海南省。

为贯彻中共中央、国务院关于打赢脱贫攻坚战的战略部署，根据教育部幼儿园园长培训中心组织安排，2019年7月至2021年1月，李琴园长工作室团队开启了奔赴凉山彝族自治州的送教援培行动，携手西昌市东风幼儿园，先后委派"驻园式"支教教师9人，并进行"蹲点式"入园诊断2次、"共享式"教研活动5次以及"融合式"交流研讨10余场，聚焦深度融合，构筑发展共同体与教育帮扶新格局。

一、 让大山的孩子看大海

海南四季如春，有明媚的阳光、清澈的海水、成行的椰子树，而凉山则漫山开遍索玛花。支教老师们的到来，如同一缕春风，吹开了朵朵索玛花。这里的孩子大多没走出过大山，没有见过大海。老师们带去自编的海洋意识教育绘本100本、幼儿园管理类专业书籍，以及贝壳和海螺玩具1000份，给孩子们当作礼物，充分激发了孩子们的好奇心。

李琴园长工作室围绕"规范教学常规、优化环境创设、创新特色活动"三个重要任务，通过户外活动、示范课展示、研讨交流等方式实地推动园本教研质量提升。东风幼儿园还承担了参与帮扶凉山州"一村一幼"幼教点的工作，支教团队不定期为东风幼儿园和幼教点的园长、老师作专题讲座，并针对现场提出的难点问题展开研讨交流，帮助大家解开困惑,提升执教理念,拓宽办园思路与视野。双方积极开展交流活动,2019年11月3日至5日,李琴园长工作室在海口开展的"筑梦新学前,建功自贸区"专题研修活动特别邀请东风幼儿园园长及骨干老师前来参加。在活动现场,双方确定东风幼儿园为李琴园长工作室的工作站之一,并由海南省教育研究培训院院长授牌。2019年12月,李琴园长前往西昌,为东风幼儿园及其对口村幼教点作了关于幼儿园文化及品牌建构思考的专题讲座。

二、 把温暖洒满扶智路

支教团队还推动幼儿园管理平台的建设,为幼儿园教师开展系列智能化办公提供专题培训,在新冠疫情期间,有效保障孩子们"停课不停学"。孩子们不能外出,工作室便与东风幼儿园通过网上联动,开展"用爱陪伴"主题活动,在海南组织老师录制绘本故事视频;组织爱心企业向凉山柳且乡的学校赠送儿童夏装65套、冬装110套,为孩子们带去温暖与问候。

2020年初,第2批前去支教的老师面对新冠疫情暴发毫不退缩,协助校医组织老生体检、录入新生疫苗接种记录,与当地通信公司的负责人共同商讨,指导学生家长接送打卡,协助园后勤部门,在疫情期间做好幼儿入园、离园值班工作,维持园内卫生和秩序。

儋州市第一幼儿园张才珍老师是第2批前去支教的教师之一。当时家里人不放心她离家那么远,但她坚持要去。"支教是我的理想,现在有机会,我不想放弃,"她说,"省教育厅和李琴园长工作室都很关心我们,东风幼儿园对我们也很照顾,至今想起来还是很感动,这是一段很难忘的回忆。"支教期间,她积极参与的"集市游戏"教研活动,荣获四川省教育科学研究院颁发的2020年四川省幼儿园游戏活动二等奖。

三、 索玛花开待客来

当地学前儿童普通话普及程度低,许多孩子到了小学听不懂、跟不上,"一步慢,步步慢",逐渐失去学习兴趣。2018年5月,国务院扶贫办、教育部在凉山州启动实施以提高普通话教学能力和推行科学规范的普通话教学方式为重点的"学前学会普通话"行动试点工作,依托"一村一幼"幼教点,帮助当地学龄前儿童在学前学会普通话。通过教师们耐心的教授,多数入园1年以上的儿童能主动用普通话对话,其中不少儿童已能用普通话积极表达，良好的行为习惯也在慢慢养成。

四、成长续写教育诗

"支教期间，我们也向其他老师学习和交流经验，提升了自己的专业能力。"石露老师说。2020年6月30日下午，来自海南的3位支教老师和东风幼儿园支部党员，前往红色教育基地丁佑君烈士纪念馆参加主题党日活动，活动后有老师说："丁佑君烈士不畏艰险、不怕牺牲的精神深深地感染了我，使我的思想得到了升华，特别想成为一名共产党员。回到海口，我就向党支部递交了入党申请书。"

"我们每个人只去了短短一段时间，这项工作需要新生力量源源不断地加入。"三亚市第一幼儿园董利城老师说道。她是第3批前去支教的教师之一，动身前，特地录制了一段视频，鼓励同行们也积极为教育扶贫出一份力。

山海相连支教路，领航心系索玛花。支教既是一场有形的文化交融，亦是一场无声的师德教育。川琼两地老师们在支教中碰撞思想、深度交流，亦唤醒彼此身为幼教人培育祖国未来花朵的情怀和使命。支教工作虽暂告一段落，但这段经历中形成的共同体效能和"山海情"友谊还在继续，愿我们的微光点亮更多孩子的梦想！

山那边，索玛花将更加艳丽

宁夏回族自治区吴忠市利通街第一小学　杨永宏

教育部名校长领航工程杨永宏校长工作室自 2018 年成立以来，在领航工程齐鲁师范学院基地的指导下，围绕深度研学、工作室建设、凉山州支教三大核心任务，以"分享、合作、共创"工作室建设的核心要义，分享理念、搭建平台、共享资源，特别是在凉山州支教工作中，各成员学校踊跃参加，用情怀、责任和担当书写了情暖大凉山的支教故事。

一、初衷——愿做萤火予其光芒

工作室成员校横跨甘肃、宁夏两地，不同的地域，不同的文化为工作室跨地进行的校际资源共享、平台共建、互动交流等活动提供了丰富的素材和意义，构建了一个拥有共同价值追求的优秀学校联盟。每年的凉山州支教活动，工作室成员校老师争相参

杨永宏校长工作室的支教教师走进大凉山，助力派来镇小学

与,报名老师不分年龄、不分学科,只为敢于支教,乐于支教的精神,正如他们所说:"支教虽然愿景宏大,但是可以从'我'做起,用实际行动践行社会责任,回馈社会,付出是快乐的源泉。"他们用行动去彰显青春力量,用脚步去丈量教育信仰,不负韶华! 愿做萤火,予你希望,不负遇见,不负支教人的责任和担当。

二、 相遇——爱心传递情暖凉山

凉山的孩子们学习的内容几乎都以语数外课程为主,特别是在资源少,条件差的农村学校,那里缺少专业教室,有些学科甚至没有专业课的教师。如何才能让我们的老师为凉山的孩子们带去他们真正需要的? 工作室尽量选派音体美等学科的教师,真正为凉山的孩子们打开另一扇认识世界的"窗户"。

工作室杨柳老师带领学生们取得了金阳县合唱第一名的好成绩;吕挚、袁霞老师为大山的孩子们创建了鼓号队;战晓芊老师发挥音乐老师的特长,让农村小学已蒙尘的口风琴、打击乐器重新出现在孩子们的课堂上。

工作室张浩老师的啦啦操、探戈伦巴让大山里的体育课更加有趣有料。张浩老师作为金阳县县队教练带领运动员参加西昌市运动会取得骄人的成绩! 不仅如此,金阳县各级集体教研的活动中,留下了一个又一个工作室老师的"智言慧语"。他们以自身的行动履行着"真正做一名金阳的教育人""像钉子一样钉在大凉山"的责任,用心、用情行走在大凉山支教的路上。

三、 梦想——微光成炬照亮未来

从张浩老师的支教日记中,我们知道了一所"云朵上"的小学——来镇中心校,认识了那个"已步入初冬季节的10月末却光脚穿着一双粉色的凉鞋站在马路边"名叫苦里作的小姑娘,看到了那么多在我们看来朴素,他们却称之为梦想的想法:

"我想当明星,因为当明星能挣很多钱,让爸爸妈妈少干一点活。"
"我想当一名狙击手,可以保家卫国。"
"我的梦想是当一名老师,这样可以把我学到的知识传给很多人。"
"我也想当一名老师,因为这样能教我弟弟。"
......

这是一场送温暖、献爱心的活动，但送到的不仅仅是爱心书本、学习用品、生活物资和慰问金，还是可以成炬的微光，是可以照亮大凉山孩子们未来的希望。正如张浩老师日记中所写下的："初心如磐，助梦飞扬，我和苦里作依然保持联系，我给她邮寄了一双粉红色运动鞋，她给我回复'感谢张老师！'让我此刻觉得做教师值得！"是的，这是一场永远没有终点的筑梦之路，时空阻挡不了爱心的传递，用热忱之心筑梦凉山、温暖凉山是每一位中国教育人的情怀和担当。

托起凉山教育的明天

四川省凉山彝族自治州州级机关第一幼儿园　彭芳

与刘金玉领航园长工作室支教团队相识在 2019 年的金秋,转眼就要在蜡梅暗香萦绕的 2021 年元旦分别,一年半来我们共同工作、交流的情景仍历历在目。不辞辛苦奔赴凉山的他们用无私大爱和忘我的奉献、专业和严谨的指导,在助力凉山学前教育发展,倾力帮扶凉山一幼的过程中留下了一幅幅感人的画面。

一、"蒸笼研修模式"

(一) 构建发展脉络

为切实帮助凉山一幼突破户外游戏活动因长期以来受场地狭小的限制,解决其在全园各项业务教学中处于弱项的问题,支教团队发挥具有丰富游戏教学经验的优势,在短短 1 个多月时间里开展了 4 次"户外体能大循环"教研活动,全力帮助园所改变这一窘境。

(二) 调研户外活动场地设置

为充分合理规划凉山一幼户外狭小的活动场地,在强紫外线、持续高温中,支教团队头顶烈日、脚踏滚烫的路面一遍遍在原有各运动功能划分区里反复体验各活动区存在的问题,并提出了重置走、跑、平衡、跳跃、投掷、钻爬 6 大板块,拓展室外运动空间。

(三) 分析户外活动材料

顶着烈日酷暑,支教教师逐一对园所几十种活动器械进行了实际体验操作,中肯地提出了分年龄段、分难易度重置户外活动器械摆放区,以发挥运动器械的最大使用价值,并因地制宜提出了应添置的系列器械,带头着力进行部分器械的改造。

(四) 重置户外活动内容

为使凉山一幼户外活动更具地方特色,支教教师分别进行了 2 个阶段的户外活动内容重置。

第一阶段针对在体育教学中,幼儿特别喜欢扮演角色并常常想象自己处于情境之中的特点,支教教师结合民族地区特色设计了"阿细跳月"和"支格阿鲁射日"的体育游戏,让幼儿在角色扮演中进行体育运动,激发幼儿参与活动的积极性。

第二阶段紧紧围绕凉山一幼希望挖掘凉山的红色文化教育资源,从小培养幼儿向英雄学习发扬红军精神的要求,支教教师广泛翻阅资料、学习彝语……一遍遍反复讨论后与凉山一幼共同确立了"森林急行军、冲过封锁线、急流飞渡、英勇战斗、夺取胜利"等含奔跑、走、平衡、跨跳、钻爬、投掷的户外红色体育活动项目,并反复推敲各个设计细节。她们针对红色文化8个区域的故事情节和相关活动的培养目标面向凉山一幼的老师进行反复的讲解与强化,包括在8个区域中怎样打破班级界限进行循环运动,使幼儿在力量、速度、耐力、灵活和柔韧度等方面得到充分锻炼,促进幼儿动作全面发展。

二、 两地文化交流的"使者"

在支教帮扶中,支教教师深深爱上了凉山的民族文化,同时也关注到大山里的孩子对首都北京的无限向往,于是发起了"北京一幼—凉山一幼迎新年手牵手共话家乡情活动"。

如何让北京的小朋友了解凉山的风土人情,让凉山的小朋友了解首都? 支教教师煞费苦心。隆冬深夜,支教教师不知疲倦地为活动拟订方案;为活动项目的落实仔细对比、选购材料;更为保障场景布置确保北京庙会年味充分展现,不厌其烦地与广告公司沟通,让天安门、天坛、长城、北京胡同、青花瓷、兔爷、印年画、打铜钱、舞狮子、耍魔术、京剧舞台等活灵活现地"呈现"在凉山一幼孩子老师们眼前,孩子们实实在在地体验了优秀的传统文化。

短短的2个月时间里,3位支教教师在高强度采用"看、听、谈、引"全方位深入班级进行"把脉问诊",完成助力凉山一幼发展的繁重任务的同时,组织北京一幼和凉山一幼孩子们远程开展了北京名胜及"京味儿"新年庙会活动介绍、凉山彝族服饰走秀、凉山美食介绍等活动,共同录制"北京小吃篇""北京名胜篇""彝族漆器银饰篇""彝族服饰美食篇"4个教学视频,共同欣赏了兔爷、年画、青花瓷、长城板、京剧娃娃、建筑明信片等,以及彝族编织、彝族银饰、彝族漆器等,还体验了踩高跷、打铜钱、贴鼻子、扭秧歌、舞狮子、印版画、领福字等特色传统文化，在共研共育活动中促进了两地幼儿深层次的文化交流与分享，激发了幼儿的爱祖国爱家乡的自豪感。

无数个夜晚，支教教师挑灯夜战的身影深深烙印在凉山一幼教职工的心中。这样感人的场景还有太多太多……为促进凉山一幼年轻教师快速成长，她们先后引领青年教师开展现场教学分析研讨22次，用精湛的教学、深厚的专业理论、严谨执着的钻研精神、废寝忘食的奉献精神为年轻教师树立起榜样。

微光汇聚亮星河

山东省淄博市实验幼儿园　王翠霞

2019年7月，王翠霞园长工作室接到前往凉山彝族自治州开展教育帮扶的通知。消息传来，大家心情雀跃，激动不已：能有机会参与到国家脱贫攻坚大业之中，何其有幸！然而，幼儿教师远赴四川支教，在淄博市乃至山东省都尚属首次，派谁支教？如何帮扶？怎样取得实质性效果？工作室在没有先期经验可借鉴的情况下，仔细筹谋、大胆实践，从用人的选择、理念的传递、方法的示范、经验的融合等多个方面，为助推西昌民族幼儿师范高等专科学校的教学质量提升和幼专附幼的规范化、高标准幼儿园建设作出了应尽的贡献。

一、"三者"用人脚步坚

支教工作能否取得实效，选人用人是最关键的因素之一。主持人王翠霞与工作室成员围绕着"谁来支教"这一核心问题认真商讨，迅速达成了共识。

（一）支教教师一定是有志者

"有志者，事竟成。"意向高远，不畏艰难，愿意为支教工作奉献满腔热情，理应是选派人员的首选条件。工作室第一个报名支教的李丽老师，对支教一直怀有一种"一往而情深"的执念。虽然当时已49岁的她患有萎缩性胃炎、椎间盘突出及滑膜炎等不少疾病，但为了让"身体达标"，她咬牙坚持每天一次的针灸治疗。一个月下来，治疗初见成效，尚在巩固期的她就千里奔赴凉山，在忘我的支教工作中实现人生的夙愿。这正是工作室所有教师教育情怀的集中体现。

（二）支教教师一定是有能者

支教教师应具备扎实的幼教专业知识和专业能力，丰富、成功的实践经验，能为凉山学前教育的发展带去理念和方法。年轻的90后教师张玥，主动请缨，发挥自身优势对附幼新教师进行礼仪培训,不仅提升了教师们自身的礼仪修养,还帮助她们掌握如何运用礼仪更好地实现与幼儿、家长、同事的交流和沟通,让每一位老师都能在学习与进步中遇见最美的自己。

(三) 支教教师一定是有为者

支教教师应通过理念的传递、实践的带动,为凉山学前教育带来实质性的提高和发展。为此,工作室根据报名教师的特点、优势进行优化组合,先后选派了3批优秀支教教师,组成了融先进教育理念、丰富教学经验、充沛教学活力为一体的支教队伍,为支教工作的高质量开展奠定坚实的人员基础。

二、 咬定青山不放松

在支教过程中,如何根据支教单位的情况发挥自身优势创造性地开展工作,对于工作室团队和支教教师来说都是一种考验。7位教师俯身教学一线,以"咬定青山不放松"的认真与执着,直面挑战,拓荒前行,全情投入,展现了幼教人践行教育初心、助力凉山教育事业发展的熠熠风采。

(一)"你们才是真正的双师型教师!"

"同学们,看着图谱,想一想风儿找妈妈时的心情,注意唱准休止符和弱起旋律。预备——开始——""咱们要去摘苹果了,谁知道苹果是怎么摘的? 怎么放的?"这是王丹老师娴熟地向大二学生进行音乐教学法授课的场景。游戏情境的创设,音乐图谱的运用,声势练习的加入,让课堂变得妙趣横生。学生们高兴地说:"以前都是看书上说要发挥幼儿的积极主动性,这次我终于知道该怎么做了。""王老师的课太有趣了,不仅轻松愉快还能让我们很容易理解书上的知识!"

作为第一批支教教师,王丹老师未曾想到,她本以为要去幼儿园带领孩子们活动,接到的却是为幼专大二学生授课的教学任务。面对幼专建校之初师资力量匮乏的实际困难,她们迅速适应了从幼儿教师到高校教师的转变,承担起了10个班级语言、数学、音乐三科教学法的授课任务,探索出理论与实践案例相融合、活动设计与实训为一体的教学模式,解决了幼专老师最头疼的理论与实践脱节的教学问题。幼专学前教育系主任余成红在听课之后激动地说:"你们才是真正的双师型教师!"她们的直面挑战,不仅解了幼专亟需专业教师的燃眉之急,更把实践的真知和探索的勇气印刻在学生心田,为他们职业生涯的展开、为凉山幼教事业的发展播撒下一颗颗希望的种子。

（二）从"装修小白"修炼成"装修百事通"

在附幼厨房的装修现场，教师陈香玉面对施工方负责人，态度坚决："你们没有按图施工，必须返工！""这个图纸我已经找设计方反复确认了，就是 90 厘米墙体上玻璃窗到顶。你们把厨房每个房间的墙都砌到顶，不但影响采光，也无法达到明厨亮灶的要求。验收肯定过不了关！"据理力争之下，说她"不懂建筑只知道瞎指挥"的负责人终于承认是施工队看错了图纸，表示尽快返工重做。职责所在，必当全力以赴。面对从未接触过的室内外装修工程，教师们看图纸、跑工地，不懂就问、不会就学，越有困难越能激发她们敢闯敢干的斗志。近一个学期下来，幼儿园建设从蓝图变为现实，她们也从"装修小白"修炼成了"装修百事通"。

这种越是面对困难越是敢于挑战的执着精神，同样体现在物资配备、制度建设、招生摸底等政策性强而又严谨细致的工作之中。她们认真钻研政府采购要求和各类文件精神，带领附幼教师梳理出 9 大类共 716 件材料的采购清单，拟定、调整、完善各项制度 117 项，结合开园面临的实际情况制定出完善的招生方案，确保了各项筹备工作的顺利进行，也把这种认真、执着的工作态度传递给了附幼的每一位教师。

（三）"你给我们带来了专业成长的源头活水！"

附幼尚在筹建，阶段教研刚刚起步，新来的老师都非常年轻，迫切需要先进教育理念的引领和具体教学策略的示范。为了帮助附幼开园做好师资培养和环境准备，支教教师紧紧围绕幼儿园开园筹备的实际需求先后开展了生活环节、教师礼仪、环境创设3 个专题 11 场培训活动，将淄博幼教先进的经验无私分享，从理念到实践为附幼教师的专业成长不断注入"源头活水"。

一线教学实践与高校教学的融合创新，先进教研成果在当地园所的落地生根，优秀工作作风在示范引领中的传承发扬……支教教师抓住受援单位最根本、最关键、最迫切需要解决的问题，将领航智慧与凉山实际有机结合，为凉山幼教师资的培养和幼教工作的提升播下了火种，积聚着力量！

三、 一方支教，众人倾情

7 位教师的支教，将各级领导的关怀和指引、工作室团队的通力配合紧紧地凝聚在了一起。工作室主持人王翠霞全面统筹支教工作，及时进行理念引领和过程跟进。派出教师的 4 所幼儿园依托成功的办园经验和优质的教学成果，提供着源源不断的智慧支持。同时，主持人王翠霞率领众园长不远千里奔赴凉山送教援培，在第二届凉山州幼教联盟研讨会上围绕着"幼儿教师应该具备的专业态度、专业知识和专业能力""幼儿教师的师德修炼""幼儿园环境创设"以及"生活环节中幼儿的学习与发展"作了4场精彩的专题讲座，赢得了凉山州幼教同行的一致赞赏。工作室还为幼专赠送学前教育专业书籍1000册，以最贴近实际、最有效的方法把精准扶贫落到实处。

赴凉山彝族自治州教育帮扶行动不仅让每一名支教教师的教师境界和教育情怀高度升华，更展现了工作室所有成员奉献边区、"幼有优育"的幼教情怀和教育初心，为国家的脱贫攻坚战略贡献自己的力量，在实际行动中体验到脱贫支教的那份光荣与使命感！我们坚信：无数的微光终将汇聚成灿烂的星河，凉山幼教定将迎来更加美好的未来！

向着最美的期待进发

浙江省绍兴市上虞区城东小学　林建锋

根据教育部教师工作司的统一部署,林建锋校长工作室成员用心、用力扎根基层,在四川省凉山彝族自治州宁南县等地展开一场致力于改变的精准型、接力式支教行动。

一、致力于改变的精准支教

根据当地教育实际需求,工作室先后组织 25 位浙江名师分 8 批次奔赴宁南等地开展精准教育帮扶,给宁南教育带来了全新活力。

只有真正找出当地学校的需求和教育薄弱点,才能进行精准、有效帮扶。基于对之前两次赴凉山州短期支教了解到的信息,通过连续 3 周在多所学校蹲点调研、做当地教师的"影子"等方式,我们决定从学校层面和教师层面出发,组织开展系列办学诊断和主题支教活动,为当地教育出谋划策、示范教学。

2019 年 11 月 11 日至 20 日,5 位浙江名师开展为期 10 天的首次支教。10 天里,他们执教示范课 15 节,指导研讨课 5 节,进行主题评课 8 场,开设主题讲座 12 场,为 4 所学校作办学诊断,召开教师座谈会,开展班主任工作和校本教研诊断指导。

2020 年 10 月 25 日至 31 日,徐雪刚小学数学研学共同体支教团队 6 人应邀走进宁南县,团队的老师们借助数学绘本激趣引思,让孩子们在生动活泼、妙趣横生的气氛里学习。"我们把最近一年来的研究成果毫无保留地展示出来了,希望能让宁南的老师转变教学理念,希望能让宁南的学生真正爱上数学。"徐雪刚说。

2020 年 11 月 27 日至 12 月 3 日,上虞区德育团队带去了"课程思政与场景育人"课堂教学研讨活动和专题讲座,把活教育思想引领下的上虞小学思政课堂立体型、情景式地呈现于凉山校园。

老师们克服重重困难,将中国基础教育前沿的教育管理及教育教学理念深深地融入当地课堂。"浙江名师们的到来,在学校掀起了一股教育教学研究的热潮,我们找到了更适合学校、教师的发展方向和新的教育生长点。"宁南县朝阳小学校长吴新梅说。

二、 以学生为本的教育变革

"每当支教老师上完课,我们的老师就会围上去,分享观点、表达收获,听课教师多年沉淀的教育理念被重新过滤,重组激活。"宁南县松新镇中心小学黄兴安校长深受启发。

"对于思政课,我们上着上着,往往会走向说教,将教学内容硬生生地灌输给孩子们,到头来收效甚微。"宁南县披砂小学的李微老师听课后深有感触地说,思政课的教学不能仅仅局限于课本,而应从学生身边的事物中去寻找教育契机。

宁南县老师在教学中的变化,浙江支教老师们欣喜地看在眼里。当地老师们从第一天坐着静听,到之后教研时偶尔举手提问,再到拉着支教老师问这问那,可以看出我们的支教帮扶行动成功了,宁南县的老师们正在改变。"他们会有意识地问学生'你能提出什么问题吗',让数学课更有思考的味道,会俯下身倾听和观察学生的学习行为,让数学课更有平等的氛围。"绍兴市陆游小学洪侃老师说。

"宁南县的幼儿教育理念正逐渐鲜活起来。"浙江省特级教师、区教师发展中心副主任董秋艳说,通过前期交流,她得知当地幼儿教师常常困惑于如何利用本地教育资源开展课程。"经过一周的深度交流,我们看到园长、老师有意识地追随儿童的兴趣,结合儿童的学习特点,借助真实的情境,引导孩子在亲身体验、直接感知、实践操作中进行系列观察、记录、探究,这便是变化。"

宁南县教培中心培训部主任高顺国说:"先进的教学理念和教学方法,对提升宁南县教师队伍的专业水平和教学能力,具有很强的实效性,他相信浙江名师辛勤播撒的教育种子,特别是基于学生立场的教育变革理念,必将在凉山生根发芽、开花结果。"

三、 实现改变的支教剖析

我们的支教活动,受到了当地学校领导、教师、学生的欢迎,实现了致力于改变的支教初心。回首一年多来的支教历程,我们有三点经验:

一是组织者要站在一线,靠前指挥,让听到炮声的人指挥战斗! 实现精准支教,必须了解被支教地区的教育现状和发展需求。只有组织者亲临一线，才能真正了解支教需求。从 2020 年 9 月开始，我在宁南支教一个学期，这对准确了解宁南教育，确定宁南教育人所需要的支教主题，制定宁南教育人所需要的支教方案，选定宁南教育人所渴求的优秀教师，起到了决定性作用。8 批次主题支教，我都参与整个过程，能够根据支教过程中的实际情况及时调整。靠前指挥，确保了支教活动能有针对性地推进。

二是策划者要明确目标，整体设计。我们支教的目标定位于改变——改变学校、改变教师、改变学生，改变办学理念、改变教育观念、改变教学方法。我们从这个目标出发，对 8 批次的支教进行了整体设计：基于办学诊断的学校调研；基于教学方法变革的语文、数学、思政、科学、体育等学科主题支教和学前教育的主题支教；基于班级建设、课程开发、管理优化、名优教师培养的浸入式指导；基于办学条件改善的图书馆、爱心书屋、科学实验室的援助。

三是实施者要整合力量，发挥优势。浙江的基础教育走在全国的前列，绍兴市上虞区正在深度推进"活教育"研究，立足于浙江的教育沃土之上，通过组织、邀请、联合等方式，精选最适合、最优秀的教师开展支教行动。作为浙江省科学特级教师，同时也是教育部名校长领航工程学员，我充分发挥自身在办学理念、学校管理、学科教学上的比较优势，实施专业的深度支教。做好支教工作，我们要沉下去，了解实情；要钻进去，换位体验；要做出来，注重示范；要跳起来，做好引领。

星火暖凉山

北京师范大学贵阳附属小学　王羽

　　春去秋来，3个学期的支教已经告一段落，教育部名校长领航工程王羽校长工作室（即"星火联盟"）贯彻落实习近平总书记"不忘立德树人初心，牢记为党育人、为国育才使命，积极探索新时代教育教学方法，不断提升教书育人本领"的要求，全力投身于这场声势浩荡的教育脱贫攻坚行动。

一、远行方要从心始——价值引领在先

　　这样规格高、辐射面广的教育帮扶行动，在中国教育史上是罕见的。接到教育部教师工作司的通知后，工作室组织支教教师通过精细解读上级文件、观看凉山州的相关宣传片、聆听凉山州的教师讲述自己的成长故事等方式，激发每一个教师的使命感。

星火联盟全体成员校校长心牵大凉山

入心入脑的价值引导,让有情怀的教师参与支教的热情高涨。其中,王炳琴为了能够全心全意地开展支教工作,毅然辞去校长和支部书记的职务远赴凉山,取舍之间,令人感动。支教教师想方设法克服个人困难,带着"星火闪耀凉山,努力做一颗火种"的价值观,奔赴凉山州。

二、 凡事预则立——三级战略助力

凡事预则立,不预则废。星火联盟从接到任务那天起,就以战略思维,勾画支教行动框架。大家一致认为:这次支教行动,既是对凉山教育的支持,也是对我们支教者初心的锤炼;既是互相之间的取长补短,也是共为人师的理念融合;既是一次对上级要求的履职,也是激发学校教师团队素养提升的一次考验。好事要做好,要持续做好。因此,星火联盟力求通过专家引领、同伴示范、建立基地 3 种方式,持续助力凉山教育。

(一) 专家引领

为点燃凉山教育者的激情,提升学校管理能力,工作室积极开展援培送教活动。2019 年 10 月,王羽校长亲赴凉山开展讲座,并入校开展诊断。在送培中,王羽校长以自身成长经历告诉大家,教育对于一个贫困的农村孩子意味着什么,真诚的话语,深深触动着参训校长们的内心。在讲座《聚焦学科素养,提高育人质量》的专业引领中,他用生动的学科案例,唤醒每一个听讲的教师,让他们意识到实现教育的最大公平,在于扎扎实实上好每一节课。

2020 年 12 月,王羽校长带领着星火联盟再次亲赴凉山,针对帮扶学校中层以上的 60 余名管理干部,分别作了题为《价值引领,打造一所新样态学校》《用规划赋能教师专业发展》的讲座。号召大家"教书的要多读书,育人的要先育己",以智启智,立德树人,五育并举,找准方向,扎实践行。同行的骨干教师还分别通过课例,送去"教师的格局有多大,教室的边界就有多大""核心素养落地的起点,就是每一节课学科素养的落地"等朴实的价值观。

(二) 同伴示范

除了专家引领,工作室的支教教师们长期身处凉山支教一线,通过一言一行,浸润式地发挥示范作用,在 3 个学期间,共计完成超过 1000 课时,每一位支教教师都以"时时是帮扶,事事是影响"的思维,勇敢开放课堂,积极主动投入到所在的支教学校的全方位发展中。

2020 年 9 月 24 日，时任教育部小学校长培训中心主任、北京师范大学教育学部副部长、博士生导师余凯教授听了星火联盟支教教师张芸执教的示范课"乃哟乃"，对星火联盟支教行动和张芸老师个人的素养都给予了高度评价，他鼓励所有支教老师要引领凉山教师，放慢教学的脚步，关注每一位孩子的进步，让学生在每一堂课上都学有所获才是做实公平教育。

时任教育部小学校长培训中心主任余凯听完张芸
老师的课与其进行交流

（三）建立基地

为了实现对大凉山教育的持续助力，支教教师柴智、陈代宇带着星火联盟的使命，在支教期间积极与相关单位联系，将北师大贵阳附小确立为西昌体育学院实习基地，构建了体系化的培养机制。同时，通过让实习教师承担"12 月 12 日星火联盟赴西昌暖冬行"项目，鼓励他们积极创意，体会星火联盟的用心和爱心，回味大凉山教育真正之所需，唤醒他们回到家乡、奉献家乡的信念。帮扶人员从支教的小学成型的教师，转移到高校可塑性更强的大学生身上，极大增强了助力凉山教育发展的可持续性。

三、天下大事必作于细——"四个一"任务驱动

为了形成合力，使目标坚定、效果扎实，星火联盟对每一批次的支教教师都安排了"四个一"的驱动任务，即组建一个团队、准备一份调研和行动计划、完成一次支教分

享、上交一份支教过程资料,让每一位支教教师带着情怀,交出一份实实在在的支教答卷。

(一) 一个团队

为了星火联盟燎原凉山教育的共同使命,形成凝聚力,保证支教过程安全、有序,在每批次的支教教师出发前,联盟都会建立支教群,让大家在群中进行相互了解,共同协商出行计划、谋划支教内容。通过初步的了解之后,支教教师开展无领导讨论,明确一名组长,并自行进行任务分解,划定支教责任。一群人一条心,在支教过程中,"团结就是力量"在实际行动中一次次被验证:大家不分你我,高举星火联盟的旗帜。

(二) 一场调研

精准施策,"知己知彼"不可少。星火联盟要求每一位支教教师的工作必须建立在充分调研的基础上。为了深入了解凉山彝族自治州的风土人情和教育状况,切实做好支教工作,支教老师们认真参加岗前培训和教育部小学校长培训中心"支教路上——困难与压力应对"等心理辅导,聆听"凉山州情介绍",上网搜索相关资料,入校即对孩子进行访谈和家访,通过各种渠道了解学校的办学理念、成果以及常规管理制度,为支教工作做好充分准备,制定了一份翔实的工作计划。

(三) 一次分享

"越分享越成长",为了让每一批的支教教师能够思路清晰,不断改进支教工作,获得更多的认同感和成就感,星火联盟倡导每批支教团队在支教结束之后,在星火联盟组织的大型学术分享论坛上,进行公开经验分享。

让人惊喜的是,每一批次的支教团队,都自发增加了定期的图文分享。把支教过程之中点点滴滴的发现和解决问题的行动,第一时间通过网络传递回贵州,作为一种精神感召和激励着联盟学校的老师们。在面向联盟学校甚至全国线上的观摩同仁的学术论坛上,支教教师真实的支教故事让听讲的老师们泪光盈动,毕节实验学校的熊鹰老师"凉山不'凉'"的分享主题,已经成为星火联盟支教的信仰,在分享中,"凉山因我们不会'凉'"的支教信念深入人心。

(四) 一个资料包

为方便老师进行自我管理,保证联盟支教精神能够扎实有序落地,联盟要求支教老师在结束后要上交包含以下内容的资料包:计划和总结、备课资料、个人公开课或者引领的资料、精彩图片、个人支教总结等。星火联盟及时将优秀的过程性文本进行线上展示，把具有典型特点的材料上交到教育部小学校长培训中心，9 名支教教师在支教期间共完成各种文本资料 15 万字以上。

首批星火联盟支教教师获得教育部颁发的支教证书

四、 星星之火可以燎原——倾情创意爱心行动

没有爱就没有教育。一次凉山行，一生凉山情。在深入凉山之后，支教教师反映出一个集中信息：除了扶智助教之外，凉山州很多孩子还需要物质方面的爱心帮助。于是，如何在扶贫加扶智，帮助孩子们的同时，又不伤害他们的尊严，并且能同步影响着星火联盟校每一位师生，成为我们爱心行动的研究点。

（一）悬崖钢梯送温暖

支教教师到悬崖村开展联合帮扶行动时，驱车四个多小时，摸黑爬悬崖村的钢梯，克服了对黑暗的恐惧，克服了脚下的危险，克服了身体的不适，肩挑背扛，就为给村里的幼教点送去一些图书、体育用品、学习用品、玩具，送去初冬的一片暖意。他们还和孩子们一起开展了制作版画等丰富多彩的活动，让孩子们领略来自大山外面的新奇与精彩。支教团队"爬"出来的凉山支教精神，通过图文分享在星火联盟校之间传递。

（二）乌蒙凉山鸿雁情

细心的潘熙老师发现，即使是很冷的天，有些孩子都一直穿着凉鞋，他看在眼里，痛在心中。得知凉山州还有很多特困儿童，他所支教的西昌五小也有 49 位，为了让农村特困救助供养学生、农村低保家庭学生、孤儿能够在六一国际儿童节得到温暖,潘熙老师悄悄联系了毕节市实验学校开展了一次"鸿雁千里暖心送礼活动",为49位特困儿童每人购买文具作为儿童节的礼物。毕节市实验中学的孩子还纷纷写下了"六一"贺卡,给千里之外的凉山小朋友送去自己的祝福。虽素未谋面,但每一张贺卡都代表了一次跨越时间和空间的对话,字虽不多,爱的种子却已悄悄播撒。

(三)土墙红状泪满眶

在支教结束的前一天,工作室熊鹰等人到美姑县拉木阿觉乡一个叫拉曲的孩子家里家访。在拉曲家徒四壁、昏暗的屋子里,熊鹰老师看到一抹鲜亮的红——拉曲和妹妹的奖状!大凉山的孩子,在和贫困的抗争中,很多早早地就被迫辍学了。这斑驳的墙上的奖状,是拉曲和拉洛改变自己的命运、甚至改变整个家庭命运的希望!

回到贵州,熊鹰老师一直牵挂着这对兄妹。几经辗转,熊鹰老师终于联系上拉曲的班主任老师,得知拉曲的妈妈去世以后,发动亲人们给兄妹俩凑了3 000元钱,让拉曲和妹妹免于辍学,为之动容的熊老师班级里的孩子们也纷纷把自己的零花钱、压岁钱全部捐了出来……

(四)星光聚集暖冬行

怎么做能让这个活动产生的教育影响力更大?4位到北师大贵阳附小跟岗实习的西昌体育学院的老师们成立了项目组,开始了思考和行动。于是,几易其稿,饱含着"情"和"智"的"星火聚集暖冬行"的项目计划成形了,其内容包括:

一份动员令——全校大会上实习生陈志友以自己在凉山的母校为例,讲述了自己在贫困中学习成长的故事,倡议每一个孩子献出爱心,撰写信件。项目组还将动员大会上的内容做成图文、视频,通过北师大贵阳附小公众号推送给每一个家长,联动家庭实现梦想接续。

一份爱心物资捐赠清单——为了让捐赠的物品急人所需,项目组还进行了前期的访谈,了解受助校孩子的真实需求,根据需求千方百计开展募捐,完成了价值约50 000元的捐赠清单。

600封传递爱的信——项目组组织星火联盟学校部分学生书写爱心交友信,进行盲投,以期回信。该活动把贵阳和凉山两地学生的爱心用鸿雁传书的方式链接,让小行动发挥"大教育"的功能。

4位实习老师在推进项目的过程中,实现了一次对家乡凉山的情感回归,更经历了一次即将为人师者的理想信念教育。

近2年时间,3批支教教师全身心融入了大凉山,成为星火联盟闪耀大凉山的火种,用实际行动获得了各级的认同,每一位同志均获得凉山州教育局认定的支教优秀等第。支教的时光是短暂的,但是星火联盟和大凉山将永不失联。我们有理由坚信:凉山不"凉",因为星火会持续闪耀。

以"山"的名义携手

山西省太原市实验小学　张红梅

"没错,我来了!在美丽的大凉山,面对纯真的孩子,任何困难都不算什么。"这是2019年10月17日,首批赴凉山支教教师、太原市实验小学语文学科组长张红梅发给史凤山校长的信息。

2019年8月到2021年2月,史凤山工作室先后派出3批共9位骨干教师赴凉山州越西县北城小学开展教育帮扶,通过传帮带,为越西北小留下一支"永不撤走"的教师队伍。

多年来,太原市实验小学致力于开发幸福课程,打造幸福课堂,成就幸福教师,培养幸福学生。史凤山校长工作室确立了新的目标:建设一个思想碰撞的交流场、资源共享的品牌站、成果展示的辐射源、教育家型校长成长的摇篮,借助"凉山教育帮扶行动",把学校的幸福教育延伸到更远的地方。

一、 示范领航暖美丽凉山

2019年9月初,第一批支教团队刚到凉山落下脚,9月24日,史凤山便组建了各学科优秀教师团队赶赴越西县开展结对帮扶行动。

9月26日,"结对帮扶活动启动仪式"上,太原市实验小学与北城小学结成兄弟学校。史凤山为越西全县中小学校长及28位中小学支教教师作了题为《走在幸福人生教育的路上》的讲座。她以太原市实验小学文化兴校为例,畅谈如何结合新时代背景、因校制宜构建学校自身的核心文化,带动各方面优质发展。作为省特级教师、省名师的她还为全县各校选派的优秀数学教师上了示范课。课后二年级可爱的孩子围绕在史凤山的周围问长问短、牵手话别,那情景感动着礼堂里所有的教育人。

太原市实验小学副校长、省教学能手杨雨老师上三年级语文课文《掌声》的公开

"结对帮扶"活动启动仪式上，史凤山校长与余洪波校长手执
锦旗，两校结成兄弟学校

课，从识字、写字、阅读教学等方面为教师作了课堂教学现场示范。团队的数学、英语、德育教师分别讲授了精彩的示范课。一位参训老师激动地说："台上一分钟，台下十年功，各位老师功底深厚，课上精彩纷呈，课后学生惦念，真正做到了教育领航。"

二、牵手教研享幸福情怀

2020年11月19日，随着手机"叮"的一声提示音的响起，王惠芳看到了远在越西县北城小学的"徒弟"程钦美发来的信息——"王老师，我作文公开课得奖了，是第一名！"

2020年春，王惠芳成为第2批到越西县北城小学支教的教师，受北城小学王虹校长的安排为全体语文老师上2节习作公开课，习作主题是"中国的世界文化遗产"，这是一节极具挑战的作文指导课。如何带着大山里的孩子在书中徜徉，行走在知识的殿堂中，为他们搭建一条通往更广阔天地的桥梁？答案是就从这一节作文课开始。

王惠芳利用休息时间查阅资料，与太原市实验小学的同事、领导连线交流想法，多少个夜晚灯下奋战，终于为学生集结了中国55项世界文化遗产的课堂资料。课后，北城小学的领导说："感谢王老师带着孩子们'走出'越西，感受文化，做一回真正的'文化人'！"

如今，支教老师已回归原校，但北城小学的教研还在继续。张红梅还在指导北城小学的"徒弟"杨雪梅开展县语文工作坊的教研和下乡送教活动;刘敬还不时接到北城小学数学老师的请教。

教育人的幸福就是带领学生见识知识的精彩,如果还能带领一群教育人共同出发,幸福感就更不普通了。

三、书香浸润育有志少年

首批支教教师第一次走进五年级(5)班,在课间只看到两个孩子在阅读课外书,而且是内容比较浅显的漫画书。在接下来的一个月时间里,他们经过谈话调查,发现班里70个孩子中只有少数几个孩子有阅读兴趣,阅读量也仅限于偶尔得到的一两本书。孩子们很是羡慕那些走出大山去打工的人们,可是不读书报,他们怎么能了解外面的世界呢?

史凤山工作室选择了儿童小说《梦想天空》赠送给每一位孩子,凉山冬日的阳光照射在教室里,教师陪伴孩子共读一本好书,让温暖尽情融化心灵。渐渐地,午餐后的活动时间,有孩子开始在教室里静静地阅读图书室借来的图书了。这是多么可喜的变化!

北城小学学生收到史凤山工作室赠送的儿童小说非常开心

几批支教教师接力陪读。3批前来支教的优秀语文教师持续开展不同形式的阅读指导,帮助孩子提升阅读实效。北小利用支教团队捐赠的图书在各个教室建起了温馨的"主题图书角"。教师欣喜地看到那里成了课间对孩子们最具吸引力的地方。

四、多元扶助创幸福校园

北城小学有个可爱的教室,名叫"亲情屋",是北城小学的心理咨询室,里面桌椅墙壁色彩明丽,只是缺乏专业的心理学教辅设备。越西当地留守儿童比例大,学校亟待开展在校学生心理健康教育。史凤山工作室得知消息后,立即捐赠一套心理教育沙盘,以求尽快开展心理咨询活动。从此,北城小学的"关爱留守儿童,童伴成长计划"心理辅导活动在"亲情屋"得以开展。

太原市实验小学音乐学科省特级教师胡文娜早就听说当地孩子们能歌善舞,到达北城小学工作的第3天,便组建了80人的合唱队。每天午餐后的休息时间,音乐教室便有了歌声。短短20天便初见成效。她还和一起支教的同伴将多年不用的合唱服洗干净,并一件一件熨烫整齐。2019年9月24日,中国青少年发展基金会在越西县举行运动装备捐赠仪式,合唱队的孩子们在仪式现场亮相。

如今,北城小学六年级(5)班——被北城小学余洪波校长深情命名的"太原班"即将毕业,教室门口的班主任专栏里还保留着支教老师的照片。而太原市实验小学与北城小学,为建设幸福校园还将继续并肩前进,让山西与凉山以"山"的名义传递幸福教育吧!

以发展的眼光赋能教育帮扶

甘肃省兰州市城关区水车园小学　金艳

"感谢清华基地领航校长工作室、甘肃兰州水车园小学金艳校长,无论是在财力、物力、师资,还是远程协助、校际学习等方面都给予莫大的援助,给民族希望小学的未来发展带来希望和动力。"这是四川省凉山彝族自治州冕宁县民族希望小学收官欢送会上,校长王玉雄的一段深情告白。

冕宁县民族希望小学是一所寄宿制学校。截至 2021 年 1 月,在校学生人数 1 169 人,包括 21 个普教教学班级、2 个特教班级。不少当地学生的成长缺少父母陪伴,家庭教育的缺失,加之经济等其他因素的影响,导致教育教学质量不高。教育部"国培计划"的启动,如一缕春风给当地的教育发展带来希望,有幸加入这场盛大的教育帮扶行动,我们更需要责任担当、不负使命。

一、千里援培精准指导

民族希望小学的孩子大都是留守儿童,他们在家里干农活、做家务、照顾弟弟妹妹。他们可爱善良、灵气十足,但大山阻隔了孩子与外面的世界。师资不足、物资缺乏等因素导致孩子接受艺术教育的机会很少,他们甚至连图画本、水彩笔都没有,课外读物和读书意识就更加缺乏。

了解这些情况后,我们立即组织各方力量进行爱心捐助。5 600 多本图书、2 500 多盒彩笔、3 300 多本图画本、100 多个篮球、1 200 多根跳绳、500 多套文具、3 000 多套生活用品、700 多套办公用品,满载着工作室师生团队和社会各界浓浓的情谊,源源不断地从兰州发往冕宁,温暖了民族希望小学无数学子的心。

教育帮扶不仅仅是捐赠,更要在"扶志"上精准施策,在输入鲜活的教育观念上多下功夫。捐赠仪式后,我带领团队开展了援培送教活动。李慧芳、柴宗虎、张靖、魏孔

金艳校长工作室为冕宁县民族希望小学捐赠仪式现场

鹏等6位教师分别从班级成长、班主任智慧管理、教材的教与学、语文、体育、音乐等方面进行了多角度援培送教,用先进的教育理念引导当地教师们的教学实践。

二、引领转变教学观念

为切实推进民族希望小学课堂教学改革,提高教师课堂教学水平,工作室支教团队情系学生发展,尊重学生学情,通过示范引领教师用全局性思维、大课程观解读教材,转变课程观、教学观,以学定教,提高课堂教学质量。

"何为有效课堂?""一篇课文用2个课时怎么教?"带着民族希望小学语文教师们的困惑,支教教师通过精彩纷呈的公开课引发教师深入思考,带动了课堂教学研究的氛围与习惯。"徒弟"张红梅在听课感悟中说:"教师备课要准确把握教学目标,吃透教材,从学生已有的知识基础、生活经验、认知规律设计教学,突出重点,突破教学难点,利用学生生活实例来创设情境。"有了这样的思考,张红梅在第十届校园教学大赛中荣获一等奖。

指导学生阅读理解、实施作文教学是一线教师们普遍头疼的问题。支教团队的王志艳教师以六年级提高班特色课为平台,积极为民族希望小学的老师上示范课、指导课。选择大型纪录片《航拍中国》《舌尖上的中国》《最美公路》和优秀绘本作为课程资源,精心设计特色课程,为学生打开一扇看待世界的窗,用全新的教学方式帮助孩子们开启阅读写作之旅。

在综合性课程方面，支教团队策划"书润童年"启动仪式，打造5个"书香班级"示范班，拟定校园读书管理制度、评价制度，设计完成"阅读记录册"，加强过程性管理，为民族希望小学未来打造"书香校园"播撒"种子"。在民族希望小学首次参加的冕宁县青少年科技创新大赛活动中，支教团队出谋划策，通过远程协助提供典型案例，介绍活动经验，助力科技创新活动的开展与深入推进。通过不懈努力，在冕宁县第九届青少年科技创新大赛中，民族希望小学取得了可喜的成绩。

教育帮扶最本质的意义，莫过于激发受助学校自我发展的动力。在工作室支教帮扶的过程中，冕宁民族希望小学的王玉雄校长也紧跟教育改革的步伐，工作思路发生着日新月异的变化。2020年11月初，王校长希望能以支教老师为纽带，请领航校金艳校长为民族希望小学下一步关于"教师发展""分层教学""以研促教"3个方面的工作把诊问脉。

金艳校长为冕宁县的校长们作题为《润泽教育适性扬长》的报告

得知这一工作思路，我们邀请王校长来兰州进行校际交流，共议学习方式，共商学校发展。经过充分准备，11月15日，王校长带领中层负责人及部分骨干教师一行6人，赴甘肃兰州城关区水车园小学进行观摩学习，参加了"教育部中小学名校长领航工程金艳校长工作室授牌仪式暨'未来学校变革'主题论坛"活动。在活动上，水车园教育集团的管理模式、课堂教学风采、机器人社团、编程社团、管乐团、整本书阅读等课程，都给王玉雄校长带领的学习团队留下深刻的印象，更是引发出深度的思考。

冕宁县民族希望小学领导参加金艳校长工作室揭牌及论坛活动

三、 建立长效帮扶机制

回望结对帮扶民族希望小学的教育历程，工作室团队用先进教育理念为希望小学注入活力，用真情奉献感受别样教育人生，在结下深情厚谊的同时更加坚定了两校携手共进的爱与责任。

十四五教育蓝图已经擘画，"凉山教育帮扶行动"收官之年不是结束，而是教育帮扶的新起点。工作室将一如既往，充分利用网络技术，通过在线支持、远程协助等方式，持续不断地关注、支持民族希望小学，并形成以下几个方面的工作思路：共研教育教学管理，提升制度文化建设；搭建互助研修平台，促进教师专业成长；确立层级培养机制，助力自主创新发展。

建立长效帮扶机制，持续增强凉山教育的发展动能，是我们共同追逐的教育梦。

在扶贫支教中向教育家型校长进发

黑龙江省鸡西市第十八中学　刘景菲

四川省凉山彝族自治州曾是国家"三州三区"深度贫困地区之一,2019 年 8 月,在教育部名校长领航班江苏培养基地的统筹指导和黑龙江省教育厅、鸡西市区教育局的重视和支持下,我所带领的校长工作室与昭觉县东晨中学结成了帮扶共同体。一年半来,我们建立培育站,充分发挥领航校长及所在学校的资源优势,以结对帮扶的方式,选派骨干教师到昭觉东晨中学支教,帮助解决一定时期内骨干教师短缺的困难,有效提高凉山州中小学的办学质量。

昭觉县东晨中学校长曲比曲体在高品质学校建设校长云端论坛中分享道:"2020年东晨中学教师专业能力、学校管理品质、校园文化建设、课堂教学质量全面提升。这些成绩的背后是刘景菲领航校长工作室在教师专业提升、学生良好习惯养成、学校艺体卫工作等方面的辛苦付出,为学校各方面都带来巨大改变。"

一、 教师队伍的业务能力普遍增强

江苏省师干训中心针对昭觉县基础教育发展的实际情况,把江苏省较为成熟的乡村骨干教师培育站模式移植到凉山,创建了"昭觉县乡村骨干教师培育站",聚焦昭觉县骨干教师培养,以"目标引领、主题递进、分类推进、成果检验"为工作思路,通过骨干教师的成长,促成当地教师能力水平实现内生性、持续性的发展,尤其是教师队伍制作课件和课堂教学设计的水平得到了普遍提高。

二、 教育教学的科研氛围日益浓厚

支教团队把学生核心素养的培育和个性品质的发展作为衡量研修成果的标准,以课堂研究为突破口,优化课堂环节,提高备课质量,强化课堂管理,加强课堂评价,从而

教育部凉山帮扶行动江苏基地"昭觉县乡村骨干教师培育站"座谈会

提高课堂质量。在教研方式上,把学术研究与课堂实践结合起来,采用主题讲座理论引领、讲解示范实践引路、专题研究个性辅导、师徒结对反复磨课、教师技能大赛展示等形式树牢教师的"学术"观念。在教研手段上,以网络为基础开展线上教研,不受时空和人员限制,为广大一线教师提供了内容丰富、理念新颖、技术先进、实用便捷的优秀课程资源,创设了教师与教师、教师与专业人员及时交流、平等探讨的活动平台和环境,发挥了教师在教研活动中的主体作用,弥补了传统教研模式的不足,形成了浓厚的学术研究氛围。

三、 教育帮扶丰富师生生命体验

工作室选派优秀教师进校帮扶。为了充分发挥区域辐射引领带动作用,从去年开始,我们先后选派3位具有丰富教学经验和管理经验的优秀教师奔赴昭觉县东晨中学,实施教育帮扶行动。走进昭觉县东晨中学,我们参观校园、深入课堂,与学校师生近距离交流,全方位多角度了解办学情况。我和支教教师一同制定帮扶策略,让这里的孩子享受到更丰富的教育资源,不仅让他们学习本领,而且开阔他们的视野,并对最贫困家庭和弱势群体给予关爱与温暖。

四、 通过课堂主渠道进行智慧启迪与文化滋养

支教教师践行课堂,关注生命成长。课堂是师生连接的纽带,是所有教育要素最终碰撞、融合和接受检验的阵地。只有把每一节课都当精品课、示范课去设计,关注每

刘景菲校长和帮扶学校东晨中学的师生们

一个学生的学习状况，设置符合班级每一个学生的问题，布置阶梯性作业，才能够真正起到辐射示范作用。

支教教师经常为全校教师执教观摩课。杨传富为教师上示范课讲对称轴时以国庆阅兵导入，孙晓东上语文观摩课时讲古人造字，王瑜从艺术的视角给学生上中华传统经典乐器的美育欣赏课。他们的课堂上，升腾在当地师生心中的是对中华优秀传统文化的探究热情。

在教学设计中，我们引导教师既要注重对学生学习兴趣的培养，注重学习习惯的养成以及日常的行为规范、课堂规范、作业规范的培养；又要注重知识的归纳整理，专题拓展训练，通过思维导图等教学方式提升学生学习能力。对于基础薄弱的学生而言，学习形式多方位激发与提升是关键。因此每节课教师都会邀请学生做小老师，请他们上台为其他学生讲题。从开始的羞涩到后来的自告奋勇，这些原本羞于表达的学生逐渐成为课堂主角。

支教教师通过分享资源，助推教育发展。我校多年进行信息化教学的实践与研究，教师已开发出数万件课程资源。在支援过程中这些资源全部向受援地学校师生免费开放，通过黑龙江和四川两校的云平台进行资源共享，发挥帮扶活动的最大效能。学生在教师指导下，运用网络平台实行在线学习，学习潜能得到挖掘。

支教教师利用德育渗透，为凉山播种希望。支教教师非常关注德育的生活化，利用午自习、晚自修对学生进行爱国主义教育、环保教育、卫生教育等；通过各种纪录片和图片让孩子感受祖国的发展，并告诉他们升国旗时必须脱帽，给他们讲述正在进行的垃圾分类的重要作用，培养他们从小讲卫生的好习惯。

五、 走访家庭，让学生重拾信心

支教教师还多次利用下班时间走访学校特困生家庭，为学生送去精美的学习用品，并详细了解贫困家庭的生活状况，勉励他们克服困难，共同努力，重拾生活信心，并表达了长期关注与帮扶的诚恳心愿。一位学生在给支教教师的信中这样写道："是您教会了我什么叫真正的善良，也是您在我心里种下了一颗种子，一颗用感谢也说不尽的种子。"不仅如此，黑龙江省鸡西市第十八中学初一学生与昭觉县东晨中学五年级学生以同步连线直播的方式举行了手拉手系列活动。虽然相隔千山万水，但他们同享一片蓝天，同享少年快乐。

六、 打造"带不走"的专业教师队伍

昭觉县是当地的深度贫困县，现有的教师数量不能满足学校发展需要，同时，还有相当一部分新进教师，培训成为支教工作的重点。通过与学校教导处和教研室主任充分沟通，根据江苏基地培育站的统一要求，我与工作室成员校教师组成支教团队，制定了开展学校教研组活动和青蓝工程的初步方案。方案包含整个黑龙江基础教育的核心要素，充分发挥支教引领和示范作用，以基础教育课程改革理念、实践、创新为着力点，并从当地教育实际出发，通过传帮带结对模式，与当地教师组成专业学习共同体，开展业务培训和教学指导。

培训方案的制定注重可操作性、可推广性，在师德修养、教育理论、课堂教学、教育科研、学业管理等方面开展教师培养工作。支教教师主动引领当地青年教师加强对教材内容和课程标准的研究，教会青年教师做好教学常规、试卷命题、成绩分析；为新教师展示示范课，指导新教师上公开课；督促青年教师写好教学日记，记录教学灵感与反思，指导他们撰写教育教学论文，提升教育教学理论水平。培训方案的制定尽可能考虑当地教育实际，避免出现支教措施水土不服的情况，不仅让先进的教育理念和学校管理模式在凉山能够用得上、留得住，还真正帮助当地打造一支"带不走"的专业化教

师队伍。

　　输送优质师资,帮助解决东晨中学骨干教师短缺困难,引导带动教师提升教学能力,有效提高办学质量,是我们结对帮扶的重中之重。支教团队在与学校新教师开展结对帮扶活动时,强烈感受到新教师的课堂驾驭能力和教育教学方法有很大的提升空间。针对此方面,支教团队在综合分析后采取因地制宜、因人而异的帮教措施。一是重视教学设计的指导;二是对新教师开展针对性指导;三是同课异构展示支教风采,在新教师中产生了"课可以上得更好"的思想火花;四是以赛代练促成长,提高教师教学能力。赛课后学校领导班子、教研组长、青蓝结对教师及支教教师齐聚一堂,对参赛教师的课进行点评,针对课堂的得失和改进措施提出宝贵意见。

七、改善教育贫困区域的教育生态

　　在做好精准帮扶的基础上,为改善教育贫困区域的教育生态,我们提出了"小家带领大家"策略,将区域教育与当地民生相结合,就当地教师专业能力培养、社会、社区、家庭、学校联合办学等提出一系列建议,并根据实际情况在实施过程中加以辅助,解决当地师资短缺和家庭教育缺失的问题。

　　名校长团队成员积极组织网络"全研修"活动,推进学校管理者培育站的建设。来自安徽、上海、黑龙江和吉林的初中校长,通过网络平台与当地校长分享管理实践与探索,彰显"重实践、促理性、成自觉"的培训要求。通过组织专题会议和专题培训,我们认真梳理了凉山教育的发展方向,例如提升教师专业素养系列工程,创建适宜的青年教师培养机制和激励机制,重视教师课题研究能力和水平的提升,科学设置各学段课程和作息时间,改变高中教育的薄弱和职业教育的缺乏等,这些都为下一阶段凉山教育的发展提供了方向性参考。

支教，一场爱的接力赛

翡翠城小学教育集团　张文凤　张建颖　韦靓

为加强对凉山州的教育扶贫，响应教育部和基地号召，北京小学翡翠城分校校长张文凤携翡翠城教育集团师生，加入大凉山教育帮扶的队伍中。

翡翠城小学教育集团对接昭觉县民族重点寄宿制小学。时间从 2019 年 9 月至 2021 年 2 月，共 3 个学期。翡翠城小学教育集团每学期派 3 位骨干教师到昭觉民小支教，承担区域内教研及对口帮扶学校教学工作，帮助当地教师提升教学能力。

一、 送你一朵小红花，有情怀的支教人

北京小学翡翠城分校虽在北京，但缺编一直是困扰我们发展的顽疾。昭觉民小现有学生 2900 多人，教师 100 余人，属于严重缺编学校。和他们比起来，我们的困难就不值一提了。张文凤深知肩上责任重大，于是召开全体干部教师会议，干部们带头兼课，一个人承担起两个人的工作量，为的是可以腾出支教指标。就这样，支教团队应运而生。学校先后选派李宾、徐文涛、刘阳、李浩 4 位老师前往大凉山昭觉民小参与支教工作，支教时长共计一年半。张文凤校长第一时间赴昭觉全面了解情况，带领团队为昭觉县以及民小做管理及教育教学培训，并分批接待民小干部教师到校交流学习，始终希望能为他们多做一些。

二、 给你一个大大的赞，有使命的支教人

正是这样一批支教人的到来，给深山教育带来一束光。作为第 1 批走进凉山的支教人，他们不仅要听课和指导教师的教学，还要留心观察课堂上孩子的状态。对于课堂上存在的一些共性问题，会第一时间分析原因，寻找对策，以便学生能积极调整学习状态。除此之外，支教教师还要承担上示范课的任务，助力所在学校教师的教育教学

技能的改进。

支教之前,李宾曾有过担任少先队大队辅导员、管理后勤、亦庄成人学校副校长的经历,所以他对学校各个部门的工作都比较了解。他发现昭觉民小升旗仪式时,鼓乐队演奏的出旗曲不规范,于是利用每天中午休息时间指导鼓乐队。不仅如此,他还协助制定学校管理制度,将顺各个职能科室工作职责、工作要求和职能分工;协助校长制定了师德考核办法,协助教导处制定了课堂评价标准及青年教师培养计划,协助德育处制定了"净、静、敬"主题教育方案。一系列的举措,不仅使得学校管理规范化,更为学校的良性发展、正确发展赋能蓄力。

对于支教教师来说,来到大凉山,他们要把未来的寻常岁月雕刻成生命中的成全和托付。刘阳曾担心自己参加工作时间仅 6 年,生怕不能给凉山教育带去改善,于是支教前他便反复研读如何评课、如何进行深化教研。他秉承着"授人以鱼不如授人以渔"的理念,将他的语文备课、授课的想法和从前辈们身上学习到的经验倾囊相授,并总结出文字版给大家留作参考,他知道只有教师的教育教学能力提升了,才能培养出更多更优秀的学生。与此同时,他着眼于授课过程中的问题,逐一指导、纠偏。

徐文涛把每一天的日子凝结成文字,洋洋洒洒的文字中,流淌着教育的使命和情怀。他曾写道:"生命的价值在于奉献,对他人有所帮助,我们的生命就有意义。"本次支教,徐文涛首要任务是携手学校促进体育教师的发展。昭觉民小仅有 2 名本校体育教师,且都刚入职不久,其他体育教师均是支教顶岗教师。于是,徐老师先带着体育教师制定体育教学工作计划,统筹体育教研组,带领体育教师每 2 周进行 1 次教研活动,通过优秀课例研讨、观看优秀课堂实录、解读优秀教学设计、案例分析等形式,帮助体育教师迅速把握教材,了解教材突破点,优化教学方式,制定相应的教学设计和评价策略,以此提高教师驾驭课堂教学的能力。

三、 许你一个明亮的未来,有前瞻性的支教人

翡翠城小学教育集团策划捐书倡议,在升旗仪式、少先队红领巾广播等活动中进行倡议,号召教师、家长、学生为凉山的孩子捐赠图书。历时 2 周,集团校的师生共捐赠书籍 11573 本,当书籍到达大凉山的时候,大家立刻行动,收集、整理,很快一个小图书馆就像模像样地成型了。一双双渴求知识的双眸是如此动人,手捧书籍的画面最美好。"梦想图书馆"为孩子成长打开一扇窗。

当翡翠城小学教育集团的孩子们看到自己捐赠的书籍找到珍爱它的主人后，集团校再次发起"视频"活动，视频录制内容是介绍分享好书，讲述北京文化、涉猎见闻等。这一活动源于地处昭觉民小的孩子们大部分是寄宿制，对山外面世界的知识仅仅限于书本，这个"视频"征集活动希望打破这个瓶颈，充实孩子们的闲暇时间，丰富他们对外面世界的认知。活动一经颁布，共收集到 208 个视频文件，经过层层审核，整理完毕后存入移动硬盘中，邮寄给了大凉山的孩子。

自翡翠城小学教育集团发起为远方的大凉山孩子捐赠图书的活动以来，活动得到了集团校教师、学生、家长的高度重视，同时得到了社会各界爱心人士的关注。北京市大兴区工商联携手热心企业，承接全部捐赠书籍的运输、快递工作，将所捐赠书籍送往大凉山，让深山里的孩子可以早日享受阅读的时光。工作于大兴区狼垡中学的孙国华老师，得知徐文涛发布的捐赠冬衣的倡议后，第一时间伸出援手为昭觉民小二年级 10 名学生捐赠衣物。一场爱的接力在两地流转，为了教育，更为了孩子。

支教有涯而情无涯

北京市通州区潞河中学　徐华　陈礼旺

作为教育部中小学名校长领航工程的首期学员，北京市通州区潞河中学徐华校长积极响应教育部教师工作司发起的凉山州教育帮扶行动，以实际行动积极、认真、到位地执行完成相关支教帮扶工作。

一、 将帮扶凉山行动转化为责任担当

在帮扶活动酝酿初期，因为潞河中学有多次派教师赴新疆、内蒙古支教的经验，徐华就帮扶活动组织形式、支教教师帮扶内容、与受援校对接方式、支教教师待遇等问题提出可行性方案，为活动的顺利开展作了充分的研判。

2019年7月，收到教育部教师工作司的文件后，潞河中学派出了以中学语文特级教师陈礼旺为组长的第1批3人支教团队，并且在第1批3位支教教师即将结束1学期帮扶工作前，徐华同意了3位教师再支教1学期的申请。2020年春节，新冠疫情暴发，了解到3位教师只能按宁南中学要求在家里给学生上网课的情况，学校尽全力帮助解决。待疫情平稳后，潞河中学3位支教教师"五一"期间即乘机抵达西昌。潞河中学共有3批6名教师在本次帮扶行动中奔赴凉山进行支教。

二、 一己之力让"讲堂"变"学堂"

宁南中学是宁南县唯一一所寄宿高中，学生成绩在凉山名列前茅，但教师工作压力大，负担重，不少教师没有机会继续学习，教师的教育教学理念相对陈旧，课堂教学效率有待提升。

基于此，徐华工作室3批6位支教教师一方面熟悉学情上好课，让自己所教班级学生感受不一样的学科教学，激发学生学习兴趣；另一方面每位教师带至少一个青年

教师"徒弟"。"徒弟"每课必听,听课后"师徒"间就备课备什么、课堂怎样建树以学生学为主的施教方式等问题进行交流,借此转变"徒弟"的教育教学观念,提升"徒弟"教育教学的能力,进而让苦教变为乐教、苦学变为乐学。

除此之外,为转变更多学科教师的教育教学理念,6位支教教师主动在教研组、年级组开讲座、上示范课。陈礼旺面向全县语文教师成立了"宁南县陈礼旺中学语文特级教师工作室"。6位教师带动了宁南中学越来越多的教师转变教学方式,让"讲堂"变成了"学堂"。

2019年下学期,陈礼旺和崔启林在教学中发现这里的孩子缺少课外阅读材料,2位支教教师与潞河中学同年级的语文教师一起筹划、实施了"潞河、宁南同学共读一本书"活动。此次活动得到了潞河中学初中语文组的大力支持。"共读一本书"活动不但让宁南的孩子了解北京同龄人在读什么、想什么、做什么,也让北京的孩子了解到千里之外,大凉山中这些孩子是多么刻苦、多么好学、多么有志气。1个学期下来,双方共3次交流读书笔记,效果非常好。

三、 探索长久且讲究实效的教育帮扶新路

在潞河中学第1批3位支教教师出发前,徐华就与宁南中学联系,询问对方有何帮扶需求,对3位支教教师到宁南后的工作与生活等进行了托付。

为帮助宁南学子多读一些课外书,2019年国庆节后,潞河中学团委组织开展了"一本书、一份爱、一个祝福"向宁南中学爱心捐书活动。通过国旗下讲话、全校班干部会动员,各班学生积极参与,全校师生共捐赠书籍4500册。50个箱子和22个包裹分2批发往宁南。

2019年10月31日,潞河中学与宁南中学签订结对帮扶协议。协议规定了2件大事:

一是建立教师业务提升长久帮扶机制:宁南中学定期派学科教师及管理干部到潞河中学跟岗学习,潞河中学派学科教师及管理干部到宁南中学传授学科教学及管理经验。

二是2所中学每学年互派20名学生进行为期2周的入校生活、入班学习:潞河中学学生学习宁南中学的吃苦精神、遵规守纪的作风,宁南中学学生感受潞河中学学生见识广博、视野开阔的特点,两校参与活动的学生为本校学生分享深入兄弟学校生活、

学习的见闻及体会,让两校学生互相借鉴,学习对方的优点。

2021年1月,为期3个学期的凉山教育帮扶行动宣告结束,但潞河中学的第3批支教教师顾芳芳、蒋京春、傅强依然留在宁南中学继续支教,他们将一直坚持到2021年7月学期结束;潞河中学高二年级蒋立新所带班与宁南中学陈俊材所带班"共读一本书"活动有声有色地开展着;"宁南县陈礼旺中学语文特级教师工作室"计划2021年5月请语文教育名家程翔到宁南讲学……

帮扶行动虽然结束了,但两校的缔结的情谊长存,许多工作将持续开展下去。

教师行动

支教，教育人生的新起点

武汉常青树实验学校　张超

一、故事一：学生有了课外书

泸沽中学位于冕宁县泸沽镇，社会经济条件相对落后，几乎每个孩子的家庭都有7口人以上，学习条件比较差、学习资源比较匮乏。在一次自习课上，我让初二(13)班的孩子们自主学习、自主阅读，他们不约而同都拿出教科书或教辅进行复习。我对此比较好奇，我问孩子们怎么不看课外书呀，孩子们笑着对我说："张老(大凉山对老师的称呼)，我们没有课外书。"开始我对他们的话表示怀疑，后来经过多次观察，发现他们确实没有课外书。于是我借助"汉冕联谊一家亲，同心共筑中国梦"主题班会，向他们捐赠了60余本图书，人手一本，大家轮流阅读。许多学生因此爱上了阅读，这让我十分欣慰。

二、故事二：有一种学习叫"请你喝茶"

泸沽中学学生众多，均是超大班额，学生学习基础差异较大，大部分学生学习习惯比较差，上课容易走神、分心，下课很少复习。为了保证地理教学效果，每次晚自习，我都会抽查学生地理学习情况，课后精准指导，因人分配学习任务，激发学生学习地理的动力。看到平时上课调皮的孩子围坐在茶几旁认真阅读地理课本，我非常欣慰。这就是泸沽中学最美的风景。

三、故事三："数"说支教

2019年11月10日，我深入冕宁县大桥乡的龙洞河村和峨瓦村家访。龙洞河村和峨瓦村平均海拔1800米，距学校2个多小时的车程，因而这次家访被我喻为海拔最高、路途最远的家访。

同时，我第一时间组建了冕宁二中地理教研群，力促冕宁二中地理教研常态化与制度化。

通过"汉冕联谊一家亲，同心共筑中国梦"主题班会上的视频连线，冕宁二中和泸沽中学的学生牵手武汉的小伙伴。

泸沽中学初二(23)班学生吉伍拉哈说，这是他第1次"听懂"地理课，原来地理是这样的呀。

11月份，在泸沽中学半期考试成绩公布时，班上许多学生兴奋地对我说："张老，这次地理考试我第1次认认真真写完了""张老，我的地理成绩终于及格了""张老师，我们班的地理成绩终于提高了"……看到这些天真烂漫的笑容，听着纯净甜美的声音，我感到何其荣幸，在他们最美好的年华遇到他们，温暖他们的生命。

教师节那天，初二(23)班没有地理课，但孩子们依旧没有忘记远道而来的地理老师。第2天，我走进教室那一刻，全体学生自发起立，不约而同道出："张老师节日快乐，您辛苦了！"并深鞠一躬，非常令人感动。令人惊喜的是孩子们为我准备了1个水杯，寓意"一次师生，一辈(杯)子情谊"。他们还写下了祝福的话——破旧的纸张、稚嫩的笔迹、朴实的语言、简单的表达，孩子们浓浓的情谊跃然纸上。这是我第1次收到大凉山孩子们的教师节礼物。

四、 故事四： 有一种生日让人终身难忘

2020年11月1日，我被邀请去初一(21)班开展主题班会。接到这个任务后，我想他们需要一个什么样的班会？什么样的班会才能让他们受益？既然孩子们是班级的主人，自己的主角，理应成为班会的主题。于是我设计了"灵魂发问、老师寄语、青春誓言、集体生日"等环节，让学生去参与、去感触、去自省。

在"自省时光"环节，我们请上生日主角加杨同学，上台自省1周得失，话音刚落，突然灯灭了，歌声响起，面前出现了蛋糕，加杨同学这才意识到当天是自己的生日，他非常激动，眼睛顿时泛起了泪花。意外之喜，刻骨铭心。正如加杨同学所说："那一刻深深地印在我的脑海里，开完那次班会，整个人变了，每次很累时，想到那一幕，就会顿时精神焕发。"

五、 故事五： 绘图教学法走实走心

地图是地理的第二语言，是地理学习的重要载体与资源。面对部分学生学习基础差、学习习惯差，但喜欢涂画的特点，我采取"绘图教学法"，要求厌学、学不进的学生绘制地理课本地图，并开展绘图比赛，一课一清，一天一结，利用电子白板展台及时展示。令人意想不到的是，那些所谓"学困生"却拿出了漂亮的地图绘画作品，令人刮目相看。

六、 故事六： 时光寄语计划

每一个孩子都是自我人生的主角，都应该拥有一部属于自己的成长史诗。我们需要及时引导他们记录自己成长过程中的梦想、憧憬、欢乐、忧虑、困惑和惊喜。

2020 年 11 月 1 日，我走进初一(21)班，发起时光寄语计划，要求学生在"时光隧道"里深情寄语 2023 年初中毕业时的自己，旨在通过角色体验，让孩子提前体验初中毕业的心情，感受韶华易逝、青春短暂；通过境遇关联，让孩子寄语未来，关联当下，在自己的过往、当下和未来之间建立一种逻辑联系。看到孩子们的寄语，我们看到了希望的方向，感受到梦想的力量和青春的样子。

七、 故事七： 有一种礼物叫做独一无二

支教先支智，帮扶先帮志。不少大凉山的孩子缺乏自信、缺乏展示、缺乏鼓励。老师对学生的教育和引导应该充满爱心和信任，要用爱培育爱、激发爱、传播爱，通过真情、真心、真诚拉近同学生的距离，用欣赏增强学生的信心，用信任树立学生的自尊。半个学期后，我所带的班级综合成绩优异，地理成绩突出，学习进步大。我对地理进步明显和特长突出的 5 位孩子进行了奖励，并附上个性化寄语，让他们感受到尊重。

八、 故事八： 有一种水叫"咖啡"

泸沽中学位于南山脚下，安宁河畔，地势较高，生活用水依靠安宁河提供，由于设备年老失修，两台抽水机只有一台在工作，导致泸沽中学经常停水。老师们依靠各种水盆储水。进入支教老师的宿舍，首先映入眼帘的是各式各样摆满地面的储水盆，而且不同盆里的水颜色不一。因为安宁河供排一体，河流含沙量较大，刚接的水十分浑浊，需要长时间沉淀才能使用，所以老师们都形象地说道，我们很富裕，平常我们不喝

水,只喝"咖啡"!

　　岁月不居,时节如流,教育部凉山教育帮扶行动第 3 批冕宁教育帮扶行动的支教教师即将完成所负使命,结束在冕宁的支教工作。对他们来说,支教工作的完成不是终点,而是教育人生的新起点。征途漫漫,唯有奋斗。

依托信息技术，助力教育帮扶

上海市黄浦区荷花池幼儿园　陈小梦

"陈小梦！"

"到！"

我听到自己名字后第一时间应答，声音洪亮而有穿透力，似乎在远山的那边，也能清晰听到。何其有幸能够参与教育部教师工作司组织的凉山教育帮扶行动，经领航工程宋青园长工作室选派赴凉山州支教帮扶，让我走过了人生美好、难忘的一段路程。与凉山州机关第二幼儿园的孩子们、老师们及心怀教育梦想的同仁在支教之路相遇，实乃人生旅途中风光旖旎的一段佳景。支教工作虽暂告一段落，我与凉山州依旧互动频繁，沿途风景变幻，心中信念却愈加坚定。

一、雷厉风行——"退伍不褪色"

作为一名男教师，我深知幼教事业的责任与价值。我从未后悔选择学前教育这个"女士为王"的职业，并踏实稳健地走出属于自己的道路。

在本科学习期间听闻征兵消息，我第一个报名，没想到竟成为上海师范大学学前教育系设立以来第一位入伍的男生，深感荣幸与自豪。军旅生活磨练了我坚毅的品质，给予了我无限的力量，培养了我在工作中闻声而动、得令即行的执行力和行动力。"心有猛虎，细嗅蔷薇"，在工作和学习中，我也积极探索将军人雷厉风行的工作作风与幼儿教师亲切温柔的职业特点有机结合的契合点。

"退伍不褪色"是我深刻在心底的人生格言，"遇到困难，大胆地上！没有条件，就创造条件大胆地上！"班长的谆谆教导回荡在耳。积极响应脱贫攻坚的需要，凉山教育帮扶我主动报名，到祖国最需要的地方绽放青春。希望通过支教工作将上海学前教育的先进理念和实践经验，因地制宜地转化传递给凉山的幼儿园，通过教育信息技术引领凉山教师更新教育观念,切实让凉山教育因支教工作的开展而有所改变。带着这样的思考,跨越山海,奔赴远山,我与州二幼结下深厚的情谊。

二、 迎难而上——信息素养在提升

支教工作伊始,我在信息技术方面的专长就有了用武之地。

"先带孩子回班级,负责媒体的老师们过来!"凉山州机关第二幼儿园的鲁华园长说道。

"鲁园长,您知道的,这个啸叫声音自从设备安装好就一直存在,大屏幕上的视频背景卡顿应该也是设备的问题……"媒体老师的声音越来越低。

这是发生在州二幼双庆节目汇演第一次彩排时后台的一幕。双庆活动将由凉山州电视台实时直播,规模大、任务重,孩子们和老师们已经准备多时,没想到在演播室效果和多媒体设备配合方面状况频出,导致现场人员混乱和空场时间过久等问题。

考虑到自己有着多次大型活动媒体保障工作的经验,对设备使用和媒体处理有着一定研究,我主动请缨负责双庆活动的后台管理工作。得到首肯后,我迅速向园方递交了策划与技术保障规划。在筹备过程中,我发现州二幼的设备在人机互动方面因主控设备性能不足,在当下节目多、衔接快、素材多的大型任务中,就显得力不从心,导致状况频出。时间紧迫,我马上调配自己的设备,优先保障州二幼直播活动的顺利开展。最终,活动圆满成功,直播效果得到了师幼、观众和电视台专业人员的赞许。从鲁园长眼中我看到了信任和支持,也开始思考助力全园教师信息素养提升的策略。我与州二幼的老师们之间就有了这样的对话:

"我们这一次一起来看看音频如何获得并且按照教学需要进行处理……"

"小梦老师,您可以重复一下刚刚的操作流程吗?我还没理解到位。"

"好的,没问题,不要着急,我们再来一次。"

随着国家扶贫力度增加,凉山地区硬件设备不断更新,老师们的"软件"能力也需要同步更新。为系统提升州二幼教师的信息素养,结合教师队伍现有能力水平和学前教育发展的实际需要,我为州二幼量身定制了一套教师信息素养学习计划。通过开展"多媒体教学具的使用与实践"等系列专题报告,为州二幼教师搭建获取最新教育理念和技术方法的桥梁,树立"云上学习"的思路,利用"互联网+"和信息技术实现助推教师专业成长。

我还通过"师徒"结对的方式,带动州二幼的青年教师了解并熟练掌握设备的硬件调试、系统操作。支教结束,已经回到上海的我收到了来自凉山"徒弟"的求助,一年多过去,在不断的分享交流和远程支持下,凉山"徒弟"问题少了,能力强了,我的心底满是开心。结对的"徒弟"已经可以独立解决幼儿园教育活动中信息技术相关的问题,为各类文艺汇演和大型活动提供人员保障和技术保障,"徒弟"的跨越式进步,督促鞭策着我继续学习,不断提升。

三、 渴望同行——"学前学普"要跟上

"你好!你好!谢谢!"

"你好呀!小朋友你叫什么名字呀?"

······

记得支教团队赴普格县马里哄村的"一村一幼"幼教点开展支教活动时,与当地小朋友的亲切互动中,我发现他们似乎听不懂我的普通话,稚嫩的小脸上满是茫然无措。我马上调整教学活动方式,采用节奏感强的音乐和较大幅度的动作,与孩子们开展游戏活动。通过使用肢体动作匹配简单词汇,使孩子们在游戏中逐步理解"左""右""我""大家"等简单词语的含义,实现这节语言领域教学活动的教学目标。

这次"一村一幼"幼教点的支教活动,让我深切地感受到语言的重要价值。"知识改变命运"不是一句空谈,想要获取知识,以教育之力阻断贫困的代际传递,首先要打通语言关,学会普通话更是基础中的基础。看到大山深处的娃娃们流露出渴望交流的眼神,却因为语言不通仅限于基础肢体活动的互动,我在想,自己可以为他们做些什么呢?

扶贫先扶智,扶智先通语。我了解到,州二幼是凉山州开展"学前学会普通话"行动的重点参与单位,于是利用自身在电子绘画以及视频制作方面的特长,申请参与州二幼将一村一幼幼教点教学辅导用书视频化的项目。通过设计富有当地文化特色和先进教育理念的动画视频,便于小朋友通过观看教学视频动画,提高"听懂、会说、敢说、会用"普通话的能力。在支教结束后,依旧秉承"在位一分钟,干好六十秒"的工作理念,利用业余时间配合州二幼和制作公司完成全部的后期修改调整工作。拿到教学动画视频的 U 盘时,支教工作带来的幸福感和满足感油然而生。

繁星依旧，教师如日月指引前进方向；宁静如诗，教师如雨露滋润灵魂成长。

回顾自己平凡而又不凡的凉山支教之路，脑海中满是孩子们的纯真无邪的笑脸、老师们朴实恳切的眼神。难忘凉山夜晚的灿烂星空，不舍娃娃们的咿呀学语……

道由白云尽，春与青溪长。我愿与凉山教育同仁一道充分发挥师者之力，贡献师者之能，坚信无数涓涓细流必将汇聚成浩瀚大海，凉山幼教必将迎来辉煌灿烂的未来！

两赴凉山践使命，一片丹心系鲁川

山东省淄博市周村区实验幼儿园　李平

从未设想，我会有机会走进中央电视台，出现在央视直播的表彰现场。当接到教育部幼儿园园长培训中心通知的那一刻，我既意外，又惊喜。是支教凉山的经历，让我有了如此耀眼的时刻——在 2020 年教师节，作为凉山支教帮扶团队的代表，参加了中宣部、教育部、中央广播电视总台联合录制的"闪亮的名字——2020 最美教师发布仪式"。在节目录制现场，当我深情且自豪地说出"我支教的单位是西昌民族幼儿师范高等专科学校和凉山州第三幼儿园"的时候，眼前顿时浮现出了我"两赴"凉山的一幕幕画面……

2019 年 8 月 30 日 12 点 06 分，汽车载着我的眷恋和向往，驶离了我的家乡——山东省淄博市周村区，随着沿途风景的变换，我的心也由最初离家的淡淡的感伤，变成了对支教的无限期待和向往。经过 13 个小时的奔波，在 31 日的凌晨，我终于到达了 2 000 多公里之外陌生的凉山彝族自治州西昌市，开启了我的凉山支教生活。

一、迎接挑战，华丽转变

初到西昌民族幼儿师范高等专科学校，小雨微凉，为我们洗去一路奔波风尘的同时，更用满眼的清新来欢迎我们的到来。

稍作休息，我们迫不及待去参观学校和幼儿园的环境，在学前系主任余成红的介绍下，我们了解到这是一所刚刚建校一年的高校，我们即将支教的幼儿园还处在内部环境建设的规划中，我们的支教工作首先要从做一名学前教育系的实践课老师开始。也就是说此次支教的教育对象从 3~6 岁的幼儿一下子成了幼师专科学生。

这可是一个不小的挑战啊！平时都是与小孩子打交道，一下子来教十七八岁的"大朋友"，如此跨度的年龄变化，我的心瞬间一紧，怎么办？慢慢地，我让紧张的心情平复了下来，心想："如果能教好凉山未来的幼师，就可以辐射多少凉山的小朋友啊!"想到这儿，我的使命感油然而生。

钻研教材，挑灯夜战，成了我的生活常态。我不断地总结梳理自己多年来对幼教工作的经验和感悟，不停地思考如何用最恰当的方式帮助学生找到最高效学习实践课的切入点。我坚持跟同事们反复磨课、听课、评课，不断精炼教学内容，努力提升教学效果，让学生掌握先进的教育理念、科学的教学方法以及扎实的实操能力。每当深夜走出学前教育系，抬头看到天空明亮的繁星，还有以前从未在深夜看到的白云，随即被天空的美景所吸引，疲惫和思乡之情也随之淡化了不少。

如何拉近我与凉山孩子的距离，让他们喜欢我，同时提高学习兴趣呢? 课前做趣味性强的破冰游戏，孩子们一下子从局促中变得热情起来。自我介绍时，带他们一起领略我家乡的物产，又通过视频认识我所在的幼儿园，了解老师孩子生活和活动的场景，学生们一下子被孩子们的活动状态和生活环境吸引了，直呼："孩子们太幸福了，我也要做一个幸福的老师。"课上我们一起做手指游戏，在亲身体验和欢声笑语中，课堂气氛一下子轻松起来，在小组讨论交流分享的过程中，学生们参与活动的积极性持续高涨。在不断的探索和实践中，我逐步总结出了"做加法、习教法"的幼师教学法，让学生成了课堂学习的主人，学生们激动地说："老师，您总是在游戏中调动我们的好奇心和学习积极性，我们学得很开心"。

在我成功变身"大朋友"的老师后，自信心得到了极大的提升。为了尽快提高他们的课堂教学组织能力，我利用大量的休息时间，有时在空闲教室，有时在空旷的操场，有时在宿舍大厅，随时随地为学生提供加课辅导和课例试讲。在不断的探索实践中，在与学生们共处的时光中，我对支教的意义有了更明晰的认识，那就是用我的"淄博力量"为凉山幼师搭建一个"自我成就"的舞台，也为凉山完成"幼有优育"的艰巨任务奠定更加坚实的基础!

二、 再赴凉山，二次"变身"

第二次赴凉山州支教之际，新冠肺炎疫情防控形势依然严峻，年过八旬的母亲恰恰生病住院，从她的眼神看得出，无论是生理还是心理，她都期盼能够得到女儿的陪伴。眼看离启程的日子一天天地近了，我只好试探着跟她说，我可能快要重返凉山了。她听后，就像一个委屈的孩子一样无声地哭泣，喃喃地说："我不想让你走。"看着一向坚强的母亲从未展露过的不安和依恋的情绪,我黯然落泪。西昌幼专的学生不断询问着我的归期,在朋友圈里留言"坐等我回去"。一头惦念的是热切期盼自己提供专业支持的幼专师生,另一头是含辛茹苦养育自己长大成人的老母亲,我陷入了激烈的思想斗争。最终,还是忍痛将重病缠身的母亲托付给哥哥,把不舍牵挂深埋在心底,义无反顾地奔赴对凉山幼教的那份承诺。

到了凉山,才知道我的工作又有了调整,负责筹备凉山州第三幼儿园的基建工作,新的挑战又摆在了面前。

回想我第一次"变身"的成功体验,就欣然接受了任务。但突如其来的高原反应,引发了我整晚的剧烈胸痛。去医院检查治疗后,虽得到了一定的缓解,但热心的大夫,还是千叮咛万嘱咐:"水土不服,高原反应,可一定要多休息啊,最好静养一段时间!"

然而,幼儿园工程进展不能延误。我拖着虚弱的身体,一边工作,一边学习,遇到困难,就向远在千里的同事们求助。记得有一次,我和同事深入幼儿园的厨房现场,对照图纸进行仔细研究,发现当时图纸上厨房的回餐口在实地是没有出口的。发现之后,我马上联系图纸设计人员,要求对方务必亲自到现场实地考察,重新修改。在我们和幼专领导、老师的共同努力下,凉山州第三幼儿园的规划建设、设备采购、建章立制等各项工作快速有序推进,为其今后规范且动态的管理奠定了良好的发展基础。

三、 情谊相牵,共谱未来

从鲁中内陆来到西南边陲,我在异乡深切感受到了亲情般的温暖。初来凉山时因为环境的改变和当地嗜辣的习惯,我胃部剧痛难忍,当时还并不熟悉的杨苹老师给我送来了暖心稀饭和清淡小菜。当门被敲开的一刹那,我流下了感动的泪水,深深感受到了来自异乡的亲人般的关心。幼师学生的纯朴也时时感动着我,记得上课时我介绍自己是山东来的支教老师,班里一个女孩子突然跑到我的面前说:"老师,送给您两个盐源苹果,大凉山欢迎您!"班内有三分之二的贫困生,而这两个苹果却彰显着无价的珍贵情谊。正因为这种淳朴纯真的深情厚谊,我心存感恩,很快克服生活中的种种困难,和同事们全身心投入到支教工作中去。

艰难困苦,玉汝于成。一年间,我两次奔赴凉山支教,收获了人生中很多的第一次:第一次感受到地震带来的恐惧,第一次把每天看云当成一种趣事,第一次在异地遥祝母亲的生日……我也收获了与凉山老师和学生们的相遇相知,传递了先进教育理念,分享了优质教育资源。

虽然支教已经结束,但是我们的凉山情犹在,线上沟通还在持续。2021 年 3 月 29 日,凉山州第三幼儿园终于开园了,那里凝聚着我们 3 期支教人的心血和情感,它就像我们一直呵护的孩子,正迎着太阳一路向前,精彩不断! 我会继续陪伴凉山的他们一起品味幸福的未来!

铸起一座沟通的桥梁,留下一支带不走的队伍

北京市第一幼儿园　张昊歆　李全　徐彧哲

凌晨3点的夜晚,习习凉风,熠熠星光,我们即将启程前往2 000多公里外的西昌。"你们作为教育部幼儿园园长培训中心凉山教育帮扶行动的一员,要在凉山州和北京之间铺一条路、架一座桥、实现一个梦想……将来你们回来了,联结也不能断,而且一定要在当地留下一支带不走的队伍。"刘金玉园长如是说。"你们有信心吗?""有!"我们3个彼此对视,眼神坚定,北京"大本营"的各位领导、老师们的期望和嘱托萦绕在耳边,让我们更加明确赴凉山支教所肩负的责任和使命。"凉山,我们来了!"

一、多方的真切关怀,让凉山日日夜夜充满温暖

初到凉山,川菜的火辣、太阳的炙烤、夹杂着方言和彝语的"普通话",着实让我们"水土不服"了一阵。但是,一声声温柔的问候、一条条暖心的信息、一通通关切的视频,来自各方的温馨关爱与真挚鼓励,成为我们前进的底气和动力。2020年6月,一封来自教育部幼儿园园长培训中心的信勉励我们扎根凉山献师者之力、尽师者之能;9月,公益基金会的羽绒服为我们带来了冬日暖意。每天,我们都会感受到凉山一幼领导和老师的关心:"饭菜吃得惯吗?""宿舍还需要什么吗?"每天,我们都会收到北京一幼领导和老师的问候:"工作和生活上,有困难随时讲出来,我们一起想办法,你们不是一个人在战斗。"家人们为我们能够奔赴西昌支教而感到自豪,"家里的事别惦记,有我们",这是他们最朴实、最坚定的支持。这一切,成为让我们在凉山的日日夜夜里感到最幸福的注脚。

二、团队里的携手共进,让支教工作经历更加温馨

我们这个支教团队是由3名"90后"组成的,虽然年轻,但各有所长:徐彧哲老师

连续支教 3 期，已算半个"西昌通"，能用比较地道的四川话和当地人沟通，凉山一幼的孩子们也很熟悉这位从北京远道而来的"哲哲老师"；李金老师从北师大学前教育专业硕士毕业后，便进入北京一幼担任教研员，有丰富的教研、培训经验；带队的张昊歆老师是一名优秀青年党员，担任一幼教研组长的她既有 10 年实践经验，又具备研究、组织和协调的能力，在生活和工作中时时处处想在先做在前，是我们的"姐姐"。没错，我们 3 人以姐妹相称，虽然不同姓，虽然各自负责的支教工作不同，但我们像家人一般相互扶持，携手共进。我们常常在研讨中忘了时间，在教学楼的卷帘门被保安师傅拉下来发出"嘎啦嘎啦"的声响时，才意识到原来已是深夜。但我们并不觉得辛苦，看到操场上富有彝族文化和红色文化内涵的游戏循环区逐渐丰富起来，想到孩子们白天游戏时的笑语欢颜，我们心中充满了动力。

三、 问诊下的细致规划，让支教工作方向更加聚焦

起初，我们也曾志忑："能为这里的孩子们和老师们做些什么呢？"在与凉山州机关第一幼儿园的领导、老师们进行多次座谈交流，在对州一幼的教育实践充分把脉问诊，在了解孩子们的心愿和想法后，我们逐渐明确了帮扶方向，构建了涵盖培训、教研、实践的三维工作模式。2020 年春季学期，基于幼儿发展需求，因地制宜挖掘凉山文化资源，以行动研究的范式开展一系列培训、研讨，和凉山州机关第一幼儿园的老师们共同打造具有彝族文化和红色文化内涵的户外体育游戏循环区，并将研究经验进行梳理，形成了 3 万余字的研究报告，支撑其进一步梳理和凝练园本课程体系。2020 年秋季学期，基于园所实践需要，我们探索将户外游戏的成功经验迁移至室内游戏区，以提升区域游戏品质为工作重点，和凉山州机关第一幼儿园的老师们一同研究进一步有效支持幼儿自主深入游戏的思路和策略。基于实际问题问诊背景下的细致规划让支教工作的方向更加聚焦，工作更加扎实，成果更加凸显。

四、 交流中的文化传情，让两地幼儿缔结深厚友谊

北京与凉山两地园所的交流和联结不仅局限于老师与老师、老师与幼儿之间，更可以延伸到两地幼儿、家长之间。在双方共同策划和努力下，我们开展手拉手"共话家乡情"系列活动，倾情为两地幼儿以及两地家园活动的交流搭建桥梁：在银器、漆器的介绍中，北京幼儿领略了彝族工艺作品的美；在绚烂多彩的彝族年活动中，北京幼儿体

会了彝族年的盛大与喜庆；在北京幼儿、家长录制的名胜、美食的介绍视频中，凉山的孩子们仿佛亲身体验到老北京的文化特色；在红红火火的庙会和绮丽多姿的文化展览中，凉山的孩子们真切感受到文化的魅力。通过一次次的碰撞交流，孩子们不仅更加了解自己生活的家乡，萌发了对家乡的热爱，也更加了解到祖国的地大物博、文化的丰富多彩、民族的团结友爱，实现了心与心的联结、情与情的传递，让祖国心与祖国情在孩子们的心中生根发芽、芬芳吐蕊！

五、 创新后的工作方法，让培训教研效果更加显著

我们持续加强对培训教研内容进行精益求精的质量把关，同时关注研培模式创新，不断丰富和尝试问题驱动式教研、翻转课堂式教研、沉浸体验式培训、头脑风暴式教研等多种方式，保证凉山州机关第一幼儿园老师在培训和教研中的思维参与。对于实践中遇到的困惑，老师们不再是"等答案"的状态，而是主动求知、积极尝试，以研究精神面对遇到的难题，力求"知其所以然"。此外，我们致力于挖掘教师们的经验，搭建分享交流的平台，让每个人的智慧都能成为聚江海的小流，成为致千里的跬步，成为燎阔原的光点。因为我们深知，只有激发了老师们主动思考的热情，才能让他们热爱研究，才能为凉山州机关第一幼儿园留下一支带不走的高素质、研究型的教师队伍。

六、 跨时空的同心同行，让姐妹园所情谊永恒绵延

支教期间恰逢"北斗三号"在西昌卫星发射中心发射升空，记得在现场观看卫星升空时的激动心情，那一刻我们体会到科技强国的自豪与骄傲，也更加明确建设教育强国开展教育扶"智"与扶"志"的重大意义。教育帮扶行动虽然已圆满收尾，我们也依依惜别凉山州，但无数个难忘的瞬间已深深镌刻在脑海中，成为刻骨铭心的难忘回忆。精心打造的原创绘本《遇见》生动记录了刘金玉园长工作室的支教全过程，将继续向大家讲述那些充满温暖与感动的故事。教育之路永远守望相随，北京优质幼教资源与凉山幼教事业的发展已飞架起联通的桥梁，跨时空的同心同向同行，将为两地园所的发展注入源源不断的力量。而我们也将不忘初心，砥砺奋进，争做幼儿教育的点灯人和追光者！

爱的快递

四川省凉山彝族自治州越西县北城小学　余洪波

"想不到学校每期都有几个一直说着普通话，给我们上课，带我们活动，充满了温情的外地老师！"

"想不到我成了学校合唱队的一名队员，在胡老师的指挥下演唱我们的新校歌，我感到很快乐、很自豪！"

"想不到支教老师给我们送来了一批批衣服、图书、学具、棉被、雨伞等爱心物资，他们的关爱让我感到很幸福，谢谢这些老师对我们的关心和帮助！"

"想不到曹骏、杨小红这些支教老师教学工作比我们还拼！"

"想不到体育课还可以上得这么深刻有趣，康振亚老师太厉害了！"

……

越西县北城小学老师和孩子们众多的想不到，来源于教育部和清华教育基地组织的名校长工作室领航工程，来源于太原市的"史凤山校长工作室"和嘉兴市的"张晓萍校长工作室"，是他们把党和政府的关爱传递到了大凉山的学校里、同学间。

支教期间，大家团结协作、携手并进，共同倾情支教、倾力帮扶，谱写了一幕幕充满爱与情怀的动人故事！

一、"亲情屋"的大包裹

"哇！好大的一个包裹！这次是什么啊？"在北城小学"亲情屋"里，100 多名留守儿童再次惊喜地猜想着。在大家的注视下，逐渐打开的大包裹呈现出了桌盘、细沙、玩具小人、小树、小房、小动物……

"这是什么？"

"这些玩具可以玩吗？"

"这是太原市实验小学寄过来的游戏沙盘，就是送给你们玩的。但是啊，同学们玩的游戏里会有许多小秘密，老师会和你们一起找出这些小秘密，行吗？"

"行！""行！""行！"

在来自嘉兴市实验小学的沈硕文，嘉兴市艺术小学的陈洁两位心理健康教育名师的带领下，孩子们或愉快地玩沙盘游戏并与老师和同学诉说着心里的悄悄话，或坐在温馨的桌凳旁观看嘉兴高速公路交警叔叔阿姨们捐赠的绘本图书，或在老师的持续跟踪帮助下解决遇到的困难……支教老师的温情温暖着一颗颗心。

有了支教老师的引领和手把手的指导，北城小学的心理健康教育逐步走入了正轨。

二、 胡老师的"音乐快线"

山西省音乐特级教师胡文娜的一系列"音乐快线"，有效扩大了学校的音乐空间，让孩子们感受了不一样的音乐世界。

面对堆放着各种杂物的音乐室，胡老师到校的第一天便开始带着其他老师一起"翻箱倒柜"，虽然弄得满身灰尘，筋疲力尽，但50好几的她依然坚持不断"倒腾"，经过3天的"乾坤大挪移"后，心目中的专业音乐教室得以闪亮呈现。面对新的"阵地线"，她久久凝望。

在做好课堂教学"基础线"之余，胡老师开始着手落实"团队线"。经过挑选，68人的合唱队正式成立，在老师专业的指导下，孩子们徜徉在欢乐的音乐世界里。

得知学校之前的校歌还不够完整后，胡老师开始不断完善，并找到太原的音乐室帮助配曲。为了录制校歌视频，她和嘉兴的黄周琴老师用一天的休息时间将孩子们的合唱服清洗干净，并连夜熨平整。灯光下的衣服堆间，掩映着两位老师认真仔细的神态，她们的目光中透露着对孩子们的殷殷关切。在大家的共同努力下，一首旋律优美、富有特色的校歌圆满完成。从此，校园里的歌声中增加了一条"传唱线"，鼓舞激励着孩子们健康成长。

三、 千里书香寄深情

当王惠芳、王丽俊、黄周琴、王羽等语文支教老师走进课堂、走进孩子们的阅读空间后，他们不约而同地发现学校阅读书籍零散，学生家庭藏书量几乎为零，学校阅读指导不足，学生阅读习惯没有形成等问题。

问题就是导向,几位老师迅速行动,集聚太原、嘉兴各方力量分批向学校、班级、学生捐赠5000余册适宜的正版图书。

手捧着还散发着书香的图书,听着几位语文支教老师的悉心讲解、指导,一天天过去,孩子们慢慢地爱上了课外书,在课外书中感知世界的精彩,感受社会的文明,感悟人生的进取。

四、"闻"出来的好习惯

张红梅老师接手北城小学五年级(5)班后感慨颇深,她深情地对孩子们讲:"我来支教,既要帮助大家学习,也要培养大家的良好习惯,就让我们从做好个人卫生做起吧。"于是,她让孩子们相互闻闻头后说出自己的感受,接着给头发有"味道"的同学每人发几袋洗发水要求回家后洗干净头发。第2天、第3天、第4天,她每天都会闻孩子们的头发。2周后,孩子们的头发全部没有了异味。

之后,她又开始闻衣服,闻教室。老师闻着闻着,同学们洗着洗着,坚持一个月后,全班学生的装束变得整洁,精神得以提升,好习惯得以形成。整洁的教室里,琅琅的读书声开始传来。

"养成好习惯,努力考上大学,我们太原见"的约定从此激励着孩子们勇往直前。

五、"不回家"的"大白"

支教西部是英语老师白爱东多年来的梦想,当如愿以偿后他便一头扎进了年级的教学教研工作中。白白胖胖、温文尔雅、踏踏实实的形象为他赢得了"大白"的称谓。

2019年恰逢越西县推进义务教育均衡发展,为此涉及许多教学设备的安装和调试。邻近国庆节,上级通知将在节后安装一体机,要求学校自行先将原有投影及黑板等设备清理掉。得知这一信息后,"大白"提出国庆假期他不回家。就这样,他一人默默无闻地将全校36间教室的投影和黑板等设备拆除下来,并归类清理堆放好,为学校一体机的安装做好了准备。

"大白"敬业支教、无私奉献的精神激励着北城小学的每一位老师。

六、"爱的快递"与"爱的接续"

越西科学教育的短板在于缺专业师资。针对校情,张晓萍校长连续协调派出徐卫平、曹一翔、沈燕3位老师，几位老师在短暂支撑起北城小学科学教育的基础上，还面对全县培训培养了一批科学老师，为越西科学学科的教学可持续发展打下了一定的基础。

支教期间，史凤山、张晓萍等校长亲率团队到越西讲学指导，将教育的大爱思想传递给山区的校长和老师，并通过与越西县北城小学签订结对帮扶协议，体现了友好学校之间长期交流合作的"爱的接续"。

名校长工作室支教的显著业绩和感人故事说不完、道不尽，让我们山区学校感受到了祖国的强大和大家庭的温暖。倾心尽力的帮扶和引领为我们提供了无畏困难、奋力前行的不竭动力，让未来可期可待。

以"山"的名义，我们见证"晋善晋美"，我们坚信"越来越好"！

致敬所有支教老师的倾情参与和倾力付出！

"瓦吉瓦（做得很好）！""卡沙沙（谢谢大家）！"

一段支教路，一生昭觉情

安徽省池州市第十一中学　鲍志新

2019 年 8 月 21 日下午，我接到赴四川省凉山州支教的任务，一口就答应了。支教的事情，几分钟就定下了。

从接到任务到出发，我也没做太多准备，甚至连亲朋都没告知，8 月 31 日白天踏上征程，凌晨 1 点钟到达西昌，在那里进行了 1 天的培训，了解支教地的风情民俗、经济、教育现状后，我深切感受到这里特别需要我们。

9 月 2 日，我与其他几位骨干教师被分配到昭觉中学支教。我们满怀着激动的心出发了，大巴车载着我们在高山间穿行 100 多公里，终于踏上了凉山彝族自治州昭觉县的土地。

一、爱上这所大山里的学校

有着较强高原反应的我们，9 月 3 日一早就来到了昭觉中学，慢步前行，配着美文的画廊映入我们的眼帘。仔细一看，原来是昭觉中学成立六十周年纪念展。刹那间，我们被昭觉中学的精神所感染，为昭中在困境中取得的巨大成就而感动，不禁深深地爱上了凉山州这所名校。

平易近人的马锦华校长，带着微笑，欢迎我们的到来，紧接着，召开了支教帮扶对接会。马校长向我们详细介绍了昭觉中学的情况，为我们 6 位教师分配了不同的职务。昭觉中学今年招聘了 40 多名新教师，他们需要接受培训。马校长明确了支教团队的责任：新教师培训是工作重心，通过 3 个月深入课堂听课，及时进行指导，然后给出整体"诊断"，再通过帮扶，让 40 名新教师站稳讲台；对去年进来的教师进行全方位的辅导，力求让其中的一些教师成为教学骨干。

工作节奏很快，9 月 3 日上午和 9 月 4 日下午，教科室张主任主持了初一校区新教师与支教教师的对接会,明确了"师徒"关系。"师徒"们相互认识交流,洋溢着欢快的气氛。紧接着,6位教师深入课堂听课,各显其能,演绎着不同的故事。

昭觉中学校长马锦华与六位支教老师

二、民主生活会

工作伊始,6位支教老师召开了民主生活会,选举产生了组长、副组长、生活委员、宣传委员,各司其职。我们一起写计划,每天都要进行工作上的交流,一起写工作小结,总结得失,探讨新思路、新方法,努力提升支教水平。

因高原反应和水土不服,支教老师们的身体不适感越来越强,但我们没有停下手中的工作,不断加强锻炼,坚持晨跑,健康状况慢慢得到好转。互帮互助,是支教团队克服重重困难的有力保证。

培养青年教师的同时,我们也积极参加学校各项活动:新学期第一课、升旗仪式——国旗下的教师誓言、强国学习、防震演习、为学校发展建言献策等。

到昭觉县以来,昭觉中学支教团队一直备受关心。9月27日教体局组织了支教座谈会,杨丽敏老师在会上代表昭中支教团队发言:感谢这一个月来昭觉县政府、教体局、学校在生活上无微不至的照顾,身在异乡的我们感受到了"家"的温暖。

三、下乡扶贫

　　在昭觉县，城内学校必须对偏远学校进行帮扶。9月11日，我与昭觉中学校长马锦华等人，带上衣物和校服，去联系点扶贫。一路山高谷深，滑坡、崩塌不断，道路险阻，扶贫小组经过两个半小时终于抵达齿可波西乡后，立即参加了扶贫会议，随后通观了2所希望小学，感受到当地农民生活的艰辛、孩童的困境与当地老师的苦苦坚守。我们将校服和衣物分发给了2所希望小学的学生以及乡民们。支教团队的老师和我一样，几乎踏遍了昭觉的山山水水。

四、他山之石

　　国庆长假结束，工作不可懈怠。10月8日，昭觉中学领导班子与支教团队召开会议，基于近1个月的深入调查研究，对青年教师做出初步"诊断"，有针对性地对近期工作做出安排。

　　工作之初，我向"徒弟"们作了如下要求：熟悉教材，深入学习课程标准，研究、挖掘核心素养内容；上课的同时，多听课，听同学科的课，听不同学科的课，丰富自己的知识，借鉴他人的教法，丰富内化自己；撰写教学日记，记录每天的点滴收获。

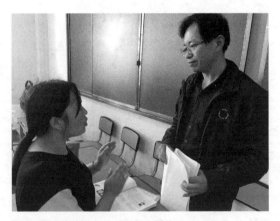

鲍志新老师与昭觉中学青年教师交流

　　每一个脚印，都是一种成长；每一种成长，都是一份责任。我们时常强调对学生进行理想目标教育，那么我们的青年教师何尝不需要设定自己的专业理想，规划自己的成长路径。我们指导青年教师建立教师个人专业化成长发展规划，让每位青年教师设计自己的发展蓝图,结合工作实际、学生发展实际和个人实际,写出阶段性发展目标和规划。

一个月来,听过地理、历史、生物、政治、美术、数学、彝语等课后,我发现了青年教师上课时存在的一些问题:(1)对学情了解不够,高估学生能力,上课速度太快,课后学生作业错误率高;(2)有的整堂课没有条理性的板书,新课上成习题课,黑板成了涂鸦板;(3)有的先将板书要点写在黑板上,然后逐条讲解,课堂索然无味,学生积极性不高;(4)有的整堂课都是师问生齐答,个体关注不足,表面气氛活跃,实际效果欠佳;(5)有的满堂灌,所有知识点均衡用力,既没突出重点,又没突破难点,学生不能把握前后知识间内在联系。

交流后发现,许多青年教师不会听课,不知道听课需听些什么,哪些值得借鉴,向青年教师强调听课的方法十分重要。听好一堂课,要听课的结构、重难点的突破、板书及教学媒体的运用、课堂的气氛、教学细节、闪光点、教学方法的选择,并且听课后要反思并总结。

“桃李不言,下自成蹊”,支教团队毫无保留,倾囊相授,引领更多的青年教师茁壮成长。青年教师独当一面的那一天将会很快到来!

五、 红色之旅

我们利用周末时间追寻红军当年的足迹,参观了彝海、红色冕宁纪念馆,同时参观了西昌卫星发射中心,深刻认识到彝族人民对中国革命所作的贡献、红军坚强的意志、祖国的日渐强大,理解了我国为实现各民族共同繁荣所作出的巨大努力,感受到我们支教扶贫的现实意义。我们一定要守好初心、担好使命,不负教书育人的荣光!

11月到来了,10名新教师脱颖而出,被推荐参加学校优质课大赛。在导师的精心指导下,参赛选手反复磨课,赛场上精彩纷呈:语文课,仿佛带着我们进入如画的风景,跟着作者的思绪,抒发着不一样的情怀;数学课,紧扣生活实际,强化知识的运用;历史课,犹如观赏一部历史大剧,以史为鉴,学生领悟深刻;生物课,带着学生进入美妙的微观世界……

经过赛课活动,青年教师的教学水平有了明显的提高,但也存在着某些不足,通过评课,他们知道了哪些地方还需要加强。

六、 再见，凉山!

再见，凉山！我们带着昭觉县曲尔局长的新年祝福离开！2020 年 1 月 1 日，回程的路上，曲尔局长的声音一直在耳边响起……

一段支教路，一生昭觉情。相信半年的支教经历必将在大家的人生路上留下深厚的印记。在此表示深深的感谢！

踏着希望之路,聆听梦想花开

重庆谢家湾小学　邓希路

我是重庆谢家湾小学的一名音乐教师。2019 年 9 月,在教育部教师工作司的号召下,我与刘希娅校长工作室成员校的另外两位小伙伴一起,成为了凉山支教团的成员。西昌市第六小学音乐教师这一新身份,如同凉山清润的风,为我的工作和生活带来了令人期待的新鲜感。

西昌六小共有 800 多名学生、44 名老师,我担任一到三年级段的音乐教学工作。犹记得刚刚踏入教室,孩子们抬起一张张被太阳晒得红彤彤的小脸望着我的情景,他们大大的眼睛里有好奇、有惊喜,还带着一丝不易察觉的胆怯。短短几天的时间,从陌生到熟悉,这里的老师学生们都认识了我,我逐渐成为他们口中那个爱说爱笑、唱歌特别好听的"小邓老师"。

每一堂音乐课,我都能感受到孩子们对唱歌的热情。"清水出芙蓉,天然去雕饰",他们的嗓音没有经过任何技巧训练,带着一种特有的干净清新,唱歌时也是一脸认真劲儿,让我欣喜之余也备受感染。但当我让他们尝试唱一唱乐谱时,孩子们却一脸茫然,只有一个胖胖的小男孩举起了手:"老师,我认识! 这是一二三,我们数学课学过的!"我这才明白,孩子们的乐理知识几乎为零,对乐器的了解也十分有限,大部分孩子只认识钢琴。这虽然带给我不小的压力,却也促使我在每堂课之前更加细致、耐心、充分地分析学情和准备材料。

为了让孩子们更好地认识音符,我找来只由三个音符组成的歌曲《乃哟乃》,设计了一堂音符游戏课。课堂上,三个孩子分别扮演三个音符,个子最小的演绎"哆",个子中等的演绎"咪",个子最高的演绎"唆"。首先,我让三个孩子按顺序站成一排,每个孩子手里都举着一个音符板,这样,大家就可以非常直观地了解音的高低。然后,我在钢琴上弹奏这三个音符,让孩子们听一听,哪个音最高,哪个音最低,有了之前直观的感受,孩子们很快就掌握了三个音符的音高。接下来,我让孩子们自由组合,三人一组,自己比身高,组成音符"哆、咪、唆"。每组间相互比赛,自学《乃哟乃》的乐谱,孩子们整堂课都兴致盎然,最后的演唱效果也特别棒。

时间一天天过去,孩子们的发声方法越来越科学,上课的状态也越来越投入。上课前,经常会有孩子跑到我的办公室门口,催着问我:"老师,我们什么时候上音乐课?"当听到今天就有音乐课的回答,小脸瞬间笑成一朵朵灿烂的小花。被孩子们对音乐的热情感染,我突然冒出了一个让自己兴奋不已的想法:在西昌六小成立合唱团!

还记得刚到六小时,陈凌副校长偶然同我提起六小没有自己的学生合唱团,现在想来,学生薄弱的音乐基础、有限的师资、落后的硬件条件的确都是成立学生合唱团的巨大阻碍。但在当时,这个念头一萌发,便彻底生了根。作为行动派,我立马开始着手成员选拔。通知一出,每天下课后,我的音乐教室都被孩子们围得水泄不通,他们的热情也更加坚定了我的决心。

选拔的过程中,我常常沉醉在孩子们纯净的歌声里,特别是几个彝族孩子,他们干净而明亮的音色令我着迷。我欣喜地记录下一个个名字,短短几天,合唱团名单已经满满一页,我和孩子们都充满着期待。

记得有一天下课,一个女孩儿红着脸拉住我的手说:"老师,我可以再唱一次吗?上次我太紧张了。"我笑着将她拉到钢琴边,她又一次唱起来:"摇啊摇,摇啊摇,摇到外婆桥……"这一次,她的音准有了很大的进步,声音也比之前更坚定了。"一个好苗子!"我心里想着,笑着告诉她:"你可以来参加合唱团了。"她脸上的笑容还未完全绽开,就凝固在旁边孩子们的起哄声中:"老师,她不能参加,她每天都完不成家庭作业,所有的活动她都不能参加!"女孩儿委屈地告诉我:"我做得太慢了……我才来学校的时候,一个字都不认识,拼音和汉字都太难了,但我喜欢唱歌。"我笑着对她说:"老师会帮你说服班主任让你参加合唱团,但你也要答应老师,认真学习拼音和汉字,不然,你连歌词都不认识,要怎么唱歌呢?"她歪着小脑袋认真想了想,旋即扬起笑脸说:"好,我答应你,我们拉钩!"

就这样,西昌六小第一个校园合唱团成立了!我陪着这群热爱音乐的孩子,从最基础的发声方法、最简单的乐理知识开始,一点一滴地学习着、积累着。孩子们也在课堂中、校园里、生活中成长着、改变着。从第一次用正确的发声方法唱出高音,到完整地排练出第一首双声部的歌曲,集体成就感令他们获得了无可比拟的喜悦。元旦,孩子们第一次站在校园最大的舞台上，自信大方地合唱了一首《最好的未来》。看到舞台上的孩子们如同专业歌唱演员般投入表演的神采，看到他们在掌声中闪耀着光亮的眼睛，我越发感受到支教的深刻意义：作为一名音乐教师，我所做的并非只是教孩子们唱几首歌、认识几种乐器，而是通过一堂又一堂为他们量身定做的音乐课，去点燃他们渴望新事物的心，擦亮他们好奇看世界的眼，鼓励他们不断寻找自我绽放的舞台。

半年的时光在无数平凡而感动的瞬间中慢慢过去。离别之际，我的眼前浮现出到西昌卫星发射中心观看卫星发射的情景。当"北斗"升上天空，现场响起了动听的歌声：五星红旗迎风飘扬，胜利歌声多么响亮……孩子们全情投入演唱的画面与眼前耀眼的"北斗"渐渐重叠。我深感：爱国，不是一句话，不是一句口号，而是我与祖国深入骨血的紧密相连。每一个孩子、每一堂课、每一首歌，都是我与祖国的相连。

新时代中国青年要在担当中历练，在尽责中成长。只有把个人发展的成果挂在国家发展的大树上，大树才会枝繁叶茂，个人也才能实现最大的价值。我的担当与尽责，便是无论在哪里，都满怀"六年影响一生"的敬畏之心，上好每一堂课，影响每一个孩子。

我叫邓希路，来自重庆谢家湾小学，我在凉山，和孩子们一起，踏着希望之路，牵着柔软的手，唱着歌，带着笑，向前走！

书香润童年

四川省泸州师范附属小学校　周小平

我在酒城泸州的教育行业已然 23 年，爱读书，也爱带着孩子们读书、写作。

2019 年秋，我有幸参加教育部首批凉山支教教师研修班暨凉山教育帮扶行动的动员会、培训会。

9 月 2 日下午到达会东县，成为凉山教育帮扶行动北京教育学院培养基地会东县支教团光荣的一员——支教于会东县第二小学。

该校位于"鲁南"耸立、"鲹鱼"潺潺的"川滇明珠"——会东县，今年暑期刚由"鲹鱼河镇小岔河小学"升格成为城区小学，以行知文化为办学特色。孩子们在阅读、写作方面还比较薄弱。由此，我决心"闯开"一个新局面。

一、开展读书节活动

点燃阅读激情，共建书香校园。在学校领导们、语文教研组长杨继华老师等的大力支持下，开展首个"校园读书节"系列活动。拟定活动计划，用好学校图书室，各班建好图书角，开展阅读课教研。

在庆祝第 35 个教师节、中华人民共和国成立 70 周年之际，先后组织"我心中的好老师""祖国，为您骄傲"主题征文活动，并完成宣传、征稿、评选和表彰。校级展评活动有吟诵、讲故事、演讲等形式。全校孩子踊跃参与，收获颇丰。四年级（2）班的万维佳小朋友，机灵而调皮，平时没什么表现机会，而这次在班主任文杰老师的鼓励下，参加了校园读书节展示活动，所讲的故事《想飞的乌龟》获得了全校一等奖的好成绩。这次的比赛使她收获了自信，她说："以后我一定要多读书，丰富自己的课外知识，我还要积极报名参加这样的活动，原来我也可以棒棒的！"

德育处的代主任感叹："娃儿们在读书节活动中的表现超出了我的预期。"语文组的同仁们激动地说："这样的活动营造了浓郁的读书氛围,提升了学生的读写水平,让学校真正拥有了文化气息,这是个好兆头!"

二、 创立"星航"文学社

怎样将文学的种子撒播到孩子们幼小的心田？我想到了创办会东二小"星航文学社",同样得到郑世清校长的鼎力支持。

文学社活动地点就在"梦想楼"二年级(3)班的教室,全校有 46 个娃娃参与。由我和张凤珍老师负责。利用每周一下午的 2 节兴趣课,坚持开展丰富多彩的活动：组织经典诵读活动,介绍儿童文学名著,交流习作方法等。孩子们学习绘景、写人、记事、创编的法子,学以致用,用一双双"善于发现的眼睛",去观察、书写校园、田野、大山、家乡和家庭……

于是,孩子们的笔下,有校园里盘虬卧龙的黄桷树、带着绚烂微笑的三角梅,有鱼虾欢愉的鳊鱼河,有果园里的硕果和欢笑,还有碧蓝的天空上变幻莫测的流云……

我俩及时批改孩子们的习作,每节课都有佳作片段诵读与点评。同学们兴味盎然,小手如林。有的学生多次恳求家长,终于得到《唐诗三百首》《我们去看海》《乌蒙山里的桃花源》等书籍,一下课就在座位上捧读。

我们还将孩子们的佳作选编入校刊《足迹》。同时,向"会东教育"公众号、《江阳文艺》《少年百科知识报》等平台推荐优秀作品。

这些活动不但培养了孩子们的学习习惯,提高了他们的写作水平,还影响着他们的成长轨迹。记得文学社有位小女生叫杨雨馨,据班主任老师说,她原来有些自卑、胆小,自从参加"星航文学社"后,整个人变得阳光、积极、大方了起来,还变成了班上的"小书虫",多次参加习作评比都取得了优异的成绩。在后来的"读书节"活动中,她担当起了全校读书节活动的小小主持人,从开始的紧张到全身发抖、手心冒汗,到后来的镇定自若、处变不惊,让大家看到了她的完美蜕变。

三、 书信传递祝福

回到泸州,在"新冠"疫情期间,我收到一封特别的信,它来自千里之外的会东。

尊敬的周校长：

　　您好！

　　感谢您的温情陪伴，感谢您的谆谆教导，感谢您春日暖阳般的关怀，感谢您四两拨千斤的指点。还记得您渊博的学识、优美的散文、有效的方法。在我上台主持之前，您还告诉我把下面的观众们都当作"小白菜"！真的很有用，现在我自信多啦！谢谢您！会东二小欢迎您回家！

　　祝您工作顺利、身体健康！

您远在会东的学生：杨雨馨

2020 年 3 月

　　是的，书信传递祝福，回味充满幸福。会东二小的孩子们，书香浸润童年，文学新苗吐绿。我的支教之旅，不虚此行。

报答春光知有处,应须美酒送生涯

四川省凉山彝族自治州昭觉县工农兵小学　土比拉子

四川省凉山彝族自治州昭觉县工农兵小学建校于 1951 年,现有 5 484 名学生,共 68 个教学班,在编教师仅仅 159 位,每个教学班都在 90 人左右。学生多、教师少,超大班额给老师们的工作带来极大困难。

为了落实"扶贫先扶智"的脱贫攻坚战略,江苏教育基地支教工程拉开了帷幕。支教教师带着期待与信任,带着梦想与希望,带着使命与坚守,带着"彝海结盟续新篇,教育帮扶献真情"的愿景,义无反顾地来到了这片陌生的土地!

安排食宿,召开座谈会,走进学校,了解学校现状,支教教师们的一切行动都是那么积极主动。高原反应、气候阴冷、温差大、身体不适、停水停电、住宿条件差……面对重重困难,没有抱怨,没有要求,报到的第一天就紧锣密鼓地投入到"急不得"却又"慢不得"的教育教学工作之中。

他们忠诚于教育的精神让工农兵小学的老师赞叹不已,感佩在心,他们的到来给学校注入了一股新鲜的血液,让原本师资力量薄弱的学校和教研培训工作充满了活力。他们的无私奉献真正诠释了:奋斗与年龄无关,纯粹是为了将自己的人生追求、人生价值与中国梦连在一起,让自己本已不凡的教育生涯再多一抹色彩。

两年来,陈茹、王力媛、王君、王振刚 4 位老师经过深入思考,针对如何高效使用教材、如何提升学校管理和教学质量、如何提升骨干教师及青年教师的教学能力等问题作了科学的考证,制定了建设性方案,并有序实施。

他们走进 68 间教室,听课 125 节。每次听课后,执教者都会与支教老师坐在一起,进行深入的评课议课活动,及时就听课内容与授课老师诚恳交换意见;支教老师点评课堂的具体组织、调控及实施过程中的得与失,肯定成功之处,指出存在问题,提出改进意见。他们通过青年教师及骨干教师常态课的课堂展示,初步感受教师的整体素质,重点针对课堂教学环节及教学组织情况对教师进行初步诊断,为教师指引方向,促进他们更好更快地发展。

他们的行为打动着每一位执教者。老师们认真倾听,认真记录,虚心学习。看到这一群渴望进步和成长的教师,看到骨干教师教学能力有所提升,青年教师教学理念在改变时,不仅是他们,我们工农兵小学的教师内心同样涌起一种无以言表的感激之情。

每一节课的质量直接影响学生学习的质量。关注课堂,向45分钟要质量,为了让每一个当地孩子都享受到优质教育,他们亲自上示范课,帮扶并引领青年教师尽快进入角色。陈茹老师执教的"圆明园的毁灭"让学生以及在场教师都被深深感染,德育目标自然达成,教学环节紧凑、重难点突出、讲练结合,不仅注重语文知识的传授,更强调能力的培养。课件使用成为课堂一大亮点,资料的介入、图片的补充、视频的播放,加上陈老师自然流畅的过渡语言,课堂教学环环相扣,一气呵成。

他们全程参与"青年教师说课"活动,认真听课,详尽记录,细致点评,同时提出说课的核心在于"说理",指导青年教师说课时不能忽略理念的支撑。针对语文成绩不理想的问题,召开中期考试分析会,听取各班教师学情分析,对老师们提出的问题深入分析,并结合日常教学经验,提出克难策略。同时,支教教师组织全校语文教师进行了一次系统的期末复习指导,结合各年级实际情况,提出重视双基,提升能力,抓好习惯养成的复习策略,仿佛一语惊醒梦中人,为老师们指明了方向,明确了复习的方法。

为了帮助老师们在教师业务考核中取得优异的成绩,从2020年12月17日开始,陈茹与王力媛、王君老师承担起了每周3个晚上培训语文教师的任务。他们将近5年的六年级毕业考试试卷进行搜集整理,结合其中老师感到困难的题型开展重点辅导。培训过程中,老师们边听边记边思考,讨论声不断。每每看到他们备课纸写得密密麻麻,心里总是满满的感动。我校老师在这一次素质测试中,取得了全体合格的优异成绩。他们凭借扎实的专业知识和教育热忱,在四川凉山这片土地上播撒下了希望的种子。

南校区的成立,他们又是身先士卒,主动承担起对新教师的指导工作。王振刚、王君、刘晓旭3位老师一同聆听了数学课、语文课、音乐课、科学课,全面了解学校教师授课状况,有针对性地对老师们进行专业指导。

他们心系孩子们的生活,为了给孩子们更多的帮助与关爱,多次利用下班时间,走访工农兵小学特困生家庭,看望特困生,为他们送去精美的学习用品,并详细了解贫困家庭的生活状况,表达了长期关注与帮扶的诚恳情谊。一个学生在日记中这样写道:"是您教会了我什么叫作真正的善良,也是您在我心里种下了一颗种子,一颗用感谢也说不清的种子。非常感谢您的帮助。"朴朴实实的文字,略显稚嫩的字体,却让所有人陶醉在这至真至纯的幸福中。

一箱箱文体用品满载着中营师生的爱心,翻山越岭,一路颠簸,来到了工农兵小学。在中营小学华校长和工农兵小学李校长的支持下,组织中营小学五年级(9)班与工农兵小学五年级(6)班的同学以同步连线直播的方式举行了"手拉手"系列活动。一根小小的跳绳,一张小小的试卷带来了两个班同学的默契,纯朴的文字带来的是彼此的心声。响亮的歌声、曼妙的舞蹈、充满激情的鼓点联结了两个班同学的情谊。那一刻,语言已经不是障碍,彼此的笑脸已经将两个班同学的心紧紧联系在一起。特别是在"共绘手抄报,互诉家乡情"活动中,两地的小朋友们用手中的画笔向远方的小伙伴介绍自己的家乡与校园。通过彼此分享着各自的家乡和民族风情,孩子们的心更近了!

书是智慧的源泉。但有一本书非比寻常,它已然成为信使,架起了天津市南开区中营小学五年级(9)班同学与凉山州昭觉县工农兵小学五年级(6)班同学相识相知的桥梁。中营小学学生在老师的倡导下每人买了"一对书",一本自己留着,一本寄到工农兵小学。两个小伙伴虽然还不太懂相隔的距离有多远,虽然还不知道小伙伴的模样,但双手捧书的那一刻,他们知道:在同一片蓝天下,他们在与同一个故事对话。他们将这份情皆写进读书心得里,也将对小伙伴的思念写在方格中。

一年半的时间,他们着实辛苦,他们不忘初心,牢记使命,以高度的政治责任感和历史使命感投身到四川凉山的教育事业中去,树立了天津市南开区教师队伍的良好形象。他们用自身言行诠释了奉献、友爱、互助、进步的志愿者服务精神!他们是当之无愧的志愿者!

赴一场与大凉山的约会

南昌大学附属小学　杨晓雯

一、奔赴——远山在呼唤

　　时间回到那一年 8 月 5 日，我结束了在北京的班主任专业成长培训班的学习，在返程火车上，早上 6 点刚过，余卫校长就在车厢扯着嗓子说："到凉山支教的正式通知来啦！"顿时，我睡意全无，迫不及待地对校长说："我报名参加！"于是，我成为南昌大学附属小学报名支教的第一人。

　　过了 10 天，余校长又交给我一个任务，担任南昌大学附属小学首批支教组组长。对于到大凉山支教这件事，表妹问我："50 多岁了为什么还要去？"我回答道："虽然年纪不小了，但我的'教育生命'还很年轻。"

首批凉山支教教师研修班暨凉山教育帮扶行动动员
会上杨晓雯老师作为教师代表发言

二、践行——奋斗有我勇担当

　　我酷爱绘本，时常给自己一年级的孩子们上绘本课。支教期间，每周 2 个晚上向孩子们开展 2 次绘本兴趣教学。孩子们从一开始没听说过绘本到很好奇,到不舍得我离开,许多孩子从不会表达、不爱表达变得能生动地说出心里话。家长很欣慰,常常跟我交流孩子改变的小故事。

学习了绘本《猜猜我有多爱你》之后,我在走廊上蹲下来,对周周说:"老师爱你,就像天上的云朵那么多!"周周对我说:"老师,我爱你,就像火车那么长!"周周妈妈感动地说,他们夫妻之间都从来不会说"爱",更别说孩子。

原来,绘本能让孩子拥有"爱"的能力,更能让父母"看见"自己的孩子。

杨晓雯老师绘本课后和
小周周交流

三、分别——风不会忘记每一朵花的香

山的那边,海的那边,

有一群蓝精灵。

他们活泼又聪明,

他们调皮又灵敏。

他们自由自在生活在那绿色的大森林。

他们善良勇敢相互关心。

他们齐心协力来劳动,

他们唱歌跳舞快乐又欢欣!

这是我改编的《蓝精灵之歌》,我的心里经常这样唱,而"蓝精灵"就是工农街小学一年级(1)班的孩子们。

疫情期间,工农街小学李新梅校长发来信息:"凉山索玛花开,我在等待。"每天晚上睡觉前我都想,明天早上起来也许就可以收到志勇老师的返校通知。这样的晚上期待、早上失望,持续了 3 个月。这意味着我在工农街小学的时间只有 2 个月。

在工农街小学最后一次全体教工大会上,李新梅校长颁发给我一个证书——盐源县工农街小学"终生荣誉教师"——这是我此生最高尚和珍贵的荣誉。我泪流满面:

盐源县工农街小学一(1)班的孩子们劳动之后的欢乐

"一时工小人,一世工小情!"我情不自禁唱起:"白云奉献给蓝天,草场奉献给大地,我拿什么奉献给你,我的孩子……"

走之前,学生沙永才唱了一首歌给我听:"你莫走,我不走,拉钩钩……"

如今,南大附小和工农街小学成为牵手学校,我们的沟通和交流从未间断,我也可以每天看到那条长长的斜坡路——我最爱的那条路,孩子们放学的时候,一个班一个班从这里经过,我每天都要特地找找我的一年级(1)班。一个学期过去,仔细看,孩子们确实长高了一点。我们仿佛没有分开……

三进凉山

广东省广州市番禺区市桥中心小学　张华

从 2019 年起,我连续 3 期担任教育部凉山支教帮扶驻盐源支教团班长。三进凉山,始终忘不了那一份情,一份爱。

一、 支教岁月也燃情

对于凉山教育来说,教育脱贫攻坚是改变学校发展面貌,改变学生命运的重要行动。2019 年 8 月开始,我挂职盐源县盐井小学副校长,一干就是 3 年。

"作为一名支教教师,孩子们清澈的眼神洗礼着我的师魂,格桑花般的笑容让我无悔支教的激情燃烧岁月。我想为孩子们推开窗子眺望远方,更想为孩子们打开门走向远方。"这是我在第 1 期支教期间写在支教日记本上的一番话。"第 1 期、第 2 期支教任务结束了,没有想象中的如释重负。我选择了继续留下来,因为大凉山的孩子们需要我。第 1 期支教是情怀,第 2 期是不舍,第 3 期是坚守。"这是我在支教第 3 期支教开始时,写在支教日记上的话。

2019 年 8 月 30 日,我到达西昌。经过 3 天培训,告别了繁华的西昌,进入了群山的怀抱。山上的乱石有时会滚下来,幸好车技娴熟的藏族小伙总能化险为夷。

车行不知多久,我看见远处袅袅炊烟,那里有一个小村落。走进小山村,村民即刻送上高山绿茶,纯朴的笑容和爽朗的笑声顿时让我们亲如一家人。那天,我们初识了有百年历史的盐源县盐井小学。看到校门口两棵参天槐树,我心里在喊:"孩子们,我们来了!"

到达盐井小学时,我正好赶上老师们参加盐源县庆祝中华人民共和国成立 70 周年的合唱比赛。音乐是我的专长,便主动提出帮教师们排练《映山红》和《弹起我心爱的土琵琶》两首歌曲。老师们排练 4 次就登台了,他们用歌声征服了观众。

张华老师对教师合唱团进行排练指导

二、 助力教师专业成长

音乐教师的专业素养对音乐课、对孩子们的成长非常重要，所以，我对盐源县的音乐教师进行音乐教师教学基本功的培训，走进课堂上示范课让音乐教师们感受现代的音乐教学理念和方法，并把柯达伊教学法引进音乐课堂，组织音乐教师们一起进行集体备课、说课，规范音乐课的教学，听评课以帮助教师提高音乐教学质量。

陈瑜婷老师刚从封闭的大山里调到盐井小学，她对音乐教学非常迷茫，没有思路和信心。我让陈瑜婷加入培训班，她的专业技能和教学水平有了很大提高，还在全县校长论坛中展示了音乐课《摇篮曲》。上完课，陈瑜婷激动得哭了，她说："没有想到自己成长得这么快！"

我还对盐源县盐井小学的语文教师进行朗读培训。琅琅的书声，是校园里一道美丽的风景。通过培训，教师们体会到了语言的魅力，并将所学应用于课堂教学。我为教师们开设了 5 次示范课和讲座，走进一线课堂和教师们共同探讨怎样提高课堂效率，帮助教师提升专业素养。

三、 用心用情诠释"爱的教育"

还记得初到学校时，学生课间操表现懒散，不少学生连广播体操都不做。我就组织体育教师和班主任学习广播体操，并用 1 个月的时间教大家学会了全体学生标准的广播体操和班级循环式跑操。经过 1 个学期科学规范的课间操训练，多所学校都前来参观和学习。

体育艺术不分家，我组建了盐井小学童声合唱团，利用课后进行训练，让孩子们领略到合唱艺术的魅力。

张华老师组建的童声合唱团在展示

支教期间，我和脱贫攻坚小组利用周末时间，翻山越岭走进贫困家庭，告诉他们大山外面的情况，并进行帮扶和宣讲国家的政策，帮助他们建立脱贫的信心。有一次帮农户搬石头还不慎扭伤了腰，我偷偷贴了一个多月的止疼膏药。

下乡走访时，我发现教学点的学生非常喜欢看书，但学校没有很多图书供孩子看，我便与工作室成员发动社会力量帮助柏林小学、草坪小学筹建了阅览室。终于，孩子们在大山深处也能通过书本了解外面的世界了。

支教期间，我走进盐源县特殊学校，得知孩子们特别喜欢音乐，便抽时间教盲童弹琴，让他们体验音乐的美好，从而对未来的生活更加有希望和追求。在盐源县职业学校，我为影视专业班的学生上专业课程，帮助他们在专业上快速提高。

每当看到课堂上孩子们专注而又渴望的眼神，每当看到孩子们灿烂纯真的笑容，我觉得所有付出都值了。在国家精准扶贫的大潮中，我庆幸自己有机会为大凉山教育奉献了自己的力量。

没有比脚更长的路，没有比人更高的山。只要有需要，我愿继续奔跑在助力脱贫攻坚的道路上！

离开大凉山，把心留在了那里

湖南省常德市武陵区第一小学　陈璞

离开越西县南城小学的前一天，我将办公室电脑里的文件资料拷到了 U 盘——里面记录了我在此 200 多天时间与师生相处的点点滴滴。

启程前，我对着大凉山挥手，本想来一场干脆利落的告别，但目光触及那些淳朴的孩子时眼眶有些湿润。原来，我把心留在了那里。

那是一个我 2 次前往支教，离开了却异常想念的地方，也是迄今为止我的支教脚步抵达的最远的地方。

越西县南城小学位于四川省凉山彝族自治州，离常德约 1 700 公里，2020 年 5 月 8 日，我主动请缨来到越西县南城小学支教，担任副校长，参与学校管理，也负责体育教学、研讨和开展主题德育活动。

陈璞等支教老师带领学生进行未成年人教育参观

南城小学教师数量不足，英语教师奇缺，孩子们的基础还停留在只认识 ABC 上。这种现状让我心痛，于是向校长郑成伟推荐了妻子瞿洁，我也开始动员妻子和我一起支教。

妻子在家是顶梁柱，读初二的儿子需要她，年迈的母亲也需要她，可大凉山的孩子更需要她，需要她带去活力满满、妙趣横生的英语课堂，需要她给予当地青年教师指导。我还记得妻子说过的一句话："支教是为大家，可我们的小家怎么办？儿子的学习怎么办？"我一时陷入了沉默，给她发了南城小学孩子们的图片和相关信息，身为英语骨干教师的妻子心软了，她同意把母亲安顿到姐姐家，让儿子在学校寄宿。就这样，我再次动身，和妻子一起于 2020 年 9 月前往南城小学支教。

来到这里后，瞿洁立即投入到工作之中，听课、评课、上优质示范课。她为青年教师王开敏解读四年级英语教材，帮其分析重点难点，指导其上好一堂英语常规课。课堂上，瞿洁丰富的教学形式和新颖的教学模式让孩子们尝到了学英语的快乐。学生吉木体育成绩优异，但对学英语没什么兴趣，在听了瞿洁的英语课后，他才发现"原来英语课堂上可以唱歌、玩游戏，太开心了"。

当地学生非常爱上瞿洁老师的英语课

我与妻子同教一个四年级班，工作中彼此配合默契，生活中互相照顾，在那里度过了忙碌且充实的时光。

体育课上，我从学生的个体差异出发，对动作发展水平不同、能力不同的学生提出不同的要求：对动作发展水平高的学生适当提高动作难度，让他们"玩得有劲"；对动作发展水平不足的学生则降低动作要求，让他们也体验"成功的快乐"。班上一个男孩学习成绩不好，但体育基础好，还特别喜欢踢足球，在气温 10 度的天气里只穿短衣短裤。我问他不冷吗,他激动地对我说:"踢着足球就不冷了。"我引导他:"喜欢踢球是值得赞赏的,但要全面发展,学好文化知识能够更科学地理解足球技术和战术,足球队选拔也要考察队员的学习成绩和各方面表现。"几次交流后,我明显感觉到了孩子的改变。

不仅学生受益,这里的教师也发生了改变。科学教师苏朝荣想带学生做一些有趣的科技实践活动,可受条件限制,很多想法无法实现。我便带去无人车、机器人以及一些电脑软件,与苏朝荣老师研究课堂教学和活动设计。

为提高学生的身体素质,激发学生的运动兴趣,根据支教学校的实际情况,我和同行的吴新军老师一起想出了跳绳比赛和班级足球联赛等活动,深受孩子们的喜爱。

陈璞等支教老师组织的校足球联赛颁奖典礼

我还与5名支教老师到与南城小学结对帮扶的越西县铁西乡中心小学送课。学校海拔2 000多米,许多孩子们说以前交通不便时上学要翻过几座山,往返需要7个小时,近些年,条件改善了,学校有食堂、宿舍了,但学校的一些育人理念还相对落后,我与卢斌老师一起上了体育示范课"穿越丛林——摆臂练习",很受学生欢迎。

一年的支教经历赋予我一段新鲜而又独特的体验,这是一笔宝贵的精神财富,将成为我人生路上拼搏与奋斗的不竭动力。

当那个孩子决定奔跑

安徽省合肥市南门小学　马玉

清晨的教室里,孩子们正在尔古拉尾老师的带领下早读,他们努力突破彝语与川音、普通话发音习惯的差别,尽量咬准每个字的读音。书声琅琅,金阳县城关小学的校园里一派岁月静好。

太阳跃过对面的山冈,阳光从窗户倾泻在孩子身上。教室的最后一排,数学老师毛曲伟正在如山的作业堆里埋头批阅。我从后门进入,毛老师向我微笑问好。我坐定,她递给我一本作业,开心地说是贾巴鲁格的。"他昨天的作业完成得很好,"她说,"贾巴鲁格变化很大,现在上课就像换了一个人,特别积极。"我抬头看向贾巴鲁格,这个男孩正在清晨的阳光下全神贯注地读书。

贾巴鲁格是个 8 岁的彝族男孩,黑黑的脸上泛着浅浅的高原红,他有一双炯炯有神的大眼睛,像这里的很多彝族孩子一样,清澈明亮。这一双双眸子里装下的是彝家儿女世代生活的蓝天、白云、青山、绿水,或许还应该装下对美好明天的向往。

时间回到一个月前,那时我刚到金阳县城关小学支教,与毛老师结成"师徒"。毛老师刚从乡下的幼儿园调到城关小学,对于小学数学的教学工作略显力不从心,我走进她的课堂,从听课开始展开帮扶。

我在教室的后面听课,坐在后排的贾巴鲁格进入我的视野。他胆小羞怯、不怎么说话,每天听课认认真真,可一到写作业、考试就一筹莫展,半天写不出几个字。与毛老师交流后得知,贾巴鲁格来自彝族家庭,父母基本不会说普通话。父母文化程度低且忙于生计,没能力也没时间关注孩子的学习。好在,得益于彝区大力推行"普通话从娃娃抓起",他勉强能听说,可是读写对他来说仍是困难重重。

我们商量从贾巴鲁格抓起,不能让孩子输在起跑线上。起初,他不太敢和我说话,我拉过凳子和他并排坐下,靠近他,拉拉他的小手,拍拍他的小脑袋,一点点拉近我俩的心理距离。贾巴鲁格的识字量极少，更不用说工整写字，我从一点一横开始，教他写汉字，告诉他做人也要像汉字一样方方正正。因为成绩落后，他极度缺乏自信，我鼓励他并帮助他确定目标，还通过班主任尔古拉尾老师联系家长并家访了解情况。

慢慢地，贾巴鲁格敢大声说话了，听课也比以前更认真了，还会主动找我问问题，成绩也从不及格到及格，又从及格提升到80多分。我知道，这是教育的力量，这也是教育扶贫的意义。当一个孩子决定奔跑，谁也阻挡不了他前进的脚步。

在贾巴鲁格身上，我仿佛看到了许许多多个山里孩子奋发向上的影子，包括班上的毛老师和尔古老师。两位老师都是90后的彝族姑娘，还是表姐妹，她们的成长经历也很相似——小时候住在高山上的村落，生活条件差，要在家里帮着父母照顾幼小的弟妹，到十一二岁才翻山越岭送到学校念一年级，所以她们格外珍惜上学的机会。这两个决定奔跑的姑娘，在读书这条路上努力追赶，不断超越自我。最难能可贵的是，她们在学有所成时选择建设家乡。她们比谁都更相信教育的力量，相信知识改变命运、学习改变人生，也愿意把这份对教育的信仰传递下去。

马玉老师辅导金阳县城关小学的学生学习

一代会比一代更好，现在的贾巴鲁格已经不用像毛老师和尔古老师小时候那样走很远的山路求学了。如今的大凉山，即使最偏远的山村都有教学点，山里山外的孩子都可以接受教育。

如今,毛老师在成为一名合格小学教师的新赛道上继续努力奔跑着;更多与贾巴鲁格一样的孩子在学习之路上加速奔跑,我与成千上万名支教教师也在教育脱贫的道路上努力奔跑。

看,奔跑的路上有最美的风景!

一次触摸滚烫生命的体验

山西省实验小学　张燕

2019 年 12 月 15 日的金阳县,天空碧蓝,阳光很暖。那是我从太原来到金阳支教的第 107 天。

"太原下雪了……"来自家乡的消息勾起了我对家乡深深的思念,但忙起来也就顾不上想家了。难得有这样的机会和经历,总是希望抓紧时间多做一些事情,瞬间掠过心头的思念化作了前行的力量。

此次赴川支教,我与 19 位来自全国各地的支教教师共赴金阳县。我支教的学校是四川省凉山彝族自治州金阳县城关小学。

随着支教工作的全面开展,我深感责任重大,常常思考如何为支教学校带去使其受益的信息。为此,我帮助城关小学制定了专属的帮扶计划,内容涉及班级管理、语文、数学、英语、体育、美术等学科,并以展示课、示范课、集体备课、培训讲座、教学研讨等一系列形式推进教师专业成长。在一年级新生教师培训会上,我指导老师们学习新生行为养成培养方式以及家校沟通技巧。

我为班主任作了题为《每一个生命都是独一无二》的培训讲座,讲座将要结束时,一位教师提问:"您讲的内容非常具有实操性,但我有一个困惑,有什么办法可以让班级里的学困生进步呢?"他望着我,眼神充满了期待。我没有马上回答他的问题,而是与他进行了深入沟通和探讨:"造成这些孩子学习困难的原因是什么?"他沉默片刻后回答:"由于家庭原因,有些孩子没有上过幼儿园,有些孩子家庭教育跟不上,导致这些孩子学习上逐渐失去信心。"我又引导他思考:"对于特殊的孩子需要更多的耐心和关心,需要个别的辅导和关注,首先要尊重孩子的个体差异,他们更需要来自心灵的呵护和关怀。比如,可以挖掘学困生的'闪光点',帮助学困生融入班集体,为他们不断创造成功的机遇。在各项活动中,特别注意鼓励他们积极参与,发挥他们的爱好和专长。"

张燕老师和孩子们在一起

会场十分安静，大家都陷入了沉思，100平方米的空间里好像谁都不忍心打破这份安静。

会后，学校负责德育工作的张志惠主任找到我说："张校长，咱们再聊一聊。"我感受到张主任迫切的心情。来到一间安静的办公室，从彝族孩子们的特殊性到老师们对教育的理解，从学校发展到班级文化建设，我们聊了很多。

"我们可以从创建班级文化开始，明晰大家对学校办学方向的理解，让师生浸润在学校文化中感受教育的温度。""好的，我把刚才的思路整理成方案，马上实施！"张主任十分激动，眼里闪烁着光芒。

过了些日子，张志惠主任给我发来了拟定的班级文化建设方案，我仔细看过后又进行了修订，随后再次与她沟通下一步的具体落实方案。我想，方案的拟定是第一步，更重要的是给老师们传达活动的重要性和可行性，以得到老师们的支持。我再次叮嘱她要在组织的过程中关注老师们的具体操作过程，发现问题及时给予帮助和支持。

很快，50个班级的文化建设文案设计完毕，许多班级有创意的班规、班训、班徽、班歌及班级口号等文化元素，凝心聚力，振奋人心。接着，师生精心设计，巧妙布置，将班级文化呈现在每个班级的教室里——卫生角、读书角、班级公约、荣誉栏等装饰一新，赏心悦目。

12月16日班级文化展示这一天，我随着人群走进一间间教室，孩子们热情地为大家介绍班徽，诵读班训，吟唱班歌。"我们的班徽象征自信、大方、阳光，全班同学在这样的文化下被老师和家长关爱着，绿色是希望，黄色是堡垒……"一位彝族男孩用标准的普通话介绍自己的班级文化。他骄傲地对我说："班级里有和蔼可亲的杨妈妈和幽默的张爸爸，还有 45 位可爱的同学。"教室里洋溢着积极、向上的精神风貌，看着这一切，我们都十分欣慰。

活动结束后，城关小学白学军校长感激地对我说："学校的发展离不开老师们的努力和支持，老师们做有温度的教育，才能为国家培养有用的人才。"

张燕校长与金阳县城关小学白学军校长共话教育

2021 年 1 月，支教结束一年了，我看到金阳县城关小学推出一年级孩子们行为养成的系列活动展示，学校里孩子们的变化让我心头一热。此次支教，于别人是为了唤醒、点燃、激发，于自己是寻找一种适合表达的教育思想，是一次触摸滚烫生命的体验。

我与孩子们——成长与梦想的故事

浙江省嘉兴市实验小学　沈硕文

在四川省凉山彝族自治州越西县北城小学有一间特殊的活动室,名叫"亲情屋",是留守儿童的"心理暖房"。

2020年5月,我作为清华基地张晓萍校长工作室的一名心理健康教师来到北城小学这所百年老校支教,与其他3位教师一起走访贫困学生,传递爱心并建立了这所"亲情屋"。与孩子们之间那些关于成长与梦想的故事,已成为我最美丽的支教记忆……

"知心姐姐"沈硕文老师在课间与学生谈心

一、与梦想男孩的"六年之约"

小马同学,每次走到你们教室,你总会迎上前向我鞠躬。你阳光般的笑容,课堂上迸发的智慧,总是让我心情愉悦。一直以为,你就是阳光开朗型男孩,直到在"亲情屋"与你的第6次交流,我才发现你的笑容只出现在学校。你告诉我,在家里并不快乐,爸爸妈妈为生活而奔波,无暇顾及你,还经常会说一些"伤"你的话。久而久之,你形成了双重性格——在校谈笑风生，回家沉默少言。

"沈老师，我最喜欢上的就是你的心理课，因为你最懂我""沈老师，能把这张爱心卡送给我吗""幸福来得太突然了，我做梦也想不到，你让我收到了梦想礼物""我会努力考进向往的中学，我会永远记着我们的约定"……

小马同学，知道吗？你的每一次真心流露都打动了我。很多学生认为走出大山的途径就是外出打工，而你却勇敢地与我定下"六年之约"。你说，六年后带着大学录取通知书来浙江与我再相见！

临别前，我走到你身边与你告别。你的眼角虽有不舍，但眼神充满了希望和坚定，你没有立即跟我握手，而是下意识地反复在衣角上擦拭后，才郑重地跟我握了手。握手后，又向我深深鞠了一躬……

小马同学，感谢你，让我充满了新的期待。

小马同学收到"梦想礼物"激动万分

二、 不再逃离的"追云女孩"

小芳，当你彷徨在校门口，迟迟不敢往前迈步，我轻轻地牵起了你的手。这一牵手，我对你就多了一份牵挂。

你说，对你最好的姐姐远在西昌中学读书，见不到姐姐你孤单又寂寞。姐姐成绩那么优秀，而自己因为学习成绩差，经常被老师批评，无助又自卑。

妈妈生了一个弟弟,你每天放学就是帮妈妈管弟弟。陪着你回家,看着才五年级的你熟练地做家务,从妈妈怀中接过弟弟,换尿布、洗尿布……你边洗边嘀咕着:不上学也没关系,以后就帮着家里干活。我心中着急,与你母亲交流后才发现困难重重。几乎不识字的母亲,操持着一个家已经很辛苦,再要管你的学习是心有余而力不足。

于是,我用更多的时间陪伴在你身边。每天早上,我们在校门口相见,一起走进校园,一起迎接挑战。每天中午,我们在"亲情屋"互动,你放松身心、倾诉烦恼,我全心守护、认真聆听。为了帮助你重建"社会支持系统",我建议你与同学一起排练"六一"节目……

渐渐地,你露出了笑脸,敢于迎难而上了,创作的沙游作品《追云》还诉说着你将来的故事——踏着云朵去找姐姐,跟姐姐一起读书。

三、 坚定求学的"孤儿姐弟"

马学同学,在六年级"生命的色彩"心理课上,你画了一只让人震惊的手,五根手指上分别写了:伤心、难过、平淡、烦躁、崩溃。

课后,你来到"亲情屋"向我倾吐心声,我才知道你和弟弟相依为命,家里唯一的长辈就是深山里的爷爷。为了阻断贫困代际传递,爷爷为你们在离学校不远的地方租了一间小屋,靠着政府的补助和爷爷的劳作,你们姐弟顽强地生存着。

那天放学,我跟你们姐弟一起回"家",一路上,你跟我聊弟弟的成长,聊自己在学习和生活中遇到的困难。当你聊到弟弟小时候,你使用武力"镇压",现在弟弟终于长大了,懂事多了,不用让你那么操心了……你云淡风轻地说着,我的内心却沉重万分。既当姐姐又当妈妈,小小年纪的你,不知经历过多少风雨。

终于走到了你们姐弟居住的小屋,屋里除了一张床、一个柜子和一张桌子,几乎没有落脚的地方。你让我坐在床边,开始做晚饭。你说,学校中午有饭吃,午饭吃得饱饱的,晚上只要煮点面条就行了。

成了你们姐弟俩的"知心姐姐"后,我特别关注你们的学习生活,时常找你们谈心,努力帮你们解决一些困难。毕业前夕,短短的课间休息,你拿着笔记本急匆匆找我,我心领神会写下了祝福语和我的联系方式。你还带着好友与我合影,并反复叮嘱我把照片传给你。

马学,你知道吗?我们的合影已经刊登在了《南湖晚报》上。这张照片成了你送给我的最珍贵的礼物,因为我看到了你最美的笑脸,你的笑脸也最让我幸福……

支教结束前,越来越多的孩子把"亲情屋"当成了第二个家。希望有一天,这里的孩子不再留守,每个孩子的家里都能充满亲情。

扶贫先扶智,扶智需入心。"播种美丽心情,拨动快乐心弦"就是我援川支教的动力。每个孩子内心世界最隐秘的一角,都有一根独特的琴弦。当我用微笑与真情去拨动这根琴弦,就会在山谷回荡最动听的声音,孩子们的笑脸也最让我幸福。

沈老师与走进"亲情屋"的学生们在一起

音乐，让如烟的温情升腾

广东省佛山市南海外国语学校　林桐宇

回想最初申请前往凉山支教的自己，没有对未知的前路感到害怕，没有对可能的挫折和困难感到恐惧，有的只是一颗赤诚之心，一个绝不言弃的信念。"旅行好像是一种溶剂，溶化了尘封的盖子，如烟的温情就升腾出来了。"这一切才刚刚开始。

这段旅程的回馈是我一生弥足珍贵的财富。在那里，我体验了丰富的民族文化、领略了别样的自然风光，最重要的是遇到了那里的孩子们，一群大山里的小天使。

2020 年 8 月 30 日，我们从南海外国语学校出发抵达西昌，之后一路颠簸，历时 7 个多小时到达会东县。我支教的会东县第二小学三面环山，2 栋简单整洁的教学楼立于山脚。

为了全面了解学生情况，我们定期家访。记得去的第一个家庭，单亲妈妈带着 3 个孩子，最大的女儿上二年级，二女儿上一年级，最小的儿子还在上幼儿园，孩子们的继父在外地打工。说是家，其实就是一间小小的昏暗的房间，家里只有一张床。虽然环境艰辛，但庆幸的是孩子们被妈妈教育得很好，性格很开朗。

我教二、三、四年级口风琴，孩子们从来没有接触过乐理知识，处于音乐"襁褓期"，他们把口风琴认成钢琴、吉他等乐器，常识性错误反复出现，如分不清左右手，不知道食指、中指、无名指，更别说专业知识方面的问题：基础音阶混淆，只会正序数数；节奏感弱，只会一音一拍；无音高概念，分不清音的高低……因为校园硬件设施不完善，没有多余的教室，我们在类似仓库的教室上过课，在图书馆上过课，在操场、田野、楼梯间等地方，都留下了我们的欢声笑语和口风琴的旋律。从音阶学习到如今能自主识谱，再到流利弹奏 13 首曲目，学生们进步飞快，甚至组成了 50 人的"梧桐树"口风琴乐队。

从会东县县城到野租小学，往返共将近 4 个小时的山路，我从没有走过这么颠簸的沿山小路。

学校里有一个孩子让我记忆深刻,这个孩子虽然有智力障碍,但并不影响他享受音乐。我花很多时间与他接触,教他音乐。还记得有一次送教时,我拿着一瓶矿泉水,他问我是什么,我就给他了,他喝了一口,笑着说"老师,这个水真甜"。

音乐扶志"一个都不能少",特别是对于特殊儿童的关照与陪伴,也许他们在有些学科处于劣势,但节奏与旋律却能让他们与其他小朋友一样得到快乐。

口风琴教学需要有足够的耐心和绝对的细心,与他们相处时,我保持平静温和的态度,以朋友的身份鼓励他们。孩子们天性纯朴善良,有些胆小,我也特别注意用轻快的方式给学生上课,调动他们的积极性。

所有的收获都需要通过努力得到。在这里的一个学期,让我学会了面对困境时应该静下心好好梳理问题,而不是焦虑慌张没头没脑;让我懂得了不管遇到什么人,都要保持自己的原则和初心;让我明白了身边的朋友会是自己最坚实的后盾,谦虚请教他人很重要。

一条路好不好走,虽然不能由我决定,但是我可以决定要不要走,以及该怎么走。

七张照片

安徽省阜阳市第五中学　张虎

一群人跋山涉水,奔赴千里之外,来到凉山彝族自治州进行支教。我有幸成为这群人中的一员,并连续在越西县第二中学留下一年半的足迹。回想这段岁月,有太多的场景涌上心头,其中七张照片上的场景最令人难忘。

一、一张山顶照

清华基地支教老师中秋山顶过节合影

这是刚到越西县时拍的一张照片,山顶上站着一群意气风发的老师。

那天是 2019 年的中秋节,西城中学的冯校长邀请全部在越西支教的老师,在山上过了一次别开生面的中秋节。我们先是到他学校的基地里采蔬菜,然后拿出带来的馄馄馅,一些人包馄饨,一些人捡柴火,还有些人烧开水,有说有笑好不热闹。

饭后大家开始爬山,还在山上留下了这张照片。下山的时候,虽然由于山路湿滑,几位老师摔跤了,但这没有影响大家的兴致。回到半山上学校的基地,已经快5点了,大家又开始做晚饭,继续谈天说地。

这张照片是浓浓"战友"情的一个缩影。在支教岁月中,老师们相互陪伴、相互支持,共同探讨教育问题,为越西的教育发展做贡献。

二、 一张作业照

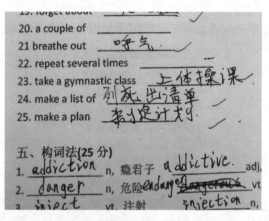

学生完成作业的情况

在这张照片里,有一个英文短语应该翻译成"列出清单",但学生给翻译成了"死出清单"。

越西二中学生的学习条件并不好,学生告诉我,小学的时候每次上学来回都要一两个小时,每天也就三四节课。学生们不少是来自单亲家庭,甚至有父母去世的学生,也有很多家庭兄弟姊妹特别多的情况。家庭困难再加上山里教育条件落后,使得学生的基础特别薄弱,学习能力、信心都不足。我刚接手时,英语课上只有四五个人听课。这让我意识到必须尊重学情,于是采用少量扎实的教学原则,让更多学生能融入课堂;自制教学单元复习教案,培养学生的复习习惯,扎实他们的基础。渐渐地,听课的学生变多了,学习纪律也变好了。

三、一张截图照

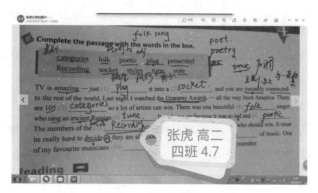

疫情期间网上教学截图

这是一张我在疫情期间给二中学生进行网上教学的截图。2020 年春节期间，疫情在全国肆虐，2 月份返回越西继续支教的行程也一再推迟。全国都开展了网上授课，我们也开始了前所未有的网上支教。从未进行过网上授课，这对我来说是一个不小的挑战。下载软件、调试、连接试讲，网上教学慢慢进行。为了让学生听得更清楚，我买了一个好耳麦；为了书写更快更美观，我又买了数位板。每周 6 节课，每次 1 个小时，保证了疫情期间学生英语学习的顺利进行。

四、一张集体照

自费捐书给高中英语教研组时的合影

这是二中高中英语教研组全体老师的合影，照片中几乎每个老师都拿着新书。

这个教研组是一个非常年轻的团队，除了初中调上来的一位比我年长的教师，其他的都是工作不满 5 年的"90 后"。

在组内我上过示范课，进行听评课。由于我工作经验相对多一些，评课的时候我虽然分析得最多，但是会尽量避免给人一种高高在上和好为人师的感觉。平时在办公室和组内老师交流，我也尽己所能给他们提供帮助。

在支教的最后一期，考虑到分别以后交流不是那么方便了，为了能更好地给老师们提供帮助，我给老师们买了 36 本书，这些书籍既有理论方面的又有实践方面的，对英语组老师们的学习、教学、教研都是有益的。老师们非常高兴，说"这是我们教研组的第一批书籍资料"。

除了自己捐书给教研组，我还代表苗维爱校长工作室给二中捐了价值 4 万多元的精品图书，丰富了学生们的读书资源。

五、 一张采访照

被抽调到政府参加中外记者对凉山州脱贫攻坚实地采访的接待工作

在这张照片中，十几位中外记者正在采访一位中学校长。

2020 年下学期，脱贫攻坚也进入尾声。国务院新闻办公室在成都举行了四川脱贫攻坚新闻发布会。会后在凉山地区进行实地采访,越西县就是采访地之一。我和其他几位老师被抽调到县政府宣传部帮忙。

采访前几天,我们学习材料,检查修改县城入口的英文标语、接待处的英文标牌。9月10日去记者入住的酒店进行接待工作,一直忙到夜里12点多。9月11日,跟随记者到校采访。这张照片就是采访文昌中学校长时拍摄的。

这段工作经历使我跳出教育,站在全县全局的角度去看待脱贫工作,脱贫是一项系统工程,涉及了易地搬迁安家问题、产业发展问题、教育保障问题等。我感受到国家投入的人力、物力、财力之大。

六、 一张过年照

受邀参加彝族新年时,与彝族同事的合影

这张照片是我在越西过彝族新年的时候拍的。

彝族新年假期前几天,我们与兄弟学校的彝族老师共同举行了一场彝族新年聚会,我作为支教教师代表发言,表达了对彝族老师努力建设家乡教育的钦佩,并送上新年祝福。那天,我们一起唱歌、跳舞、摔跤、朗诵彝族诗歌、品尝彝族餐……深刻感受到了兄弟情、师生情、朋友情,还有什么比民族团结、共同幸福生活更美的事呢?

七、一张学生照

参加越西二中"感动校园人物"活动时和部分获奖的学生合影

这是在越西县第二中学举办"感动校园人物"活动时拍摄的照片。

2021年1月,越西县第二中学举办了首届"感动二中人物"活动,有5位学生被评选为"感动二中学生",其中有两位是我的学生,就是图片中站在我身旁的两位。男生是因为勇救落水儿童而获奖,女生是因为乐于助人而获奖。

这两个学生都不爱学英语,尤其是这个男生,平时我和他之间的交流主要是上课时候他讲话,我批评劝阻的时候。如果不是因为这次活动,这个学生在我脑海中的印象还是不爱学习的一个人。那次活动让我更多地了解他,看到他勇敢善良的品质,通过更多的交流后也了解到他学不进去英语的原因。这件事真正改变了我的教育观念和行为,以后我要努力更全面地认识学生,尤其是内向和基础薄弱的学生,发现认识他们的优点,调整自己的态度和行为。

在这次活动中,我和另外3位支教老师被评为"感动二中团队"。说是我们感动了他们,不如说是他们感动了我——越西县第二中学的师生感动了我,越西秀美的山、质朴的情感动了我。

凉山不"凉",真情永续。兹莫格尼(吉祥如意)!

找到让"种子""发芽"的方法

重庆外国语学校森林小学　张同

2020 年春,我来到了四川省凉山彝族自治州西昌市第六小学,开始了为期一年的支教工作。在这里,我遇见了一群与众不同的"种子",怎样让他们早日"破土、发芽",成了我每天最头疼的事情。

张同老师在西昌六小的课堂上

我来到西昌六小,接手的是五年级(3)班,这个班一共有 54 个学生。不少学生家庭的生活条件不是特别好,很多家庭都是五六个孩子,家长除了保证他们学习和生活的基本条件外,没有更多精力管孩子的学习。

比曲么土力就是这样一个彝族女孩。她妈妈去世得比较早,家里有 5 个孩子,哥哥姐姐们早已成家,家里就只剩下爸爸和她两个人。爸爸又常常不在家,她一个人,总是饥一顿饱一顿。或许是因为在学校的时候还有人陪她讲话,她上课特别爱说话,但从来不写作业。

面对这样的孩子，我不忍心批评，那么怎样才能让她学起来呢？至少先完成作业吧！那天早上，我早早地来到学校，教室里孩子们有的整理作业，有的读书，比曲么土力却拿着扫把在走廊上东扫扫、西扫扫。我问孩子们为什么只有土力一个人做清洁，班长站起来告诉我说我们早就做完清洁了，她自己要做，不愿意回教室。

我来到走廊上，看见她乱糟糟的头发、脏兮兮的衣服，酝酿的所有批评的话都跑得无影无踪了。我把她拉到身边温和地问她："土力，你为什么这么喜欢做卫生？"她看着我好半天才说："我把卫生做好了老师才会喜欢我呀，因为我在家里做好卫生爸爸就会表扬我。"

我把孩子带到办公室，拿出梳子，一边帮她梳头一边对她说："你每天做完作业老师也会表扬你呀！"她低着头回答："可是我都不会做，我一个人在家做作业也很害怕。"听了她的话，我瞬间说不出话来。许久，我温和地说："那以后下午老师陪你做作业好吗？"她睁大了眼睛，表现得很兴奋。

慢慢地，比曲么土力可以按时完成作业，有时主动到办公室来写作业。看来，只要用心相待，每个孩子都能绽放光彩。

阿觉阿呷莫是一个长相漂亮的彝族女孩，喜欢画画，只要一有空就拿出本子画起来。

一次上道法课，主题是谈谈自己的家乡。孩子们对我的家乡重庆特别感兴趣，他们叽叽喳喳地问我："老师你们那的火锅好吃吗？""老师听说你们那里的车子可以从楼房里边穿过。""听说你们那里的风景很美，是真的吗？"……看着孩子们一脸渴求的样子，我突然改变了想法，跟他们谈起了我的家乡重庆，讲那里的美景、美食、汽车、楼房，孩子们一脸向往地看着我。

这时，阿觉阿呷莫也放下了她手中的画笔，抬起了头，睁大了好奇的眼睛。果不其然，下课后她主动来找我，问了许多问题："听说重庆有一个美术学院很漂亮，是吗？"我自豪地告诉她，那就是四川美术学院，还从网上找了好多美术学院的图片给她看。最后，她小声地告诉我："我也想到那里去上学。"我告诉她，只画画不行，还要学好文化知识才能考上美术学院。

这次谈话，让这个不做作业的小姑娘开始做作业了。原来，梦想的力量是如此强大。

漆明工进长得特别惹人喜爱,可是上课从来不听讲,我一不留神他就下座位跑去和别人讲话,写的字我几乎不认识,也从来不写作业。

家长说,我们也没有办法,他在家里做作业的时候,我守着他,他会写几个字,我稍不注意他就溜了,软的硬的都试过了,真的没办法了,请老师帮帮我们。

面对家长的恳求,我先按兵不动,认真观察了一段时间后,发现孩子特别贪玩,常常玩到忘乎所以。

面对这种情况,表扬、批评都不奏效,我决定采取一种最原始的方法——死皮赖脸追着他。一天放学铃声刚一响,他想收拾书包冲出教室,被我一下子拉住了。我笑着对他说:"漆明工进,你今天的作业交了吗?"他睁大了眼睛不回答我,我一想肯定又没有做。不过这一次我不生气,而是温和地说:"从今天开始,老师天天陪着你做作业,你只有做完了作业才可以玩,才可以回家,不然我就一直跟着你!"说完,我把他拉到办公室。

漆明工进也有狠招,不管怎样就是不写作业,即使要做也像蜗牛一样拿着笔在纸上慢慢地爬呀爬呀,原本 5 分钟就可以完成的作业,可以用 2 个小时。我偏不生气,静静地等着。时间一分一秒地过去,他的作业还是没做完,没有关系啊,反正我们住一个小区,"你就跟着我一起到家里面去吧"。就这样,他在我家完成了作业。"反正以后你什么时候做完作业,我就让你什么时候玩。"他看我那严肃认真的样子,认真地点了点头。从此以后他真的开始做作业了。

种子只有在适宜的温度和条件下才会破土而出,生根发芽。老师就像农夫,只有不停地探索,才能找到让"种子""发芽"的方法。愿这些可爱的"小种子"们能在大凉山"生根发芽,茁壮成长"。

给孩子们带去一缕清新的空气

辽宁省开原市民主教育集团　田田

如今，难忘的支教生活结束了，往事历历在目，支教经历在我的教师生涯中写下了不平凡的一页。这不仅是对我人生经历的一次极大丰富，更是一次磨练，它让我懂得了做教师的真正含义。

西昌市第六小学校长古名平和工会主席肖强接机时与支教教师合影

离家那天是我30岁生日，我将刚满一周岁的孩子托付给家人照顾，虽有太多不舍，但我知道自己要去做的是很有意义的事情。

凌晨4点启程，一路辗转，终于在傍晚时分到达四川省大凉山。由于南北方气候差异，到西昌时我们已汗流浃背。

西昌的傍晚仍艳阳高照，太阳火辣辣的，烧得肌肤有些灼热。不知是晕机还是高原反应,也可能是一天没怎么吃喝的缘故,我整个人昏昏沉沉的。正当我身心俱疲时,见到了西昌六小的教师,他们热情地打招呼、贴心地关照,让初来乍到的我体会到了大凉山人们的淳朴和热情。

第二天一早,我克服身体的不适,走进了教室。交接工作之后,我便"上岗"了。我执教的是四年级(2)班的数学、体育和生命生态安全,身兼数职。

我教的班级很特殊,已经换过7个语文老师、5个数学老师,学生们又都刚刚进入青春期,很叛逆。当我走进这间教室时,内心是忐忑的:我能带给学生们什么?

第一节课,古校长热情地向学生们介绍我的情况,每个学生的眼中都散发着光芒。学生们炽热的目光给了我前行的力量。

为了让学生们尽快适应我的课堂,我在课前认真备课、钻研,课后仔细整理反思,学生任何一个细小的知识点没掌握我都要认真分析其中的原因:是讲解不透彻还是练习得比较少;是基本技能不熟练,还是没有形成良好的操作习惯;是基础知识不扎实还是没有具备过硬的解题技巧……就这样反复推敲,不断完善。

课后,我对基础薄弱的学生进行一对一讲解,虽然这很费精力,但对于这些需要帮助的学生来说,这无疑是最好的办法。我还向当地的同事们请教,寻找适合学生们的解决问题的最佳途径。同时,一有机会我就让同事们讲讲学生们的故事、学校的发展、大凉山的人和物,请他们帮助我尽快地熟悉、适应这里的生活,使自己的每一节课都让学生们有所收获。

生活中,我们也由课堂上的师生关系转换为朋友关系。刚到学校时,学生们都围在办公室门口、窗外,对我充满好奇。我跟他们微笑、点头、打招呼,有的学生不停地对我招手,有的学生则不好意思看我。那段时间,一下课,我便成了办公室的"风景",引来众多学生的围观,甚至上课铃响起他们也不愿离开。

我决定先迈出第一步,主动向学生示好,利用体育课和课间时间,把阵地转移到户外,跟学生们一起打篮球、打乒乓球、打羽毛球。以球会友,学生们越来越信任我,主动跟我聊天,聊学习中遇到的困难,说生活中的大事小情,谈南北方的气候差异……

为了更加深入地了解每位学生的学习生活情况,我对他们进行了家访,卓林史特就是其中之一。我叫他史特,到西昌的第一天就对这个"大魔王"有所耳闻。

当被通知家访时,史特万般推脱,一会儿说父母都不在家,一会儿说家里的亲戚病故了,爷爷也不在家,在我再三坚持下他才同意。

田田老师与学生史特和他的爷爷在家访中悉心交流

家访定在放学后,我和语文老师不知走了多远的路,终于来到了他家。他家租的房子像是在楼顶搭建的一间小屋,室内黑漆漆的,我们就在"客厅"坐了下来,说是"客厅",其实就是楼顶的露台。史特的爷爷接待了我们。爷爷说史特有一个哥哥,妈妈已经两年没回家了,爸爸也经常不在家,照顾两个孩子的重任就落到他一个人的身上。两个都是男孩,调皮得很,自己年岁高了又管不了他们。

这大概就是史特变成如今这样的原因所在,从那以后我更加关注这个孩子了,因为我知道他比别人更需要被理解、被关心。

有一天,发生了这样一件事情,商店丢了一支笔,有人说是史特拿了,史特却一口咬定自己没拿。

我喊史特,他转身看着我,眼神中没有任何波澜,可我看出了他的不知所措。

"我相信史特没拿。"我脱口而出。他听我说相信他,大眼睛紧盯着我,眼泪刷刷地夺眶而出。作为师生,信任比什么都重要。

后来经过调查,他确实没拿那支笔。我很庆幸自己当时对他的信任,这让他在心中对我放下了所有的防备。

就这样,学习上我给予他更多的帮助跟鼓励,每次学习新的知识点,我都会关注他的掌握程度,他有理解不了的地方我就给他讲解,每天跟进他的课后作业情况。慢慢地,我的做法让他有所转变,史特开始跟着同学大声读书了,做错习题也主动找我改正,与同学交流也不会冲动了。

临别前与西昌六小兄弟姐妹们的合影留念

    一学期的支教，我体验了生活环境的艰苦、工作环境的调整与角色的转换，领悟了支教的快乐和人生的美好。支教工作虽然结束了，但一颗牵挂的心还留在那里。也许我的到来不能马上改变什么，但能给孩子们带去一缕清新的空气我就满足了。

把团队交给你们，我很放心

云南省昆明市滇池度假区实验学校　李娅娟

2019 年 8 月 30 日，我经过 10 小时的辗转到达西昌市，紧接着，第 2 天，又经历 5 小时的颠簸车程，从西昌市来到支教地会东县，最终到达会东县第二小学，我支教的学校。

来到会东县第二小学的第 1 天，我就看到孩子们在清扫操场和楼道。后来我了解到，除了上午的清扫，每天午餐后各班还会打扫卫生，放学后则要打扫卫生间，并且打扫卫生的任务各年级都要轮到。所以会东二小的校园很干净。

我负责学校的德育工作、少先队工作、少年宫英语课程及学校文化建设宣传工作。

五育并举，德育为先。作为一名班主任，我知道教育对孩子的影响有多大。在兼顾会东二小的实际情况下，我把滇池度假区实验学校践行"雅行教育"的经验带到这里，并在此基础上制定出适合二小的德育发展方案：设立了"红领巾监督岗"，以学生为管理主体，每周召开监督岗周小结会，及时总结、改进，评选出"雅行周冠军班"。此外，我还改变了升旗仪式，增设"德育小课堂"，搭建平台给学生提供站在升旗台上表演的机会；带领全校班主任、辅导员学习少先队基本礼仪规范，逐班带领学生纠正队礼，学习标准的敬礼姿势；开展"班级内涵提升与中队建设管理"班主任培训讲座；关心凉山孩子的生活，自购电热毯、羽绒服等御寒物品并送到孩子家中。

凉山的英语课主要是"双师型"教育模式课堂，即借助视频里老师的教学，由一名非专职英语教师现场组织课堂。每周上英语少年宫课程 2 节，虽说都是中高年级的学生，但是几乎都没有接触过英语，属于"零基础"。每个周末，我都认真备课，提炼、整合最常用的知识，制作教学课件。一学期下来，学生都能写出漂亮的 26 个英文字母。我们一起抄写中英文励志句子，激励他们拨开荆棘满布的路继续前进。我还教他们唱简单的英文歌、朗诵简单的英文小诗，用钢琴给他们伴奏，共同享受音乐与英语交织而成的小美好。

为了做好学校文化建设宣传工作，我创建了学校的网络社交平台公众号，将学校活动、师生成长故事推送出来，让更多人了解会东二小的巨大变化，增强对学校教育的信心。

会东支教团成立后，挂职县教科局的郑璐副局长在离开会东返回北京的时候，语重心长地对我说："把团队交给你们，我很放心。"短短的一句话，分量却是沉甸甸的。

135个日夜，留下一份深情，带走一份感动。会东二小校长郑世清说："积极主动的工作态度、兢兢业业的敬业精神，能力强、专业强、创新力强，满满活力与正能量深深感染了每位教师。"肖宁主任说："有你，我就心安，很多工作本来毫无头绪，谢谢你一步一步手把手地教我，就算你回昆明了，以后遇到问题我还要请教你。"会东二小的师生说，我支教的半年他们很有收获，而我又何尝不是呢？

支教的日子里，我坚持每晚写日记，把在凉山工作生活的感悟一点一滴用笔记录下来。一眨眼，55 000字的支教日记《行走凉山间，我的支教故事》已"出炉"。

来会东县前，我在网络社交平台上发过这样一句话：希望自己活成一束光，这束光虽不能亮到福泽四方，但至少能惠及身旁，不用多么扎眼，但要明亮、要欢畅、要蓬勃。我想，自己做到了。

情深义重，携手共进

湖北省武昌实验小学　姚晓宇

一、跨越山河的情谊

2019年6月，教育部启动四川省凉山彝族自治州教育帮扶行动，倾全国之力推进凉山地区的教育发展，助力我国教育脱贫攻坚。当年9月，我带着满腔的家国情怀，带着各级领导的殷切嘱托，来到四川省凉山彝族自治州德昌县第一完全小学开展支教工作。初到异地，人生地疏，领导们事无巨细地替我考虑，关切备至，老师们对我热情友善，甚似亲人，而我也以满腔的热情与踏实稳健的作风投入到工作中。校园内我和老师们一起潜心探讨、深入交流，校园外我们一起爬山涉水、享受生活，一学期的支教时光我与当地师生结下了难分难舍的情谊，工作能力与专业素养也得到支教学校与当地教育局的高度认可。一学期支教结束，德昌县教育局向教育部提出申请希望我能继续支教一学期，而我没有多犹豫就答应来年继续支教德昌。

想到不久之后就能再次相见，我与德昌的兄弟姐妹轻松道别，然而突如其来的疫情，将我们分隔两地。分离让我深深体会到思念的滋味，而身处疫情风暴中心的我也成了德昌同胞的牵挂。每一天，电话、短信、社交应用传递着他们的焦虑、担心与鼓励，有的帮我采购生活用品，有的寄来急需的物资，他们给予的温暖陪伴我度过了那段艰难的时光。生活总是以它的方式鉴别出那些真实的情义，疫情导致的分离没有使我们的情谊变淡，反而使其跨越山河，更加深厚！

在全国人民的鼎力帮助下武汉战胜了疫情，9月，我怀着新的支教计划再次来到凉山完成当初的约定，也将全国各地人民的恩情回馈给凉山。再次见到德昌的兄弟姐妹，双方都是百感交集，难掩心中激动之情。已经毕业的学生专程回到德昌一小看望我，他们紧紧拥抱住我想掩藏流下的泪水，这拥抱与泪水里饱含的是几个月的思念与担忧。

二、 成就双方的成长

再次来到德昌，一项重要的工作是为德昌县培养科学老师。本学期，由德昌县教育局牵头，德昌县教师发展中心负责，由全县每所学校选派一名教师，组建了科学老师培训班。在培训班开班仪式上，肖局长说希望能通过本次培训改变德昌县科学教育现状，希望各位老师能在这次培训中学有所获，提高德昌县的科学教育水平，如果今后能带领德昌的孩子们学会科学思想、科学方法将是一件功德无量的事情。

肖局长的话激励着我，我高度重视本次培训，设定预期目标，统筹整体规划。回忆自己作为老师参加过的无数场培训，我认为除了着重选择讲授的内容，更重要的是激发参训老师的兴趣，让他们听过之后印象深刻，让授课内容融入他们自身的思想。

为了让培训的针对性更强，我首先下到各校调查科学教育的现状，充分了解培训需求。每一次培训我都精心准备，通过专题讲座、示范课、实例分析、学员动手操作、师生角色互换、现场教学研讨等形式，力图提高老师们的科学专业素养。教育局负责写培训通讯稿的老师在文章中写到"第一次培训就激发了老师们的极大兴趣"。每次培训总是座无虚席，常常有其他学科的老师来旁听，有的教师需要坐三个多小时的车赶来参加培训。老师们的行为与话语鼓励着我，最后一次培训，我根据德昌的环境特点，创编了一节科学课，将现代科技手段与科学知识相融合，在科学探究过程中注入了中国古典文化美学。

培训结束时老师们在反馈单上写到，此次培训意义重大，终生难忘，让他们对科学教育甚至对生活有了全新的理解，打开了教育的新视野。老师们感慨，万里山河，有人提灯而来，有人循灯而行，他们说星星之火可以燎原，今天点燃的科学火种，未来必定会照亮德昌。感谢老师们的鼓励，感谢德昌县教育局，让我实现了自己的教育理想，让我平凡的人生有了一点不平凡的意义。

作为德昌一小教学副校长，我深入德昌一小各科课堂听课、评课，一学期近200节，参加各类教研活动，通过个别交流、集体座谈、亲自示范等形式潜移默化地影响着周围的老师。我还指导老师上汇报课、网络录播课，参加县级教学研讨，参与县内、州内名师工作坊活动，组织专题教研活动，将全新、高效的教研方式带给德昌。同时，我为学校各项管理工作出谋划策，将上次支教提出的校园文化建设建议推进落实。

德昌县教育发展在凉山州排名靠前，德昌一小更是德昌县的示范型小学，学校有很多优秀的老师,在与这些老师交流教育教学的过程中我收获颇丰,成长了不少。同时,我也意识到自身所学不够,在给科学老师做培训时感觉到自身专业还不够精进,在与本校其他学科老师交流时更是感觉到需要对所有学科的理念有更深入的学习,于是一方面上网学习各个学科的教学思想,一方面向有经验的老师请教。在与不同学科老师交流教育教学的同时,我将不同学科的理念融入到自己的教学中,让科学课堂兼容性更强,更人性化。

在德昌一小的老师身上我不仅接受到不一样的教学思想,他们质朴的做人风格和踏实的工作作风也深刻地影响着我。我们欣喜地看到对方身上不一样的地方,将其融入到自己的思想中,成为自己的一部分,我们成就对方、共同成长。

三、携手共进的纽带

一个人的力量是微小的,我没有忘记身后强大的湖北实验教育集团的力量。在努力做好自身交流帮扶的同时,我提醒自己要当好实验集团与德昌一小携手同行的纽带。学生工作方面,我继续推进上次支教就开始开展的"携手同行,共创童书"活动,每一次学生们都急切盼望着千里之外好朋友的来信,两地的学生在通信中交流童书创作经验,提高写作水平,培养家国情怀。教师工作与学校管理方面,我多次与湖北省武昌实验小学各个校区联系,为德昌一小提供教学培训讲座与教材难点解析,组织两所学校同年级教研组共同开展网络教研,分享各种教学资源。本学期我组织协调了领航名校长张基广校长工作室成员到德昌县开展实地帮扶活动,为了在短短的三天里将交流帮扶的成效最大化,我多次与张基广校长商议交流帮扶团队成员与具体交流项目,事无巨细地考虑。事实证明此次交流帮扶活动成效显著,将支教活动推向了一个高潮,双方学校交流了教育教学思想,讨论了学校管理中困惑,展望了未来学校的样子。情感在交流中加深,思想在交流中碰撞,同在祖国的蓝天下,跨越山河,我们携手同行,共同成长!

回忆这两学期的支教时光,我脑海里出现的是"情义"和"成长"两个词,在凉山,我与德昌的兄弟姐妹、与华南师大的领导专家、与天南海北的支教同胞结下了深厚的情义,我在他们每一个人的身上都学到很多,他们促进、伴随我成长。世界很美好,他们就是这美好的一部分,而这美好也已经成为我生命的一部分。

当地响应

共同期待冕宁更好的明天

四川省凉山彝族自治州冕宁县教育体育和科学技术局　张启坤

一年半的时间，3批共75名优质学校骨干教师来到县里6所学校开展了教师交流活动。各名师工作室来到县里积极调研，开展送教援培活动累计达16次，包括调研座谈、校长讲座、专家示范课等。送教援培专家共275人次，培训和指导我县校长、教师2 059人次。

这些实实在在的数字正是冕宁县深入贯彻落实教育部"国培计划"中小学名校长领航工程"四川省凉山彝族自治州教育帮扶行动"取得的效果。这些校长、教师以实际行动有力地支持了我县教育的快速发展，为我县更多的学校"问诊把脉""传经送宝"，找准了我县学校的发展新思路和新理念，开创了我县学校发展的新未来，为我县打造了一批环境一流、师资一流、管理教学一流的标杆学校。

为了让支教教师尽快、顺利地开展教育教学支教工作，冕宁县教育体育和科学技术局任命了75位来冕宁县支教教师为各授援学校的挂职副校长、副主任等职务。新进支教教师通过一至两周的"推门听课"深入课堂，了解学校各学科教师的教学水平和学校教师队伍现状；根据教师教学现状，制定符合各校实际的"教师队伍培养计划"，定期面向全体教师上示范课，对教师的课堂教学起着示范引领作用。

深入课堂促发展。深入课堂是冕宁中学支教教师至始至终坚持的一项常规工作，虽然没有承担具体的教学任务，但是每天从6点40到晚自习结束，支教教师巡查不间断，与教师交流教学经验，为学生解答学习困惑，促进了学校教学常规工作的进一步落实。支教教师联系各学科组，与组内教师进行交流，在课堂教学理念、备课、作业批改、试卷讲评等各个方面给教师们提出改进建议，得到组内老师的一致好评。支教教师还引入雅礼中学校本数学作业模式，着力推动冕宁中学校本资料编写，并捐助2万元作为今后开展此项工作的资金。

紧抓教研促发展。支教教师把构建高效课堂作为教研活动的永恒主题,积极参与和组织教师开展各种课改教学研讨活动。杨明瑛校长将深入教科研活动作为支教的重点形式,以"听课、评课、交流"帮助教师深入理解新课程理念,提升教师业务能力,提高课堂教学质量,促进教师专业成长。作为青年教师"比武课"评委,几位支教教师通过思想火花的碰撞、集体智慧的分享、精华糟粕的取舍,促进了青年教师加深对教材的理解和认识,拓展了他们的教学方法与思路,充分彰显教师个人的教学风格和魅力,达到了提高教学效果的目的。

　　扶贫助学显爱心。支教教师利用节假日走访贫困户、留守儿童,送礼物,暖人心、送真情。各支援学校纷纷举行了捐赠活动,6所受援学校共收到各种资助物资,累计价值75万余元,他们的爱心行动让我们感到了浓浓的暖意。支教教师还积极参与助学工作,对冕宁中学高三(1)班孙川同学给予关心和帮助,提供助学金2000多元,确保其在高三冲刺阶段生活有保障。在6月底山洪爆发后,支教教师第一时间统计受灾学生信息,提供助学金5000元,并对学生进行了心理疏导;他们还积极争取雅礼中学刘维朝校长工作室的支持,对25位贫困优秀学生进行资助,资助金额50000元。

　　建立男童合唱团。冕宁民族希望小学挑选出60个左右的男孩子,建立了一支男童合唱团,命名为"布谷鸟男童合唱团"。合唱团的歌声每天清晨6点30分和下午4点唱响校园,孩子们十分热爱歌唱,并且很能吃苦。因为民族希望小学的音乐教师师资薄弱,孩子们很多没有上过音乐课,几乎是一张白纸,赵廷婷老师从视唱练耳、呼吸练习、乐理知识、歌唱训练等基础训练开始进行教学,经过一学期的努力,合唱团不断发展并初见成效,合唱团已经初步完成《春风》《欢乐的那达慕》《孜莫,悬崖村》3首作品,在期末进行了合唱汇报演出,得到家长、老师、领导们的高度赞扬!

　　岁月不居,时节如流。教育部凉山教育帮扶行动3批冕宁教育帮扶行动即将结束。一年半来,人大附中联合总校培养基地、清华大学培养基地、各教育部领航工程各名校长工作室和3批冕宁支教团队,恪尽职守、倾情帮扶,为冕宁教育优质均衡发展贡献了智慧和力量,我们共同期待着冕宁更好的明天。

情怀是一种力量

四川省凉山彝族自治州昭觉县教育体育和科技局　勒勒曲尔

我曾一千次守望天空,那是因为我在等待雄鹰的出现;我曾一千次守望群山,那是因为我知道我是"鹰的后代";我曾一千次守望群山,那是因为我还保存着深深的爱。

2018年2月11日,是我们永远忘不了的日子。那一天,习近平总书记来到我们的家乡,在三岔河乡三河村,坐在老乡家里的火塘旁,给大凉山的村民支招致富路。习近平总书记讲的一句话让我永不能忘记:"让人民过上幸福美好的生活是我们的奋斗目标,全面建成小康社会一个民族、一个家庭、一个人都不能少。"习总书记离开凉山后,州委州政府、县委县政府没有忘记习总书记的嘱托。

凉山因穷而出名,尤其是凉山州昭觉县,但贫穷落后不是我们想过的日子,愚昧无知也不是我们想要的形象! 每一个凉山人都攥着拳头要奋斗拼搏,因为这样的日子我们受够了! 只有我们这些经历过的人,才知道这种滋味有多难受! 大家都知道,贫穷落后的一个重要根源在哪里:在教育上。

2019年6月,教育部全国中小学幼儿园教师校园长培训专家工作组黄贵珍秘书长带领专家团队来到昭觉县,与我们的一线校长、一线教师面对面交流,倾听来自一线的声音,共同谋划未来发展的道路。2019年8月,教育部教师工作司组织"国培计划"中小学名校长领航工程的名校长及其项目学校的教师来到了我们凉山。江苏教育行政干部培训中心团队的校长和教师带着真诚、带着使命、带着责任来到了昭觉县。从那一天开始,我们看到了新一轮的昭觉教育快速发展的机遇。我们曾多次与我们自己的校长、老师讲,这群特殊的客人,常常让我们联想起上世纪60年代的城市青年,60年代来到凉山的城市青年培养了凉山后来的骨干力量。我们把中小学名校长领航工程派出的支教老师和江苏教育行政干部培训中心派到我们县的这支特殊的队伍称为"新时代的城市青年"。

每位名校长、名师在昭觉县的小学、初中、高中，均发挥着引领作用，他们不怕吃苦、不怕辛劳，一心扑在教育帮扶工作上。如今，在昭觉县全县教育系统中，已经成立了 11 个"昭觉县乡村骨干教师培育站"，这颗"种子"已经在那里生根、发芽，即将要收获最灿烂的"果实"。我们在各种会议上讲，这支特殊的队伍身体力行地告诉我们，什么是奉献、什么是责任、什么是担当！他们即将在昭觉县的大地上留下一支带不走的教师队伍，虽然人数不多，但我相信他们将对昭觉县的教育起决定性的作用。

作为生活在祖国大西南群山里面的、淳朴而善良的父老乡亲的代表，我们县对江苏人民，特别是江苏教育行政干部培训中心的各位专家，以及江苏省教育系统的其他同仁为他们曾经、现在和将来所给予的真诚帮助表示真挚的感谢！在这个优秀团队的帮助下，我们也在思考，美好幸福的生活最根本的还是要靠我们自己。一个婴儿在学习走路的时候需要妈妈牵着手，但是不能靠妈妈牵一辈子手。

在我国脱贫攻坚事业即将画上圆满"句号"的时刻，我们的工作不能因脱贫攻坚验收而验收，不能为过关而过关，更不能为脱贫攻坚结束而结束。我们要直面未来，思考如何真正巩固脱贫攻坚的成果，这样的使命同样落在了我们教育人的肩膀上，而且我们已经作好了准备。在中国共产党的领导下，在全国各地教育团队的帮扶下，在江苏教育行政干部培训中心专家团队的帮助下，一份对教育的情怀会在昭觉县大地上生根、发芽、开花、结果。

信念永远是一种力量，情怀永远是一种力量，我们为自己在教育发展的道路上遇到了这样一支有情怀、有担当、有使命、有责任的江苏教育帮扶团队而感到幸运和充满力量！

心手相牵,共筑明天

四川省凉山彝族自治州昭觉县东晨中学校长 曲比曲体

2019年秋季,当大地流金、瓜果飘香之时,我校有幸迎来了三位支教专家,他们均来自美丽的黑龙江。他们的到来帮助我们积极有效地推动了我校教育教学工作的开展。

一、 和每一个孩子做朋友

三位专家在来昭后的第二天,便马不停蹄地走入校园,第一时间了解学校的现状及发展情况。我校成立于2016年5月,之所以叫东晨中学,顾名思义,就是希望这所矗立在县城东边的学校如初升的太阳厚积薄发,越升越高!理想很丰满,现实很残酷。我们招收的学生大多来自昭觉县最偏远的三个片区及县城内其他中学择优录取后的,生源质量可想而知。学生学习意识淡薄,基础薄弱,大班额、人数众多及大部分家长无任何教育辅导能力等诸多困难和压力摆在我们面前。专家们得知这一现状后,深入一线,走进每一个班级,与学生进行深入交流,了解他们的学习、家庭及生活情况,向他们介绍大山以外的新闻和趣事,为他们讲述祖国大地日新月异的变化。从袁隆平的杂交水稻到嫦娥探测器的飞天,从港珠澳大桥的开通到我国高铁里程全球第一的创举。一次次深入的对话,就是一次次的洗礼,孩子们的眼睛亮了,视野打开了,笑容也更加灿烂了,他们已然把三位专家当成了最好的朋友。

一次,三位专家老师在郊外散步的路上遇到了我校的一名学生,学生热情地邀请他们去家里做客,临走时还送上了自家喂养的一只母鸡。学生们亲近三位专家的同时,三位专家也在用自己的方式关爱着孩子们。分管教育教学的副校长孙晓东老师发动自己的同事与好友为好几个班的孩子购买冬衣;教导处副主任杨传富老师联系自己所在学校为孩子们募捐了一批书籍;作为团委副书记的王瑜老师利用自己美术专业的特长为孩子们购置了一批绘画工具。这些举动无不体现着昭觉县孩子们与支教专家们的一番情谊。同样，在本地老师们的眼中，三位专家更是他们的良师益友。工作中，大家相互交流，共同切磋、探讨；生活中，大家相约在篮球场上一决高下，共赴悬崖村领略独特的风景，分享攀爬钢梯时动人心魄的感受。你给我描绘北国童话般的冰雪世界，我给你讲述昭觉县人民的热情好客、多姿多彩的风土人情。在得知孙校长毅然告别家中年迈、体弱多病的父亲，杨主任无暇顾及因病提前退休需要照顾的妻子，王老师离开自己年仅两岁的儿子，义无反顾地积极投身到教育扶贫的这场硬仗中时，全校师生对他们的钦佩之情油然而生，一句问候、一个敬礼就是我们最质朴的表达。

二、理论与实践相结合

"科学是将领，实践是士兵"，要想不走弯路、少走弯路，需要有理论知识作为引领。三位专家充分利用每周全校教师的学习时间带领大家学习一些教育教学方面的文章，大到国家的教育方针、政策，小到一节课的设计。

"染于苍则苍，染于黄则黄"，干净明亮的操场、文明和谐的氛围会对学生产生激励作用。三位专家全程参与了我校校园文化的建设，他们献计献策，倡导整个校园要充满以学生为主的文化氛围，简单明了、美观大方，真正做到让学生成为校园的主人，从而达到激励学生积极向上的目的。王瑜老师还充分利用了自己的美术特长，主动请缨，带领其他美术老师完成了老教学楼宣传画的设计及绘画任务，受到全校师生的一致好评。

"其身正，不令而行；其身不正，虽令不从"，学生和教师同处一个教室，耳濡目染，教师的言行举止势必会影响到学生，这就要求教师严格要求自己。同时，一个良好的班集体，教师应适当放权，让学生掌权，使每个学生都自觉担当起建设班级的责任。自主班级建设就是把班级还给学生，让班级成为学生自主成长的主阵地和试验田。自我教育的核心是要让学生明白一个道理：成长是我自己的事，他人不可替代。

"变则通，通则久"，事物是发展变化着的，新媒体不断进步，信息技术飞速发展，这也就要求教师不断提高自身的教学水平，改进教学方式。我国著名的教育家陶行知先生说过："真教育是心心相印的活动，惟独从心里发出来的，才能达到心的深处。"三位专家理论与实践相结合，并列举了自己教学生涯中的许多案例，让我校教师受益匪浅。

三、 突破传统教学模式

"不积跬步,无以至千里;不积小流,无以成江海",三位专家从日常的点点滴滴入手,积极构建高效课堂,精心准备,并做好示范引领作用,他们都在自己分管的领域尽其所能,发挥着自己的光和热。孙晓东副校长坚持每天深入课堂听课,做好常规教学指导工作;为促进教师专业化成长,他组织教师开展同课异构活动,及时进行总结,指出不足,给出解决方案,并组织年轻教师"拜师学艺",做好"师徒"结对工作。为了提高教师的业务水平,在认真聆听了教师授课之后,针对我校存在的薄弱环节,孙副校长组织了"课件制作"等培训工作,又通过组织"板书设计大赛""教案书写大赛"等活动,在学校掀起了"共学习,同进步"的热潮。同时为了协助学校做好德育工作,他还规范了升旗仪式、卫生评比、纪律监督等要求,使学校的育人环境得到很大改善。为了让学生树立坚定的自信心和理想,他积极指导学校共青团开展丰富多彩的活动,对学生进行思想教育。

杨传富主任率先垂范,深入数学组参与集体备课、听课、教研,并上示范课,构建有效教学课堂。他除了在学校上示范课外,还在州层面讲了一节示范课,受到专家和听课老师的高度赞誉。杨主任坚持每天至少听两节课,在支教期间听遍了全校每一位任课教师的课,他还经常跟踪同一位教师或同一个班级听课,重点在"概念教学"和"当堂检测"两个方面引领倡导,大部分教师在概念教学方面有所突破。李权、马文高等一部分老师已经实施当堂检测、周周清、段段清、月月清。在他的带领下,一批批年轻的骨干教师正在成长,不久定能成为学校的中流砥柱。

四、 多种载体提升培训质量

王瑜老师根据学校实际教学情况,利用自己美术及电脑课件制作的特长,在教师中开展了一系列活动,如"新教师开学初培训""微课制作""板书大赛""班主任团队建设""信息技术应用专题培训"等,都达到了预期的效果。在发挥专业特长的同时,她还做好专业引领,为新教师美术教学作示范,为昭觉县"一村一幼"600多名辅导员进行环境创设能力提升培训。王老师坚持每天听课、评课,分享刘景菲校长工作室所在地区的经验,协助学校各部门做好检查和教育教学工作,并利用休息时间建立东晨中学培育站线上4个信息化教学专题、16节研修课程。在课余时间,王老师为当地教师提供一对一培训,提供操作指导课50课时,已培训教师70人,受训教师信息化教学能力显著提升。她还尽心尽力做好团委工作，协助组织了"国庆节合唱比赛""禁毒防艾主题演讲比赛"，搭建起七年级(3)班的沙马打坐同学和天津爱心公益人王艳艳的桥梁，为沙马打坐争取到了每年 3 000 元的资助款，载起了其上大学的希望。

2020 年伊始，新冠肺炎的到来让整个天空陡然间黯淡，但"一方有难，八方驰援"的美德让无数的逆行者成为这个春节最靓丽的风景线，让无数人看到了大爱无疆、生命不止的希望。同样，学校不能按时开学、学生不能按时返校的情况也时刻牵动着三位专家的心弦。他们为"停课不停学"的具体实施出谋划策。王瑜老师利用东晨中学线上交流群安排每周的学习任务，并跟踪监督老师们的学习情况。孙晓东副校长和杨传富主任则时刻分享自己所在学校优质的教育教学资源，并结合我校学生的实际情况，提出一些可操控、切实有效的办法。

三位专家严谨的工作作风和脚踏实地的工作态度无不影响着每一位教师。在他们的引领和带动下，全校师生齐心协力，克服重重困难，短短时间便取得了骄人的成绩：三位专家主持编写的自编教材已启用一学期，反应良好；足球比赛获州初中部第二名；升学率逐年提升，统考成绩均列同类学校前列；学校获州"教育教学进步奖"和"教育教学先进学校"的荣誉。多项工作都得到了上级主管部门的肯定及家长的认可！

教育帮扶育桃李，民族团结谱华章。正是有了这种超越地域的扶持，我们才能心手相牵，共筑昭觉教育的美好明天。愿教育帮扶民族团结之花在昭觉永远绽放，愿东晨中学的发展蒸蒸日上。

一股清新的教育空气

四川省凉山彝族自治州冕宁县泸沽中学校教师

2019年9月起,四川省冕宁县泸沽中学先后迎来了一批批特殊的群体——教育部赴凉山送教援培专家教师(人大附中联合总校支教教师),他们肩负着帮扶凉山地区教育发展的重任,风尘仆仆走进凉山,来到安宁河畔美丽的泸沽中学。他们的到来,为泸沽中学带来一股清新的空气;他们的参与,为学校教师树立了良好的榜样;他们的思想,更为课堂教学插上了翅膀!

一、帮扶引领,榜样示范

泸沽中学是艺体特色学校,在拳击、田径、篮球等运动项目上成绩斐然,然而在美术、书法、音乐等方面却显得比较弱势。针对这一现状,援培教师张希鸿与学校艺术组共同举办庆祝中华人民共和国成立70周年的书画展,一次声势浩大、参与面广、作品丰富、品格高雅、影响力强的书画展赫然而出。该展不仅为校园营造了浓郁的艺术氛围,而且是对全体师生的一次爱国主义教育。陕西西安铁路一中王浩老师挂职我校副校长工作期间,主动承担泸沽中学宣传册的编排工作,在他的精心构思下,精美的宣传册反映了积极向上的精神学校面貌。湖北省潜江曹禺中学魏丹老师除完成所任班级教学工作外,还积极指导我校音乐教师开展课外活动,在学校艺术节展演中,魏老师承担起教师表演节目的筹划和指导工作,编排了舞蹈《太阳出来喜洋洋》、大合唱《革命人永远是年轻》和《青春舞曲》,几个节目异彩纷呈,显示出魏老师扎实的艺术功底和驾驭舞台的能力,更表现出她对年轻音乐教师的引领作用,为推动学校校园文化艺术节的发展起到了非常大的促进作用。

二、 校本教研，指导开展

每位送教援培教师都担任具体教学工作，并且承担示范课教学任务。

周学强老师挂职副校长，分管教学，周校长不仅走进教室上课，还代表学校参加学科竞赛展评活动。武汉市常青树实验学校的张超老师，从不以副校长自居，积极投身到教学活动中，谦逊谨慎、不骄不躁。在示范课教学中，他用亲和的语言把知识向学生娓娓道来，大有润物无声的效果，生动的课堂博得听课教师们的一致好评。广东顺德沙滘中学许玲老师的英语课、四川南充高坪中学孙丽君老师的地理课、重庆渝北第二实验中学叶齐宏老师的语文课、四川省绵阳市绵阳中学罗志全老师的体育课……都给学校教师提供了学习的榜样。

三、 参与管理，建言献策

冬季田径运动会是学校工作的一大重点，初高中 100 多个班级学生人数近 6 000，组织参与人数多、竞赛项目多、比赛期间的安全问题等都让我校头疼不已，帮扶教师针对以上问题提出了许多宝贵建议。其中，挂职政教处副主任的程老师，亲自担任开幕式旗手的训练工作，在操场上一丝不苟地训练旗手，以确保运动会的顺利进行；四川省绵阳市绵阳中学罗志全老师，主动承担起学校足球队的训练工作，与足球教练赵发兴共同制定训练计划，通过科学管理极大提高了学校足球训练和技术水平。

四、 以爱为炬，温暖校园

爱是温暖的，爱也是可以传递的。送教援培教师把自己在凉山的故事讲述给朋友听，大家纷纷加入到奉献爱心的行列中来。重庆渝北第二实验中学曹洪老师收到了自己任教的渝北区实验中学家委会筹集的助学金 3 000 多元，全部用以帮助初二年级 22 名品学兼优的寒门学子。广东顺德沙滘中学许玲老师借助个人的声望和人格魅力，为初三(12)班募集了 90 多本图书，在教室建起一个小巧玲珑又内容丰富的图书角，该班一时成为学校的"网红班"。许玲老师的支教系列日记《山鹰的那双翅膀》，更是以独特的视角审视凉山的人、事、物，以无限的关怀和温情把凉山介绍给外面的世界。"大凉山有所泸沽中学"成为许玲老师朋友圈的一个热门话题，她的支教行动感动了许多人，大家都想为泸沽中学的学生献出自己的绵薄之力。积沙成塔，集腋成裘，最终许玲老师筹措到爱心捐款近 4 万元，用于奖励初高中 97 个教学班品学兼优、家庭困难的学子,每位学生获得 400 元的生活补助。爱是无私的,更是广博的,许玲老师为了帮助初三毕业班学生提升语文素养,自费为 5 个实验班订阅了 100 多份《中学生学习报》。一份报纸就是一份爱,它温暖着每一个学生;每一份报纸都倾注了一片情,它感动着泸沽中学的几千师生。陕西渭南市教育局也为学校捐赠了一笔款项……

五、 他山之石,助力教研

在挂职副校长周学强与学校教科室主任余忠才的共同努力下,泸沽中学校与重庆石马中学开展的联合教研活动,在泸沽中学校初中部如期举行。语文学科由我校任雅霜老师和石马中学李蓉老师任教,授课内容为"诚子书",两堂课都非常精彩,任老师重教材中知识的精讲,李老师重拓展延伸,可谓是"各领风骚"。物理学科同课异构授课内容为"光的反射",由泸沽中学校冯大伟老师执教,他采用实验现象概括出事物本质的创新教法,受到全体教师的一致好评;石马中学刘华平老师采用"实验探究法、小组合作法、自主学习法"的教学方法,运用"石马 1234 课堂教学"开展教学活动,体现了独特的石马教法,让大家耳目一新。张超副校长还联系万玉霞校长工作室,发起"追梦大凉山——万玉霞校长工作室送教援培活动",邀请了湖北省教育厅干训中心主任刘期锡等几位领导和 5 位武汉市知名教师,为我县教师送来 5 堂示范课和 1 次精彩的讲座;同时工作室还向我校捐赠了运动装备、学习用具和助学金。

六、 专题讲座,高屋建瓴

重庆渝北区第二实验中学曹洪老师的讲座《如何构建高效的学校教研团队》让学校教师耳目一新,为学校今后的教研工作指明了方向;广东顺德沙滘中学许玲老师的专题讲座《做一个有情怀的老师》在初、高中分别开展;重庆石马中学校长讲述的石马精神,让大家进一步领悟"校兴我荣,校衰我耻"的主人翁精神。

七、 倾心帮扶,成效显著

送教援培专家教师们在我校支教时间虽不长,泸沽中学却变化明显。在支教老师的模范带动下,大家的使命感和责任心更强了,工作态度有了较大转变;过去有个别教师只把教书当作自己谋生的手段,现在老师们都把教育当事业,把传承中华优秀传统文化和推动社会进步作为自己的责任和担当。部分老教师过去固守自己已经程式化的教学模式，在听了支教教师的示范课后深受启发，转变教育观念，革新教学方法。支教老师的示范课和讲座，对于现代教学工具的运用，博采众长、兼收并蓄的备课内容，灵活驾驭课堂的能力，都给学校教学教研带来了理念上的变革。在曹洪、许玲两位老师的带动下，全校掀起"关爱学生，我在行动"的活动热潮，每位教师主动承担联系3名以上学生，关注他们的成长，关心他们的生活，辅导他们的学习，指导他们选择正确的人生道路。学校形成了"老师关爱学生，学生敬爱老师"的其乐融融的和谐师生关系。

送教援培工作是教育改革的一大举措，是教育部对贫困地区教育的极大关怀。泸沽中学必将秉承学习赶超的信念，不断更新完善自我的教育理论，不断掌握先进的教育技术，优化课堂教学，提高教育质量，为办好人民满意的教育而不懈努力。

倾注爱心的支教

四川省凉山彝族自治州冕宁县第二中学校　谯琳

白云奉献给蓝天,于是蓝天便拥有了感恩的心。我站在大凉山冕宁县第二中学校这块希望的田野上遥望,有幸迎来了来自武汉、广东、广元、重庆、陕西的支教专家教师们。每当想起习总书记的嘱托,不能让凉山孩子输在起跑线上,要用教育阻断凉山贫困的代际传递,我们便热泪盈眶。不忘教育初心,牢记育人使命,支教教师与我们诊断教育存在的问题,为我们明晰教育发展方向,这是冕宁教育之福,冕宁二中学子之福!此时此刻我心潮澎湃,感动于为了凉山基础教育远道而来,关心、支持、奉献、帮扶我校基础教育的全体支教教师;感动于远道而来共谋发展、帮扶关爱我们的教育部中小学校长国家级培训计划卓越校长领航工程名校长领航班万玉霞校长工作室一行、重庆市名校长工作室陈后林校长一行、广东省名校长工作室彭志洪校长一行……

去年,张超、莫海平、关世兵、陈伯玉、徐健力、刘嘉勇、严洁雄、谢兴武几位老师不远万里来到我校;今年3月,严洁雄、谢兴武老师来到我校支教;9月,我们又迎来了曾毅、温振鹏两位老师。支教教师主动深入教学一线,承担教育教学工作及学校各项发展规划的编制任务,潜心钻研、创新教法,一次次激励着学生为理想而努力拼搏,播撒着爱的种子,其中泸沽中学的许玲老师亲自跨校送来精彩的班会课更深深地感动了我们。一路走来,我们感动于他们对生活的热情、对工作的执著、对信念的坚守,他们的无私无畏,让我们看到了不一样的风景。

原本以为支教只是为我们输送优质的教学资源,然而支教教师倾注了满满的情感、爱心,给我们的教师传道,为我们的学生解惑。我们收获颇丰,主要体现在以下几方面:

教学教研。工作中,他们潜心钻研、创新教法,既考虑校情学情,又体现以学生为主体的理念;不仅强调基础教学,还注重学科思维的训练。他们深入课堂听课评课,发现我校教师的教学工作及日常管理任务重,提出集体备课,分工编制导学案,从而减轻老师负担,提高老师的教学教研水平。他们上教学研讨示范课,如曾老师的生物研讨课、温老师的语文研讨课、谢老师的精彩体育示范课。支教专家们还建议加强对学生的学习目标管理、考试成绩管理,为提高教学质量,协助我校建立优质的学科资源库,达到资源共享。

德育管理。曾毅老师对班主任进行班级管理和学生德育工作培训,收4位刚毕业、担任班主任的老师为"徒弟";积极为我校的大课间活动提建设性的建议,跑操的质量有明显的提高;建议学校利用广播对学生进行正面表扬,鼓励班主任善于发现学生的优点,并正面表扬。

校园文化。他们集思广益、奔波操劳,积极参与我校微电影创作拍摄,为我校募集到了一批批优质物资。现在,我校79个教学班都拥有了精致的图书柜、精美的图书角,孩子们也拥有了属于自己的一片书海!根据发生在我校的红军故事,他们挖掘出二中特有的校园文化——传承红军精神,开展"重走长征路""表演红军故事""唱红歌""红军主题征文""红军书法比赛"等专题活动。温振鹏老师发挥自己的书法特长,参与书香校园文化建设,不少学生在其影响下爱上了书法。

爱心援助。支教老师利用周末时间,对品学兼优的贫困学生进行家访,发放援困助学资金,让孩子们更安心学习,更积极、更自信、更阳光。

此次教育帮扶行动把一线优秀老师输送到校,不仅为学校解决了师资短缺的实际困难,而且让学生享受到了优质的教育,更获得了受益终身的学习技巧,缩小了教育差距。支教专家教师们的教育思想、教育观念、创新的教学方法、严谨的治学态度,为学校教育的发展注入了生机和活力。

教育人生的"新长征"

四川省冕宁中学校　周天云

2019年起,为响应国家号召和教育部教师工作司的相关要求,在教育部中小学校长国家级培训计划卓越校长领航工程名校长工作室的支持下,来自5个名校长工作室、6个省份的14位支教教师,带着他们的教育经验和情怀,赴冕宁中学进行支教活动,分别挂职四川省冕宁中学校副校长和中层干部,负责学校年级教学督导工作,重点负责跟岗学习和调研管理情况,并深入一线担任教学工作。

一、 带着使命而来

他们真正诠释了支教的要义。支教教师的使命是什么?倘若仅仅是完成受援学校布置的教学任务,那么仅仅完成的是"教"的使命。支教,首先在"支",然后才是"教","支"不是单纯地给予和提供,而是传递与共享。基于这样一种理解,支教教师们在受援学校安排进课堂之前,积极与校领导、老师、家长及学生交流,了解当地的风土人情、社会环境、学校氛围及教育发展现状。调查从本质而言,就是传递与共享,传递教育情怀,共享教育经验。两年来,支教教师和团队与我校的情感联系越来越紧密,交流探讨越来越深入,合作越来越广泛。

作为支教教师,他们代表的是其身后的学校,代表的是其来自的地域,肩负的是教师的本职使命,呈现的是对凉山的深情厚谊。支教教师的使命既是传递教育大爱、分享经验做法,更是为教育落后地区的教育发展鼓劲和加油。这份使命感和敬业精神值得广大师生铭记。

二、 带着情怀而来

带着教育情怀奔赴凉山。来到"长征"概念的"发源地"之一——凉山,对于支教教师来说,也是他们自己教育人生的"新长征"。两年来,他们发挥着自己的专业优势,积极推进学校教育教学改革,积极开展我校心理健康教育中心和心理健康教育课程的建设。在工作当中,他们真切感受到了冕中学生对于心理健康知识的强烈需求,这样的需求没有地域之分,也没有学校之别,青少年们都希望自己更加阳光自信地成长,使支教教师们深深感受到了要把更多的情怀投入到工作中。湖南桃源一中燕立国校长带来了讲座《情怀与教育》,长沙雅礼中学杨名瑛校长举办了关于学校管理的主题报告,刘维朝校长专程到冕宁中学调研凉山教育:各位支教教师按照我校安排,有条不紊地在各自岗位上眼观耳听,潜心研究,一切都为了那份教育情怀,为了不辱那份教育使命。

他们积极参与学校管理,向学校领导和业务主管科室献言献策,积极联系有关部门、机构和社会爱心人士,为学校募集了学术刊物 200 余册,募集捐款数十万元,其中 10 万余元用来资助若干优秀困难学生,2 万元用于教研活动基金,推进学校智慧教室建设。这一点一滴,分明是拳拳的赤子之心和浓浓的教育情怀。

三、为了工作而来

在学校的安排下,支教教师被安排到不同的领导岗位和教学岗位,除学科教学工作外,他们还开设了心理健康教育课程(含生涯规划课程内容),每班每周一节课,每周的课程内容根据高中学生心理发展特点和学生具体需求,认真备课、认真实施、认真反思,以期将最好的心理课堂带给学生们。几个月来,他们已先后与学生们分享了"适应高中生活""气质""性格""能力""我手画我心""价值观""专业与职业"等主题。

在教学之外,受学校的委托,支教团队到高一年级、高二年级的语文、英语、数学、物理等学科课堂观摩,了解具体的课堂样态,提出自己的见解,供学校参考。

为加强交流合作,2020 年 11 月初支教团队协助教育部卓越校长领航工程刘维朝校长工作室团队来冕宁开展教育交流。交流期间,工作室较为深入地了解了凉山地区教育发展情况,并走访了几所中小学,为双方后续交流打下基础。

每位支教教师每周坚持随堂听课,每个人听课 100 余节,对该年级教师的教育教学工作和年级管理工作做到了全面了解;支教团队重点督导调研直播班教学工作,多次与年级组、班主任和任课老师进行交流探讨,研究改进教学的策略,并向年级组和学校提交督导调研报告,与年级组、备课组、班级进行专项工作交流 10 余次;他们还上汇报展示课,进行主题报告讲座,参加主题班会等等。

为关心和帮助青年教师成长,支教团队与赵德雨、陈创、彭作玲、张天莲等老师进行多次交流,帮助其改进教学方式,提升课堂效率,助推专业进步和发展。支教教师主动关心学生,多次与该年级学生进行面对面的谈话沟通,了解学生的思想动态和学习状态,帮助学生走出心理困境。

这一切,都为了肩上职责、心中使命。湖南长沙雅礼中学陈良根校长将自己10来岁的孩子带来冕宁读书,只为了更安心地参与冕宁中学的教育教学改革和管理工作;湖南桃源一中陈德玮校长离开年幼的孩子前来支教,只因对凉山的热切关注和渴望施展才华的一腔热情;西安高级中学的刘燕姿老师来了,告别热恋中的男友,一到冕宁中学就承担了两个班级的语文教学工作,用她深厚的文学功底向学生传递着中华文化的渊远流长。

四、 满怀感动而去

离开凉山和冕宁中学,他们心中满满的是感动和留恋。

湖南长沙雅礼中学钟滴老师说:"支教的岁月很短暂,但我们希望这段时光能在以后的教育生涯中不断地实现新的生长,希望在这里砥砺更为坚定的意志,希望在这里呈现担当与奉献,希望在这里讲好人生的支教故事。心在教育,情向凉山。我们愿以微薄之力为凉山教育点一盏星火。安宁河畔的生活铺展开来,转眼已将接近尾声,任何一种教育经历对人生而言,都在实现着新的成长。数个傍晚,我们曾沿着曲曲折折的安宁河慢跑,思考着来到凉山要学些什么、要做些什么、要带走一些什么。"

西安铁一中阎良航空城分校刘燕姿老师说:"中学是锻炼老师的大舞台,虽然我完成了支教工作的教学任务,但仍觉得要学的东西还有很多,要完善的东西也还有很多。如果真正要做到教学能力的提升,冕宁中学为教师提升能力提供了广阔的舞台,感谢冕宁中学给我如此难得的机会。冕宁中学是我梦开始的地方,带着这份感念和理想,我要重新出发!"

用心帮扶，永结教育情

四川省凉山彝族自治州冕宁县民族中学校教师

自"凉山教育帮扶行动"启动以来，在教育部教师工作司的关心下，我校有幸结缘北京市八一学校保定分校，令人尊敬的贺宇良校长派出了贺川副校长等一行三人来到我校，对我校倾力帮扶。北京市八一学校保定分校副校长贺川、体育学科主任蔡占恒、保定市美术中学闫航天老师等三位同志不远千里来到我校开展教育扶贫支教工作。三位教师充分发挥帮扶教师的示范引领作用，参与到我校的教学、科研、管理等工作中，同时根据帮扶教师的专业、特长，在充分征求帮扶教师意见的基础上，结合学校实际，制定工作方案。根据三位帮扶教师在学校管理、课程建设、课堂教学模式、艺术教育方面的专长，结合我校的管理现状、教学质量等实际情况，我校初步确立了帮扶教师的核心工作：规范学校管理，提升教学质量发展，促进学校健康发展。

支教开始以来，三位同志克服生活、饮食习惯和气候带来的不适，自觉服从学校的工作及生活安排，遵守受援学校工作纪律，认真履行帮扶职责，积极参与学校教育教学管理，为学校的发展出谋划策。

针对我校属于县城薄弱学校的情况，三位同志对我校的教育教学管理提出了很好的意见和建议，并将援助学校的入学教育模式和校本课堂教学模式引入我校。针对我校起始年级师生开展了入学教育活动，通过活动较好地培养了师生的纪律意识、吃苦耐劳的意志品质和良好的团队精神，达到了很好的教育效果。课堂教学模式改革实验正有条不紊地推进，有效地改变了我校多数教师一直沿用的传统教学模式，并逐渐受到师生的认同。在参与学校教育教学管理的同时，三位同志还主动为学校排忧解难，积极承担一线教学任务，参加学校的各项活动。帮扶支教以来，三位同志的工作得到学校师生的一致好评！

教育帮扶成效的背后，是他们克服各种困难和不适的无私付出。他们一次次进行师生交流，为学校发展献计献策，反复修改每一次活动方案，埋头准备工作材料，积极参与各项活动……几个月来，三位同志身材变瘦了，皮肤晒黑了，却毫无怨言。

贺川老师对待工作踏实严谨，认真负责，对待学生有爱心、耐心、责任心；对待教师平易近人，主动帮助青年教师提高业务能力；对学校的发展积极建言献策，提出切实可靠的建议。

闫航天老师在支教期间能够遵守学校各项规章制度，担任挂职副校长期间，主动承担学校工作，爱岗敬业，处处严格要求自己，是学校教师学习的典范。他思想先进，政治觉悟高，对青年教师帮扶作用大，工作中任劳任怨，是一名有责任、有担当的新时代优秀青年教师。

蔡占恒老师有勇有谋，对待工作一丝不苟，踏实、谦虚、谨慎。作为学校管理人员，能够为学校的管理提出建议性建议。他对待支教工作认真负责，在教学上起到了示范引领作用，对课堂教学改革提出了切合实际的方案，是支教教师的模范。

今后，北京市八一学校保定分校与冕宁县民族中学校依然会保持友好学校关系，将友好学校优秀的教育教学方法因地制宜地传授给我校。我校也会派骨干教师到友好学校跟岗学习，认真学习先进的管理方式。

绵绵的牵挂，柔柔的思念

四川省凉山彝族自治州西昌市第一小学　江中　杨亚玲

时光荏苒，行走于红尘陌上，在 2019 年格桑花开的初秋，借助教育部"国培计划"的帮扶活动，我校与内蒙古包头市昆区钢铁大街第三小学、广州从化区希贤小学、沈阳启工二小有了美丽的遇见，结下了不解之缘，拥有了深厚的友情。回首过往，和支教学校的老师们相处的点点滴滴还历历在目，回顾与她们的朝夕过往，情难自已。

在那个格桑花开的极其烂漫的初秋，她们来了，带着满满的热忱，带着切切的情谊，来到了四川省西昌市第一小学。给她们一个"家"，一个温暖的"家"，是我们表达热烈欢迎的首要方式。于是，我们选择了学校周边的一个小区，让她们安顿下来，希望来自远方的她们有宾至如归的感觉。我们还为她们准备了大量的防控物资，确保她们的出行安全。这样一个温馨而又安全的异地"小家"便落成了。

几位老师千里迢迢远道而来，刚到学校就投入到忙碌的工作中。教室里可以看见她们授课的身影，办公室可以看见她们伏案批改作业的身影，操场上可以看见她们匆匆而过的身影……她们为学校教育教学改革献计献策，指导学校教师们备课上课，和孩子们打成一片。每一位支教老师都勇挑重担，主动请缨：学校哪里有需要，就安排我们在哪里。她们从来不计个人得失或拈轻怕重，她们浓浓的教育情怀深深地感动着每一位一小教师。她们用爱心浇灌着凉山的教育之花。

每一位支教老师从第一天走上工作岗位，就全身心地投入到工作中。记得来自内蒙古钢铁大街第三小学的谷老师说："每天都很忙碌。忙着听推门课、教研课，忙着积极主动参加各种教育教研活动。只有让自己参与到一小的教研教学活动中，我才能够深刻地了解一小的教育文化和老师们的教育理念，了解学生的学习规律，在这些活动中学习到一小老师的教育教学方法和经验，同时将我的理念和教育教学经验、体会与老师们交流、分享，也才能真正发挥传帮带的作用。这样自己才会在形式上和心理上更快地融入校园文化中。"谷老师用她的行动践行着誓言。还记得在凉山州阳光课间比赛活动中，她和学校体育组老师共同策划、排练、录制阳光大课间活动。一遍又一遍的训练，一声又一声的口令，一次又一次的指导，在西昌的骄阳下她嘶哑了喉咙，晒伤了皮肤，累弯了腰杆……在她的指导下，此项活动荣获凉山州一等奖。

谷良琴老师正在为西昌一小的学生示范动作

"你就是我们西昌一小操场上最亮的一颗星，你拿着话筒的感觉就像能指挥千军万马。""谷老师，你身上永远有一股别人身上没有的精神劲儿，你的认真、你的才华，真的让我们从心里敬佩，不愧是名校出来的老师。"一小的老师对谷老师都赞不绝口，类似的评价数不胜数。

来自内蒙古钢铁大街第三小学的郭雅欣老师为了快速全面地了解每个学生，几乎所有的时间都留在了教室。她耐心解答孩子们提出的每一个问题，经常利用下午放学时间辅导学困孩子学习。她用自己的工资买学习用品奖励给孩子们，讲笑话逗孩子们开心。孩子们被老师的爱心温暖了，渐渐地，成绩进步了，脸上露出了灿烂的笑容。郭老师所教班级参加西昌市期末统考，成绩有了明显的提高。

来自广州市从化区希贤小学的邱建萍老师担任学校的教科室主任，在指导老师们的教学工作时，她说："数学教学要坚持以人为本，遵循学生认知规律和教育教学规律，根据学生身心发展特点，贴近学生的生活经验，科学地、合理地整合教学资源，把当地文化融进教学，这才是适合本地孩子们的教学。"她还为所教班级与广州从化希贤小学的同学建起了友谊的桥梁，并为我校捐赠了图书。

来自内蒙古钢铁大街第三小学李巧娥老师是一位教学经验丰富的资深老师。来学校后，我们如获珍宝，马上安排了李老师负责二年级组数学教研活动及对青年教师的培养工作。李老师每天深入二年级各班，从听课、磨课到评课，她都以主人翁的姿态参与到学校的教育教学中。她结合钢三小"美好教育新生活"的理念，与老师们共同探讨教育教学中的疑难问题，为青年教师解惑。为了指导学校的课堂教学的改革，她还特别为学校全体数学老师呈现了一节精彩的示范课"打电话"，把新的课堂理念传递给一小的老师们，并共同研讨适合西昌孩子的教育方法。在与四年级组数学老师的集体备课的过程中，她在将集体备课流程详细介绍给同行们的同时，还对钢三小教学评一致性的目标续写做了具体介绍，提升我校教师教育教学能力及教学水平。

来自钢三小的吴静老师是位年轻、自身素质高、拥有教育情怀的好老师。来到学校后，她立即深入美术教研组和老师们共同探讨美术教学工作，并主动申请担任三年级、五年级、六年级各一个班的美术教学工作。她与孩子们共同度过的美好时光，让孩子们对她依依不舍。

沈阳启工二小的韩晓岳老师来学校后，参与包括青年教师培训、三小联动四年级组集体语文备课听课、二年级组各班语文课听课等各项教研活动，为我们全体语文老师上了一节语文整理复习示范课，召开了"围绕一个意思写清楚一段话"和"思维导图的运用"座谈会。

钢三小的杜津、李月杰老师在疫情肆虐的 2020 年 9 月来到学校，刚到校就主动请缨，表示学校哪里需要就安排她们去哪里。

杜津老师在小学低、中年级数学教学方面有很丰富的经验，所以学校安排杜老师担任一年级组、四年级组数学教研活动及对青年教师的培养、指导工作。在工作期间，她尽心尽力培养一批青年教师，同时参加了尚美一小的青年教师成长营，为学校全体数学教师呈现了一节一年级数学示范课"认识钟表"。在备课、讲课、评课等各环节对年轻教师进行指导和帮助。在参加大赛的年轻教师中，杜老师指导一位年轻教师获得了一等奖的好成绩。

李月杰老师在指导青年教师和组织学校教研方面有独到之处。她全程参与学校各类教研活动，和老师们共同探讨教学中的疑难问题和困惑。不厌其烦地指导年轻老师，毫无保留地将自己在教育教学中积累的经验与教师们分享。学校教师纷纷表示李老师是他们的良师益友。记得李老师那堂《语文的做法》讲座和示范课"秋天的雨"，让我们受益匪浅。她临走时赠送给我们的那本她自己从教以来用心作的笔记"课程标准"我们视若珍宝，时常翻阅学习。

徐志勇副局长（挂职）到西昌市第一小学看望支教教师

回想与八位支教老师相处的点点滴滴，她们用对教育的"真"和"爱"与我们一小每一位师生相伴走过了一程美好的时光。她们用一堂堂生动的课例、一句句发自肺腑的教诲、一滴滴辛勤的汗水，在短短的时间里，与孩子们心与心相守，灵与灵相依，爱与爱相融。她们用实际行动葱茏了孩子们生命的春色，惊艳了孩子们的四季。她们用对教育的热情、扎实的学识、先进的教育理论、丰富的教育经验引领着一小的每一位老师，感染着学校的每一位教职员工。

跨过山海结厚谊

四川省凉山彝族自治州昭觉县民族重点寄宿制小学　孙子土哈

　　2019 年秋季、2020 年春季和秋季,北京小学翡翠城教育集团派出四名支教教师到我校参加教育帮扶行动。其中李宾挂职副校长,徐文涛挂职教导副主任,这两位教师全程参与了一年半的教育帮扶行动;刘阳挂职教研室副主任,参加了 2019 秋和 2020 春季两期支教工作;李浩参加了 2020 秋季支教工作。

　　2019 年 9 月,北京市大兴区翡翠城教育集团张文凤名校长亲临我校,与我校签定了《北京市大兴区翡翠城教育集团张文凤校长工作室与四川省凉山州昭觉县民族重点寄宿制小学教育帮扶方案》。根据我校与翡翠城教育集团制定的帮扶计划,通过帮扶计划,学校新参加工作的教师经支教教师帮助学会如何上课、评课,能够通过有效反思,汲取经验应用于课堂教学,最终站稳讲台,能上令人满意的展示课,并具有一定的教研能力。支教教师还要对我校重点培养的青年教师进行全方位指导,通过辅导、交流学习,使其中的一些教师成为教学骨干、班级管理骨干,提高教师队伍整体素质,促进我校教育教学质量提升。

一、2019 年秋季：完善学校管理制度

　　开学初,李宾老师为新参加工作的教师和顶岗实习的教师做了入职前的培训。李宾老师从建立和谐师生关系、培养学生养成良好行为习惯、教师师德师风及如何备课讲课等方面对新教师进行了两个多小时的培训。接下来他对青年教师、顶岗实习教师的课堂教学工作进行跟踪帮扶,进课堂听课、评课,交流教学策略;还在如何听课、如何评课、如何组织课堂进行教学、如何进行班级管理、如何进行学生日常行为习惯的常规培养方面,给予青年教师全方位的指导。

　　另外他还帮助我校完善了学校管理制度,明确了各科室职责;帮助教导处制定了

"课堂评价表",让教师们清楚评价一堂好课的要素;在学生行为规范方面,帮助德育处制定了"净、敬、静"为主题的教育活动方案。

徐文涛老师为全校体育教师做了集中培训——体育教学工作计划的制定培训,为新教师解答了制定体育教学工作计划中遇到的困惑,帮助新教师尽快成长起来。

徐文涛老师负责体育教研组活动,决定两周组织一次大组学习,通过优秀课例研讨、观看优秀课堂实录、解读优秀教学设计、案例分析等形式,帮助新教师把握教材的指导思想、目标要求;帮助新教师解读教材,了解教材的突破点,优化教学方法,制定相应教学设计和评价策略。他以解读教材为重点,增强教师把握教材、实施教学的水平,提高教师驾驭课堂的能力。

刘阳老师为一、二年级的语文教师解读统编语文课程标准。讲解在新的部编版语文教材使用过程中,如何培养学科核心素养,如何落实语文要素。

教育帮扶第一个学期结束前夕,我校教导处与支教教师共同组织了青年教师教研展示课活动,参加展示课的都是最近三年进入我校的青年教师。三位支教教师在活动中充分发挥自己的优势,全程参与青年教师展示课的活动安排,为参加展示课的青年教师们一一指导、点评,组织教研组交流评课。

二、2020 年春季: 培养学生行为习惯

根据翡翠城教育集团 2020 年的教育帮扶工作思路,本学期将支教重点放在学生卫生习惯培养和学习习惯培养上。三位教师制定了学生"一日常规",为了把常规要求落实到每个班级每一个学生,他们与学校德育处、少先队密切配合,通过班队会来贯彻"一日常规"要求,通过班主任监督学生遵守"一日常规"要求,通过少先队值周组来检查常规落实情况。

根据我校的要求及安排,支教教师要精准帮扶,李宾、徐文涛、刘阳三位老师发挥各自专长,在教师培训和教研组活动指导方面做了相关工作。

李宾主要负责高年级语文、数学教研组活动的指导,并成立"名师之路"青年教师学习群,重点培养学校青年教师,他自费为群内每位教师购买了学习用书和读书笔记本。李宾发现本校课堂教学存在的最大问题是学生注意力不集中,而教师们也不重视组织教学,不管学生是否在认真听讲,自顾自地讲课,很少与学生交流互动。这样的课堂效率是很低的,几乎是在浪费时间。李宾老师为全体教师做"如何培养孩子专注力"

的培训；他还经常深入青年教师的课堂听课，给予指导。

徐文涛主要负责中年级语文、数学教研组活动的指导，并兼顾学校体育教师培训。他经常组织体育教师业务学习，安排示范课，培训青年教师。刘阳负责一、二年级的教育帮扶。

这个学期三位支教教师协助教导处组织了第六届教师课赛。李宾负责制定课堂教学评价标准及邀请教育部下派支教专家组成评委组，参与课赛评比工作。教育部支教专家组的七位教师针对各参赛教师的课分别作了细致、精彩的点评，每位参赛教师都受益匪浅，对教学也有了自己新的思考。此外，三位教师每天巡视检查、每周分年级巡视各班级学生落实"一日常规"的情况并及时督促、纠正、指导。

三、 2020 年秋季： 合理组织课堂教学

为了巩固前面两个学期的教育帮扶成果，三位支教教师坚持每天早晨、下午对各班进行巡视检查，督促教师们在规范的要求下进行课堂教学，合理组织课堂教学；同时检查学生的学习习惯。

开学初，李宾老师与教务处李勇涛主任沟通并召开教研组长会，会上李宾老师对各位组长提出三点要求：一是组长发挥带头引领作用，每周组织教研组活动，做到有计划、有内容、有主题、有发言人，不走过场；二是加强对青年教师的培养，组织同年级听课、评课、磨课，锻炼青年教师；三是把培养学生良好的学习习惯贯穿课堂教学始终。10 月 12 日和 26 日，他为全体教师开展培训，内容分别是"教师课堂常规要求与学生行为习惯培养"以及"认识孩子注意力特点，合理高效利用课堂的 45 分钟"。11 月份，李宾老师听新教师"见面课"，分别听了吉尼阿沙、耿梦巧、李浩、邹红、约则子火、安妮、苏琪等七位新教师的课，并给予指导，之后又听了四、五年级新教师的课。

徐文涛老师组织的体育教师培训教研活动，通过听评课给予青年体育教师感染和理论引领，一个个优质教学资源实例、一个个有效教学的内涵实践，使青年教师在感悟中进一步了解和掌握了教学技能和运动训练方法。通过一个多月的磨练，他们在教学能力、理论水平上上了一个新台阶，从学生时代的"学"转化为教师角色的"教"，能把所学运用到教育教学一线；同时也丰富了体育课堂，展示了体育教师多才多艺的一面，让技术动作更加直观，给今后的体育教学提供了新的方法。指导青年教师新的教育教学理念和怎样上好每一节体育课、怎样做好每一个技术动作并不是帮扶的终点，指导只

是一个引领、一个导航，还要靠教师本身去感悟、去体验、去实践、去总结、去反思。

李浩老师负责五年级体育课，同时参与体育组教研活动。10 月 29 日，经过精心准备，李浩老师为昭觉民小任课组教师上了一节"小足球的各种运球方式"示范课。示范课每个环节衔接自然巧妙，激发了学生对足球的兴趣；运动负荷和运动密度合理，听课教师给予了高度评价。

通过一年半的教育帮扶行动，支教团队的教育帮扶工作已初见成效，部分老师教研的积极性明显提高，青年教师纷纷参与进来，每次教研组活动，教师们都积极参与发言，气氛很热烈。课堂上，渐渐有了师生互动、生生互动的场面，一些班级的孩子们由不爱发言到争先发言，课堂气氛逐渐活跃了，没有整堂课都是教师一个人"表演"的现象了。学生早晨到校看到教师会主动向教师打招呼问好了。

这些积极的变化得益于此次教育帮扶行动中的各方参与者，尤其得益于北京市大兴区翡翠城教育集团张文凤校长工作室的指导，以及关注、关心、关爱民族地区教育发展的国家教育部的支持。

这是属于他们的铿锵誓言

四川省凉山彝族自治州喜德县城关小学　田明强　杜启松

"大凉山下/孙水河畔/美丽的校园/成长的摇篮……"这是喜德县城关小学的校歌。喜德县城关小学和山西省吕梁市城内小学有着"惊人"的相似之处：都是百年老校，两个校长都姓"田"，都是城中校，占地面积虽小，但都承担着县区重要的教育教学任务。喜德被称为"扇城"，"扇"谐音"善"，由此形成了城关小学的办学理念"至善至美，悦人悦己"，这正与城内小学的办学理念"知行合一，止于至善"不谋而合。

一、一张不熟悉的脸

2019年，喜德县城关小学迎来了难得的发展机遇：9月，田雪梅校长工作室支教团队来到我校支教，深入我校开展工作。团队成员刘潭明副校长接任五年级（3）班语文教学兼班主任工作，管理学校教学、德育、后勤等工作；贺红梅副校长接任二年级（5）班语文教学兼班主任工作，分管二年级的教研工作；康军副校长接任五年级体育教学工作，分管体卫艺工作。他们在偏僻的大山中，在城小的土地上成为教育扶贫的中坚力量。

"扶贫先扶志，扶贫必扶智。"山西吕梁城内小学的支教团队在田雪梅校长的带领下践行着这句话。每一位支教教师都有一段感人至深的故事，都让我们看到他们在教育扶贫之路上的坚定付出。

那是2019年9月的一天，二年级的办公室里出现了一张不熟悉的脸，原来这位操着一口外地口音的中年女子，是山西吕梁城内小学指派到我校来支教的贺红梅老师。看着眼前这位年纪不大、个头不高，不远千里来到喜德却满脸笑容的老师，大家心生敬佩。她是一位十分负责的语文老师，她教的班级学生个个都很喜欢她，私下里都叫她"贺姐姐"。她的语文课有意思、有效率。在和贺老师相处的过程中，大家深切地感受到,她的教育理念先进,让我们的教师眼前一亮。她在评课时毫不掩饰地夸奖及毫不避讳地指出不足,更是让大家感受到她的人格魅力……

一个星期二的上午 10 点,二年级组进行了单元集体备课教研,由王桂英老师主备。在贺老师的指导下,各位老师一一发言,做到立足课程标准,从生字的部首、组词造句到课文内容,逐一梳理出教学的目标、难点和重点,拟出备课要讨论的提纲。随后,教师们对本单元的教学内容进行初备,为课堂教学作了充分的准备。

如今已到 2021 年 3 月,贺老师早已回到自己的工作岗位上去了,可她教的那批孩子和我们一样,都在内心深处感谢着她。

二、"你莫走"

像贺老师这样尽心尽责的支教老师还有很多。

刘潭明副校长带领我们学校研究课题,在她的帮助下,我校的国家级课题"家校共育数字化对学生成长促进研究"已经顺利开题。刘校长推荐给我们的数字化平台,补齐了城关小学在家校共育这一块的短板,让我们的家长和老师都能在平台上免费学习,学习先进的育人知识,改变保守、陈旧的教育观念。

"向您学习,向您致敬!"这是城关小学所有师生对来自城内小学刘潭明副校长的衷心感谢。我校的教师来伍伍各这样评价她:"来到喜德城小,您说您从艺体老师到语文老师再到班主任,自身教学水平在不断进步。我看到的是您把自己放到最低,埋头苦干,奉献点滴。没有豪言壮语,没有专题讲座,没有专家式的指导。但您让喜德城小的老师们知道了向您学习些什么。您完全把自己当成城小老师中的普通一员,甚至比我们很多人更努力、更扎实地做好教学及班主任工作。当我的课是第一节时,我来到班上,您已经在教室里面了,您在组织来得早的孩子读书,您在扫地、整理教室。当我的课是最后一节时,我下课了,您在教室门口,您说让我带孩子们出校门,您来带同学搞卫生、消毒,您说您没事,我住得远,搞了这些回去晚了。您说,谁跟您共事会不满意?"

此时此刻,我们又想起了那首歌——《你莫走》……

山西吕梁康军副校长一行翻山越岭入户家访,把新衣新鞋送进了孩子的手中,把控辍保学的政策送到每一户家长手里,不辞辛苦传播新知识、新理念,关爱留守儿童的健康成长。他们把扶贫扶智重任扛在肩上,把温暖洒在了喜德的每一寸土地上。他们走过的地方，就是最需要知识的地方；他们站立的姿态，就是最美丽的姿态。

田雪梅校长工作室支教团队就我校家校共育和学校管理工作进行了深入探讨，对我校教育的振兴和发展起到推动作用。

2020年9月14日，田雪梅校长一行亲临我校，为我校作专题讲座，呼唤一种共鸣：教学质量从教研抓起，优化教学环境从家长抓起，五育并举从强身抓起，学校声誉从宣传开始，教育的发展从规划开始……

与此同时，他们从不放弃自己的成长，致力于专业发展，不断超越自我；他们始终坚信，把自己点亮就能把孩子点亮，把一所学校点亮就能把一方水土点亮。每一个孩子都是一个家庭的希望，最偏远的大山也有太阳的光芒。

凉山不"凉"，大爱无疆！

这是属于他们的铿锵誓言，也是他们的坚定承诺。

第三章

支教心声

帮扶心得

总有一种力量让我前行

山西省实验小学　肖志宏

2020年9月11日，教师节的第二天，凌晨5点半，我来到机场，启程出发到四川省凉山彝族自治州金阳县去支教。当我拖着两个笨重的行李箱跨进机场大门的时候，心里惴惴不安。学校去支教的只有我一个人，即将来到陌生的地方，面对陌生的环境、陌生的学生、陌生的同事，年近50的我竟开始忐忑，自己的心脏、腰椎、颈椎都有毛病，能够适应吗？

学校领导为肖志宏老师送行

初到金阳，一切都不太适应。气候上不适应，9月在我印象中是金风送爽，天高云淡的日子，可是这里却是连续一个多月的雨季；饮食上不适应，我因为有慢性咽炎，从不吃辣，而这里的菜常常很辣；生活上也不太适应，初来乍到，我的生活用品准备不够充分。

这时,学校领导也在牵挂着我,关心着我。刚到支教学校,学校就与我视频连线,询问我环境如何、条件怎么样,有没有需要学校帮助的地方,还给我寄来了山西特有的美食,并嘱咐我,分给同去的支教老师一起品尝。

国庆节,领导怕我想家,又和我视频连线,嘱咐我安心工作,有任何困难都可以提,大家帮我解决。学校里各位同事常常和我沟通聊天,从各方面关心我,还给我寄来了暖贴。过元旦,学校同事又给我寄来了新年贺卡……

支教生活逐渐步入正轨,我在城关小学与结对老师一起备课,一起研究教材,辅导青年教师参加各项比赛,为城关小学,为金阳县各学校的老师作讲座,上示范课。学校从各个方面成了我强大的后盾,比如上示范课、作讲座前,学校老师和我一起备课,一起收集资料。

12月25日那天是学校的党员生活会,为下半年入党的同志庆祝政治生日,我坐在电脑前和学校老师一起参加。在活动中,书记为下半年入党的老师送上了生日祝福,请老师们谈谈自己的生日感言。我读了自己的支教日记,也谈了自己不忘初心,牢记使命的决心。没想到的是,书记告诉我,爱人给我写了一封家书。大屏幕上展示出家书的内容,同时爱人的声音响了起来。远在异乡,听着丈夫告诉我,家里一切都好,老人孩子他会照顾好,希望我在金阳认真工作,用自己的全部身心为凉山的孩子点燃希望之火,打造他们的七彩人生。接着在武警特战队服役的儿子也出现在视频中,告诉我,他为我骄傲,会刻苦训练,为祖国的安宁贡献力量!听着丈夫的嘱咐,看着一身戎装的儿子,我流下了幸福的眼泪。

学校的安排让我既幸福,同时也感到肩上的责任,而听着爱人的话让我在感动的同时又感到内疚。我离家远行把整个家庭的责任都交给了爱人,他虽然在家书中说一切都好,但我知道这半年来有许多事情落在了他的肩上。双方父母都已年逾古稀,他们的日常照料都是爱人在跑来跑去。在特战队的儿子在训练中脚踝骨裂、韧带拉伤,他瞒着没有告诉我……他们这样做只有一个目的,就是举全家之力支持我,让我心无旁骛地把支教扶贫工作做好。

支教是我人生中难得的经历,从此我的心灵深处多了一个牵挂的地方,那片山、那些孩子的笑脸永远镌刻在我的脑海里,虽然我在那片土地上只短暂停留了120多天,可是每当夜深人静的时刻,我不由地会想念他们,想再次踏上那片土地,再给孩子们上一堂语文课……

结伴前行，照亮孩子前进的学习之路

江苏省海州高级中学　姜海波

作为教育部领航校长工程周艳校长工作室的支教教师，我到凉山州普格县中学支教了半年左右。刚来时主要是调研分析，半个月以来通过看、听、访、谈等多种形式，对学校的教育教学管理有了大致了解，形成了七份调研报告和建议草案，并积极与学校密切配合推进集体备课的深入开展，主动参加各年级的集体备课活动，深入三个年级课堂听课，进行课堂教学的把脉诊断，开设了两场针对年级管理和集体备课如何开展的专题讲座。

国庆后，我的主要任务是课堂教学示范，让普格县中学的老师们了解、理解、运用有效的教学范式。

我承担了高二文科班(17)班的历史教学工作，每天一节课。孩子们的基础比较薄弱，在开始上课前，我进行情境导入，与孩子们进行交流，介绍自己以及我的家乡江苏连云港。全班没有一个孩子到过江苏，但孩子们通过历史课堂和地理课堂的学习，知道连云港是首批对外开放的港口城市、是陇海铁路的终点、是亚欧大陆桥的东桥头堡。接着，我又补充了花果山和水晶这两个家乡特色，播放了我们学校110年校庆的专题片，使孩子们对连云港、对江苏省海州高级中学有了大致了解。之后便对历史课堂提出了具体的要求，希望他们能做到：一是课前三分钟站读，二是准备好学习用品，三是大胆举手发言，四是认真做好笔记及作业，然后进入问题导学。

一周下来，老师们都感觉到孩子们发生了很大的变化，过去不敢去做、不敢去想、不敢突围的学习难题，孩子们都能积极面对。

课堂是生命成长的地方，只要我们尊重孩子、善待孩子，敬畏课堂、敬畏生命，认真上好每一节课，善于启发、善于诱导，把大的问题分解成一个个小的问题去靠近孩子们的思维发展区，让他们享受到学习的快乐和成功的愉悦，让他们在课堂上有获得感、成就感,孩子们一定会收获成长。

两周来,年过半百的我,除了日常调研、管理、指导、座谈等相关工作,还要每天写一个教案、每天上一节课、每天进行一次辅导。面对不一样的学情、不一样的学生,必须充分了解后精准施策。我的每一节课都是公开课,无论是新授课还是习题课,普格县中学历史专业和非专业的老师都来听课。唯有尽心尽力备课上课,方能对得起渴求知识的学生和积极听课的老师们。

2019年11月1日,上午11:15,第三节课下课铃声响起。这意味着我在普格县中学高二(17)班历时两周的历史课务结束了。看着学生匆忙中写给我的信件,心中不免有些酸涩。在我看来,普格县中学的学生虽然基础较为薄弱,但大部分孩子还是想学习的,因为他们知道只有努力学习才能改变他们的命运,而我们面对这样的孩子,无论如何都应该尽自己所能去帮助他们。

通过两周的教学展示,我想带给普格县中学的老师们的是:在管理层面,时间管理和课堂管控有许多可以改变的地方,需要潜心悟道,扎实改变。在课堂教学层面,首先要敬畏课堂,不能随意缺课或上课迟到,要做好三分钟候课,让学生养成良好的惜时习惯;其次要保证课堂教学的完整性,让温故知新、导入新课、目标展示、自主学习、交流展示、精讲点拨、合作释疑、课堂小结、目标检测等环环相扣;再次要认真备课,教学一定要围绕核心主干知识展开,要有针对性和有效性,教学语言一定要精炼,过程中要善于把大的目标分解成一个个小的目标,去靠近学生的思维发展区,想方设法启发引导学生,培养他们的思维能力;最后要让课堂有温度、有爱心,要给学生以安全感,要善于激励和赞美学生,要相信学生。

两周下来,不知道我的课堂到底能对老师们有怎样的启发,不知道老师们能否在课堂中去践行他们认为可行的办法并且坚持下去。虽然一个人的力量有限,但他的力量总会发挥作用;支教路上千万人,大家一起发光发热,就会为凉山的师生带去温暖。让我们结对成群前行,用每一点星星之火燃起孩子们前行的动力,照亮他们前进的道路。

阿火金阳暖，索玛花开时

安徽省合肥市南门小学　王蕾

提到凉山金阳，最先想到的一定是那漫山遍野的索玛花。索玛花是杜鹃花的彝语名，我无法用三言两语描述它的美，但古代诗人曾留下"水蝶岩蜂俱不知，露红凝艳数千枝"的佳句，在教育帮扶活动中，让我印象最深刻的故事就与索玛花息息相关。

位于海拔 3 500 米的丙底乡，因高山、羊群、索玛花而闻名。6 月 19 日清晨，我随金阳县教师进修校的工作人员一起驱车前往，开展"送教送培"活动。虽是 6 月中旬，但由于海拔高，一下车冷空气就迎面袭来，一秒体会过冬的感觉，也能理解为什么丙底的乡亲们夏天不用开空调。进入丙底乡九年一贯制学校，首先映入眼帘的是两栋四层教学楼，修建得整齐、漂亮，操场不大，但篮球架、乒乓球台配套齐全。

继续往校园里走，当我看到孩子们的时候，内心十分复杂：他们穿着彝族特色服装欢迎我们，精神满满，我很欣慰；但看到一张张黝黑稚嫩的小脸上布满长年累月的冻疮伤痕和高原晒斑，我又忍不住心疼他们。当地的老师告诉我，由于丙底乡海拔高、气温低，冬天经常会出现"睫毛挂冰霜"的情况，就在 5 月底，乡里还出现了 5 月飘雪的场景。孩子们一洗脸洗手，脸上和手上就很容易长满冻疮，再加上高山水资源相对缺乏，因此学校不强制孩子们洗手洗脸。

在送教示范课开始前，我提前来到教室，想和孩子们打招呼熟悉彼此，从孩子们的眼神中可以感受出他们想与我交流，但可能是彝语汉语转换不畅，又或是害羞，他们总是在躲避。我主动和他们拉近距离，告诉孩子们我给自己起了个彝族名字，叫曲么蕾蕾。一下子孩子们来了兴趣，我趁热打铁，说："你们谁愿意教我说彝语啊？"一个叫苏呷么热甲的孩子主动当起了小老师。我把我学到的彝语说出来，让他帮我评判发音是否标准。这样一来，旁边的孩子也纷纷参与其中，我们一起对着摄像头进行了自我介绍，进行了彝汉互译，心的距离一下子就近了。

曲么蕾蕾和彝语小老师们

　　班上还有一个男孩引起了我的注意,他一个人坐在旁边的小组,看着我们不说话,我主动问他:"你能对着镜头和大家打招呼吗?"他突然捂着嘴巴,把头埋进课桌。我注意到,他是一个有着唇腭裂的男孩,在这里我把他叫作"兔子男孩"。注意到这一情况后,我的眼神迅速从他的嘴巴上离开,看着他的眼睛对他说:"孩子,你的眼睛就像葡萄一样,真漂亮!""兔子男孩"抬起头笑了。我鼓励他:"你能对着镜头和大家打个招呼吗?"他的脸上流露出一些不好意思的神情。我问道:"是紧张吗?""兔子男孩"点点头,我笑着对他说:"不紧张,宝贝。"在我们的交流下,他最终对着摄像头害羞地挥了挥手,小声地说了句:"大家好。"说完后,脸红得像个苹果。这时,我掏出提前准备的棒棒糖

王蕾老师和学生在课堂上互动

递给了他说:"孩子,你今天战胜了心中胆怯的小怪兽,敢于和大家介绍自己,真是一个勇敢的男子汉。老师把这个糖果给你,希望你在以后的学习生活中,也能敢于接受各种挑战,最终品尝到成功的果实,我想那种滋味一定比这颗糖果还要甜美!"

也许这简短的交流不会让他有多大的改变,但我从心里由衷地希望"兔子男孩"在今后遇到挑战时,能想到这颗糖果的甜美,从而鼓励自己不断战胜恐惧,突破自我。

情满凉山支教路

广东省佛山市顺德区乐从镇沙滘中学　许玲

支教一直是自己心中的一个愿望,从 2020 年 5 月 20 日到 2021 年 1 月 18 日,在全国脱贫攻坚战最关键的时期,自己的支教梦得以实现。

支教回来已经有两个多月,但是一想起支教的那些日子,心里就无比幸福和温暖。那些用心走过的点滴日子都汇聚成了生命中最美好的一段时光。

印象

刚刚来到四川省凉山彝族自治州冕宁县泸沽中学,就被那一树的蓝花楹和墙头垂挂的三角梅吸引,还有学校后面的大操场,红绿相间,在落日的余晖中熠熠发光,让人心生喜欢。

与大凉山的孩子们第一次接触,就感受到他们黝黑的面庞上的诚挚笑容。一下课,学生们就会围拢过来问东问西,原来,我们都互相好奇呢! 随着时间的推移,学生们跟我已经相处得极为融洽。在我嗓子发炎,说不出话时,学生们会下了晚修特意请假回家,从田埂边拔来蒲公英,洗干净以后送到宿舍,让我煲水喝,可以清火。一直到后来,班上几个调皮捣蛋的男孩已经由原来的坐姿不端正,随意插话,上课不认真,到后来的坐姿端正,拿出本子认真默写,能跟着回答问题。看到学生们一点一滴的进步,我的内心充满动力,觉得自己的支教很有意义。

善援

大凉山的孩子很有心,每次上课都有不同的孩子来接我到教室,每周五的晚修都有孩子送我回宿舍,虽然宿舍就在教室旁边,可孩子们说我的眼睛高度近视,怕我摔跤,所以必须要送到宿舍才安心。

孩子们对我这么好,让我开始思考除了常规的教学工作之外,还能为他们做些什么。于是,我把班上的学生一个个叫到面前了解家庭和学习情况,得知很多孩子的父母都在外地打工,家里都是爷爷奶奶或兄弟姊妹之间互相照顾,而且有几个孩子的家庭还极度困难。我把了解到的情况和班主任陈耀老师核实之后,就开始在朋友圈发动朋友们为大凉山的孩子们捐资助学。

除了善款,很多朋友还进行了物资捐助,包括笔记本、字帖、毛笔、水彩笔等学习用具,篮球、羽毛球、乒乓球、跳绳等体育用品,衣物、被子、小桌板、口罩、水杯、耳机等生活用品,以及各种辅导用书和文学书籍等,让孩子们感受到了更多人间的温暖。

浸润

除了给孩子们带去物质的关怀,更要带去精神上的鼓励。在英语课堂上,我不仅教孩子们英语知识,更教做人做事的道理。课堂上我会给孩子们欣赏一些有启发意义的视频。上晚修的时候,我会给孩子们听一段古典音乐、一个朗诵作品,或听一首经典的英语歌曲,有时还会分享一篇前一天晚上写的支教日记,让孩子们感知更加多姿多彩的世界,对学习有更大的促进。

随着时间的推移,教室变得整洁了,孩子们一有垃圾就会自觉扔进垃圾桶,桌面上的书本摆放整齐了,随意迟到的现象少了,上课认真的孩子越来越多了,下课打招呼的孩子也越来越多了:那些潜移默化的影响已经悄悄在"发芽"了。

铭记

我在影响着孩子们,同时泸沽中学的老师们和无私捐资捐物的朋友们也在影响着我,让我变成一个更加乐于付出的人。泸沽中学的领导和老师对支教老师的帮助和提供的支教条件,让我们的支教工作得以顺利进行。而那些从全国各地汇聚而来的"爱的洪流",把我的支教日子变得熠熠生辉。当把一份份礼物派到学生的手中时,他们得到的不仅是礼物,更是信任。

记得许多个场景,一想起就会让自己感动——

场景一:端午节假期前,我笑问孩子们有没有给我带粽子?孩子们齐声回答他们也没有粽子吃,因为父母在外地打工,我一听眼泪就掉了下来。我从小就吃妈妈包的粽子长大,而我眼前的孩子们居然没有粽子过端午,内心五味杂陈。于是,我马上在网上下单,给孩子们每人一个粽子弥补端午节的遗憾。

几天之后,粽子在端午那天到货了,考虑到孩子们没有加热粽子的炊具,我就在宿舍把 55 个粽子热好,到了第四节课带到教室,让孩子们趁热吃。好几个孩子一边吃一边流泪,说这是他们过的最有意义的端午节,吃到过的最好吃的粽子。

场景二:在支教结束之前,我请自己的朋友录制音频鼓励孩子们。当我听一个个音频时,那些真挚的祝福,如涓涓细流流入心田,请老师合成之后,在班上播出,很多孩子一边听一边流泪。

场景三:最后两节课连堂,上完课我准备不打扰即将期末考试的孩子们就悄悄离开。谁知道第二节课一上课,孩子们说要给我唱一首歌,很多孩子一边唱一边抽泣不已,我一边听一边泪流满面。我挨个抱了孩子们,给孩子们深深鞠一躬,感谢他们在我支教期间给予的帮助和包容。孩子们全体起立,也给我深深鞠了一躬,久久不愿起身……

感念

要有多幸运,才能有支教的机会?要有多幸运,才能遇见那么多优秀的支教老师?要有多幸运,才能走遍大凉山的 17 个县市?要有多幸运,才能帮助那么多孩子,让他们更加热爱学习、生活和自己?要有多幸运,才能生活在这个伟大的时代,为大凉山的教育贡献自己的一份心力!

支教路上"且学且行"

辽宁省盘锦市魏书生中学　金丽雯

　　带着支教任务,我来到会东县参鱼中学,一个占地面积仅30多亩却有3 000多名学生的中学。从被学校领导和老师们"敬而远之""疏而避之",到领导认可我、老师信任我、学生尊敬我,一步步,我在支教的路上"且学且行"。

一场特别的升旗仪式,拉近你我的距离

　　记得2019年临近"十一",原定9月30日早上迎接新中国成立70周年国庆的升旗仪式可能因下雨难以正常举行。为了不留遗憾,我经过一番构思,终于在9月29日上午将一纸提议——"关于开展多彩多姿的升旗仪式欢度国庆的建议"送到了校长手里。半天时间,升旗班、红旗队、诗朗诵团就训练完毕。9月30日早上,当国旗伴着国歌在全校师生崇敬的目光中冉冉升起,当饱含深情的歌颂祖国的诗朗诵在校园里激情回荡,当30多面红旗在全校师生齐唱的《我和我的祖国》歌声中迎风飘扬,我感到凉山

2019年国庆升旗仪式后金丽雯老师和受援学校孩子们的合影

人民的心和我的心在一起。

从此，一项项的改革在参鱼中学推行：班级纪律卫生量化考核，加强了班级管理的科学性和实效性；主科有效作业试行，让老师们对多年学困生的学习帮扶有了新思路；阳光大课间改进，使得整个学校充满了活力。班主任悄悄走到我身边笑语："金校长，您来了，真好，谢谢您。"

再入凉山，待到山花烂漫时

2020年1月份，结束了一个学期的工作，带着些许的遗憾，我离开了大凉山，心心念念想着，如果有机会我还去。没想到，2020年9月我就能重新踏上了凉山支教的征程。来到熟悉的会东，熟悉的参鱼中学，我全身心地投入工作，为全面扶贫收官尽力。

"你看，整个实验楼的外墙刷新了，新进的几百套新桌椅正在安装；花坛改造了，现在不仅能护花还能让学生休息小坐，这个花坛里的花是新换的，漂亮不？学生入校分通道行走了，有序安全，接下来还要把垃圾箱洗手池那个位置改建成一个两层的浴室，天热的时候住校生可以洗澡了；还有马上就要在教学楼的大厅安装液晶拼接屏，咱们也来点'高科技'……"

跟在兴冲冲的参鱼中学郑春华主任背后参观学校，我也兴致勃勃。细微之处见端倪，一所学校的小变化、老师们掩饰不住的欣喜，怎能不让我感觉到党的扶贫政策的温暖呢？精准扶贫已经遍撒良种，破土发芽。花已盛开，必将花开满山。

二次支教，我开展的第一个工作就是把理论落实，主动对接班主任，实实在在、手把手地教班主任科学的班级管理。下面是我写给参鱼中学初二(4)班班主任巫俊弘老师的一封信：

愿你和学生共成长
——写给参鱼中学初二(4)班班主任巫俊弘老师

9月14日，星期一。一大早，刘建华校长就把你带到我面前。哦，我记得你，去年刚刚进入参中的"小"老师，一脸稚气。

之前，刘建华校长已经把我要当你班的副班主任辅助你工作的事儿告诉你了，所以一见面，我就看出你有一点点紧张、兴奋和激动。我原以为你是不爱说话的腼腆大男孩,可在我面前提到班级、提到学生,你一下子变成演说家,滔滔不绝:这个学生……你给我讲了一个最让你头疼的学生的事儿,我在你无奈的语气里却听出你对他的不放弃。那一刻,我就知道了你是个有上进心的好老师。

当我建议你把班级开展每周改掉一个坏毛病的活动改成每周养成一个好习惯时,你开心地说这个好;当我提醒你自己工作不能拖拉给学生当个好榜样时,你红着脸使劲点着头;当我暗示你对完成作业不好的学生应该根据学生的实际情况分别处理时,你一脸认真地听着;当我和你商量教室后面放教师桌椅、开后门、去掉班级大垃圾桶等一系列班级改革时,你睿智地发表你的观点,我们很快达成一致……

小巫老师,你让我看到了一个年轻老师的情怀,这正是我们的教育所需要的,你这样的老师是我们教育的未来。

今天是周末了,在我们合作的一周里,我们之间配合的默契程度远远超过了我的想象。虽然你是个班主任,可你自己还是个需要妈妈操心爸爸宠溺的孩子,甚至还没有我的女儿大,你努力得让我心疼。然而正因为你是个班主任,面对 53 个娃娃,你必须快点长大,变成一个大人,变成一个能解题的老师、一个能懂人心的心理医生、一个能陪孩子们健康成长的爸爸。我相信,你能!

让我们一起,在今后的几个月里打造一个充满爱,努力上进的新集体吧。愿你和学生共成长。

金丽雯老师与受援学校巫俊弘老师谈心

"原来化学还可以这么学"

2020年10月,我们支教团去大桥中学送教,我接到的任务是上一节公开课。一节课,对于从教28年的我来说并不是难事,可这次和往次不同,因为我面对的是学习习惯、知识基础、接受能力等都和以前不一样的学生,再加上一个有难度的课题。用一节课的时间教给他们什么?带着这样的思考,我用了整整一周的时间完成了我的课堂设计,然后是四节课的反复试讲和两个学校不同年龄和经验的老师的评讲、六次课件的大修改。本以为准备得很充分,信心满满,而就在开讲的头天晚上,我才知道我面对的是一个没有丝毫课堂气氛的大礼堂和三个班级200名的学生们……这课该怎么上?从来没有经历过,也没有任何经验可参考,就算是第二天站在学生面前的那一刻,我都没找到答案。上课铃响了,除了喊一声上课,问声同学们好,我别无选择。而当那一声熟悉得不能再熟悉的"老师好"回荡在大礼堂的时候,我一下子就放下了所有的困惑……45分钟后,大桥中学的老师对我说,原来化学课还可以这么上;学生们对我说,原来化学还可以这么学。

离别的日子

2021年1月,又是离别的日子,参鱼中学可是和我刚来之前大不同了。孩子们穿校服上学,精神抖擞。老师们进课堂办公,全力以赴。操场上跳起了体操舞,课前的班歌欢快动听,在整个教学楼里荡漾。课堂上六步教学分组学习,所有的孩子们学得津津有味。大课间整齐的跑步,孩子们个个意气风发。

一年的支教生活结束了,细想想,这里的一切变化都是这里的人们努力的结果,是他们的坚守和奋斗鼓励着我更好地完成党和人民交给我的任务。

将来也许不会再有这样的生活了。在我一生的教育生涯里,这段日子永远是最温暖的、最充实的、最灿烂的。

且行且学,且学且行;学老行老,行终而学止。

三个好老师

广西壮族自治区博白县中学　吴川平

在回家的列车上，我站在两节车厢之间，透过窗户看着外面的天空，若有所思地说："怎么感觉这里的天灰蒙蒙的，不够透亮？"站在身旁的王老师接了一句："是呢，没有普格的天空那么蓝。"那刻，我已经开始想念普格，想念民中了。

一个好老师的样子

在凉山普格县民族初级中学支教的那段时间里，我们始终牢记领导的叮嘱："你们要去带一支优秀的队伍出来！"这成为了我们的首要目标。初到民中，我们便与教科室的负责人联系，让他帮忙物色一些好学上进的年轻教师，一起开展"师徒"结对子活动。印象特别深刻，开会那天，负责人介绍："这是政治学科备课组长蒋老师，听说你们要'结对子'，说什么都要过来，一定要做你'徒弟'，我只好让她一起过来了。"站在旁边的蒋群英老师迎过来，笑眯眯地握着我的手，谦虚地说："吴老师，请多指教。"我赶紧扶着微微欠身的蒋老师："不敢不敢，一起学习。"

我之前听过蒋老师的一节课，觉得很好，她的课堂有格局、很开阔，没有那种囿于一方的局促。有一天，我们一起评课的时候和她聊了聊，才知道她大学毕业之后曾经在深圳工作过一段时间，也许是这个缘故，她的课堂有开阔感。此后，在很多次的交流和听评课中，明显感觉到在教育的理念、学生的观察和学习态度等问题上，她有很多自己的思考、矛盾、平衡和努力，这些都被她放到了自己的课堂上，怪不得她的课堂很特别。

普格县开展全县的教师优质课比赛，蒋老师有些歉意："吴老师，我以前没组织过这个，咋办？"于是，我们把整个科组所有老师的课全部听了一遍，分析了教师上课的特点，并指出这些特点应该怎么运用才能转化成优质课上的优势。我们还对优质课的课题选取、架构、突破等提出针对性的意见。她随后组织科组集体评课,把我们的建议布置下去,并实施起来。

蒋老师总爱称呼我为"师傅",实际上,我觉得我们更像朋友,可以真诚、无拘无束地交往;也像战友,在教育事业这个"战壕"里面,携手共进;也像同志,彼此分享困惑,有共同的信念。有一天,她心生感慨:"在你们身上看到了老师该有的样子。"我想,她大概羡慕我们团队里面那种坚定踏实、对教育认真细致负责的态度和做法。我没有告诉她,其实,在她身上,我也看到了一个老师该有的样子:谦逊、善思、好学、勤奋、负责。

耿直好学的"新朋友"

还有一次,蒋老师给我发信息:"我们科的陈老师想请教您一些问题,方便给她您的联系方式么?"

当然可以。

几秒钟之后,陈文美老师的好友申请就发了过来,我点了添加好友。

稍微寒暄几句,她就很"不客气"了,发了一个文件过来,追问:"吴老师,我把这个学期所有的知识点列出来了,将重点的题目都加粗了,您看看我这些知识点全吗?还有什么需要补充?有的话麻烦您帮我标注出来可以不?"

一上来就这么多的"问号",把我"砸"得有点懵。点开文件,感觉密密麻麻的字都要撑破屏幕跑出来了,但她的急切又深深打动了我。我跑到办公室,把文件一一打印出来,厚厚一摞。知识点很全,从圈出来的题目来看,她应该是仔细研究过,确实是重点。我一道一道过滤,把一些常考查的题目也标注出来,并且备注了可能考察的方向和题型,整理完成之后,发过去给她。

她接到文件之后,一通感谢:"吴老师,谢谢啦,这下我心里更有底了。吴老师,你来听我的课的时候我们再聊,我要忙去了。"

这个耿直的小姑娘,像凉山的萝卜,脆脆的,一点都不拖泥带水。

陈文美老师后来成了我的"徒弟"。听她的课,明显感觉到她下过苦功夫。在后来和她的接触中,发现她为了上好课,做过的工作还有很多,例如主动看优质网课、分析出题的偏好、揣摩出题的方向等。民中有这样的老师,何愁成绩不好?我们也针对她这个好学的特点,结合她上课的风格,提了许多中肯的改进方案。她很谦逊,也很聪明,第二节课上就能把我们的建议全部整合到她的课堂中去,作为一个刚毕业两三年的新老师来说,她的领悟力和努力程度都相当值得肯定。

衔接"理论"与"一线"

"吴老师您好,谢谢您今天为我指出的问题,让我领悟到他人评价的重大意义。""还请以后不要嫌我麻烦,因为我不懂的事情太多了,还请多多指教。"

这是我们听了一节徐迁老师的课之后她发给我的一段话。

在我们给她的评课中,本着对新老师的爱护,针对上课存在的问题,每个问题细细地抠,提出课堂处理的方法和意见,每一次评课就感觉好像给她上了一节课,怕她接受不了,对她说抱歉。她总会笑着说:"吴老师,其实你指出的问题已经很委婉了,你不知道,我们学院的教授听我们上课,360度无死角地'骂','骂'得体无完肤,那时都怀疑自己的大学白上了"。

"哈哈,那我说的和你们教授'骂'的有什么不同?"我被她的率真逗乐了。

"我们教授'骂'的是课程理论没有落实,您说的是具体课堂的实际操作,更有实践性。"

"这大概是一个衔接吧?"

"是的,吴老师,您说的很对,您作为经验丰富的一线教师,建议更有针对性,这让我把教授的理论指导落实到了实际,这真的是一个过渡和衔接。"

在民中,这三位教师分别代表了好老师的几种样子。她们的性格特点、处事风格、教学方式都很不同,但她们的身上都有一个共同的特点——对教育的"精进"与执着。她们谦逊的态度、对职业的敬重、对学科的钻研值得我们敬佩,更重要的是,她们对自己的职业成长有迫切需求。民中有这样的老师,何其幸哉! 民中的老师年轻,换个角度看,这何尝不是优势。年轻意味着更有活力,有接受和改变以及飞速成长的可能!

最后,我想套用沈从文先生的一句话:我行过许多地方的桥,看过许多次的云,喝过许多种类的酒,却只在普格遇到可亲可敬的他们。因为他们,民中会更好,那里的孩子会更好!

找到自己的精神家园

吉林省辽源市龙山区工农乡中心小学校　徐绍霞

当我收拾好行囊,整理好思绪,作为北京教育学院培养基地领航校长张洁校长工作室的一名支教者与同行们一起奔赴四川大凉山,心情可谓忐忑与兴奋交织着。

我珍惜人生中有这样一次体验与磨练。当我踏上西昌的土地,蓝天白云与青山绿水,草地牛羊与袅袅炊烟,带我慢慢走进大凉山。

还记得第一次走进会东四小,我惊呆了:大山深处竟然有这么美的校园!错落的教学楼窗明几净,整齐的绿化带映入眼帘,看到一张张稚气的小脸儿向我打招呼的那一刻,我的心完全融化在孩子们灿烂的笑容里。我暗下决心,一定要珍惜难得的支教机会,把我多年来的美术教学经验分享给这里的老师和可爱的孩子。

快乐不会被贫穷限制

难忘 2019 年 9 月 19 日这一天,我随会东第四小学校长与部分教师去老君滩中心校开展"送教下乡"活动。老君滩中心校是四小的帮扶学校,也是会东县最偏远的一所中心校,出发前,王校长问我晕不晕车,我说不晕车,校长说:"那你可以一路观赏以险峻饮誉世界的老君滩风景了。"于是,我高兴地坐在副驾驶的位置上,在欣赏经过亿万年风雨雕琢、自然造化下的一处处令人惊艳的绝世美景时,却也吓得冒出一身冷汗,这可是我平生中第一次见到了"悬崖上的路"啊。我顺着车窗往外面看,感觉头顶的大石头随时都有可能滚落下来,路旁还堆积着大小不均的石子,即使司机师傅技术娴熟地安全驶过一个又一个惊险路段,还是吓得我不敢睁开眼睛,手心里全是汗。车子在盘山路上走了近五个小时的路程,远远看到蓝蓝天空中飘着一面五星红旗,王校长说:"那就是我们要去的老君滩中心校。"

走进校园,穿过平坦干净的土操场,正面是两层教学楼,旁边是学生的宿舍。在我疑惑之时，校长对我说："由于老君滩中心校地处偏僻，孩子离家很远，每周末才能回家一次。条件稍好一点的学生，家长是用摩托车接送的，有的学生家长出外打工，没人接送就要靠自己步行回家，部分孩子们要走上三四个小时才能到家……"

走进学校宿舍，推门而入，只见学生们的床位是上下铺，他们有的在刷鞋子，有的在洗衣服，有的在整理床铺……当我问到他们的梦想是什么时，他们低下头说："我想照一张全家福，有爸妈在身边陪伴""我想当老师""我要走出大山，看山外的世界"……看着孩子们有序地就餐、上晚课，眼前的一幕幕场景触动着我的内心深处。

第二天，按照事先准备好的方案，我认真地给老君滩的学生们上了一节剪纸课。当我把课前剪的范例展示出来的时候，孩子们高兴极了。看到孩子们求知若渴的眼神，我的真实感受是：在同一片蓝天下，贫穷并没有限制孩子们的想象，什么也阻止不了他们在课堂上拥有的快乐。作为一名普通的教师，我真想把我的全部知识在有限的时间里毫无保留地教给这些学生。

那一课，也是我一生当中最难忘的一节课。

上完徐绍霞老师的剪纸课后学生们展示自己的作品

难忘老君峰写生

2019年10月14日，我参加了会东县美协组织的老君峰景区写生活动。接到通知后,我和四小的美术教师就开始积极准备着,和美术同仁们一起出去写生是一个难得的机会。早晨,我们背着画箱,拿着画架出发了。天公不作美,走了不多时却下起雨来,通往老君峰的路多半是泥路,空中飘着濛濛的细雨,我们的车速不得不慢下来,车子开了三个多小时,接近傍晚时,我们终于到达目的地。这时雨停了,天也渐渐黑了,我们住进帐篷,依稀听见帐篷外边又是一阵阵的雨声。朦胧中,水滴掉在脸上,原来是帐篷漏雨了,起身一看,睡袋周边全是水。小小的插曲,却给我们这次写生增添了许多乐趣。

徐绍霞老师参加老君峰写生活动

第二天早饭后我随同行们来到景区,顿时目瞪口呆。近处的山色彩丰富、清晰可见,远处山的色彩关系呈现出油画般的质感,山峦叠嶂、云雾缭绕,"此景只应天上有,人间能得几回闻"。我们迅速拿出绘画工具,几经着笔,几经停笔,才终于完成了写生作品。画完后,我看着同行们一幅幅多姿多彩的画,望着眼前的老君峰默默矗立在历史的烟云中。难忘老君峰的美景,难忘这次生动的写生。

美景不可辜负,在这里,我找到了自己的精神家园和心灵的寄托,满载而归。半年的支教生活如此短暂,每每想起却深深怀念。

趁青春,多做有意义的事

陕西省西安师范附属小学　张劲松

根据教育部教师工作司《关于开展四川省凉山彝族自治州教育帮扶行动的通知》要求,7月我接到了学校的正式通知,作为刘玲校长工作室的首批支教教师之一,赴四川凉山开展教育帮扶。

31日,我怀揣满腔热血,踏上征程,心中暗自鼓劲!平日里上了飞机就能进入睡眠的我,怎么也没有了倦意,左瞅瞅,右看看,感觉周围的事物仿佛就是凉山。不久,飞机安全落地,一出航站楼我便受到了凉山州教体局的热情接待,精心准备的鲜花和不尽的感谢,再次让我感受到了肩上的责任。

初到会东,深有体会:凉山不"凉"!会东真好!

接着,教育部"凉山教育帮扶行动会暨会东县首批支教教师见面座谈会"召开,四所中学、五所小学校长与会,会上帮扶学校校长介绍各学校实际情况、办学规模、师资力量、学生情况以及所面临的诸多问题。聆听过后不禁感叹:会东教育令人刮目相看,我们哪里是来支教啊,这可以说是一次盛大的教育交流。

次日,顾不上整理房间,我怀着激动的心情立刻踏进支教学校——会东县第三小学。随处可见的"读书角",充实着孩子们每一天的学校生活!丰富多彩的校园廊道文化,让师生生活在如诗如画的书香校园环境中。

在与第三小学刘书记及两位教研主任交流后,我深知学校现存的短板,也明确了帮扶方向。于是直接开展日常听评课,参与指导学校各类活动,承接"中国好老师"基地任务并开展讲座活动。

很快,经会东县教体局研究,决定于10月17至18日在第三小学开展"中国好老师"公益行动计划,共同参与教学研讨活动。经过精心准备和不断完善,我的第一场大型公开课即将上演。

本节课以兴趣教学为主线,以技术教学为重点,以学生全面发展为中心,根据学生的实际情况,充分发挥学生主体地位。本课还关注学生的运动愉悦感,通过学习与游戏的相互结合,培养学生良好的体育锻炼习惯,并让其形成终身体育意识,促进学生健康成长。

课后,有一个小男孩跑过来悄悄对我说:"老师,可不可以不要走?"支教,是一种磨炼,是一种奉献,也是一份收获。孩子们的喜爱和认可,才是我的动力源泉!

次日,我围绕体育课堂教学、课堂常规、课程设计及课堂评价机制等方面进行了一场讲座,让大家明白一节体育课看似简单,却蕴含诸多因素:从指导思想到教学目标,从教学内容到组织形式,从练习方法到教学环境,从对教师的要求到课堂上的即时评价,都提出更高的要求。这就要求教师要捕捉多方面的体育教学信息和知识,充实自己,完善课堂。

为了全面提高会东三小的管理水平,传递教艺真经,我带领会东县第三小学 12 位管理人员利用彝族节日假期走进西师附小学习。千里川藏一线牵,直播研讨乐融融。陕川藏三地依托西师附小"名校＋"教育联合体开展网络直播教研活动。陕西省西安师范附属小学、西藏阿里陕西实验学校、凉山州会东县第三小学近百名教师共同参与此次教研活动。从此西师附小的优质资源不再"遥不可及",陕川藏三地同步教学研究只需"千里一线牵"。

带着种种不舍,一学期的支教生活结束了。回想当初,当我被选入教育部首批凉山支教团队的时候,当我来到支教目的地的时候,当我真正站在讲台上望着那一双双充满渴望的眼睛的时候,我越发感受到那份责任的沉重。

时间虽然短暂,但正因为有当地朴实的人们,有那群可爱的孩子,我才体会到支教真正的伟大与独特。本次支教也让我充分意识到,应该珍惜属于我的青春时光,多做有意义的事,少浪费时间,为社会奉献出自己的一份力量。

"豫"见凉山,"育"见未来

河南省郑州市第十一中学　韩京里

2020年8月30日,带着郭勤学校长的嘱托,我降落在了西昌青山机场,开始了历时132天的支教历程。从出发的那一刻起,我开启了一段与凉山人民、与凉山教育之间的美妙旅程。

知冷送暖,蓄力明天

喜德的冬天来得特别早,10月份就下了今年的第一场雪。10月23日,我从喜德县城出发,驱车前往35公里外的米市镇马多洛村,与另一位来自福建的支教老师将数十套棉衣棉鞋送给村里幼教点的孩子们。

这些衣物是我们从家乡募捐过来的。虽然朋友们捐助的大多是已经穿过的旧衣物,但是我们对捐助物资是有明确要求的:不能有破损,不能太老旧,必须洗净晒干。我们是来给孩子们送温暖的,不仅要让他们身体暖和起来,还要让他们的心暖和起来。如果能让孩子们穿上干净的、式样较新的衣物,孩子们会有一种"买了新衣服"的幸福感。

当马多洛村幼教点的孩子们穿上自己挑选的棉衣之后,一张张笑脸在风中绽放,映衬着身后白雪皑皑的山峰,那一刻,我们觉得自己来得很及时。

"让孩子们拥抱温暖""让孩子们感受幸福",是我们的追求。除了名校长工作室的大额捐助外,我们先后筹集了数百套衣物,分发到了20多个小学和幼教点。我们还捐款5 000多元钱,以"上门走亲戚""送孩子放学回家"等方式慰问了7组家庭。我们希望给学生们种下温暖的种子,蓄力明天的发展。

凝智聚力,唱出"一台好戏"

"这支舞孩子们跳不起来,我们换一支吧。"

"学生练习这首歌都好长时间了,要是不让他们唱,是不是太可惜了?"

"孩子们也不会答应的,让他们唱吧。"

"这些歌都唱的话,会不会太多了? 咱们的时间不允许啊。"

……

这样的你来我往,是我们"迎国庆筹备会"的常态。9月16日,我把喜德中学团委和政教处的相关人员召集起来,一起商讨月末迎国庆活动。由于参会人员意见交换得比较充分,当天就把活动方案的细节、节目排练的安排都给敲定了。但是我们仍旧出了一个纰漏,忘记把体育组老师请到会上了。第二天,排练一开始就发现有些队列设计"太过理想化"了,于是赶快把体育组的老师请过来一起优化方案;后来,四川省内援彝帮扶队的老师们也参加了进来……

9月30日,"迎国庆"快闪活动正式上演,静态与动态相结合,大合唱与小合唱相结合,呈现出了高标状态。年终时,这场快闪活动被勒各瓦铁校长写入了喜德中学的"新年贺词"。

这是我第一次在喜德中学跨部门、跨年级将教育资源整合起来,凝智聚神,形成合力,搭建平台,推动项目,效果非常不错。有了这次成功的尝试,我们又陆续推动了课间操项目、升旗仪式等活动的革新,并进一步调整了学生会的定位,争取搭建一些平台,给学生提供更多的发展机会。

发现团队的力量

10月13日,我们历史学科以"宋文武名师工作坊"的名义,终于"隆重"地"入驻"行政楼二楼的一间办公室了。喜德中学的办公条件有限,以至于之前我们的教研活动只能四处"打游击",监控室、会议室、某位老师的办公室……都有我们的身影,我们甚至趁着学生去上体育课的空档"占领"过他们的教室。但是从今天开始,我们有了"永久会址",这是我们历史学科发展的全新开始。

培育宋文武名师工作坊是我们推动喜德中学"青蓝工程"发展的重要组成部分。在这里,我不仅要担负起培训青年教师的任务,还要充分挖掘喜德中学既有的教师资源,并形成推动"青蓝工程"可持续发展的体制机制。

但在做这项工作之前,我是有很多顾虑的:喜德中学之前并没有成体系的、长效的教研活动,我的工作必然要打破他们的"安逸"状态,这会不会遇到阻力? 喜德中学教师的构成比较复杂，资深教师、不同归属的支教老师，协调起来会不会很困难？"青蓝工程"和"名师工作坊计划"交叉存在，会不会彼此消耗？但是，困难不能成为工作的拦路虎。于是，我并不急着让"青蓝工程"上马，而是先走进老师们的课堂，和老师们一起去面对教学中的问题，一起去解决教学中的困难，而后与宋文武老师合作，以名师工作坊为框架，组建培养青年教师的小团队，再将之慢慢适度扩大，最终形成了我们很有凝聚力的"历史小组"。

有了团队的支撑，有了可操作性的培养途径，青年教师的成长速度明显变快。"有了科学的板书意识""给予了学生合适的学习主体地位""教学行为更加科学、多样了"……这些评语在我的听课笔记中开始频频出现。阿果尔的老师更是在 11 月 10 日用一节公开课"一鸣惊人"。我们的学科之花正在茁壮成长。

换位体验中的教与学

"谁能解释一下'什么是甲骨文'？""'草书'为什么要叫'草'书？""谁能区分一下：相比较楷书和草书，行书有什么不同？"12 月 11 日，初一（10）班，"昌盛的秦汉文化"一课正在"上演"。与一般的课程有所不同的是，站在讲台上的"老师"是班长杨芳。我和他们的科任教师黄光美老师，则坐在学生堆里"听课"。刚才，我还被"杨老师""点名"回答了有关"金石文字"的问题。这是我们推出的一堂师生换位体验的课程。

在每个周一的晚上，夜自习下课后，我会留在教室里进行"培优"。由于是"小班化"教学，我经常在这个课堂上与学生进行换位体验，这实际上是一种片段性的"翻转课堂"教学模式。在每个"翻转课堂"的周期内，我都会给学生适量布置具体任务，然后由学生独立或合作去解决问题，而后，需要学生代表向我展示问题的解决过程。

通过每一次换位体验，我们希望教师能够更好地了解学生的现状、理解学生学习障碍生成的原因，从而更好地为学生提供更为符合实际需要的学习方案。我们也希望学生能够换个角度审视自己、审视课程、审视师生关系和生生关系，从而能够更为精准地循迹学科核心素养，助力自身发展，去拥抱未来。

凉山支教是我人生的宝贵经历，也是我作为人民教师的使命和担当。可以看到，越来越多的教师投入支教事业，共同促进凉山教育的高质量发展。一次支教一生情，我将继续关注喜德中学，关注凉山，为教育事业贡献智慧和力量。

教育叙事

爱心接力，与凉山孩子们的那些故事

河南省郑州市第四中学支教教师

心理咨询——依格木的故事

一年前，当依格木（化名）来到学校心理咨询室，向人大附中基地闫培新校长工作室前往凉山支教的心理老师孙亚灵咨询的时候，她的脸上布满了愁云，她哭了整整两个小时，并讲述了自己的故事：母亲病重，刚上高三的她，却不得不肩负起家里的重任，不仅要带着母亲去华西医院看病，还要照顾家里四个年幼的弟弟妹妹，她坐在教室里无心学习，每天在辍学打工和完成高中学业的选择中来回摇摆……

孙亚灵老师一边耐心地听着依格木的哭诉，一边认真帮助她分析继续上学和辍学打工的利弊，引导她作出正确的决定。依格木在孙老师的分析下，坚定了克服困难完成中学学业的信心。

千里寻"亲"——凉山孩子懂感恩

当看到四川凉山有很多孩子因为家庭贫困不能安心学习，郑州四中教师付前庆委托孙亚灵老师寻找需要帮助的孩子。经过与依格木同学的沟通，付前庆老师给依格木同学邮寄了衣服，在经济上尽可能地帮助她。孙亚灵老师也在心理上给予支持，帮助依格木重塑对生活和未来的信心。

孙亚灵老师与依格木在郑州火车站合影留念

一年过去了，依格木同学不负众望，圆满完成了高中学业，以优秀的成绩考取了四川省的一所师范院校。"穷人的孩子早当家"，刚刚参加完高考的依格木，利用暑假时间外出打工，赚到了自己大学一学期的学费，把自己"活成了"一篇励志故事。谈到郑州四中帮助过她的老师，依格木内心充满了感激之情，2020年大学报到之前，她不远千里来到郑州，寻找曾经帮助过她的孙亚灵、付前庆老师，表示一定会好好学习，回报社会，回报大家对她的关爱。

　　当得知依格木还有年幼的弟弟妹妹，郑州四中的刘亚利老师带着自己9岁的女儿一同加入到爱心接力的队伍中。不仅如此，闫培新校长工作室成员校的老师、孙亚灵老师在郑州市妇联的同事们，甚至郑州四中的一些热心家长也积极行动起来——已经考上北京大学的四中优秀毕业生龚晟源的妈妈捐助了国学机，帮助大山里的孩子学好诗词等传统文化；另一位优秀学生的家长杨印章，尽管自己的孩子已经从郑州四中毕业好几年了，仍捐出了3000元用于帮助那些品学兼优的孩子。

孙亚灵老师与她资助过的学生

爱心接力——中原大地一片情

　　2019年11月中旬，人大附中基地闫培新校长工作室一行10人来凉山送教援培并开展"不忘初心、牢记使命"主题教育活动，同时深入到彝族贫困家庭开展家访活动。在家庭困难学生姜美忆（化名）家中，看到家中70多岁的老奶奶带着两个孩子艰难地生活，他们毫不犹豫地把自己身上的现金捐给老人，老人感动得落下眼泪。此后，工作室成员校将捐助的资金和物品,通过凉山支教的两位老师,源源不断地送到困难学生手中。寒冷的冬季,孙亚灵老师为姜美忆购买了冬衣,还捐出了自己崭新的羽绒服。

郑州四中向越西二中捐赠办公用品

2019年年底至2020年年初,闫培新校长工作室发起了"情系大凉山,牵手送温暖"活动,郑州四中、三门峡市育才中学、郑州市第八十一中学、郑州中牟县晨阳路学校、济源市济水一中等多个成员校一起行动,师生、家长参与其中,2 000多封带着爱和温暖的问候信被传递到凉山学子手中,再加上衣服、书籍和体育用品,把河南人民的爱心和浓浓的情意送到凉山。

在大凉山支教一年多的时间里,闫培新校长工作室支教人员孙亚灵老师等人先后帮助了20多名凉山孩子。闫培新校长工作室以及成员校捐助了价值10余万元的电脑、打印机、图书、运动器材、衣服等物资,支教老师们更在精神上引导这些孩子树立正确的人生目标,积极向上地生活,努力活成自己理想的样子。

支教杂感

四川省绵阳中学　孙伟

　　2019年9月，作为魏东校长工作室派出的支教教师，我与来自全国30个省、直辖市、自治区共325位怀揣着同样教育梦想的教师奔赴凉山，开启了凉山教育帮扶行动。途中，我不禁思考，在那片贫瘠的土地上，最需要改变的是什么？ 而我，又能为支教学校和学生做些什么？

　　四个月的支教生活给我留下最深的感触是：感动，常伴左右。

被支教同伴们的大爱与无私感动

　　与外省支教老师相比，作为四川人的我，没有语言沟通的障碍，没有饮食习惯的差异，没有气候环境不适应等诸多困难。但他们之中，有的是已快到退休年龄的特级教师，有的是孩子还不满周岁的新手爸爸，有的是两个女儿还在上幼儿园的二宝妈妈，他们从北京、上海、广州等繁华都市来，从人大附中、雅礼中学等名校来，他们为凉山教育脱贫而来，为帮助四川而来。作为一名普通教师，作为半个东道主，我怎能不被他们不求回报、无私奉献的精神打动？

被当地教师的付出与艰辛感动

　　因多种原因，当地教师缺编严重，每年九月份，很多学校都要等到省内几所师范院校实习生到达之后才能正式上课。正因为师资力量不足，当地很多教师工作量是我们同学科老师工作量的一倍半至两倍。除教学工作之外，他们每个人至少还承担着两到三户贫困户的帮扶工作，上课、下乡，学校和村舍道路上留下的是他们为实现大凉山孩子梦想、为国家脱贫攻坚伟大事业而奋战的足迹。他们之中，有陕西师范大学毕业的高材生，有带着离开大山的梦想到成都读完大学的当地人，有放弃在外就业机会回到家乡践行诺言的大山姑娘。我想，这才是人生该有的追求与担当。

被身边孩子们的朴实与坚强感动

在这里，一个个上进的凉山孩子努力地向阳而生。"下山十五里，上山十五里"，孩子们被冻得通红的小脸上挂着鼻涕，也挂着笑容，这是我在上班途中经常路过的一所当地小学门前所看到的画面。高三教室里，一个孩子校服里的涤纶纱线从夹层里"冒出脑袋"，它已陪伴主人三年，想看一看主人认真学习的模样。食堂里，白菜粉条汤、香辣酱炒土豆条、酸菜炒土豆丝，孩子们吃得津津有味……面对此情此景，我不由在想，此时此刻，我的儿子应该穿着新买的羽绒服吧，我们教室里的空调也已经开了吧，我们食堂里那令人眼花缭乱、垂涎欲滴的菜品也准备得差不多了吧。

对比，方懂珍惜。

只有亲自步行翻过海拔 3 000 米的小相岭，半只脚踩着悬空的钢梯爬上悬崖村，吃过火塘里烧出的洋芋后，才更能理解什么叫艰苦，什么叫满足。现在的我，已不再抱怨家乡的道路一到雨天就泥泞难行，至少路的两边不是几十米高的悬崖；现在的我，已不再抱怨街道上偶尔出现的交通拥堵，至少它不是因为山体滑坡造成的道路阻断。当我在凉山看到悬崖间蜿蜒而上通往山顶村落的公路，看到为深沟尽头的人家送去光明而沿溪而立的电线杆，更深刻理解了什么是"为人民服务"，什么是"小康路上一个都不能少"的承诺，什么是中国共产党人的担当与作为。当 2021 年 2 月 25 日，习近平总书记庄严宣告"我国脱贫攻坚战取得了全面胜利"之时，我更读懂了"共产党瓦吉瓦""习总书记卡沙沙"里包含的真情。

支教生活很快过去，短短的四个月，我看到了大凉山深处孩子们眼里的渴望与梦想，明白了大凉山教师们的坚守与不易。这弥足珍贵的支教经历，带给我更多的是学习，是探索，是精神的洗礼和对教师真正价值的重新思考与定位。

该做的事

江苏省苏州高新区第一中学　刘久娥

上周去红军村的路上，遇到两个女孩，一个五岁，一个八岁。送她们到家后，我看到两个孩子的鞋子破了，就许诺送她们新鞋。

周末，我去买鞋。值得称道的是，鞋店的老板得知我作为支教老师自己花钱给孩子买鞋后很感动，一律按照五十元一双的价格卖给我。恰巧南京雨花台中学王方方老师的朋友寄来的衣服也到了，于是我们带着衣服、鞋子，以及苏州的学校赞助的电饭煲出发了。途中，我还买了蛋黄派和沙琪玛等食品。我就想给这两个有缘的女孩提供点帮助，这也是我答应的事情，没什么特别。

我们一起走到这两个孩子家。狭小的院子里，一个男孩在洗衣服，洗衣机上刻着"四川省政府捐赠"的字样。那两个女孩认出了我，很开心。我们问是否还有大人在家后，她家的堂姐叫来了奶奶，一位饱经风霜的老人。

我们说明了此行的目的，奶奶很开心，一个劲地说着什么，我们却听不懂。堂姐给我们翻译，大致意思就是说很感激我们。感激这个词让我们无所适从。原本就是缘分使我们相遇，我们因恻隐之心而来，但这份心在她们那里却如此珍贵。

可惜给姐姐买的鞋尺码大了很多。给妹妹换好鞋的刹那，我看到姐姐盯着妹妹的新鞋，羡慕不已。我跟姐姐说，明天叔叔给你送新鞋过来，她的脸上才流露出幸福的神情。

始料未及的是，我本来以为这家就这两个女孩，来了才知道这家有六个孩子。我们毫无准备。

我给奶奶说了电饭煲的使用方法，奶奶很开心，用蹩脚的普通话跟我说，"这个，我在其他人家看到过。"言语之间，多是羡慕。我不知道现在一个电饭煲还能让人有如此的反应，或许是自己"不缺"什么，便不能了解他人的感受吧。生活往往是这样，你认为平常的,在别人眼里也许就是奇迹;你认为理所当然的事在有些人眼里却是那么不可思议。我能感受到他们的开心,也能感受到自己内心的酸楚。

王方方老师跟我说,她问两个女孩,想不想妈妈,她们小声地说"想"。她说当时自己没忍住,哭了出来。谁不想家庭和睦,济济一堂,孩子在父母的庇护下茁壮成长,但现实让她们不能这样,父母在外务工,只能将孩子托付给家中的爷爷奶奶一起生活。想到前一天去走访特尔果中心校时,哈尔滨的郭金娥老师跟我说的那番话,大意是凉山很多孩子都是留守儿童,教育的难度很大。

事实确实如此。这群孩子的教育怎么办?他们如何适应?诸多难题放在普格教育的面前。我能解决一双鞋、一件衣服,但我能解决他们的教育难题吗?我问自己,没有答案;我问同行的人,回答很多,却没有定论。

回来的路上,我一个人独自走在最前面,努力去思考这个问题,最终也没有答案。我只能告诉自己,你能做的就是完成你力所能及的事。

周日,我跟徐州的张宏武老师一起又买了三双鞋给他们送去。姐姐看到我们去,开心的小脸笑靥如花。我给她换上新鞋,大小合适。她的哥哥也回来了,试了试新鞋,也合脚。接着她的奶奶回来了,看到我们让我们去家里吃饭。我们两个没答应,准备走。可奶奶急忙出去,回来时,一只手拿着一个盆,里面是猪肉,另一只手拿着一碗米饭。我们感受到了她的谢意,一种从行动表露出来的真切的谢意。

我想起前一天离开她家的场景。奶奶喊着我们,走进房子后面的一个储物间,她肯定想让我们带走点什么,但是我们谢绝了。那种表情很难忘记,是感谢却又不知道如何感谢而露出的表情。我能感受到,却还是拒绝了她,我不知道这种好意的拒绝会不会给老人家带去负担。

所以这次我们没有再拒绝,我们两个各拿了一块肉吃着,奶奶随即流露出开心的神情。我们不是不愿接受奶奶的"回礼",只是觉得我们做的事情很简单,没必要被感谢而已。

其实,我一直在想一件事,我来支教,帮助这样一群人,意义何在?我能改变什么呢?周五去特尔果中心校,遇到一位年龄较大的女孩在三年级学习,班主任告诉我们她是控辍保学动员来的,跟着一群与她年龄不同的孩子在一个教室里学习,她会是什么感受呢?国家的政策真是好,让这群孩子能走进课堂。但是将来呢,他们能一直学习下去吗?能一直被控辍保学吗?也许能一路学下去,走进大学;也许会中途退学,然后嫁人结婚，过着平常的日子。可是，我最担心的是，这群孩子将来会对自己的孩子严格要求吗？他们会不会觉得生活就是这样，到了年龄就要嫁人，读书未必有用呢？好多疑问在我脑海里呈现、翻滚，无法退去。

"再穷不能穷教育，再苦不能苦孩子"。我或许真的不能解决什么问题，我只能做我力所能及的事，至于将来，需要他们自己去努力。

下午，我和张宏武老师一起，跟孩子们说："你们要努力啊，将来做个对社会有用的人，去帮助更多的人。"我看到孩子们眼里的笃定与憧憬，眼神清澈无邪。我也祈愿她们能好好学习下去。

我给他们留下了电话号码，告诉他们："只要有困难就打这个电话，叔叔一定会帮助你们。"好多事，真的是遵循自己的内心，没有打草稿便脱口而出了。

晚上，我在老乡群里说了这段经历，也发了一些照片。老乡们都很有爱心，感叹之余，他们也私聊我，说起捐助的事。对于他们的善举，我从心里感激和敬佩，在同一片国土上，我们就是一家人，我们会向在这片土地上素不相识的、需要帮助的孩子伸出援手。除了爱，我不知道什么能够概括这份情感。

这次支教经历让我明白了很多，也懂得了很多。我不知道将来的我会怎样，但我知道将来要做什么。人这一辈子也许需要一个顿悟的时刻。那一刻，你明白了，也就懂了。

待荞花开烂漫时

安徽省池州市第十一中学　满其军

昭觉县的雨季特别漫长,昭觉的雨与昭觉的雪是形影相依的,它不会给你片刻的适应时间,而且总是来得那么突然。晴朗的时候,周边的山峰仿佛都戴上了白色的毡帽,湛蓝的天空下,高大延绵的山脉在银色雾凇的点缀下变得晶莹剔透、雄伟壮丽,整个世界变得如此纯净。昭觉用它独一无二的方式净化着行者的心灵,激励着我们奋力前行。在银装素裹的大凉山的世界里,虽然环境恶劣、土地贫瘠,但荞麦种子正悄悄地在泥土中积蓄力量,它们将凭借坚强的意志度过寒冬,在万物复苏的春天以坚韧不拔的姿态破土发芽,在贫瘠的土地上倔强成长。2020 年,我有幸作为一名支教教师,走进昭觉,在感受昭觉美丽的同时,也收获颇丰。

响应号召扶贫支教

扶贫扶智,让贫困地区的孩子接受良好的教育,是扶贫开发的重要任务,也是阻断贫困代际传递的有效手段。在教育部教师工作司的组织下,我有幸被选派赴四川省凉山彝族自治州支教,倍感使命光荣、责任重大。

温暖行动爱心助学

支教团队的公寓旁有一条依山而下、蜿蜒曲折的小河。河面上一排石头点缀出一座简易的石桥,小石桥是两岸人们通行唯一的途径。在橘红色晚霞的映衬下,幽静的河水缓缓流动,劳作的行人慢慢走过,描绘出一幅山水画的唯美意境。正当我们欣赏着温润的晚霞时,一位五六岁的小女孩映入眼帘,她步履艰难地准备从石桥上回家,走到河中间时,由于两块石头距离较远,她没能成功越过,跌落水中。我仔细观察发现,小女孩背着一个一岁多的小男孩。小女孩多次尝试爬上石桥,都没成功,正当我们准备去帮助她时,听见远处一位年轻女子的呼唤声,应该是小女孩的母亲。小女孩理了理头发艰难地爬上石阶,对母亲露出开心的笑容,坚定且自信。此情此景让我回忆起儿时的经历。

由于父母常年在外工作,我七岁便跟随姐姐开始自己的学习生活。初入学堂的两个月里,我每天晚上一定会去水阳江畔的一根废弃电线杆下,望着远处的江面,期盼着父母的归来。迟迟的等待迎来的却只有像镜子一样的江面,泪水模糊了视线,那是对父母的思恋。相似的经历是促使我前行的动力,我能做的是努力引导他们、帮助他们。我们公寓旁边有三户家庭,都是母亲独自一人带着几个读书的孩子艰难生活。我积极联系身边的社会力量,为三户家庭筹集暖冬物资和儿童书籍。

在支教工作中,我所教授的班级是"爱心班",班上的学生多来自贫困家庭,来自大山深处。第三期支教期间,我去尔杰家进行过一次家访。即便我是一名有十多年安全驾驶经历的老驾驶员,开车去尔杰家的路上也得小心翼翼,崎岖的山路上轮胎打滑数次,还有随处可见的塌方和碎石路段,一路艰难爬升到海拔三千多米,公路已至尽头,终于抵达尔杰家。海拔三千多米的山顶上只有尔杰一户人家,房子在山顶的一处低洼处,是一间土坯瓦房,屋内有两张床。我跟尔杰聊起了自己小时候的家庭状况,自己通过努力学习考入大学后又考取了教师的工作,唯有知识可以改变现状。我在回家的途中了解到尔杰儿时读书的状况,上学、放学来回需要走五个小时的山路,渴了就喝山上的溪水。尔杰的境遇让我切身感受到昭觉的孩子完成学业的艰难。我呼吁高中同窗好友为昭觉孩子们的成长贡献绵薄之力,经过一段时间的筹措和对接,于 2020 年 11 月 17 日进行了一次线上资助活动,资助昭觉中学十一位品学兼优的学子完成高中学业。

水煮白菜述说情怀

热爱大自然,向往大自然,走进大自然是我的生活态度。旷远的回音、美丽的朝霞落日,大自然的鬼斧神工让人无比怀念。昭觉最不缺的就是大山,一年的支教生活,我心中早已留下了大山的身影。前往观云海盘山的路上,我不禁感叹扶贫成效,高山之上公路平整,一会儿蜿蜒曲折向上,一会儿盘旋而下,连绵起伏缓缓悠长。随着海拔的升高,能见度越来越低,我们穿梭于晴雨之间,恶劣的天气让我望而生畏,但大山的壮阔激励我继续前行,"柳暗花明又一村",眼前豁然开朗。回看身后,我们已在云雾之上。登高远眺、神清气爽，仿佛遁入空灵，身心得到净化。天空深邃湛蓝，谷间云海跌宕，坝子上的牛儿、马儿、羊儿悠闲漫步，乌金猪儿满地跑。苞谷地里摆放着整齐的秸秆，洋芋地里收获满满，一排排整齐划一的新农舍是秀丽山色的点睛之笔。山巅的风电装置，是科技强国发出的有力声音。

"山中何所有，岭上多白云。只可自怡悦，不堪持赠君。"人生本就是登山，很多时候，遥看目标，似乎高不可攀，其实每向前一步，我们离目标就更近一些。不管你多么平凡，只要付出努力，每前进一步，都是人生的新高度！

支教团队成员来自全国各地，大家朝夕相处慢慢熟悉起来。工作闲暇之余会在一起爬爬山、喝喝茶、聊聊工作、谈谈生活，偶尔也会聚聚餐。

班长李宾在三期开学初，盛情邀请支教同事到公寓品尝北京的炸酱面。贵州的张勇老师向我们介绍了酱香酒，五月份赤水河的红色河水是酱香品质的保证。我也向同事们介绍了徽文化：徽商、徽菜、文房四宝。最终大家聊到了我们平时的佐餐之菜——开水煮白菜。初尝淡而无味，细品又带有一丝清甜。像极了支教生活，物质条件是艰苦的，但看着学生们茁壮成长，又有一丝甜意，心中泛起无限的温暖。

教师的工作对象是天真善良的孩子，在与孩子们的相处中，慢慢地被感染，除去了心中杂念，重新找回初心。一份简单的开水煮白菜让我们品鉴出教师的幸福感。

忙碌充实的支教工作，是我人生道路上的一段重要历程。我以坚定的政治立场，不忘初心、砥砺前行，在实践中不断提升自身道德水平和业务能力。在工作中探索，用青春的光和热，照亮孩子们的心灵，让每个孩子绽放出人生精彩。

漫漫寒冬终会过去，春风驾着五彩祥云姗姗而来，散发着沁人心脾的芬芳，给凉山大地带来蓬勃生机。

千里凉山行，我的支教情

天津师范学校附属小学　孙莉

　　第一次听说大凉山是因为一个叫"悬崖村"的地方。那时大凉山留给我的印象是贫穷落后、山高路陡，那里的孩子们为了求学每天要翻山越岭，苦不堪言。当时真的很想为他们做些什么，可是，大凉山与我远隔千里，心有余而力不足。我从没有想过自己能有机会来到大凉山。

　　可是，我来了，而且还在这里度过了一年半的时光，并且和这个被誉为"川滇明珠"的地方结下了永生难忘的情谊！

知无不言，愿我的帮扶能为你解惑

　　在会东一小，我最喜欢教师们来找我聊天，因为通过"聊"教师们才能把日常工作中的困难"轻松地"讲给我听，我才知道怎么"帮"。

　　一天，一位一年级的教师向我抱怨道："我对学生很负责任，可是这帮孩子就是不愿意学、不爱学，这可怎么办啊？"我问他："你平时都是怎么对学生进行教育的？""我给他们讲古人勤学的故事，比如头悬梁锥刺股，凿壁借光等等，还在班里张贴了名言警句，我对他们管得可严了。"这位老师不停地诉着"苦"。

　　等他说完了，我告诉他，在教学中，教师掌控课堂教学仅仅凭"管"是远远不够的。在授课过程中只有使学生产生兴趣才能"心随师动"，才能主动参与教学活动，自觉地沉浸在探求知识、掌握技能的乐趣之中。为此，我们必须想方设法增强所授内容的趣味性和吸引力，少一些老师的督促、责骂、惩罚。我告诉他，低年级学生的课堂形式要多样，比如结合游戏、小儿歌等，学生学习的兴趣得以激发，那么他们就会积极主动地投入到学习当中。让学生多一些获得知识的喜悦、发现真理的满足，就会建立起融洽的师生关系，我们的课堂就会充满和谐，那么教师就能够更好地掌控课堂了。我把师范附小老师教学中自编自导的一些识字、读书、写字的小儿歌、小游戏教给了他，让他回去试一试，改变一下方法。看着他露出的笑脸，我的心情也格外愉快。

孙莉老师为会东一小的老师答疑解难

还有一次，一位年轻的班主任和我交流时说："我们班的纪律太差了，我怎么吼也不管用，嗓子都哑了。"

我问他："举起教鞭和举起小红花哪一个能在课堂上起到较好的作用呢？"他没太明白，疑惑地看着我。我接着说："您试想一下，教室里非常乱，此时您提高嗓门大声呵斥学生安静下来，同时还可能会用教鞭使劲敲打讲桌，也许教室会静一会，但是过不了多久，他们还会继续说，因为您一个人的声音喊不过四十多个学生的声音。再说，学生不喜欢'教鞭'、不喜欢'呵斥'。如果，我们换一种方法，教室乱的时候，把我们手中的小红花，贴在一名守纪律同学的额头，然后说一句：'小红花喜欢和安静的同学交朋友，这位同学就是我们的小榜样，谁还想做小红花的好朋友？'此时，学生肯定说：'我！'您再说一句：'用行动告诉我。'我想，教室会很快安静下来。因为学生喜欢'小红花'喜欢做'小榜样'。当然，对于高年级的学生，小红花可能就差点吸引力了，我们可以用'表扬卡''免罚卡''优秀积分卡''读书券''体育器械优先使用权'等学生感兴趣的礼物进行奖励。"

"有的时候，我们老师还要学会'无中生有'。""什么意思？"年轻的班主任问道。"就是，如果您在进行教学时，有讨论或者学生自由朗读的环节，您看时间到了，学生还是沉浸在自我世界里，场面一时失控，您需要让学生马上安静下来。此时，您就可以'无中生有'了。您可以说：'我看到一名同学读完就马上坐正了，真是我们的好榜样，小红花就愿意和他交朋友！'或者您可以说：'我看到一个组讨论完就安静地坐好了，真是一个优秀的小组！'这句话说完，肯定会有一大部分人马上闭嘴坐正。其实这个榜样、这个优秀的小组也许并不存在。学生不会去追究谁是榜样、谁是优秀，他在意的是，我坐好了，就会得到老师的表扬，就是老师眼中的优秀学生。此时，您的目的就达到了，课堂永远会掌控在您的手中。""是吗，我回去就试试！今天和您聊天太有收获了！"年轻的班主任笑着说。看着他迈着轻松的步伐远去的背影，我的心中充满了温暖。

这样的例子还有很多，只要是老师们找到我、提出困惑，我都会尽我所能去帮助他们；如果遇到我也解决不了的，我就会请教我身后的智囊团——侯立岷校长工作室。在会东一小一年半的支教生活中，我将自己多年的经验毫无保留地和老师们分享，看着老师们在进步，我由衷地替他们高兴，我的工作也得到了受援学校的认可和好评，这对于我来说，付出再多的辛苦也是值得的！

付出真情，最爱你喜笑颜开的模样

为了了解更多生活在凉山州贫困山区中孩子们的生活状况，我参加了会东县组织的"万师进万家"活动，跟随着当地教师一起走进了贫困学生的家庭。龙凤山葳蕤葱郁，风光旖旎，一派生机勃勃的景象；鲹鱼河流水潺潺，两岸绿树映成趣，让人感到心旷神怡。谁能想到在这样一番纯净安宁的景色下会有着一些孩子吃不饱、穿不暖，没有父母疼爱，没有家庭温暖。他们是不幸的，不幸在生活的环境与家庭没办法给他们创造良好的学习条件；但他们也是幸运的，幸运在学校没有放弃他们，国家与社会各界都在不断通过各种方法提高他们的生活水平与学习条件，并给予关怀。

在"万师进万家"过程中有两个孩子给我们留下了深刻的印象。一位是"阳光大男孩"小刚，他在刚出生时母亲就离家出走弃他而去，他的父亲要在乡下做农活，没有时间抚养他，小刚多年来一直跟着年迈的奶奶长大。小刚家里灯光昏暗、潮湿阴冷，很难想象孩子在这样的环境中如何学习、成长。小刚在生活上十分懂事，虽然家庭没有给他幸福无忧的童年，但是他依旧阳光向上。他学习基础较差，家中没人管没人教，经常无法顺利完成作业。或许是长期缺少母爱，小刚对于我们的到来十分高兴，直到家访结束他还恋恋不舍地把我们送到门口。我搂过孩子，对他说："和孙老师合个影吧！""好呀！"孩子搂着我，把脸贴在了我的脸上，开心地笑着。我把包里的零食送给了他，他惊喜地抱在怀里，咧着嘴嘿嘿地笑个不停。我们挥手告别，他目送着我们离开，清澈的眼睛中充满了不舍。我心中久久不能忘怀小刚纯洁的眼神。这让我意识到"爱"对一个孩子的成长是多么重要，每个孩子都渴望被爱，都渴望着有爱他的父母、爱他的老师。但是命运无常，每个人的生活都难以预料，我们没有办法改变一个孩子的家庭条件，但是作为老师，可以尽自己的力量给予孩子们关怀，为孩子们创造更好的教育条件。

另一个给我们留下深刻印象的孩子小月，是一位小姑娘。小月的爸爸和妈妈都出车祸故去了，她跟着姨妈生活。姨夫因伤瘫痪在床，全家都靠小月的姨妈卖菜来维持生计。小月的家中很凌乱，她的姨妈一边要辛苦地卖菜赚钱，另一边还要照顾患病的丈夫，也没有时间照顾小月的学习、生活。小月每天都只能在菜摊旁做功课、写作业，在嘈杂的车声、叫卖声中刻苦学习。小月的姨妈说虽然没有给孩子创造良好的家庭条件和教育条件，但是小月是一个非常懂事的好孩子，在生活中很多事情都不需要大人操心，每天早上都自己整理好学习用品到学校上学，在学习之余还会帮忙做家务、照顾姨夫。当问道小月在菜市场学习受不受影响，孩子懂事地说："我可以克服。"看了小月的生活学习环境，孩子的懂事让人感到心疼，都说"穷人家的孩子早当家"，但在这"早当家"的背后，是不属于这个年纪该有的艰苦与辛酸。离开小月家时，她姨妈一次又一次地和我说希望我可以经常来家里，自己因工作所迫疏忽了对小月的教育，但是小月学习很刻苦，希望老师们可以多一些对孩子学习的帮助。看着冬日里还衣着单薄、鼻尖冻得红红的小月，我的鼻子有些发酸，打从心底心疼这个可怜的小姑娘。我怕网上买来的衣服不合身，就联系了天津的朋友，让她们帮我购买了四套冬装，以及围巾、帽子邮寄过来。当我把衣服披在孩子身上的时候，小姑娘甜甜地笑了，她的笑容犹如冬日的暖阳，照进了我的心里。

每个孩子无论成长环境如何、家庭条件如何，无疑都承载着家长的希望。这更坚定了我教育扶贫的决心，作为教师，我理应用自己的耐心与真心为每一个孩子创造良好的学习条件，让他们尽可能不受家庭困难的影响，在校园中茁壮地成长。

一年半的支教工作忙碌而充实，在支教的这段日子里，我把侯立岷校长工作室、天津师范学校附属小学以及自己的经验带到了会东一小，在和教师们的交流、互动中，建立了深厚的友情！回顾自己的支教生活，尽管看起来有些平淡，但这是我人生中难得的一次经历，让我受益匪浅。来远离家乡千里之外的大凉山，来到会东县支教，是我无悔的选择！愿会东的教育越办越好，祝福会东一小能走得更远更好！

我是划过凉山夜空的流星

贵州省道真仡佬族苗族自治县民族中学　冯永江

号角声起,一场前所未有的教育帮扶行动拉开序幕,从此,悬崖村不会孤独,大凉山不再无助。

2019年9月,我有幸成为首批全国支援凉山教育大军中的一员,怀揣爱与希望,跨越千山过万水,来到凉山腹地昭觉县。那个秋天,我见到了网传的悬崖村"天梯",领悟了什么叫心慌、恐惧、无助和迷茫!那是一次上不沾天、下不着地的真实体验,然而,悬崖村的孩子们却每天在这里上上下下,这是千百年来居住在这里的村民的无奈啊!那一瞬间,我双眼模糊,仿佛看到了山崖上留下的村民与自然抗争,和生活搏斗,同命运搏击的痕迹。

永远定格在我记忆里的是对口帮扶学校——昭觉民族中学。时间不等路途人,一进校我就投入到紧张的工作中,用最快的速度开展调研,从急需解决和能够解决的问题入手,着力做好师培师训,重点深入课堂进行教学指导……用最直接、最快速的方式从教学、教研、教改等方面传授新的、适合于本校实际的教学和管理办法,帮助青年教师们成长,助推教学改革,引领学校发展。

我清楚记得,一个叫阿古木则(化名)的初二年级学生,家住美姑县,父亲残疾,母亲多病,家庭困难。面对生活的种种压力,孩子意志消沉,突然睡在寝室不上课了,用他自己的话说"都已经不想活了"。一切劝说无效,班主任希望我们支教团队出面帮助,或许会有效果。我们找到木则,在交谈中感觉孩子挺有骨气。针对他的困难,我们提出给他物质帮助,他认为是看不起他。凭经验来看,精神上辅助更重要,怀着"不放弃一线希望,不抛弃一个孩子"的理念,我们支教团队的教师寻找机会找他谈心。恰逢周末外出玩耍我就喊他带路,顺便也去了他家。在车上,我跟他聊到我们小时候交不起学费,吃不饱饭,遭人嫌弃的经历,触动了他的心灵,簌簌的泪水暗示着他正重拾生活的信心。

我总是会想起和孩子们一起在那满是纸片和灰尘的教学楼打扫卫生的情景。大山里的人一辈子看护着牛羊、守望着大山，以土豆为食、把荞麦当饭，我组织各班建立卫生监督机构来强化监督，动员门卫人员严格把控零食入口关。孩子的卫生问题还得靠引领示范，我常常带着学生干部一起打扫卫生；要求学生干部带领全班同学一起爱护环境，讲究卫生。这些看似微不足道举动慢慢地影响了一个个集体，改变着一座校园。

课余时间，我常做两件事：一是去音乐兴趣小组拜访我的阿嘎"小老师"，跟这个学生学吹巴乌，顺便欣赏孩子们的月琴表演，给他们录视频，与他们合影，同他们探讨乐理知识，鼓励他们学习艺术走出大山；另外就是去图书室，管理员鲁会林老师是一个非常热心的退休干部，特别喜欢爱读书的孩子，图书多、借阅量大，破损自然也多，能修则修，所以一有破损她就会请我去帮忙修书。

一辈子不会忘记，在昭觉县乡村骨干教师启动仪式上，教育局长勒勒曲尔那番打动人心的话："我们要怀着感恩之心，努力做好自己，一定不要辜负国家和来自全国各地的仁人志士对我们的帮助！教育是解决根子上的问题，教育者要负起一百二十分的责任。脑子的饥荒大于肚皮的饥荒，精神层面的扶贫更重要。主体责任永远在我们身上！伟大事业，需要一批有伟大胸怀的人担当。"

这壮心撼动了我的心灵，我的心跳动起来，全身暖和起来，热血沸腾起来。是感恩、是召唤、是警醒，又是在鼓舞，曲尔局长是邛海中的"灯塔"，是带领凉山教育腾飞的"大雁"，是照亮凉山夜空的"星星"。

一直没有忘记，曲莫古都老师在我们离别时的嘱托："希望你们帮我们把凉山'卖'了！"那深情的语调，是凉山人民心底的呼唤！他委托我们帮忙宣传凉山，带领山区人民迈出大山。他就像火把节上最亮的一把火，高高地照亮了凉山的夜，温暖了大山人民的心，他的眼神再次点燃了我们携手并肩的热情，他就是守候在老凉山夜空的一颗"星星"。

"一群了不起的人，做了一件了不起的事，我们不是一个人在战斗。"江苏基地领导回俊松的话更是让支教者底气十足。领导的鼓励，名师的指引，专家的培训和支教教师们精彩纷呈的教学展示，都是我在凉山支教过程中收获到的宝贵财富。他们也是闪烁在凉山夜空的"星星"。

大凉山的教师们用爱守护着家园,用热情教育着这里的每一个孩子,用智慧改变着生活。他们安贫乐道、任劳任怨,他们是凉山教育的掌墨师,是大凉山山崖上永恒的丰碑,是照亮凉山人民前行的繁星,他们就像凉山上盛开的一朵朵美丽的索玛花,把爱献给凉山,把大凉山精神传递给每一位支教教师。

支教时间短暂,好似流星划过夜空一般,那美妙的瞬间使我决定要让凉山精神绽放在我的讲坛。

又是秋天,我仿佛看到大凉山的夜空中繁星闪闪,星光下,大凉山露出了笑脸。

相遇，拓宽你我生命的跨度

兰州大学附属学校　张浩

"我想当明星，因为当明星能挣很多钱，让爸爸妈妈少干一点活。"

"我想当一名狙击手，可以保家卫国。"

"我的梦想是当一名老师，这样可以把我学到的知识传给很多人。"

"我也想当一名老师，因为这样能教我弟弟。"

……

这些话语让我至今难忘。

10月末的一天，我和教育部名校长领航班杨永宏校长工作室支教团队的另外两名教师走进派来镇中心校。这是一所"云朵上"的小学，一个个面色黝黑、天真无瑕的孩子站立在学校操场，看到我们的到来，他们展露出开心的笑容，跑过来帮忙搬运我们带来的爱心物资。他们身着略旧的衣衫，用清澈的眼睛张望着。其中有一位小姑娘在即将步入初冬时节的10月末却光脚穿着一双粉色的凉鞋站在马路边。她的小脸蛋像小花猫一样，但脸上一直挂着灿烂的笑容，那种真诚和温暖会让人想把世界上所有的美好都给予她，善良和乐观永远都是人性中永恒的向阳面。她纯真、开朗，代表着有着爱和希望的下一代。

10余年的连续攻坚，改变了大凉山人的生活方式和思想观念，也开启了他们新的生活，更改变了大凉山的教育面貌。我们走进大凉山，当地的政府和教师们非常热情，我发现这里已不是过往印象中的大凉山了，我不禁思考，我应该努力从教育上带来什么呢？大凉山摆脱了"贫困的枷锁"，而我作为人民教师应该给孩子们安上一双"梦的翅膀"，应该努力提高的是孩子们的核心素养，让他们拥有知识！

孩子们争先恐后地诉说着自己的梦想。他们的梦想是那么单纯，但是，作为一名支教老师，我感到有些心酸。学校设置的课程几乎千篇一律，都是语数外，近两年才新增了音体美等美育课程，教师数量匮乏且师资力量薄弱、水平有限，导致孩子们对这个世界的了解太少。在他们的认知里，高中，甚至初中毕业就可以当老师；或者年龄稍大就跟着大人外出打工，一个月也可以有微薄的收入。当城市里的孩子一个个为了更好的明天努力与时间赛跑时，大山里的孩子还不知道外面的世界是什么样。这也是一个让人不得不接受的现实差距。令人欣慰的是，作为支教教师，我能感受到他们对梦想的坚定，唯一可以做的就是鼓励他们将梦想付诸实际行动。虽然这些孩子还不了解外面的世界，但是随着大凉山教育事业的逐步发展、支教活动的开展和自身的成长，他们势必会思想进步、眼界开阔。孩子们面对不可预见的未来勇敢而有信念，身为教师自然要肯定并支持。每个孩子的梦想都值得我们去守护，他们只是不知道如何展翅高飞。一个教师的能力有限，希望更多的支教教师走进大凉山，帮助他们学到更多知识。

张浩老师在上足球公开课

那个在 10 月末却光脚穿着一双粉色的凉鞋的小姑娘名叫苦里作。我们去她家拜访时，了解到苦里作家里共兄妹 5 人：最大的哥哥 20 岁，正在读高中，大姐 18 岁，没读书，在家附近干活顺便照顾弟弟妹妹，二姐 16 岁，在浙江打工，最小的弟弟 7 岁，父母都不在身边。家里生活开支基本都靠在浙江打工的二姐。但就算生活如此艰苦，苦里作同学依然积极向上，阳光乐观，对未来生活充满期待，家里的墙上贴满着她的奖状。她有一个非常可爱的弟弟，也因此说出至今让我难忘的那句话："我也想当一名老师，因为这样能教我弟弟，减轻家里的负担，有一天能走出去看看。"如此朴实的三言两语，包含了多少辛酸与对未来的期许。初心如磐，助梦飞扬。如今我和苦里作依然保持联系,我给她邮寄了一双粉红色运动鞋,她给我回了感谢信。这让我觉得做教师值得!

我无数次被孩子们的梦想所感动,没有什么比收获希望更有价值了。教育事业功在当代、利在千秋,对于贫困家庭的教育扶贫是阻断贫困代际传递的一个重要办法,支教愿景宏大,每个人都可以从"我"做起,用实际行动践行社会责任,回馈社会。

支教教师团队来到部分贫困学生家中进行家访

"支教是用一段时间做一件影响一生的事。"

有一种生活,你没有经历过,就不知道其中的艰辛;有一种艰辛,你没有体会过,就不知道其中的快乐;有一种快乐,你没有拥有过,就不知道其中的纯粹。因为拥有,所以幸运。既然经历,心怀感恩。短短半年,酸甜苦辣一一尝遍。在孩子们那里,我学会了如何种下希望;期待能在漫漫人生路上,采撷到无数朵惊喜。

感恩生命中的相遇!

一根红笔芯

北京市八一学校保定分校　闫航天

身披着白色的擦尔瓦,头顶用青白布包裹着、双耳扎有耳洞的小伙;全身配有琳琅满目的银色装饰,衣服用让人叫不上名字的图案点缀的长襟少女;母亲胸前用蓝布包裹着的儿童睡袋里睁大眼睛看向母亲背后箩筐的小孩儿,和站在两旁比睡袋里的小家伙大不了几岁的哥哥姐姐……这便是走在冕宁汽车站门口,映入眼帘的第一幅画面。

那天,冕宁的天空蓝蓝的,飘着几朵棉花状的白云,仓促奔往教室的脚步让我无暇顾及那白色的一团团云朵是像兔子还是猫。

走进教室,我立即感觉到一种特别的氛围,教室里静悄悄的,没有一丝声响,在白色的口罩上方睁得大大的一双双眼睛好奇地盯着我。后来才知道是班主任提前通知,今天的英语课是来自北京八一学校保定分校的闫航天老师给大家上,所以同学们没有像往常一样喧闹。我努力让自己平静下来,嘴角向上吹出一口气,一来是定一定神,二来是驱赶一下围在眼前的小飞虫。

"It's time for class. Stand up!"

没有回应,我以为是自己没有说清楚。

"Boys and girls! It's time for class. Stand up!"

依然是鸦雀无声。

又过了几秒钟,同学们开始小声讨论着什么。

由于之前只是听说同学们小学的时候没怎么学过英语,有一定的思想准备,但是没有想到连最基本的"stand up"也无法理解。想到这里我瞬间明白了,他们可能是没有听明白,所以我迅速调整了自己的课堂策略。

我拿出一把自己随身携带的红笔芯作为奖品,让同学们先用汉语进行自我介绍,然后大声说出"A, B, C, stand up!",顺利完成的同学奖励一根红笔芯。

说完这样的任务，仍然没有回应，但是同学们窃窃私语的声音变得更大了。

过了一会儿，一个眼睛又大又亮像两颗黑葡萄、脸颊瘦削有型的孩子站了起来。

"你真的给我们红笔芯吗？"

"当然了，只要你们有勇气站起来。"

"我来试试！"

就这样这位同学用他那夹杂着当地口音的普通话介绍了自己。

"你写在黑板上的那个怎么读？"

"A，B，C，stand up！"我又带着他读了几遍，最后他总算是比着"葫芦"画出了"瓢"。

"给你一根红笔芯。"

他整理了一下自己的衣角，从最后一排试探着走到讲台，一把拿过笔芯，快速回到了自己的座位。

看到这名男生拿到了红笔芯，第二名男生也站了起来，第三名是一位女生，就这样大部分同学都拿到了自己的红笔芯，也学会了"A，B，C，stand up！"

后来每节课同学们上课第一句话就是"A，B，C，stand up！"同学们也爱上了学习英语。

到学期末，同学们已经学会了七年级上册的所有内容，并且在课本之外，我还给同学们拓展了一些常用交际用语的学习，辅之以恰当的奖惩评价，同学们学得不亦乐乎。

后来了解到当地的英语教学基础相当薄弱，针对这一情况，我主动对接学校英语老师，抓住同头备课和教研的机会，打磨了一堂基于冕宁县民族中学英语学情的示范课，想不到反响非常好，让我产生了由衷的职业自豪感和成就感。

世事无常，在学期结束的前一周，家中打来电话，病重的爷爷离开了。我在心中反复衡量，一边是需要我带领复习的可爱的同学们，另一边是远在千里之外从小看着我长大、视我为心尖儿的爷爷，两边都难以割舍。最后与苏光强校长进行沟通，苏校长支持我回家奔丧。坐在回家的航班上，为了不让别人看见我止不住流淌的眼泪，我

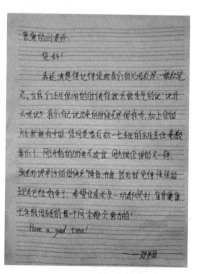

学生写给闫航天老师的信

拼命用口罩遮挡。

　　后来，由于疫情阻挡，无法再次回到冕宁，但我收到了宋发盛老师拍过来的学生写给我的信，一边读，眼泪一边不停地在眼眶里打转。我很开心能带给他们一些东西，让他们有所收获、有所改变。未来如果有机会，我希望能够弥补这次的遗憾，跟大家有更多的时间一起成长。感谢同学们对我真诚的爱与祝福，我为大家不断追求进步、努力完善自我的勇气感到无比欣慰和自豪。相信同学们只要不轻言放弃，有一颗积极进取的心，定会迎来属于自己的美好明天。

校园内外

小女孩胡布呷

重庆市渝北区实验中学　曾毅

去年9月中旬,通过班主任胡明娟,我了解到八年级(12)班学生吉胡依真木一家的基本情况:家住冕宁县大桥镇结尾村,父亲去世,母亲在7月因为三轮车翻车右腿骨折卧床在家,姐姐在职业技术教育中心读高二,3个妹妹读小学,最小的弟弟才2岁多。为了读书,一家人租住在县城边的农家。

一天放学,我骑着电瓶车,沿着小西街那窄窄的、弯弯曲曲的小巷,东问问西问问,终于来到小西街西段——周边都是农田的一个农家小院。咚咚咚,咚咚咚,我敲门后,一位穿蓝色校服的小女孩打开大门,操着一口不太标准的普通话,怯怯地问:"叔叔,你找谁?"。

由此,我认识了吉胡依真木的妹妹——胡布呷,一个11岁的女孩,身高近1.5米,身体壮壮的、皮肤黑黑的、脸颊红红的,一双大眼睛清澈透明,透着机灵,马尾辫在脑后一甩一甩的。她是冕宁县城厢镇中心校五年级学生。

接下来的几天,上午、下午我有意在城厢镇中心校门外等候胡布呷(我们的宿舍就在小学对面),碰到就跟她聊几句。经过一系列了解之后,我对胡木呷这个小姑娘的印象越来越深刻了:性格内向,不愿与人交流,很不喜欢说话,不够自信甚至有点自卑,坚强的外表下是一颗柔弱的心,学习很勤奋但成绩一般……

10余天后,重庆的朋友们寄来了书包、衣服,我给孩子们送过去。这次开门的是正在读二年级的弟弟。妈妈苏足依姑莫躺在院坝躺椅上,与弟弟妹妹们闲聊,胡布呷在厨房里做晚饭。我跟妈妈及弟弟妹妹们闲聊一会儿后,走进厨房,看到神情专注的胡布呷和菜板上那粗细均匀的土豆丝。我震惊了,那是11岁的女孩吗? 那是女孩切的土豆丝吗?

"胡布呷,你切的土豆丝好漂亮啊,又细又均匀。"我说。

"谢谢老师。"

"平时家里谁做饭?"

"都是我做,大姐二姐学习忙,要上晚自习。"

"你会做些什么菜?"

"土豆片、土豆丝、煮土豆、煮白菜……"

"还会做其他菜吗?"

"不会,我们家没有其他菜。"

"会炒肉吗?"

"从爸爸去世之后,我们家就没有买过肉。"

"上次我不是给了你们几百块钱吗,怎么不拿去买肉?"

"学校中午吃了肉的,那个钱我们要凑着交学费。"

"宝贝,明天晚上老师教你做回锅肉好吗?"

"谢谢老师,别麻烦了。"

……

第二天放学后,我到菜市场买了2斤猪肉,还有各种配菜和佐料,到她们家手把手教胡布呷炒回锅肉:肉皮去毛,水煮时加老姜、醋去腥,大火煮到透心不再出血水时出锅,还有需要准备哪些佐料,锅加热到什么程度下肉、翻炒、加佐料……胡布呷十分认真地听、看,生怕落下某个步骤,然后小心操作。

当一片一片厚薄均匀、肥瘦相连的肉片切出时,当锅铲在她手中翻飞时,当猪肉在滋滋地往外冒油时,当一大盘色香味俱全的回锅肉端上饭桌时,我看到了孩子脸上的自豪与自信。我知道,孩子在改变。饭桌上,孩子们又想吃肉又互相谦让,让我既辛酸又欣慰。

又是一天上午,朋友们寄的冬装到了,我因为有点事就让胡布呷她们到我办公室来拿。10点钟,吉胡依真木和胡布呷来到我的办公室,当她们提着衣服包走出办公室时,我才看到胡布呷的脚上只穿着一双塑料拖鞋,那脚都冻得红彤彤的。

"胡布呷,那么冷的天,你怎么穿个拖鞋就出来了?"

"老师,我的鞋子袜子洗了没干,明天要上学。"

我的眼睛红了,我知道了,孩子只有一双运动鞋和一双袜子。

"孩子,跟我来。"

来到校门边上的鞋店,我看上一双198元的运动鞋,让老板拿给孩子试穿。孩子怎么也不穿,说道:"老师,那个鞋太贵了。"最后在我的极力劝说下,买了88元一双的运动鞋和10元三双的袜子。老板娘说了一句:"这么大点的孩子就知道节约,真懂事。"

突然,胡布呷说:"老师,我们家的钱是我在管,你和叔叔阿姨们给的钱都在我这里,我给弟弟妹妹都买鞋了。"

"那你怎么不给自己买?"

"我有一双穿就可以了。"

我流泪了,拥着孩子说:"宝贝,从今天开始,你给弟弟妹妹们买鞋,老师给你买鞋。"

这就是那个小女孩——胡布呷。

有这样的学生，是我的荣幸

湖北省武汉市常青树实验学校　童浩洋

我义无反顾地争取到了前往凉山支教的机会，但心里却有些忐忑，我能不能承担如此重任，能不能给大凉山的教育带来些许改变？

带着这样的疑惑，我来到了冕宁，令人没想到的是，这里的学生让我感受到了支教的幸福，他们让我坚信，即使我的力量再渺小，聚集荧光，也能带来满天的光辉。

豪哥是城厢小学五年级（2）班的一名学生，原名周子豪。为什么我们都叫他豪哥？这就要从我刚来这所学校的时候说起。

这学期伊始，学校给我安排的工作是教信息技术。我问组长，我们信息组共有多少人呀？他说，算你一共四个人。回到组里，我发现只有三个，少一个组员，结果，周子豪就出现了。组长王老师介绍说他是我们组的一员。当时我惊讶极了，怎么一个学生已经开始当老师了？

后来才知道，周子豪在学校是出了名的"无法无天"，不仅逃课有时甚至不来学校，更别说老实听课了，成绩也不好，因为根本不学习。老师们一开始都管着他，甚至会请家长，但久而久之，家长也不太管了……最后，对电脑很感兴趣的他，就天天来信息组待着。

豪哥其实不笨，机灵得很，比如说我上课时他就会过来，看到下面有学生吵就把他们拉起来站着，而且他很讲道理，会告诉罚站的学生，因为他们上课说话扰乱纪律所以让他们站起来。再比如，信息技术课需要带鞋套，他发现没有带鞋套的学生，就会让他们先站在外面等着……他俨然是我们的小帮手。

因为豪哥对信息技术、对电脑感兴趣，所以我们上课就带着他一起上，教他一些信息技术知识。他对这些很感兴趣，所以学得很快，比其他学生更容易听懂。上课之外，他还跟我们一起去修教室里坏了的电脑，修电子屏……

豪哥现在对我很感兴趣,因为我是支教老师,他很喜欢问我关于武汉的一些事,还跟我吹牛说他前几天去北京转了转,不好玩所以就回来了。我能感觉到,他其实很渴望去远方,想出去看看。所以,我会找机会跟他说些关于武汉的事,他每次都听得很认真。就这样,我们成了兄弟,他叫我洋哥,我叫他豪哥。这也是我第一次跟学生称兄道弟,感觉还是挺有趣的。

其实,每个人的发展方向取决于自身的兴趣,他对什么感兴趣就让他去做这件事,这样也会事半功倍。每一个孩子都是好孩子,没有谁一生下来就一无是处。我相信,豪哥的未来应该会非常精彩,在大山里,已经种下了一颗互联网的种子,不久的将来肯定会盛放。

让我感到幸福的除了豪哥,还有翁古诗哈。这个孩子是三年级(4)班的一名学生,也是我的无人机社团的一名学生。

这学期刚开始的时候,无人机社团因为报名人数太多,不得不从这些孩子中淘汰一些,因为场地太小人多了不容易施展,而且人越多危险性往往越大。

翁古诗哈就是被淘汰出去的学生之一。我以为淘汰也就淘汰了,不会有其他事情发生,没想到,第二次上社团课时,我点名时多了一个人,我问谁没点到,他就举手了。我说这名单里没有你啊,你不是这个社团的,然后他就背着书包自己回教室了。第三次社团课,他又来了,我问他怎么又走错了,他有点尴尬,然后又回去了。我把他的班级记了下来,社团课结束后,我把这几次的事情跟他的班主任讲了一遍,班主任却说,翁古诗哈在社团课活动期间并没有回教室。

第四次课,果然他又来了,这次我没有让他走,我还点了他的名字,他用奇怪又激动的语气喊了"到"。下了课,我问他前几次课没回教室去哪里了,他说他很想学无人机,从小对无人机之类的很感兴趣,所以一直就在外面听我们上课,看我们操控无人机。我听了深受感动。孩子的快乐来自内心的喜爱,他热爱这样的社团,我们又有什么理由去"折翼"呢?

后来,他被我特批加入了无人机社团,而且实际操控无人机时,他的表现非常不错,第一次就能把无人机飞得特别稳,确实是认真听了我的课,回去也认真琢磨了。

古有三顾茅庐,现有三顾求学。有这样的学生,是我的荣幸。

像周子豪、翁古诗哈这样的学生,让我感受到了支教的幸福,也让我感受到了这次支教的意义。一次支教行,一生凉山情。

忘不了那山、那水、那人

陕西省西安市铁一中学航空城分校　刘燕姿

生活给我蜜糖,我就安享蜜糖;生活给我考验,我就披甲上阵——致我的大凉山支教生活。

最美的遇见——索玛花儿向阳开放

2020年8月30日,当汽车缓缓驶入冕宁这座小县城时,眼前连绵起伏的小山相互依偎着,一座连着一座,尽显可爱姿态,安宁河静静地流淌着,河面澄澈而又宁静,偶尔飞过一只白鸥,洁白的羽毛和碧绿的湖面交相辉映着,好不自在!

索玛花,别称"迎客之花",早在古代就留有"水蝶岩蜂俱不知,露红凝艳数千枝"的诗句。眼前一朵朵索玛花竞相开放,洁白中透着粉红,好似在表达初次见面的娇羞。

冕宁县除了有多姿多彩的自然美景,还有浓郁厚重的文化底蕴。这里历史悠久,人民勤劳,作为革命老区,传承了光荣的革命传统。

可爱的山、碧绿的水、娇艳的花、热情的人,构成了我支教旅程中最美的遇见。

最亮的光芒——索玛花儿伴我成长

我,新教师一名,刚刚步入工作岗位,就自愿申请参加凉山州帮扶行动。因为我坚信,始终抱着一种敬畏的态度对待教育,抱着一颗学习的心投入教育,才是作为一名教育工作者无上的荣光。

12月初,语文组下达任务,要求每一位新教师都要上一节公开课,我是支教老师,更应该起模范带头作用。说实话,我心里更多的是胆怯,害怕在全组老师面前丢脸……

经过一番思想斗争,我决定改变自己,选题、研读课本、撰写教案、做课件、反复修改和练习等一系列准备完成后,最后就是"闪亮登场"了。

依稀记得那天风轻云淡,天气极好,走廊里欢闹的学生构成了课间美丽的风景线。孩子们早早就在教室等候了,当我急匆匆走进教室时,孩子们大声说道:"老师,不要紧张,就当作是你平时的一堂语文课,我们一定会好好配合,你是最棒的!"声音是那样清脆又明亮,顿时我的心头暖暖的,仿佛身边所有的事物都在为我加油助威。

大方自信的教态配上铿锵有力的声音,同学们给予了热情的回应,每个孩子都扬起自己的小脸,积极回答问题,认真做好笔记,我也从最开始的胆怯到渐入佳境,再到最后的自信从容,最终,这节公开课成功完成了!

课后探讨交流时,有老师这样评价:"这堂课简直是美的享受,第一次有种不想下课的感觉。"那一刻,眼泪在我眼眶里打转,两千字的逐字稿,反反复复修改课件、琢磨细节,这些努力都化作天使守护着我一路前行。

除此之外,我在课下还组织学生开展"诗意语文""课前三分钟演讲"等活动,犹记得有一个学生想要演讲《再别康桥》这篇课文,但是他天生胆子小,不敢说话。我轻轻走到他身旁,拍了拍他说道:"要不你也试试吧?"只见他小脸通红,连忙摆手道:"不了,老师,我不会朗诵。"我激励他说:"那有什么,老师认为你有这个潜力!"他用怯懦的声音读了第一遍后,我提出了建议:"老师觉得你首先应该吐字清晰,气韵流畅,这是第一步。"他回复道:"好!"第二遍,第三遍……直到第十遍,全班响起了雷鸣般的掌声,他害羞地笑了。

很开心,索玛花儿伴着我和孩子们共同成长。

最纯的感动——索玛花儿映照笑脸

岁月不居,时节如流,半年的支教生活,我和孩子们由陌生到熟悉,分别时的依依不舍,最让人潸然泪下。如今我还清晰地记得那天晚上孩子们为我开欢送会的场景。那晚风很大,树叶沙沙作响,孩子们专程来到宿舍楼前邀请我,在路上,我和他们聊起最近的生活状况、复习备考情况等。

刚走进教室,映入眼帘的是一行大大的字:刘姐欢送会。上面签满了全班学生的名字,教室四周用各种颜色的气球点缀着,教室后面摆了一个大大的爱心,环视一周,我的双眼不自觉地噙满泪水,但又假装若无其事地看了看窗外。

就这样,欢送会在孩子们的欢声笑语中展开了,第一个节目是一个孩子专门为我写的 rap："刚来这里也许有很多不习惯和烦心，但慢慢适应了就像是多云转晴，在你的课上充满了活力又不失严谨，偶尔的放松会让我们看一场电影，愿有时间您可以再次来到冕宁，2023届8班永远对你欢迎……"长达一分钟的说唱，他用他所热爱的跳动的音乐表达了对我满满的爱，字里行间透露出留恋和不舍，我们彼此凝望着、注视着，却没有说话。

那个晚上我觉得自己是全世界最幸福的人，因为我被108个孩子宠爱着、呵护着。那个晚上孩子们玩得很开心，施展了自己的"十八般武艺"，我的视线静静地掠过他们的脸庞，心里默念道：就让老师多看你们一眼，下一次不知道要多久才能看到这一张张笑脸。

晚上回到宿舍，我将孩子们的信一一拆开——

"老师，您能不走吗？"

"老师，感谢您的耐心付出和兢兢业业的工作态度，我们永远爱您！"

"老师，我们每天最期待的其实就是语文课啦，最期待看到语文本后面那一行行温暖的话语……"

正当我沉浸在这美妙的文字中时，突然传来一阵急促的敲门声，我被吓得不轻，小声问道："谁啊？""是我！"门外的声音坚定又有力，我一下子辨认出来了，是我们班的学生，便立刻打开门，"你们怎么还没回家呢？""老师，我们舍不得你！"说着就要和我拥抱，泪眼婆娑的双眼在月光的映照下显得那样清澈透亮。我别过脸说道："老师也舍不得你们呐，你们好好努力，有时间老师会回来看你们的！"

就这样，我和孩子们之间有了一个遥远的约定，直到那落寞的身影消失在走廊的尽头，泪水吧嗒吧嗒滚落下来。

我会永远记住那一杯热热的奶茶、一首首温暖动听的歌谣、一封封真挚动人的信……当飞机直上云霄，我才缓过神来，结束了，我的支教生活；告别了，我亲爱的孩子们。

那山、那水、那人，那一张张像索玛花绽放的笑脸，久久地萦绕在我的梦里……

用一生"守望"大凉山

陕西省渭南市瑞泉中学 张希鸿

2019 年 8 月末,为响应教育部的号召,受教育部名校长领航班庆群校长工作室委托,陕西省渭南市瑞泉中学派出包括我在内的 3 名教师赴四川大凉山支教。

我们一行 3 名教师被分配到冕宁县泸沽镇泸沽中学校,开始了一学期的支教工作。我担任艺术中心副主任,并帮带 2 名美术教师,组织学校的各项艺术活动。

席地女孩触我心,肩头重担始觉沉

为了熟悉周边环境,我和同行的老师来到学校后山村寨了解当地百姓的生活状况。在一个沙土夯成的低矮院墙外,我们看到一幅感人却令人心酸的画面——院内一个身穿校服佩戴红领巾的小女孩席地而坐,安静认真地趴在一个反扣在地上的塑料桶上写作业。院落破败不堪,周围稻草等杂乱无章。我们没有打搅认真投入学习的孩子,只是用手机记录下了这一撼人心魄的画面。

在回学校的路上,心情久久难以平静,我似乎又回到了我的童年。我是从贫穷的秦岭深处走出来的美术教师,对山区艰苦的生活环境印象很深,眼前的画面唤醒了尘封多年的记忆。我第一次真正有了使命感,也瞬间感觉到了自己此次大凉山之行肩上担子的沉重。

回到学校,我了解到这个孩子是双河小学三年级(1)班的学生,为了上学方便,从喜德县山沟里投亲靠友搬来这里。当地人称这样的住户为"氓流户",泸沽镇周围的山沟里有很多这样为孩子上学方便而搬迁的住户。

我和同行的老师商量,为这些渴望学习的孩子做点力所能及的事情。我们把拍摄的照片配上文字说明发到朋友圈里,一时间,朋友们纷纷发信息询问情况。

一周后,崭新的学习桌椅寄到我们手中,随后,各种文具、书本等学习用品陆续寄到了双河小学,发放到孩子的手中。

这件发生在我们刚到泸沽镇时的事虽然过去很久了,但每每想起,眼前便浮现出女孩认真学习的画面。

身处贫穷大凉山,重负寄托书画展

很快,我适应了支教生活,工作也进入正轨。9 月份,我们迎来了一个大型活动——庆祝新中国成立 70 周年师生书画展。作为主要策划人,我认为作品除了要符合大气、质量好的要求外,更应表现大凉山人在贫穷的环境中却纯朴、乐观、渴望知识、向往富裕、追求美好的主题。为此,我制定了详尽的策划方案,带领艺术中心的老师成立了书画展筹备工作小组,多次召开会议提出具体要求,从征集、评选作品,到装裱作品、设计背景墙,再到搭建航架布展等,我都全程跟进、参与。

终于,两周后,我们的书画展隆重开幕,许多嘉宾参与了活动。我自己深入彝族村寨创作的反映彝族人精神风貌的 4 幅书画作品也参加展出,并在展出结束后全部留在了泸沽中学校。

彝寨教育锁乡关,搭建桥梁我为先

大凉山属于中国最贫穷的山区之一,生存环境恶劣、自然灾害频繁、交通闭塞、经济落后、教育也极不发达。如何改变教育落后的现状,是我们支教教师思考的首要问题。

当我了解到泸沽中学陈冬虎校长希望渭南市临渭区各学段省级教学能手来泸沽中学进行送教、交流研讨的意愿后,立即与临渭区教育局取得联系。领导听了我的介绍后,对送教活动大力支持,并答应在全区挑选优秀省级教学能手参加本次活动,同时还承诺给泸沽中学 300 名贫困学生提供价值 3 万余元的学习用品。

12 月 13 日,由临渭区教育局邢唯远局长带队,一行 13 人到达泸沽中学。下午,泸沽中学全校师生参加了"陕西省渭南市临渭区教育局帮扶四川省凉山州冕宁县泸沽中学校捐赠及对接启动仪式"。仪式上,泸沽中学 300 名贫困学生拿到了临渭区教育局捐赠的新书包、文具盒、书籍等物品。

14 日,临渭区优秀教师的示范课、讲座和两地的交流研讨等一系列活动如期进行。活动达到了预期的效果,受到泸沽中学全校师生的好评,我也因为搭建了这一沟通的桥梁而收获满满的自豪感。

毕竟苍桑素貌欣，教育扶贫肩重任

随着支教活动的深入开展，我接触到了泸沽中学校的许多教师，感受到了他们浓浓的教育情怀，我觉得应该为他们做点什么。我是美术教师，结合自己的专业特长，主动提出在学校开办教师书法培训活动。

这样的建议得到了学校的肯定和支持，活动开展起来后，我每个周二、周三往返于初中、高中两部之间，利用中午时间教授教师书法课程。从 9 月 17 日到支教结束，共计授课 54 小时。这样的培训课程受到了老师的热烈欢迎，他们学习书法的热情提高了，书法技巧也得到了很大提升。在闲暇时间，我还为学校老师及当地百姓义务题写牌匾和书法作品百余幅，并通过书法与大凉山各界朋友建立了深厚的友谊。

扶贫仍在路上，从 9 月份开始，我主动要求参加泸沽中学的扶贫活动，每月初跟随几位主任参与南山村扶贫活动。因为扶贫工作的需要，我在朋友圈及大学同学群多次发起捐助活动，来自同学和朋友的大量扶贫物资从北京、安徽、山西、陕西等地寄到了大凉山。

记得 11 月的一个晚上，高中部熊运友校长给我打来电话，说本校一名教师的亲戚家住喜德县冕山镇民主村，家中不幸遭遇火灾，物品全部烧光，七八口人无法过冬。当晚 10 点，我们翻山越岭驱车前往，把过冬需要的物品及时送到这户人家手中。当时，这户人家感动得热泪盈眶，拉着我们的手久久不愿放下。

为期半年的支教是我人生中最有意义的一次经历。在那儿，我目睹了大山深处人们生活的艰辛与不易，感受到了孩子们想走出大山的渴望，也收获到自己为他们提供了微不足道的帮助后的喜悦。支教生活是充实的，支教的心情是愉悦的、感受也是真切的。

支教生活虽然已经结束，但我和大凉山建立起来的血肉联系却永远不会结束。之后的工作和生活中，我将一如既往地关注大凉山，关注那儿的孩子、那儿的教育，我将穷尽自己的一生，为大凉山面貌的改变提供自己力所能及的帮助。

一个老师的学校

吉林省辽源市龙山区多寿路小学　王维

一座大山,一所学校,一名教师,一群孩子。这一单调的场景定格在会东县铅锌镇骆龙小学。5 年来,教师秦磊"一人一校",身兼语、数、音、体各科教师,虽然历经风雨,看上去依然帅气十足。

2019 年 12 月 24 日,在会东县支教团的统一安排下,由铅锌镇中心校校长张天才等人带领,我们驱车前往距离铅锌镇 50 公里的骆龙小学进行专访,翻山越岭,山路崎岖,悬崖峭壁,经过近 1.5 小时的颠簸,终于到达了目的地。

骆龙小学从建校至今,一直是 1 个老师 2 个复式班,隔年招生。因路途遥远且崎岖难行,少有教师愿在此任教。有些曾在此任教的老师因受不了条件艰苦、薪资微薄,坚持了没多久就离开了,村里每年都为请老师发愁。

2015 年秋,秦磊来到了骆龙小学,从此就扎根在了这里,成了该校唯一的教师。从 25 岁工作以来,他一个人独守在海拔 3 000 余米的边远山区学校,整整 5 个年头,他守得住清贫,耐得住寂寞,为山区孩子撑起了一片蓝天。

据秦磊介绍,2015 年上半年,已在成都打拼 3 年有余的他,也在迷茫和徘徊,是选择继续留在大城市打拼,还是循着初心回到家乡从事教育事业? 正当自己犹豫不决时,一则凉山州会东县招聘乡村教师的公告让他眼前一亮。没有多想,他参加了笔试、面试,并一路过关斩将,如愿成了一名教师。

2015 年 8 月,抱着兴奋和忐忑之情的秦磊正式入职。但是当他从会东县城乘车达到铅锌镇,经长时间辗转才最终来到腹地深处的骆龙小学时,眼前陈旧的校舍、冷清的校园,狠狠地给他泼了一盆凉水。"学校只有几十个学生,校园也非常萧条,这和我想象中的教书育人环境有天壤之别,想到这,我的眼泪流了下来。"秦磊回忆说。

远离繁华都市,教学条件艰苦,出行交通不便……乡村小学的落后面貌,让这个怀揣着教育梦想的城镇青年陷入沉思。夜深人静时,秦磊久久叩问自己:"燃烧自己,照亮别人。当老师不是我从小就孜孜以求的梦想吗?小村虽然条件艰苦,但在这里我能做自己想做的事,这种付出何尝不是崇高的?"经过一番思想挣扎,秦磊很快说服了自己,也说服了原本极力反对的母亲。

既来之,则安之。备课、教学、家访、外出学习,秦磊很快适应了农村小学教师的生活。

他说,学校非常简陋,生活非常不便,当时还是有点要走的想法。时间长了以后,他和孩子、村民都产生了感情,更重要的是他明白了:教育对山区孩子是多么重要。"这里的孩子需要我,我也需要他们,我愿意留在这里。"秦磊说。

骆龙小学现有二年级、四年级总共20个学生,他们分2个教室上课,一个年级上课,另外一个年级做作业。秦磊一人挑起了2个年级的教学:语文、数学、思想、音乐、体育。他的工作任务非常繁重,从周一到周五他就住在学校。早晨6:30起床,开始提水洗漱,再准备一天的功课。从学生进校到下午3:00学生离校,秦老师一刻也得不到休息。

放学后,偌大的校园便只留下秦老师一个人。秦老师开始批阅作业和备课。偶尔有点空余时间,他便到校园附近走走。在骆龙村的5年,他学会了电路检修、电视机维修,还经常帮助附近村民,日子过得很充实。天黑了,肚子饿了,一碗米饭、一盘榨菜便成了他的美味晚餐。当我们告诉他长期吃坛子菜对身体不好时,他说:"我们山上人没那么讲究,只要能填饱肚子就行。"

秦磊在骆龙村教书5年,在村里很受村民的尊重。由于村小远离集镇,秦老师一人坚守学校,村民会不定期送来自家菜园里的蔬菜。在骆龙小学,秦磊的生活过得十分简单,却又无比快乐和充实。山花开了,学生给他带来最香的一束;山果熟了,学生给他带来最甜的一捧。

为了不落下教学进程,秦磊有时带病还坚持上课,但是聪明的孩子总能瞧出端倪,总有年纪稍大的孩子奶声奶气地在课堂上吆喝着:"大家别吵了,你们没看见老师生病了吗?你们就不能让老师省点心吗?"孩子们简单朴素的感情总能让秦磊泪流满面,再累再苦他也能"满血复活"。

"秦老师在这里5年,我们骆龙村没有哪个村民把他当外人,他就是我们骆龙村的一份子。"骆龙村书记安兴祥说。"我们山里孩子走出山旮旯儿的唯一出路就是读书。教育部门能够将这么好的教师安排到我们村里来,我们感到非常满意,我们村里的所有群众都把希望寄托在秦老师身上。"村里有什么大事小情,大家也愿意和秦磊分享,甚至还会找秦磊商量,听听他的建议和意见。谁家有什么好吃的,大家也乐意叫秦磊去吃饭。

秦老师的爱人在 300 公里外的西昌,小孩已经 2 岁了。秦磊思念家中的妻儿,每到周五,他骑上小摩托车先到镇上,再转 3 次车才能到达西昌,到家后往往是晚上 10 点了,看着熟睡中的孩子,他的心中满是愧疚。陪孩子一天后,周日一早又得出门坐 8 个小时车返回学校。

铅锌镇中心校校长张天才说:"秦磊老师在我们铅锌镇最边远的教学点任教,多年如一日。他是一个深受学生喜爱、深受教育部门和当地老百姓信任的好老师。"

在很多人眼中,乡村老师是清贫的代名词。秦磊却不这么认为,他说:"我们是一群富足而幸福的人,在骆龙小学,我为乡村的孩子们点燃了希望,撑起了他们的梦想,只要家长需要,我愿意一直坚守下去。"

2020 学期末,骆龙小学终于划归到了镇中心校,学生由中心校统一管理,办学条件好了、教学质量提高了、家长满意了、学生幸福了。

"作为教师,就应该踏踏实实搞好本职工作,无愧于心。"这是秦磊常挂在嘴边的一句话。如今,阳光帅气的秦磊依然坚守在本职岗位上,眼前有诗和远方。

凉山雷波城关小学的支教生活

陕西省西安师范附属小学　　汪文杰

　　时光荏苒，岁月如梭，分分秒秒总是不经意间从指缝划过，蓦然回首，一学期的凉山雷波支教帮扶工作即将结束。支教经历在我的人生中写下了不平凡的一页，我庆幸自己当初作出的这一选择。

支教团队在雷波县城关小学

　　来凉山彝族自治州雷波县城关小学支教的第三周，一天晚上，三年级（3）班学生柳呈睿的妈妈发来信息，"我一谈到学习孩子就恼火，感觉到他发自内心地不爱读书，啥都整过，我实在不知道该怎么办。"

　　"慢慢来，多鼓励。"我说。

　　"平时孩子很有爱心，很会替别人考虑，但是一谈到学习就糟糕得不行。您在大城市见多识广，希望能给我支支招。"

"哈哈,谢谢您的信任。我觉得先抓态度,让娃每天认真做作业,尤其是字词、阅读和作文,您要盯着他抓紧些。若娃写字慢,写作业时间长,我可以给他减少作业,但必须用心写。"

"听了您说的几句话,我心里头舒服了一点,感觉又看到了希望。"

"心急吃不了热豆腐,慢慢来,相信孩子,相信自己。一定会好的!"

"谢谢老师!"

"周五您来接孩子时,我们面谈。"

帮扶学困生,就从柳呈睿开始,我心里默默地想着,相信自己一定能成功。

从这以后,我就特别关注柳呈睿的一举一动,他的作业写得好,我就奖励他一根棒棒糖,他听讲专心了,我也奖励他一根棒棒糖。有时候帮着他把作文修改好,让他读给大家听,同学们给他鼓掌,他满脸的喜悦,眼神里流露出自豪之情。慢慢地他喜欢上语文课了。

汪文杰老师辅导学生作业

一周后,他妈妈给我发来信息,"感谢汪老师,柳呈睿从开始害怕学习,讨厌学习,读个课文都是痛苦的状态,现在变得喜欢学习了,他刚刚突然跟我说自己有个小小的心愿,希望语文数学都考到90分以上,然后争取考得更高,这是他从学前班到现在第一次自发地想学习,想进步。"

赏识带来成功,抱怨导致失败。不是好孩子需要赏识,而是赏识使他们变得更好;不是坏孩子需要抱怨,而是抱怨使他们变得越来越糟。雷波城关小学三年级(3)班会有很多学困生因我而转变。我相信自己。

感动是一缕阳光,让你感受到温暖。在雷波城关小学支教期间,我常被一些事或人所感动、所温暖。

一天早上,我正在给三年级(3)班学生进行单元测试,突然教室的门开了,李老师对我说:"我替你监考,你去办公室,办公室的张老师找你有事。"在去办公室的路上,我心里忐忑,不知道张老师找我有什么事情。推开办公室的门,张老师微笑着说:"听李老师说你早上没有吃早点,我刚给你买了一碗馄饨,你们陕西人爱吃面食,赶快趁热吃吧。"望着冒着热气的馄饨,上面还冒着一层红油,一股暖流涌上心头,本来我也不太饿,却三下两下就把这一碗馄饨吃完了,感到心里暖暖的,眼泪不由自主地流下来。

一天,太阳暖暖的,我洗了衣服在晾晒衣服的时候,不小心把手臂划了一个口子,殷红的血一下子流了出来,我赶忙用手捏住伤口,下了楼准备去县城买创可贴,快到学校大门时,碰到几个正在玩耍的学生,其中的刘丽和阿昌,我们之前在操场上闲聊过。"汪老师,你咋了?"得知我受伤了,刘丽说:"老师,我有创可贴。"她转身跑回宿舍,眨眼功夫,拿来了一个创可贴,还送了我一个苹果,边帮我贴上创可贴,边叮嘱我说:"伤口不要沾水……记着把苹果吃了,很快就会好。"小小年纪,如此会关心人!那一刻,我想到了一句话:艰苦的孩子早当家,也想到了自己10岁上学的情景,顿时眼眶湿润了。

王皓,雷波县城关小学校长,学校的老师不管年龄大小,都亲切地称他为"皓哥",连学生也叫他皓哥,他的脸上时时挂着微笑。他也是陕西人,为了爱情来到雷波。因为是老乡,我和他彼此有了一份亲近。他是一个聪明绝顶的校长,为人和善,待人真诚,没有架子,总是用真情打动人、带动人,他分配的工作老师们都喜欢干、努力干,似乎干不好就对不起皓哥。

在支教的这一学期中,皓哥让我多次感动。

我带三年级(3)班压力很大,因为这个班的成绩在全县名列前茅,因语文老师生病,我被派代课。我平时教学,喜欢创造轻松幽默的课堂氛围,备足了第1节课的内容,自己信心满满,可学生给我来了个下马威,整节课乱哄哄,我心想,学生可能是有新鲜感吧。第2节课、第3节课依然如此。我不禁对自己产生了怀疑。皓哥得知这一情况后,不厌其烦地给我介绍了这个班学生的性格特点和家庭情况,还介绍了这里老师的授课特点……充分肯定和鼓励我,说家长纷纷给他反馈(很多学生的家长是学校的老师),说我的作文教学有一套,说我上课风趣幽默,说我作业布置得少而精……有了皓哥的鼓励,我又有了信心,晚上我静下心来,回忆课堂上的情景,反思自己,找到了自身存在的问题,那就是放得过多,却没有想到如何收回来,只管幽默有趣,却没有想到学生的实际情况,才导致课堂的乱。找到了问题,接下来的课堂,活而有序,精彩纷呈,赢得了学生和家长的好评,这离不开皓哥的支持。

汪老师,你一个人在这要照顾好自己,有什么需要尽管说;汪老师,明天要变天,多穿点,别感冒了;汪老师,周末带你去溪洛渡大坝,带你去马湖;汪老师,奶奶让我给你带了点自家种的豌豆苗下面吃;汪老师,尝尝我家的脐橙,肯定比"胖墩"家的甜;汪老师,到我家过彝族年吧;汪老师,我家孩子能遇到您这样的名师,多么幸运;汪老师,今天三年级组给你补过一个生日……

我是幸运的、幸福的,城关小学的领导、老师、学生、家长给我带来的种种感动,使得支教成为我人生中最温暖的一段经历。

陪伴是最长情的告白

河北省衡水市第十三中学　杨洪敏

　　每天不由自主地随着脚步就走到了教室,课间去看一眼孩子们也已经成了一种习惯,有时候去得早,前一堂课还没有下课,就静静在楼道等候。

　　一到课间,可爱的孩子们就会围上来问问题,其他也有同样问题的同学也会围上来跟着一起听。

　　有的时候,有孩子们会悄悄地塞给你一张纸条,上面写满他们专有的"秘密"。马上快高考了,压力让他们选择了这样的沟通,有时来不及当面开导下课铃就响了,就以笔传情给孩子们写个"暖心贴"。

　　有一个孩子最近接连几次的考试成绩都不太好,心理压力很大,自从上次给他写过"暖心贴"后情绪舒缓了很多,有时候走进教室会与他眼神交接,我就握紧拳头给他比一个"加油"的姿势,他的眼睛里就充满了笑意。

　　还有一个孩子之前我对他印象不太好,因为有时我进教室的时候看他学习不是那么专注而且听别的老师说他还经常迟到……就这样带着有色眼睛看人家,虽然我没有说过他什么,但是当我走近这个孩子,能感觉到他眼神中带着抵触。后来了解到这个孩子父母常年在外打工,家里就留他一个人,上学还好,如果放假、生病……其实他挺可怜的,一个孩子在这样的环境中成长起来太不容易了。城市里的孩子一放假,家长们就像招待贵宾一样准备吃的、喝的、用的,生怕有一点不周到。这里有很多这样的孩子,他们坚强得让你心痛。班里还有一个孩子父母都出去打工了,他每天要给上初中的妹妹做好饭,送妹妹上学后再来上学,所以有时会迟到。每一个表象的背后都可能有一个令人心酸的理由……

　　想到这我感到非常自责,课间的时候走到那个孩子身边,拍拍他的背:"孩子加油,有什么困难可以找老师说",那一刻那个孩子平时冷硬的目光似乎柔和些许。之后每次课间走过他身边,当他的眼神看过来,我都会对他笑笑;有时他表现得好,我会用手势给他点个赞,他也会回我一个微笑,继续读书。

班里有一个小女孩,一次课间我看她捂着肚子,问她怎么了,她回答:"胃疼。"我给她带了一包红糖一块姜,帮她买了治疗胃痛的药。第二天早晨刚一进办公室,楼上的老师就下来说:"看看是不是写给你的信?塞到我们门下了。"后来我才知道,她有一些内向,又很想表达她的谢意,就给我写了一封信,结果太紧张居然多跑了一层楼,塞到了别的老师办公室门下。这个小可爱,哎……

她有个很特别的名字:俄底么木作,我问她:"你的名字是什么意思?"她说:"阳光。"后来在校园里遇到她,她微笑着和我打招呼,还对她身边的朋友介绍:"这是我们班的杨老师,我特别喜欢她。"

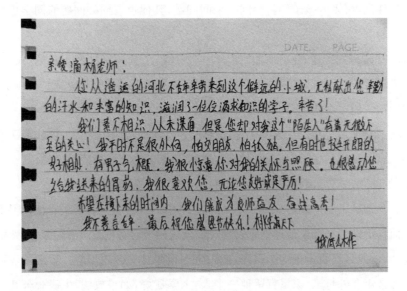

每天和孩子们相处是一种幸福,我仅给了他们一缕春风,他们却给了我整个春天。

大凉山时光

天津市南开区中营小学 王振刚

2019年5月，我背上书包，拉着行李箱，出发了。从天津滨海国际机场登机，3个多小时后，飞机缓缓地降落在了西昌机场。汽车在山路间行驶了3个多小时，才到达此次出行的目的地——四川省凉山州昭觉县，而工农兵小学是我这次支教的地方。

一节特别的语文课

清晨，天渐渐放晴。教室里，我正在给全校语文教师上示范课，教学内容是《义务教育教科书语文五年级下册》第三单元"遨游汉字王国"。

这堂语文课上，我和学生一起分享了"十二生肖与甲骨文"。

在小组的讨论声中，学生依次认识了：鼠、牛、虎、兔、龙、蛇、马、羊、猴、鸡、犬、豕。

"在这十二个甲骨文中，有两个字很特别，特别在哪里?"

学生思考片刻，发现"牛"和"羊"只是描绘了动物的头部，而其他生肖对应的甲骨文描绘的是动物的全身。

最有意思的莫过于"鼠"字，"鼠"的头部出现了三个"点"，这三个"点"代表什么?学生联想到这三"点"是"鼠"的头发，于是，我启发学生从"鼠"的生活习性去思考。学生一下子想到了老鼠喜欢将食物咬碎，这三"点"就是老鼠咬碎食物后的残渣；还有的学生想到了老鼠喜爱钻土洞，导致它的头上常常带有泥土。学生的思考多么富有创意啊！

细心的学生还观察到了"虎"字，古人创造这个字时，突出了"虎"的血盆大口，还有它身上的花纹。学生感叹道，即便是凶猛的动物，古人也要创造条件近距离地观察它们。

最漂亮的莫过于"马"字，学生一边观察一边思考，古人突出了"马"脖子上的毛。

古人用文字给我们画了一匹奔跑时的马,画出它奔跑时飘起的鬃毛,展现出了它的动态美。

最特别的是"鸡"字,左上像有一只手,左下像一个人,合起来就是一只手拉拽着一个人。右边是一只鸟的象形,说明这是一种鸟类。这个字无声地告诉我们:古人在驯化鸡的时候,就像一只手拉拽着一个人一样,要把鸡拴着饲养,否则鸡就可能飞走。

字形最相似的是"犬"和"豕","犬"就是"狗","豕"就是"猪"。甲骨文的"犬"和"豕"真是太相似了,不过,学生火眼金睛,轻轻松松地就发现了:尾巴向上的是"犬",尾巴向下的是"豕";"犬"的腹部比较平,"豕"的腹部比较大,并有向下坠的趋势。

……

多么有意思的一堂语文课啊!在一阵阵欢笑声中,我引领学生思考:古人的造字智慧来自哪里?

学生思考片刻后,一位女生举起了手,她说:"古人的造字智慧来自他们的生活。"

"是啊!古人不但对野生动物的观察细致入微,就是对一些猛兽也有近距离接触的经验。古人的造字智慧来自他们的生活,来自他们的狩猎生活。"我回答道。

在《我和我的祖国》的伴奏声中,我给学生们分享了这样一段话:

世界上有一个伟大的国家,她的每一个字,都是一首优美的诗、一幅美丽的画,你们要好好学习。我说的这个国家就是中国。

下课的铃声响了,这堂特别的语文课结束了。说它"特别",是因为我和这些大山深处的学生一起学习了十二生肖的甲骨文,感受古人的造字智慧,激起了他们对中华传统文化的探究热情。

一次特别的出行

五月的昭觉县,赶上下雨,可以下上一周,每天淅淅沥沥的,寒气袭人。几天后,雨终于停了,太阳出来了,天空就像碧蓝的幕布上绣上了几朵白花。

星期天,我带上一把伞,走出楼门,向山里走去。山路两旁是房屋,稀稀疏疏,错落有致。一个小男孩在家门口洗衣服,看上去也就五六岁的样子,像个小大人。双手握成拳头,浸到盆子里,使劲地揉搓;双手将衣服翻过来,继续握成拳头,继续使劲地揉搓……好一个勤劳的孩子啊!

我继续向前走去,人家越来越稀少……听!这是什么声音?"咩——咩——"难道山上还有羊？我抬起头闻声寻找，林木间，三四只黑山羊惬意地吃着树叶。走在山间小路上，随时都可以看到一两头或大或小的牛，悠然自得地散步。牛顺着坡道走进了峡谷，峡谷里满是青草，牛专心地享用这山间特有的美餐。漫步山间小路，耳畔充盈着峡谷里传来的哗啦哗啦的流水声。

走进山里很久了，我决定转身往回走，拐入了另一条小路。我看到了另一番景象：玉米苗、土豆苗、白菜……长得葱绿，长得喜人。大人在地里耕作，两个四五岁的小女孩在山路上玩耍。她们的手里拿着花，可能是刚刚采摘的。从她们身边路过时，一个孩子把花递到了我的跟前，我无法拒绝一个孩子的童真与热情，便接过了那朵花——原来是一朵打碗花。山间的野花，成了孩子最好的玩伴，成了孩子赠予他人的天然礼物。

带着这朵打碗花，我向山下走去。没走多远，隐约听到了身后的脚步声。我回过头，两个孩子兴奋地从远处跑来，手里攥着什么。"给！"攥在孩子手心里的有月季花、野豌豆花。我向他们说道："谢谢你们！别再追了……"孩子乐呵呵地点头，像是完成了一件大事，心满意足地回去了。多么热情的孩子！

这次暖阳下的闲步，让我感受到了一种似曾相识的温暖，暖阳悄然照进了我的心里。

凉山不"凉"

贵州省毕节市实验学校 熊鹰

凉山凉

凉山曾是全国典型的深度贫困地区。"四季无寒暑,下雨便是冬"是凉山当地流传的一句话。

冬天似乎特别偏爱这里,总是要提前两个月到、推迟两个月走。只要一下雨,气温就极低,一年四季,人们总有很多日子需要裹上厚厚的棉袄——凉山真凉!

然而,就是在这样一个极凉的地方,总有一些生生不息的力量在不屈地抗争着、奋斗着,温暖着、鼓舞着每一个有幸遇见它的人。

老师们帮悬崖村里的女孩扛米上山

悬崖悬

2019年9月14日,我和几名支教老师相约探访悬崖村。汽车沿着弯弯曲曲的山路一路颠簸,4个多小时后,我们终于来到山脚下,仰头一看,倒吸一口凉气:悬!

通往悬崖村的"路",是用一根根钢管搭成的"天梯",这梯子凌空高高架起,两根钢管并拢算是一级"台阶",脚底下则是深深的悬崖,第一次行走在这样的"路"上,我心惊胆战,根本不敢往下看,两手死死抓住钢梯两旁的护栏,两腿还是不停地打颤。途中,我们偶遇背米上山的三年级女孩,看到她小小的肩膀承担了一家人生活的重担,我不禁对这孩子充满爱怜。

虽然我有些自顾不暇,两个月前还刚做过手术,但为人师、为人母的双重身份促使我毅然决然地接过孩子背上的米袋,和其他两位老师一起轮流帮忙扛上山。

咸咸的汗水流到眼睛里,辣得睁不开眼,我却不敢腾出手去擦一下。汗渍在我的黑色衣服上凝结成一道道白霜,宛如一道道白色的梯田。这段路,我至今记忆犹新。

由于种种原因,那一次我们未能到达村子,但我对这个村里的孩子,从心底生出许多敬佩。经过两个月的准备,我们几个支教老师,再一次探访悬崖村,准备给村里的幼教点送去图书、体育用品、学习用品、玩具等物资,表达我们的心意。我们来到山脚下时,天色已转暗,伙伴们稍作休整后,便背上物资、带上手电出发。大家一手拿着手电、一手摸索着钢梯旁边的扶手,小心翼翼地踩着脚下的钢管,生怕一不留神脚下踩空。在这漆黑的夜里,这段旅程尤为艰难。

大家或推或拉、或搀或扶,互相鼓励着,克服了对黑暗的恐惧、克服了脚下的危险、克服了身体的不适,任凭汗水打湿衣服,勇往直前,终于在晚上8点多到达村子。

悬崖村的夜景极美,皎洁的月亮挂在头顶,仿佛一伸手就能摘到。村子的夜非常宁静,然而一想起第二天的工作,我却没有一丝睡意。一大早,我们就去村里的幼教点等待孩子们,给他们分发了文具、玩具等,还和孩子们开展了制作版画、书签等丰富多彩的活动。虽然这些孩子暂时还听不懂汉语,但他们澄澈的眼睛里满是愉悦与好奇。

悬崖村之行,让我的精神得到洗礼,我坚信,在这大山的悬崖峭壁面前没有人屈服——包括我和悬崖村的孩子。在以后的生活中,我们无论遇到什么困难,都不会轻言放弃。

土墙红

在大凉山支教的最后一天,我和几位支教老师一起到美姑县拉木阿觉乡一个名叫拉曲的孩子家里家访。沿着弯弯曲曲的山路驱车4个多小时,我们终于到了。拉曲的爸爸去世了,妈妈病重,为此家里借了很多外债。拉曲的嫂子去世了,哥哥失联,没有任何音讯。病重的拉曲妈妈还要照顾拉曲哥哥家的两个孩子,生活十分困难。

不过,在斑驳的土墙上,我看到一抹亮红——拉曲和妹妹的奖状。在大凉山,许多孩子因贫穷早早就辍学了。墙上的红奖状,也许是拉曲和妹妹改变自己命运,甚至改

拉曲家墙上的奖状

变整个家庭命运的希望。

　　从大凉山回来，我的心情一直不能平复，始终挂念着拉曲兄妹俩，不知他们能否坚持自己的梦想，继续他们的求学之路。然而，春节期间，噩耗传来：拉曲的妈妈也去世了。拉曲和妹妹成了孤儿，这样的处境更是让我揪心不已。

　　几经辗转，我终于联系上拉曲的班主任，得知拉曲妈妈去世以后，家族里的亲人们给兄妹俩凑了 3 000 元钱，拉曲和妹妹因此没有辍学，我悬着的心终于放下了。

　　我把拉曲兄妹的故事讲给我们班上的孩子听，他们小小的心灵受到了深深的触动，在他们童话般美好的世界里，从来没有见到过条件如此艰苦却又如此坚韧的人。

　　孩子们纷纷把自己的零花钱、压岁钱捐了出来，要帮助拉曲兄妹完成学业。我印象最深的是班上一个叫坤坤的孩子，平时妈妈给他的零用钱，他 1 元 1 元地攒着，攒到 10 张就找妈妈换一张 10 元；攒到十张 10 元就找妈妈换一张 100 元。为了帮助拉曲兄妹，他把攒了几年的 1 000 多元钱一分不留地捐了出来。

　　家长们也纷纷表示，要让孩子从小拥有兼济天下的胸怀，要做孩子们坚实的后盾，支持孩子们以各种形式筹集资金，假期甚至带着孩子们去摆地摊义卖，以帮助拉曲兄妹完成学业。孩子们纯真的、火一样的心温暖着我，温暖着大凉山的孩子，同时，大凉山的孩子面对逆境的坚韧品质，也温暖着、鼓舞着我和我的孩子们！

真情暖

　　虽然支教已结束，但我相信，这是另一个开始，我和大凉山，我的孩子们和大凉山，一定还会续写更温暖的故事。

  坚韧的大凉山,有党和国家的关怀、有社会各界的关心,甚至有孩子们的支持,我们有理由坚信:凉山不"凉"。

凉山见闻

北京市通州区潞河中学　傅强

　　车辆行驶在蜿蜒曲折的山路上，我不止一次问前来接机的王勇主任："还有多久到宁南？""大概还需要一个半小时，我们刚走了不到一半。"王主任略带尴尬地宽慰我，"傅老师，看看两边的大山吧"。

　　从西昌到宁南的公路两旁都是绵延起伏的青山，天湛蓝湛蓝的，大山深处星星点点的白房子是山民的家，高海拔地区的阳光即使隔着车窗，直射皮肤一会儿就会感到生疼，路边飞逝而过的是各种叫不出名字的阔叶植物，偶尔有些聚居的小村子就坐落在这些郁郁葱葱树林后，黑水河穿行在山谷里时隐时现，滚滚的河水挟裹着山上冲击下来的泥土汇入了金沙江。这是我第一天走进大凉山时的印象。

　　十五年前，我曾到过川西。2006年初的寒假，我拿着刚参加工作半年攒下的积蓄在四川做了一次长途旅行。从成都坐车到康定，再和驴友包车去稻城亚丁，从那里徒步穿越到云南一个不知名的小村落，又辗转到香格里拉……当年那个来自华北平原的年轻人被四川的崇山峻岭和山民原始落后的生活震撼了；十五年后，当我再次走进四川的大山，试图寻找记忆深处的景象，可眼前除了青山依旧，其他都变了模样，而这些又一次震撼了我。我在大凉山工作生活一年，耳闻眼见、所思所感甚多，且待我慢慢说与你听。

一处偏僻的群山，一座奋发的小城

　　宁南建在金沙江畔的一个狭窄的河谷地带，是大山深处的一座精致小城。整个城市依山而建，地势落差大。初到宁南，仅仅应付校内宿舍到教学楼的地势落差就满身大汗、心慌气喘了。县城四横四纵，规划井然、街道整洁、屋舍俨然，骑上摩托悠闲地绕主城区一周，半个小时足矣。

我所支教的宁南中学就坐落在县城的最高处。平时漫步校园,你会望见教学楼上赫然两行金色标语——破釜沉舟百二秦川终属楚,卧薪尝胆三千越甲可吞吴,让人感受到了宁中师生顽强坚忍的倔劲儿和挑战命运不服输的勇气。当我得知地理位置偏僻、物质条件相对落后的宁南中学高考成绩多年保持全州前列,宁中老师的课时量是我派出单位的两倍时,他们的敬业和奉献精神令我肃然起敬。"敬教劝学,建国之大本;兴贤育才,为政之先务。"宁南重视教育的态度让整个城市都充满着文明、上进的风气。

九月、十月是宁南的雨季,淅淅沥沥的秋雨从沾衣欲湿下到凄神寒骨,若吟咏李商隐的"君问归期未有期,巴山夜雨涨秋池",不禁会感怀落泪。可宁中的学生可没有吟诗作对的雅兴,他们披星戴月,只争朝夕,六点二十就站在了操场跑操,晚上十点半才疲惫地回宿舍就寝,日复一日、年复一年。一日雨后初霁,同行的老师感叹青山上云雾缭绕,蒸腾的水雾反射柔和的晚霞,如入仙境,我开玩笑说:"这山里一定住着神仙。"细细想来,此言非虚,李谪仙、苏坡仙这两位"仙才"不就是四川走出来的吗,说不定这钟灵毓秀的宝地正在孕育着下一位旷世奇才,而他就在宁南,在你我班上。这谁说得准呢!

大山里百姓的日子越来越好了

夜幕降临,从校园俯视整个小城,近处的东升路、远处的江西街上的灯火陆续点亮,南丝路大厦也亮起了美丽的霓虹,金沙大道上蜿蜒的光带像神秘的音符飘过金沙大桥,飘进大山深处……小城在静谧的夜晚像是缥缈夜空中一颗闪烁着微光的星星。它是茫茫群山中一个超凡脱俗的桃源。

你也许会惊讶,认为我是艺术地夸张了,那里可是大凉山深处啊,重山阻隔、交通闭塞、缺乏资源,那里贫穷落后才对啊,怎会如你描述的那般美好? 住在大城市的朋友们,若有机会,欢迎你走进这大山,看一看这里如今的变化。

白墙黑瓦,一层或两层的房屋是大多数山里居民的居住标准。房前屋后开垦出一块平地,山民种上枇杷、芒果、蔬菜、小麦,自用富余,主要是挑到市场卖钱。除了自给自足的小农经济,宁南也在积极探索收益较高的支柱产业。种桑养蚕是如今宁南的支柱产业,道路两旁桑树成荫,很多家庭都养蚕创收,工业区建有专门的蚕丝加工基地。畜牧业不是印象中的粗放管理了,我就见过路边的羊圈是二层小楼,羊群在整洁卫生的二楼，一楼收集的粪便可做有机肥料。父辈们靠山吃山，但年轻一代受过良好的教育，可以在县城里谋一份"白领"工作，我们常会看到穿着西装的年轻人骑着摩托下山到县城里上班。只要山上有人住的地方，平整的水泥路就通到家门口，通水通电。

亲眼所见的这一切让我感叹国家近些年大力推进的脱贫攻坚战真的取得了实实在在的成果，极大地提高了山区百姓的生活水准。

2020年11月，我们支教团队有幸参观了在建的白鹤滩水电站，电站建成后，将成为中国仅次于三峡水电站的第二大水电站。当我们置身于雄伟的大坝前，看坚实高耸的坝体横亘于雄山间，将涛涛奔涌的金沙江水拦腰截断，所有人都热血沸腾，惊叹人类改造自然的智慧和魄力，并为祖国一流的基建实力感到骄傲，为锐意进取、奋发务实的民族精神感到自豪！

"纸上得来终觉浅，绝知此事要躬行"，若不是亲眼所见，我很难相信四川大山里发生的巨大变化，所见所闻和我十五年前的记忆有了天壤之别。这一年在大凉山的支教工作，不仅让我实现了个人的教育情怀，也大大开阔了我的眼界和胸襟！

学生杨都惹

湖北省黄冈思源实验学校　汪颖

　　和学生杨都惹的相识是在 2019 年 9 月，可能因为自己的母亲也姓杨，所以我一下子就记住了这个沉默寡言、上课默默做笔记的小男孩。

　　10 月初，恰逢凉山州开展万师访万家活动，我也借着这个机会和班主任一起对杨都惹进行了一次家访。

　　杨都惹的家在乡下，父母外出打工。为了方便他们兄弟上学，家里给他们在县城租了间房。从学校到他们租的房子步行大概要 30 分钟。房间里摆着 2 张床和 1 个由砖头加木板组成的简易灶台，没有多余的家具。兄弟 2 人的衣服和书包要么挂在墙上，要么堆在床上。

　　见我们来家访，杨都惹显得很不好意思，赶忙收拾自己的床铺。他告诉我们，因为父母在外打工，学习和生活都得靠他自己。平时学校有免费的营养餐，周一到周五不用担心吃饭问题。但是周末回不了家，他还要照顾读小学的弟弟，所以自己只能在出租屋煮饭，然后配点咸菜吃，偶尔会买些青菜煮青菜汤。

　　他还告诉我，现在当地有了通往外界的路，政府会帮忙介绍工作。为了脱贫，许多大人外出去打工了，他们家的经济条件也比以前好多了，像他这样由哥哥姐姐照顾弟弟妹妹，一起读书生活的家庭太常见了。听着他的介绍，我的心里很不是滋味，只能安慰他父母在外打工赚钱也是为了他们，他们要更加努力学习，通过知识改变命运。

　　家访后的第 2 周，我借着请学生帮忙的名义，在放学后留下了杨都惹和班上的另一位男生。然后，我巧妙地让他们错过了饭点，接着说："对不起，老师耽误你们吃饭了，今天谢谢你们帮忙，我带你们去吃点东西。"

　　两个孩子开始都是拒绝的，但架不住我的一再要求，终于答应了。我知道，孩子们都是有自尊心的，太显露的帮助说不定会伤害他们。我也没有只叫杨都惹，而是让两个孩子一起，其实是为了让他有个伴，这样他就不会太过拘谨，也能减少心理负担。

那天中午，我们去了县城新开的一家汉堡店，我给他俩点了一个全家桶。孩子们开心的笑容让我感到欣慰。而杨都惹看着全家桶里鸡块直勾勾的眼神又让我有些难过。这些城里孩子经常能吃到的东西，对他来说却是第一次。

在之后的日子里，我也总是有意无意地对杨都惹多加关注。课上会时不时走到他身边看他的练习情况，课后会和他聊天，了解他的课余生活。而他也成了我的铁杆粉丝，上课会积极发言了，课后也会经常和同学讨论问题，还会主动向我请教数学题，脸上也有了更多的笑容。

其实，杨都惹只是我们班里众多学生的一个缩影，他们在平常的学习生活中缺少父母的关爱，所以更需要老师的关心。元旦的时候，我和班主任商量着买了一个6层蛋糕，我们把蛋糕分给每一个孩子，让他们知道我们这个班集体就是一家人。我是90后，孩子们说有时觉得我不像他们的老师，更像是他们的哥哥。班上越来越多的孩子上数学课更加积极了，数学成绩也明显提高，班上数学平均分从不到20分提高到了接近40分。让我更加惊喜的是，杨都惹的数学考及格了！

黄冈思源实验学校的汪颖老师和学生们

相遇就是一种缘分，能和这些凉山的孩子们相逢更是一种奇妙的缘分，愿他们今后的生活少一些苦难、多一些幸福。

向着光亮那方

安徽省合肥市南门小学　朱有芳

2020 年 9 月,我怀揣教育梦想主动请缨,跨越千里奔赴四川省凉山州金阳县开展教育帮扶工作。

这方"蝉噪林逾静,鸟鸣山更幽"的土地曾是连片深度贫困地区。我们此行无意打破这般宁静,只是希望通过绵薄之力,促使更多同胞向着光亮那方前行。

初到金阳,阴冷的天气和迥异的饮食习惯令我很不适应,积极工作则成了我借以消弭顾虑、调节整顿的最佳途径。感到不适应的不止我一人——由于缺乏教学经验,加之刚入学的孩童自控力弱,和我结对、初带一年级的金拉尾老师也处于茫然无措之中。老师的前进就是对学生最有力的托举,为了使南门小学百年名校的先进经验和优秀作风惠及凉山的老师,我上下求索、全力以赴,金老师自然成了我的重点帮扶对象。

于是,我走进金老师的课堂寻找问题,进行有针对性的指导。有时我也走上讲台进行示范,将语文课程教学方法和管理学生的理论经验呈现在实践中,以助她在听中

朱有芳老师与"徒弟"共同研课

记、看中学、学后仿。金老师总是虚心求教，我则用心解答；我会根据她的课堂表现真诚地赞扬优点，中肯地提出不足，最后共同商讨改进措施。

金阳县城关小学第三期"青蓝工程"青年教师同课异构赛课活动将在半个月后举办。我们俩决定加倍努力，常规工作与备课冲刺双管齐下：教学环节、授课措辞、场景预设、课件设计等细节全部纳入准备范围，在不同的班级反复试讲，并一遍遍复盘修正。

我们有点像筹谋破局的棋手，不分时间地点，随时探讨改进，只求落子无悔。"宝剑锋从磨砺出"，最终，金老师的展示课取得了良好的教学效果，在评课时获得了领导与同事的一致表扬。行至此处，我和她相视一笑，甚至有些热泪盈眶。

关注学生也是我的重点工作。看到城小的孩子每天单调地重复上课、写作业，却没有课外阅读，我心中甚是焦急。授人以鱼不如授人以渔，唯有将阅读的理念和方法教给老师和学生，才能实现教育帮扶的行稳致远。

于是，在精心准备后，我开展了面向全校教师的课外阅读专题讲座，普及阅读的意义与做法。终于，一批老师行动了，学校尘封已久的图书馆大门打开了，不同年级的孩子来到图书馆登记借阅了，许多班级在午间自习课加入了课外阅读……我的内心因此雀跃不已。

"千里之行，始于足下"，勇于开始，才能找到成功的路。县城的孩子已经开始阅读，那么这套方法应该同样适用于乡村的孩子，也可以充实他们的精神生活。

强烈的愿望催促着我行动，考虑到农村图书供应不足，我便想方设法发动家乡朋友为金阳的乡村小学捐赠图书，并积极联系金阳教体局进行对接，统计各校信息、安排运输事宜。几经辗转，2020年的最后一天，我如愿把五千余册图书分发到金阳县八所乡村小学的负责人手中，算是送给一千多个孩子的新年贺礼。后来，乡村老师们给我反馈了孩子阅读的照片，更让我看到了这件事的意义和价值，乡村孩子的心中也有了阅读的种子！"扶贫先扶智"，我做到了。

城小的贾巴只博老师在山洼处的空地上举行婚礼。当日，院子角落里支起六口大锅，传说中的"坨坨肉"在锅里沸腾——整整五头猪的肉被切成拳头大小，用柴火炖五小时以上，再由几个青壮年男子起锅。一位手持大铁勺来回翻搅，另几位搬来大盆，等待持铁勺小哥换上大漏勺，麻利地将锅里的坨坨肉舀出来、甩进盆……

开席了，餐桌有三宝：米饭、酸汤、坨坨肉，附带酒水。想吃哪块肉，自己上手撕来吃,爱吃辣的可以蘸上辣椒面,人人大快朵颐。这种粗犷朴实的待客之仪,让全场肉香弥漫,欢声笑语不断,连我也无暇顾及形象,手口并用起来。"一点浩然气,千里快哉风",油然而生的幸福感在我的心里扎了根,一路被带回了广袤的中原、烟雨的江南。

回首一学期的支教路,有艰辛也有快乐,有付出也有收获,有黯然也有感动,是奉献也是自我成长,这无疑是一笔宝贵的精神财富,丰盈了我的人生。其实最想说"无悔选择,无愧岁月",我骄傲我是脱贫攻坚助力者,让教育均衡发展的种子在凉山州生根发芽、开花结果,愿金阳教育的明天更加灿烂辉煌。

小小水饺话支教

河北省唐山市第四幼儿园　王薇

2019 年初秋,蓝天白云,邛海泸山,清风徐徐,树木苍翠。何其幸运,我作为教育部名校长领航工程刘秀红园长工作室选派的首批支教教师,从燕山脚下、渤海之滨的冀东平原远赴西蜀之地,扎根西昌市红旗幼儿园开展支教工作,在这遥远陌生的大凉山,度过了一段终生难忘的美好时光。

当我顺利圆满完成支教工作,风尘仆仆回到家乡,家人在厨房一阵忙碌后,端上来一盘热气腾腾的水饺,我尝了一口说:"真好吃,但此生最动人的饺子在遥远的凉山。"

小小水饺解乡愁

在支教工作忙碌之余,时有淡淡的思乡之情萦绕心头,特别是在幼儿园放学后,看到小朋友被父母接走,一家人手牵着手幸福地走进那悠长的老城古巷。每每这时,我就会和唐山支教小队的两个姐妹一起包一顿家乡的水饺,用熟悉的美食化解这一缕乡愁。小小的水饺就这样悄无声息地挤进我忙碌的工作和生活中,也就有了在凉山支教期间关于饺子的二三事。

为庆祝全国第 35 个教师节和加强支教教师队伍建设,教育部幼儿园园长培训中心组织 21 位支教教师群策群力开展抵达西昌后的首个团建活动。团建地点就选在了我们在仿古街的住所,午饭决定吃中国人逢年过节必备的饺子。老师们陆续到了,每个人脸上都洋溢着笑容。

洗菜、和面、调陷,食材很快准备完毕。年轻教师跃跃欲试,但他们七手八脚,状况百出,面粉不是洒在了身上,就是抹在了脸上,一个个都变成了"小花猫"。动作不娴熟没关系,饺子馅包不进去也没关系,欢声笑语中,浓浓的情谊尽在饺子中融化。等到饺子一出锅,21 位老师迫不及待地品尝了起来。饺子象征着亲情,象征着团圆。大家坐在一起包饺子,体会到了团队的温暖,感受到了自己并不孤单。

我们一边吃饺子,一边津津有味地分享支教经历,北京的老师学会了本地方言,能和娃娃更好地沟通;唐山的老师在开展教研和幼儿园环境创设工作;山东支教小队走进了西昌民族幼儿师范高等专科学校,准备好教案,要为大学生上课了……

"食"为媒介助发展

支教期间,我主要负责西昌市红旗幼儿园的教科研指导工作。10月的一个周末,我对园本食育课题的推进方案进行全园培训。通过培训,大家理解了课题研究应与五大领域、园所环境、家园社区等进行有机整合,将食育融入幼儿一日生活中的教育活动、游戏活动、餐前谈话、区角时间等环节,食育源于生活,可以走进社区辐射家庭。

研讨结束时,已临近中午,日常的支教工作紧张忙碌,正逢周末,三位支教老师准备包饺子改善伙食,并热情邀请巫园长尝一尝我们家乡的味道。

经过一个小时的忙碌,热腾腾的饺子出锅,地道的"猪肉三鲜馅"。巫园长尝了尝饺子,冲我竖起大拇指:"嗯,真香,好吃,地道的北方味儿。"我们边吃边聊起了家常,她说可能南方人爱吃米,不怎么会做面食,过年包饺子直接去超市买饺子皮,少了很多生活体验,不少北方人做面食还是很厉害的。又夸赞三位支教老师不仅工作上具有团队合作意识,善于思考、关注细节、合理规划、精益求精,生活上也是讲品质的美食家。

一顿饺子不仅满足了味蕾,也拉近了人和人之间的距离。自此以后,我们不仅是工作上合作无间的同事,更成为生活上互相关心的朋友。

转眼冬至要到了,巫园长专程邀请我到食堂为工作人员作关于饺子制作的培训,让孩子们也能吃到北方饺子。

巫园长话语真诚,眼神期待,我便认真接下这个"任务"。在工作之余,围绕"如何包好饺子"这个生活课题,支教团队热烈探讨让手艺更专业、味道更美味的实践策略。

冬至如约而至,我系上围裙,戴上厨师帽和口罩,从拌馅儿的调料配比到擀饺子皮的力道方法等,我将知道的技巧倾囊相授。晚饭时,教室里热气腾腾,每个孩子都在享用美味可口的水饺。看着孩子们那一张张写着满足和幸福的小脸儿,瞬间觉得这是我过得最有意义的一个冬至。

依依不舍话离别

2020年元旦过后，一学期的支教工作即将结束，归期在即，我的心中满是不舍。巫园长邀约点滴工作室的全体成员和唐山支教老师开展"畅享南北美食，共话支教情谊"欢送会。

一大早，工作室的成员们带着刚刚购买的新鲜蔬菜、水果、肉类等来到了我们的住所，出租屋瞬间充满欢声笑语，热闹非凡。大家亲自动手烹制拿手的家常美食，如荞饼、乌洋芋；巫园长还用西昌特产当归煲了土鸡汤，做了四川名菜水煮鱼。支教团队自然是准备包水饺，我们不仅要请老师们品尝水饺，还要让他们学会包饺子。我示范了馅料的调制方法，讲解了和面的技巧，大家围坐一桌，挽起衣袖，一边包饺子一边聊家常、话教育。

窗外寒意袭人，屋内却情意绵长，我们包出来的饺子花样繁多，有的敦实厚重，有的别致精巧，自然还有"四不像"。每一个水饺子都寄托着"民族团结一家亲，团团圆圆过新年"的美好寓意。

在西昌，那一碗碗小小的水饺最难忘怀：它充实了短暂而有意义的支教时光，拉近了人和人之间的距离；它是滚烫在水里的一抹乡愁，它是盛放在碗里的八方温暖，它是友谊地久天长的饮食媒介，它更是脱贫攻坚教育帮扶的"幸福担当"。

永远向着希望的那边

江苏省扬州市梅岭小学　伏欣

对我来说，能在决胜全面小康的关键之年投身于教育扶贫工作是无比光荣且幸运的事情。当山区孩子用稚气的童声喊出"老师好"时，看着他们对知识渴求的双眼，我更加坚定了心中的信念：用一学期的时间，做一件终生难忘的事。

班级管理工作中，在我注意到班级整体呈现一种松散的状态后，采取了奖励积分制度，对于课堂表现好、个人纪律佳、乐于助人等优秀表现均有积分卡奖励，累计达到一定分值时可以兑换我准备的小礼物，一下子就调动了学生的学习兴趣和积极性。

经过一学期的坚持和完善，班级管理工作渐入佳境，学生们寻找到榜样的力量，自发追随，纷纷积极努力成为更优秀的自己。

教会孩子抵御人生寒冬的方法

课务安排得相当充实，午后是一天之中最长的休息时光，我常常选择在这段空闲里坐在操场的大榕树下，看着学生们在操场上奔跑、嬉闹，享受着海拔 3 800 米的阳光。就在前两天，午饭过后，我一如既往坐在榕树下，平时不善言辞的唐彪从远处走来，我招呼他过来陪我一起坐坐，他双手抱膝坐在我的身边，问道："老师你走了之后过几个月回来？"我觉得很奇怪，不明白他为什么不说"什么时候"，而说"几个月"。

原来，父母常年在外打工的他跟奶奶一起生活，妈妈偶尔会回来，不是几天回来一次，也不是几个星期回来一次，而是以月为单位，往往下一次见面就是四五个月后。因为不知道下一次去看他是什么时候，所以我没法回答这个问题……他什么都没说，低着头半天闷声不响。

在我起身要走的时候，他拉着我说了一句彝语，他告诉我，这是"幸福平安"的意思。妈妈每次离家，他都要这么说的。

在这个偏远山区,绝大多数孩子的父母都在外打工,近三分之一的孩子来自单亲家庭。留守儿童的教育问题一直都是这里教育发展的心病。

吉嘉瑞是一个彝族小男孩,在一次考试中,他做出了最难的一道题,得意地叫我拿手机拍照留念。但这个孩子一直有一个让我担心的地方,那就是每次轮到他们组值日,他都不打扫直接走了。

有一天轮到他们组值日,他又想走,我把他拦了下来,刚想问他是不是想偷懒。旁边的同学就拉着我说:"老师!吉嘉瑞要赶公交!"他讪讪地跟我说,他要赶 5 点 10 分的公交车。放学时,已经 4 点 55 分了,我赶紧让他先走。

旁边的同学告诉我,他都是自己坐公交来上学,坐车 30 分钟,再走路 20 分钟,每天都是这样。别说小孩子,一个成年人在路上每天通勤一个小时都挺痛苦的,还要往返。他还不到 9 岁,这么瘦弱,书包重不说,山路又那么崎岖。但他从来都是开开心心的,笑眯眯地问我:"老师,扬州最高的楼有多高呀?""老师,你们那有海鲜吃吗?我吃过一次,好好吃啊!"

当晚,我给他妈妈打了电话,原来父母二人都在更加偏远的村小教书,为了防止村小的孩子辍学,两个人周一到周五就选择驻扎在村里,家里只有腿脚不便的奶奶在。我听后,只有震撼和肃然起敬。电话最后,他妈妈跟我说:"拜托老师多费心,多多关注吉嘉瑞!"我说:"一定!"其实心里更多的是愧疚,学期已经到末尾了才了解到这个孩子家里的特殊情况……

也许,我解决不了父母外出务工和儿童留守的矛盾,但作为支教教师,我能够做到的是尽可能地多去陪伴这些留守儿童,给予他们治愈的力量,教会他们抵御人生寒冬的方法。

带领孩子把梦做得大点,看得远点

在我的生日那天,一位平时安静内敛的女生夏文萍郑重地将一封信交给了我。信中写道:"您的生日对您来说很重要,对我们来说也很重要。"这些文字毫不华丽,但正这是这句来自学生的关心,让我在异乡的冬天里感受到从未有过的暖意。

信里还有一句令我印象深刻的话:"您丰富了我的心灵,为我点燃了希望。"读到这里,我感觉自己不仅是一名数学教师,更是一名筑梦者,同时也愈发觉得这学期开展的"山林的模样"系列课程虽然那么困难,但却是那么的值得。随着时间的推移,也到了最后一节课"繁星诗会"。

这堂课有些特别,我以北岛选编的《给孩子的诗》为引,以音乐性、可感性、经典性为标准,选择中外名家诗作,念给孩子们听,送给孩子们一把打开诗歌之门的钥匙。课后,我让孩子们每个人写下"自己心中的诗"。他们依样画葫芦地把"诗"这个字抄下来,若追问这个字是什么意思,他们眼中满是困惑。但是,如果把"诗"藏起来,孩子们都成了诗人。

大凉山的孩子们也许不知道究竟什么是诗,认识的汉字也很有限,但那些生命中最初的感动,其实并不需要刻意地修辞。孩子们在了解诗歌的过程中,会生出对文学、情谊和世界的好奇,对于山里孩子而言,他们的梦想和对世界的好奇会成为他们未来人生学习的重要动力之一。我们理应带领孩子把梦做得大一点,看得远一点。

支教路上,正是这样一个接一个的小收获,带给我力量。我从孩子们那里体会到了爱与勇气、成长和感动,这是对支教意义最好的诠释。

青年当有志,立志在四方。支教路上,有人已经归来,有人正准备出发。无论我们将去往哪一个需要我们的地方,作为师者都有一个相似的模样:永远都在向希望的那边去。在层层叠叠的山峦之中,感受云的飘动、山的绵延、树的摇曳、风的低语,以最坦然和真实的自己,享受山谷和童年的融合碰撞,在辽阔的乐声中听见群山的唱和,看见童年的笑容。

"温度教育"温暖学生

海南省昌江县第一小学　陈晓丽

2019 年 8 月 30 日,嘱托哥哥姐姐照顾好 82 岁卧床不起的母亲后,我便踏上了支教之路。这次支教是我主动报名的,因为这是我一直想做的事情。我们海南省 9 名支教教师在教育厅领导的带领下如期赶赴凉山西昌,接受了为期两天半的动员大会和培训。

培训时,山东齐鲁师训中心毕主任让我们思考:到支教学校你能为学校留下什么? 又能带走什么?

带着这样的思考,我在天台小学的一个学期里,主动承担了校级示范课、专题讲座、县级赛课评委、青蓝结对帮扶以及学校校园文化建设策划等任务。

教书育人是爱的事业,用无私博大的爱去温暖每一位学生,才能够在点亮学生的同时也照亮自己。所以支教的那段时间,我也在用"温度教育"温暖学生。

温度教育,从赏识学生做起

孩子们的成绩是我担忧的一个方面。第一次交作业,就有 15 个学生不按时交,有些学生的书写质量更是让我头疼。

要想改变学生的这种状况,必须得让家长参与进来,可是因为语言不通,无法借用家长之力。不能依靠家长,我只能先从班主任处了解孩子们的家庭情况。慢慢我得知,一些学生出现问题的原因是家庭不完整,父母外出务工,监护人或是爷爷奶奶,或是哥哥姐姐,家庭的教育力度也不够。

面对这些问题,我利用中午的休息时间找学生谈心,辅导他们的课业;平时在课堂上,我也经常表扬他们的点滴进步,对进步的学生给予小奖励;周末请他们到我的寝室一起包饺子……

渐渐地，孩子们跟我的距离越来越近了，不仅喜欢我这个数学老师，也喜欢上了数学这一科目。他们也很争气，在期中考试中，数学成绩有了不小的进步。

温度教育，从陪伴关爱做起

11月下旬的7天长假，许多老师选择回去探亲，我本可以回家看望病重的母亲，但我答应孤儿学生吉色罗中陪他过一个有"妈妈"的年。11月19日这天，上完上午的课就放假了，放学时，我把单亲家庭的9个孩子集中在一起，带他们到超市各买了一箱牛奶，杨玲拽着我的手说："老师，你也不富裕，别浪费钱。"我说："不影响，一定要买！"拗不过我，杨玲就说："老师，你要买就买最便宜的吧！"看着这群懂事的孩子，我的眼睛顿时湿润了。下午，我们几位支教老师相约一同到金阳县马伊足乡看望孤儿学生，我们给孩子送去了一些年货和衣服。

20日一早，吉色罗中穿上了我给他买的新年衣服，兴高采烈地在十字路口等我。我们一起逛了金阳城，然后到他家，他的奶奶已经为我们做好了年夜饭：桌上摆了一碗鸡肉，还有一碗清汤和两个年饼，罗中给我盛了一碗饭，我、奶奶、罗中还有他的姐姐便吃起了年夜饭。

罗中吃得很高兴，这是我接触孩子半年来看到的最灿烂的笑容，奶奶舍不得吃肉，总是要把肉往我碗里夹，看到这简单的年夜饭，看到奶奶一个人带着两个孩子，我的心里很酸很酸……

有人说，"教育无选择性，每个学生都是礼物，只要是生长在这方热土上的孩子，都要真心实意、全心全意地爱他们，培养他们。"当我用心、用爱、用情走进这些山里娃的内心，点滴的变化在悄悄发生。

2020年1月10日是我们结束支教返程的日子，这之前的几天，孩子们邀我一起爬山，让我见证他们写下的理想，他们把理想写在纸上，悬挂在山头的树枝上。

为了鼓励孩子们热爱阅读，我给每个孩子都赠送了一本经典读物，并写下了我的寄语和签名。看到孩子们领到书时露出的灿烂笑容，我高兴不已。

然而，最让我感动的还是离别前的那夜，孩子们下课不愿回去吃饭，而是跑到宿舍给我带来了许多小礼物，为我唱歌、为我跳舞，有的孩子抱着我哭着说："陈老师，你能不能不走？""陈老师，我舍不得你走！""陈老师，你别忘了我们好吗？""陈老师，我们一定好好学习，考上大学，然后去看你，你一定要等我们……"孩子们稚嫩的声音让我泪流满面,彻夜难眠。

陈晓丽老师即将离开,孩子们依依不舍

离别的那天早上,我拖着沉重的行李箱准备出发,拿出手机一看,有 3 个罗中奶奶的未接来电。我赶紧回拨过去,罗中有点着急地说:"老师,我和奶奶早早就来客运站了,我们来送送你,奶奶还买了些草莓让你在路上吃。"我感动到热泪盈眶。

身为一名支教教师,幸福莫过于被需要、被感动、被惦记。在半年的支教生活中,这种幸福是如此真切。我想,这是对我最美好、最慷慨的回馈。

情系凉山,撒爱金阳

湖北省武穴市大金中学　苏林涛

"阿伙金阳,梦里的天堂/金沙江畔,美丽的霓裳/索玛花盛开/狮子山眺望/阿普的故事讲到了天亮……"听着熟悉的旋律,我的思绪飞回曾奋斗了一百多个日夜的地方,那令我魂牵梦萦的地方。那里有多少动人的故事烙印在我心里,历历在目,恍若昨日。

做照亮贫困地区孩子未来的烛光

2020 年 9 月 10 日,于我是一个特殊的教师节。一大早我就起来上早读课,上完四节课后,我便回家收拾行李,辞别老父妻儿,踏上赴川支教的征程。11 日晚到达西昌,12 日早上八点半由西昌向金阳进发。山路崎岖,回环曲折,危峰兀立,云山雾海,风景煞是美丽,六个小时左右后我们才到达金阳。我被安排到金阳初级中学支教。

来到大凉山,这里的现状让我感触颇多。我所支教的金阳县是凉山州七个贫困县之一,这里的学生基础差,底子薄,教育观念陈旧和滞后,我觉得来对了地方,他们需要我的帮扶。只有在这样艰苦的环境,我才能干出成绩;只有在这样教育落后的地方,我的脱贫攻坚工作才会更有意义。

另外我还发现这里的学生虽然家庭贫困、生活艰苦,但都很纯朴,对老师很尊重,甚至依恋。上完课,学生总爱围在我身边问这问那。走在大街上,他们离我老远就喊:"老师好!"很多学生邀我去他们家过彝族年,彝族年后,有的学生特意从家里带来猪肠、坨坨肉给我。有件事对我触动很大,有次上完课,学生围住我问道:"老师你会不会离开? 能不能不要走?""我们去年已换了五个老师了,我们再也不想换老师了!"听了他们的话,我无言以对,内心一阵酸楚。我暗下决心:我要尽自己最大的努力,做照亮这些贫困地区孩子未来的烛光。哪怕这点烛光微不足道,但只要我的烛光亮一点,他们未来的黑暗就会少一点。

全力以赴助金阳

"雄关漫道真如铁,而今迈步从头越。"既然选择了远方,就得风雨兼程。在金阳支教的每一天都是忙碌而充实的。金阳初级中学建在半山腰,面积不大,但人数众多。学校学生有四千多人,教师严重紧缺。一到学校,我便投入到教学教研中去。除了担任七年级(8)班语文教师外,我还承担着教体局和进修学校安排的一些任务。在学校我主动讲公开课、示范课,课余经常同老师们磨课、研课,并参加青蓝结对帮扶。闲暇时或在教体局当评委,或在进修学校给老师们作培训,或送教下乡。周末节假日我还经常去学生家家访。

"衣带渐宽终不悔,为伊消得人憔悴"。作为一名支教教师,我深知自己责任重大。我不仅要完成教育帮扶的使命,还要给予这些贫困地区的孩子更多的关爱与耐心。学生们学习态度不认真,我就给他们讲外面的精彩世界,希望他们好好学习,世界那么大,争取到大山外面去看一看。学生们学习习惯、方法不好,我就告诉他们正确的习惯、方法,并帮他们纠正坏的习惯、方法。学生厌学,我就找他们谈心,分析他们所处的现状,让他们认识到学习的重要性,帮助他们提高对学习的兴趣。

我除了在学习上帮助他们,还在生活上关心他们。学生感冒了,我给他们买药、端开水,悉心照料,直到他们好了为止。住校生周末不回家,我每周到寝室看看,看他们有什么困难、有什么需要帮助的。有人想家,我拿出手机让他们给家人视频通话。有个叫苦日作的女孩,拿着手机看到家人的那一刻,她流着泪,一句话也说不出来!班上的俄的么有作、陈惹古家庭特别困难,我利用节假日去他们家走访,掏出身上所有的钱资助他们。有个叫海来只色的女生在作文里流露出轻生厌世的念头,我回复她"生活吻我以痛,我却报之以歌。黑夜给了我黑色的眼睛,我却用它寻找光明。请微笑乐观地面对生活!"起初她很自闭,我多次找她谈心,她终于向我敞开心扉。原来她父亲酗酒,只顾自己喝酒,从不管她的学习生活,动不动就不让她读书,还让她到外面打工。所以她特别恨他父亲,也很少回家。我时常安慰她、开导她,慢慢地她的性情有了转变,变得很阳光自信。

让我再多看他们一眼

相见时难,别亦难。一转眼,就到了分别之际。那天的第三、四节课是我在金阳的最后两节课,我心情沉重地去教室。还没进教室,我就发现了异常,因为那天他们格外安静。推开门,学生们都不说话,只是瞪大眼睛看着我。我很奇怪,然后看到黑板上用彝语和汉语写上几行字"敬爱的苏老师,谢谢你!""祝你一路顺风!"讲台上堆着学生送的信笺、鲜花、礼品。我不知道他们如何得知我要离开的消息,并且早就作好了准备。这突如其来的送别,让我不知所措,甚至想哭。但我强咽泪水,拿起粉笔写下这么几句话:

　　致分别/开往2020—2021方向的列车已经到站/前尘如梦,往事如烟/分别在即,不忍言别/今生我注定是你生命中的过客/余生很长,我只送你一程/从此你远走高飞,我原路返回/愿多年以后,诸君心中依然有我/顺祝2021,"牛"转乾坤,吉样如意!

　　然后我写下自己的联系方式,安排好这两节课的复习任务,就再也说不出一句话。我站在讲台上,静静地看着每一个孩子,看得很仔细。我多希望时光能走慢些,让我能多看他们一眼,让我把每一个孩子都装进心里。恍惚中,铃声响了,学生们站起来,唱着歌为我送别,很多学生都哭了,而我已泪盈满眶。我不知道最后是怎么和他们分别的,只记得最后学生们轮番和我合影。

　　支教工作已经结束,我会把这段特殊的经历铭记心底。生命的意义,在于经历;生命的美丽,在于追求;生命的价值,在于奉献。如果我是小草,就为大地增添一抹绿色;如果我是星星,就为天空点缀一点光亮;如果我是甘露,就为孩子滋润干涸的心灵;如果我是灯塔,就为学生指明前进的方向。此次赴川支教,我问心无悔,如果再有机会的话,我还会选择大凉山,因为我对这片土地爱得深沉!

寻找就寻见

上海交通大学附属第二中学　张怀若

一

怎么可能？怎么可能找到她！

学校建制改变了，姓名听错了，年级也听错了，你以为几乎不可能找到见面片刻的小学生。

昨天，在昭觉县城交通路与西街路口，你遇到小姑娘什侬阿作，城北小学三年级(7)班的学生。她瘦小的身子守着个洋芋摊子，煤气罐上的架子撑起了铁板煎锅，土豆或烤或煎，这是当地的传统主食，架子上则摆列着火腿肠。

你走过去抓起袋里的炒花生，递给了妈妈手臂中的幼童，帮他放进小口袋里；他朝你笑，露出清亮亮的眼睛和白亮亮的小米牙。站着的哥哥两手托着花生，乌溜溜的眼珠有点不好意思，妈妈说声谢谢，捡起了洒落的几颗花生，便剥开吃起来。

二

什侬阿作面朝西街，背对着他们，头缩在深青连衣帽里，两手插在外套的口袋里，像极了在激流中的草叶，站立着、安静着、沉浮着、旋转着。天地是蹲靠着的人，人是移动的天地，成群结队的风只管在山峰旷野呼啸，追逐……他们不管什侬，什侬也不管他们。

眼光第二次投向摊子，什侬侧过脸去，眼睑低向路面，似乎有余光留意着侧面走来的脚步，你举起了手机……

"洋芋多少钱？"

……声音低得你不敢再问，是朗朗晴天的一滴孤雨，是凛凛冻夜迷途的孩子。

"有二维码没？"

摇头。

"我没有现金呀……"你自言自语,手机里要是能取出现金该有多好。

"好像你们还在放假,作业做完了?可是我们已经开学了。"总得聊点熟悉的轻松的。

"妈妈呢?"真是神使鬼差,哪壶不开偏提哪壶。

那声细弱的回答从剽悍狂躁的群风中挤过来:"妈妈改嫁了……"

"爸爸呢?"

"爸爸死了……"

这种情况,一个孩子能遇其一,已经够不幸了,而遇其二那是怎样的悲惨?! 爷爷带着读书的小姑娘和弟弟租房住;奶奶则守在乡下老家,和土豆一起守着萤火虫般的生活——这散落的生活是其三。此刻,姑妈临时有事,小姑娘守摊。小姑娘和弟弟就喜欢和姑姑住在一起,姑姑家也有四个孩子。

炒花生,你又抓了一把,小姑娘不接;你剥开吃了几粒,再递,又冰又小的手掌接住了几粒。花生慢慢地放满了深青色"羽绒服"口袋;小姑娘弯腰捡起掉落的花生,掉了几次,捡了几次。

此刻是中午十二点钟,你还有事得离开,姓名学校班级都知道了,明天正好有空,可以去一趟学校。

三

城北小学到了,可以看到什依阿作了,还可以向老师问问她的家庭和学习情况。

校门是上个世纪的厂房模样,七十年代的围墙。后来厂撤人散房子还保留着。距今时间稍近的金属栅门锁着,门柱两边贴着疫情公告、防范措施。

刚竣工的昭觉第一初级中学,放眼望去是崭新雪白的教学楼、实验楼、宿舍楼、办公楼。学生正在上课,教学楼外还在施工,门卫师傅听了你的自我介绍,连忙指路并热情称许。

成群结队的风在山峰旷野呼啸,在教学楼走廊恣意追逐……

教导处就一张办公桌,三位男子坐在四脚长条木凳上趴在电脑前面。两个墙角两堆人,围着烤火,轻声说话。

"再说一遍姓名年级班级……没有没有。"

高原的惊雷离人那样近，震响得那样惨烈，垂直炸响在你的头皮上。

"全校都没有这个名字，你看你看。"

哪里出了问题？你紧跟着王老师，校长在后面追着打招呼。

你絮絮叨叨着，先是提纲挈领，接着择要叙述，辅以解释，最后是点评抒情。

王老师边向校门走，边点头，还偶尔看看你，说得最多的就是"没有"。

眼睛掠过男生名单，仔细地看王老师手机里的女生名单，扫了一遍，再一组一组地找，又一个一个地核对，五六十个彝族孩子的名字都是四五个字，尽管名单整齐、书写漂亮，仍然是一片陌生。

孩子不会骗人，你还给他看与小女生的街头合照。"班上真没有她！"

孩子是真实的，合影照片也是。你不放弃继续寻找，奇妙的是有陌生人同伴"灵光乍现"。

"嗯?！好像是我班上的呢。"惊喜！这悦耳的"嗯"至今忘不掉又学不来。

"就是我班的!"

"好像不是。"

"找到了，真是我们班的!"

"她叫拾叶阿作，不是什依阿作。"

站在四年级(7)班门口。从后门窗户望进去，里面一片黑黑的后脑勺，前门窗户里是正在上课的女老师。

四年级(7)班的门开了，女老师走出来，听着，笑着。

拾叶阿作出来了，抬眼望着你，一丝风掠过眼睑。

"认识我吗?"

拾叶点点头。

"怎么认识的?"

"对，怎么认识的?"女老师扬声。

"对，街头。"

"对，照相。"

"就是这张。"

"还有，对，花生。"

微笑，在你脸上展开，你轻抚一下连衣帽，咧嘴朝拾叶笑了笑。

一位美术老师笔下的凉山教育帮扶

河南省淮滨高级中学　任学艳

为了贯彻党中央、国务院关于打赢脱贫攻坚战的决策部署,教育部教师工作司结合教育部中小学名校长领航班学员培养方案,发挥名校长在教育扶贫攻坚中的重要作用,组织名校长工作室成员赴凉山州开展教育帮扶行动。领航校长李明校长工作室积极响应号召,于 2019 年 8 月开始陆续选派出芦忆、李多涛、任学艳、刘宝、瞿凯军等 5 位教师,赴四川凉山州开展教育帮扶。

在支教的一年半中,凉山的每一缕阳光都映射在这 5 位老师的心上,他们用眼睛、手中的画笔记录支教中的点点滴滴,用不长的时间完成了终身难忘的事情。志之所趋,不负遇见,念念不忘,必有回响。2019 年 9 月,带着忐忑的心情,我们从淮滨高中出发,淮滨高中党委书记、校长李明同志在名师工作室为我们送行。我们知道,我们肩负着传播淮高的教育思想、教学理念和教学模式,与支教学校加强交流,取长补短、美美与共的任务与使命。

2020 年 5 月,随着疫情得到有效控制以及凉山彝族自治州中小学的有序开学,我们在疫情防控的特殊时期克服困难,再次启程,赶赴凉山。

前往凉山支教我们该做什么?怎样做?随着一学期的支教历程,收拾行囊踏入机场的那一刻,这些一直萦绕在我们脑海中的问题渐渐清晰起来。

2020 年 5 月 23 日下午,由于疫情关系,四川省凉山州教育帮扶行动第 2 批支教教师到岗工作安排视频会议顺利召开。教育部教师工作司、四川省教育厅、凉山州教体局和支教教师等共计 300 余人在线参与了本次会议。

为凝聚价值共识,支教成员向杨班(杨全印,教育部中学校长培训中心培训部主任,中学校长培训基地对接西昌支教帮扶负责人,博学、敬业、随和,被支教教师亲切的称呼为杨班)请教支教方法并聆听杨班的教学理念。

会后,可敬、可爱的杨班与我们亲切地交谈。他向我们介绍当地的风土人情、教育情况、注意事项……很温暖、很贴心。

支教工作,充实快乐

让我印象深刻的是在画室里的美术教研活动。作为一门艺术学科,西昌二中的几位美术老师对工作的严谨态度令人感动,支教期间我们互通有无、共同学习、共同进步。我经常和孩子们一起用画笔记录蓝天、山林、河水、夕阳……孩子眼中的世界很纯真、很美好,我喜欢用画笔把孩子和支教老师合影的珍贵画面留在我的记忆中。

教师与学生习作展示

悬崖村位于四川省凉山彝族自治州昭觉县支尔莫乡,名叫阿土勒尔村,坐落在海拔1500米左右的山坳中。村民走向外界的唯一通道是攀爬落差近800米的悬崖峭壁,故这里又叫"悬崖村",也是全国集中连片的贫困地区之一,而实际上凉山地区远远不止一个悬崖村。2016 年因阿土勒尔村率先修建了上山的钢梯代替了原来的藤梯，打通了外界了解悬崖村的最后一公里，悬崖村才逐渐引起外界关注。其历史可以追溯到 200 年前，那时的阿土勒尔村与世隔绝，没有匪患和战乱，且雨水丰沛，土地肥沃，村民自给自足，甚至比不少地方安逸富庶，宛如陶渊明笔下的桃花源，村民过着"不知有汉，无论魏晋"的封闭生活。

悬崖村饱受交通不便的困扰，种植的东西卖不出去，医疗、教育走不进去，引起了政府和社会的广泛关注。2016 年，在政府主导下，钢梯工程竣工，2017 年通讯铁塔建成，实现了通讯信号的无缝覆盖。随着交通和通讯条件的改善，村民的物质生活也有了较大的改善。

2019 年 9 月，河南省淮滨高中李明校长工作室支教成员赴凉山支教，在了解了悬崖村的基本情况以后，便一直想去看一看、听一听，这里到底是什么样的"神话之地"，又有什么样的教育模式。但是这个想法直到 11 月中旬的一个周末，才终于变成现实。

俗话说"千里送鹅毛，礼轻情义重"，我们置备了一些学习用品，希望能够为悬崖村的学生尽一点绵薄之力。此去的目的地是悬崖村的一个幼教点，位于悬崖村边一座山的半山腰上，面积不大，教室却足够敞亮，有 29 名学生和 2 位幼教教师，课堂主要是学习彝语和普通话。7 周岁以后的学生才可以到山下去读小学，能否走出大山过上好一点的生活，普通话的学习很关键。

日常生活，感恩相遇

初到悬崖村的时候，那里钢梯虽然使得上山的道路方便了很多，但依然是对爬山者体力和毅力的考验，似乎仍然在诠释着什么叫作"蜀道难，难于上青天"。我们在艰难爬山的时候，悬崖村接送学生的家长却身披"大氅"，走路带风，好不潇洒！

大凉山最不缺的就是石头，放眼望去，全是石砌建筑，给人一种很坚固的感觉，连墙基都是石头垒的。老旧的房子正逐步被现代的砖瓦楼替代。

巷道最中心位置的一些居民的老房子还算完好，诉说着一跃千年的传奇故事。这一处恰好临街，从前是商用店铺，门头挂着牌子……

大凉山有一处我特别喜欢的地方，建昌古城，位于二中与六中之间，每到周末我便穿梭于古城之间画着小速写！

悬崖村钢梯

石头老房子

建昌古城

入乡随俗！端午节那天我也买了一把剑蒲艾草挂在宿舍门口！剑蒲形状像剑，好似钟馗的宝剑，寄托了人们驱吉避凶的美好愿望！有幅古联写到"手执艾旗招百福，门悬蒲剑斩千邪"，充分体现了我们中华民族传统文化的魅力。

菜市场是一处充满烟火气息的地方，在这里可以感受到大凉山与我们河南家乡的不同之处。

这里有各种辣椒调料：辣椒段、辣椒面、辣椒粉、辣椒酱……老板！来一碗"素"面，端上来后我怀疑是老板弄错了，这火红的辣椒油，我以为素面和北方的清汤面差不多咧！

菜市场

辣椒调料、素面

　　一位老大爷卖的竹编制品,在我看来是一位技艺超群的民间艺术家的作品,特别棒!

竹编制品

这里的生活经常会带给我一些小惊喜。日环食那天我低着头走路，无意间发现一颗榕树的树影，映射出了日食的影像，梦幻至极！

我经常会看到凉山渔民在河面上打渔，偶尔我也会站在岸边，为他们高歌一曲。

榕树树影　　　　　　　　　　　　打渔

这是偶然发现的长在树洞里的两朵小蘑菇，看来这里很"宜居"啊。

下学后的一个傍晚路过一处建筑工地，抬头望去，偶遇那一抹天空的橙红，红得惊心动魄。

树洞里的蘑菇　　　　　　　　　　建筑工地

这是生长在西昌一段古城墙上的小叶榕，展示着强大的生命力。衷心地希望凉山的孩子们像在这城墙夹缝中生长的大树一样，在这片土地上蓬勃生长。

支教的生活就像一杯清茶，没有华丽的色泽和醇厚的味道，淡淡的清香却让人回味无穷。我感恩在这里相遇的花、草、树、木、房屋、人、食物、竹编手艺……这些风景沉淀为甘露，灌溉着我的内心。

古城墙上的叶榕

第四章

点滴改变

我们在成长

教育扶贫，你们在路上
扶摇直上，我们在路上

四川省凉山彝族自治州会东县和文中学　张方亚

　　"做一名优秀教师"是我矢志不渝的目标，为了这个目标，一直以来，我兢兢业业、勤勤恳恳，自认为是个好教师；直至衡水十三中杨洪敏老师到来，我才猛然发现自己把"笨牛使憨劲儿"当做秘密武器，并且习惯性地在井底之蛙的世界知足而乐。这一年来，杨老师对我的帮扶使我如沐春风：我感受到了衡水十三中先进的教学理念、精进的教学团体，折服于杨老师的侃侃而谈、旁征博引。她是一个真正配得上优秀称号的老师，总是有能力牵引着心底有梦的人不断向前。作为一名来自凉山山区的教师，我为遇见她而感到幸运，为心底滋生改变的强烈愿望而开心。

　　前段时间，杨老师指导我完成了议题"项羽为何败给刘邦"的教学设计，从1稿修改到10稿，感动自己的同时我悲哀地发现以往的教学设计总想展现自我风采，只是在形式上做到了以学生为主体。1稿时，杨老师问我："课堂准备走向哪儿？"我似乎明白了：教学反思的目的在于根据教学重难点大胆进行环节删减。2稿时杨老师说："讲课精彩展现的仅仅是教师的个人魅力，如何引导学生自我思考才是课堂灵魂所在。"于是我革新模式：把教师讲授改为学生阅读成果分享。3稿时，杨老师暗示："学生负责分析，你负责点评。"点评是门艺术，她又生动形象且不厌其烦地从鼓励、引导、反驳3个方面给我举例。我懂了：再难的问题都应该交给学生赏析，而这背后对教师的能力要求也就更高。尤其是当她问我："学生之间出现争议时，你怎么办？材料倾向项羽好面子，学生认为项羽妇人之仁怎么办？"我的第一反应是遇到了再说，杨老师却告诉我："要设想课堂的一切可能，当观点有争议时，要学会用反驳来引导学生。"她以一个问题的形式教我聚拢学生思维："假如项羽真的仁义，为何当初要绑太公？道德标杆不利于他时，又为何放了太公？"简单一问，既教会学生关注文本又注重思辨性与延展性。于是我又明白了很多，但也更疑惑了：我的课堂我几乎没有讲？我就一直在发问？而杨老师并没有正面解答我的疑问，只是建议试讲。试讲后，我很惊讶：学生居然不按我规定的路线走；也很惊喜：我的学生怎么可以这么厉害！试讲后，我也终于解答了自己的疑惑：即使一个小小的提问也融合了教师对文本的深度解读，对课堂的高度把控，会提问的教师胜过会讲解的教师。4稿5稿……10稿，杨老师耐心又细心地跟我交流，在她那儿，哪怕一个小小的板书设计也是精美绝伦。经过不断打磨，这堂教学实录在本组受到了一致好评，老师们特别称赞我班学生的分析能力和表达能力。而我心里渐渐清楚：课堂热闹绝非形式，教师地位的弱化实际已经转化为课前准备的深度强化。一篇教学设计，大到构思，小到字词分析，教师必是博观约取、厚积薄发。以前我也认真地准备教学设计，但绝没有哪一次如此颠覆又如此满意，所以我很珍惜杨老师的每一个建议，哪怕是初稿我也不愿删去，这是一辈子异常珍贵的回忆。

我是多么幸运能跟优秀的人一起交流，她总能在不经意间教会我许多东西。她主张紧抓课堂，注重加强课堂检测和课后检测；她强调每一次月考务必认真分析学生的得失，有针对性地制定提升计划；她建议加强自身储备，从余映潮的《阅读教学50讲》到熊芳芳的《生命语文》……杨老师给我推荐的这些书我都爱不释手。

我在摸索中践行她教的方法，学生越来喜欢我的课堂，很多时候下课铃响起，学生叹气道"怎么一节课那么短"，恳请我再讲一会儿。而学生成绩的长进也十分明显，短短时间，他们的进步使得我更加笃定：与优秀的人为伍，才能遇见更加优秀的自己！

向优秀靠近

四川省凉山彝族自治州会东县和文中学　王邦雷

三十岁,对于一名渴望不断学习、追求进步的年轻教师来说,是职业生涯成长过程中的关键时期。非常感谢在这一年遇到了恩师——北京教育学院基地派出的河北省衡水十三中杨洪敏老师。她的指点让我对自己的教育事业有了全新的规划,对自己的未来充满了希望。三十而立,在恩师的帮扶下,我确立了自己的事业方向,建立了自己的班级管理模式。

身处教育滞后的四川省凉山州,不只是学生,连我——一个本该满怀抱负、充满斗志的年轻教师的视野都受到了大山的阻碍,自以为教着一个还不错的班级,过起了养老般的悠闲生活,遇到恩师前,我甚感迷茫,对于未来深感无助。而每次与恩师交流后,我总在内心问自己:我要追求的是什么? 三十年后,除了一副厚重的眼镜,佝偻的身形,还有什么是弥足珍贵的? 我不想给自己留下年轻不努力,老来徒伤悲的模样。

所以,我很庆幸自己能与恩师相遇,更欣喜于受她思想的影响,我开始对自己的人生和成长有了新的思考和规划。我愿意利用一切可以利用的时间来完善自己,向优秀靠近,我知道幸运只会向积极向上之人伸出橄榄枝。

恩师告诉我:优秀的班级文化是一个班级的灵魂,引领着整个班级体的前进方向,因此要打造好这一神奇的教育磁场。我从着手打造会说话的墙壁做起,结合高三学生"圆梦高考,立志成才"的总目标,调动学生确立阶段目标,许下高考心愿,完善班级制度,建设优良班风。

基础薄弱、视野狭窄是地域局限带给山区孩子的硬伤,但是每一个学生都是发展着的个体,受恩师"激爆潜能"思想影响,我意识到,要提高学生的学习成绩,改善现状,绝不能一味地抱怨学生的基础不好,这些学生的身上还有巨大的潜能等待我去挖掘,我也需要发挥自己的潜能去激发学生们学习的激情。而激情不是简单的精神亢奋,而是一种源自内心的,升华而成的营养。于是,在恩师的指导下,我开始在班级管理中融入激发学生潜能的励志活动,包括课前宣誓、激情晨读、班歌齐唱、励志美文大声诵等。通过这些活动,学生们迸发出了来自内心深处的满腔热情,学习成绩也一路进步。

而今,学生即将步入高考考场,我也即将圆满地将度过教师生涯的第九个年头。这一次,面对紧张的高考,我的内心却感到淡然,我相信我的学生是最棒、最幸运的,因为我们在这关键的一年遇到了给予我们巨大力量的恩师。一年来,我们共同的进步将注定我的学子们会在考场上光彩熠熠,夺目生辉;而我,也将继续不忘初心,砥砺前行,在自己热爱的教育事业中昂首阔步,勇往直前。

感谢相遇，感恩相助

四川省凉山彝族自治州会东县和文中学　殷菠

接到来自衡水十三中的老师要来和文中学支教的通知时，正是和文中学发展遇到瓶颈的时候，那时连续 3 年高考上线人数在 500 人左右，虽每年仍略有增长，但增长的数量却在逐年减少。如何进一步提高学校教学质量，实现和文中学的跨越式发展，为会东县教育再上新台阶贡献和文的力量，成为萦绕在学校管理团队所有人心中的问题。接到通知后，和文中学管理团队将这次机会当成实现学校再一次跨越式发展的机遇，立即召开行政会，组织学校管理团队商讨接洽事宜，确立了"借力衡水、深化改革、高三为主、辐射全校"的基本原则，将衡水十三中支教老师到校支教作为学校进一步推动原有改革的一个契机。

记张玲和杨洪敏两位支教老师

2019 年 9 月刚开学，空气中夏日里的燥热略有收敛，在会东县教体科局的会议室里，我第一次见到来自衡水十三中的张玲和杨洪敏两位老师。朴实无华的衣着、利落的肢体语言，还有那令人印象深刻带着些河北口音的普通话以及犹如机关枪般的说话速度，衡水十三中教育人的踏实勤奋、雷厉风行展露无遗，也让我更加坚定了和文中学要借助好两位老师的力量，让和文中学的教育进一步提升的信心。还记得和两位支教老师单独交流时，在问到对于学校里的工作该怎么安排，听到两位老师说"根据学校的需要，什么工作都行，保证完成任务"时，内心里的那份触动。两位老师到学校以后，作讲座宣传衡水十三中教育发展历程、分享教育教学经验；亲自上阵，示范教学过程；深入备课组与备课组老师交流，指导备课组教学工作；与班级班主任结对，担任班级特聘班主任；入班听课，与老师交流教学过程得失；与学生交流，为学生每一点进步加油鼓劲；等等。不论校内工作大小，她们总是以一腔热忱、一身热情奉献着自己的力量，也践行着自己的承诺。

两位支教老师住的宿舍比较远，要顺着河边的公路骑行近 20 分钟才能到学校。冬日里的会东白天阳光明媚，而清晨、夜晚气温会骤降，顺着河谷吹来的风冷得刺骨，但无论什么时候，两位老师都会早早来到学校，很晚才会离开。她们的工作态度感染并带动了很多和文中学的老师们早出晚归。

疫情期间，因为滞留在衡水不能到校指导，网络成为了连接支教老师和和文中学的沟通桥梁。疫情刚一解封，放下年幼的孩子，辞别家人，两位支教老师第一时间赶到会东，因为守望一学期的高三学子们快要高考了。

2020 年高考，和文中学取得优异的成绩，这与两位支教老师的倾力付出有着很大的关系。

记李正和王雷两位支教老师

2020 年 7 月，杨洪敏与张玲两位支教老师离开和文中学，9 月我们迎来了衡水十三中校长助理李正，10 月迎来了衡水十三中办公室副主任王雷，他们支教的时间为期半年。

杨洪敏与张玲两位支教老师让和文中学见识了衡水十三中教师的付出与拼搏，李正和王雷则是衡水十三中管理层的得力干将。李正豪迈而富有激情，擅长做学生工作；王雷稳重而精细，擅长管理。两位都是学校想全面向衡水十三中学习过程中所需的关键人物。虽然风格与前两位支教老师有所差异，但衡水十三中教师将每一件小事做好的理念没有变，踏实肯干的工作作风没有变，都是踏着朝露和深夜的星辉，为和文中学的发展献计出力。

到学校后，李正主要负责指导年级管理及学生工作，激情早读、激情跑操在他的亲力亲为下，已具雏形。王雷负责梳理和文中学的制度，为和文中学深化改革完善了制度。两人工作上相得益彰，工作卓有成效。

衡水十三中对和文中学将近两年的支教工作，为和文中学的发展打上了不可磨灭的烙印，在和文中学的发展历史上具有里程碑式的意义。这离不开国家、教育部对凉山教育的大力扶持，正是教育部为山区学校带来了来自教育发达地区的春风，吹绿大山里一茬又一茬的新芽。当然这次支教活动也离不开衡水十三中白祥友校长的大力支持,不仅亲临学校组织讲座,还精挑细选支教老师。正是依托白祥友校长的大力支持,才能有 4 位几乎为和文中学量身定制般契合的支教教师到和文中学支教,和文中学也才能连续两年组织学校管理层和部分教师到衡水十三中免费学习。和文中学送给衡水十三中的锦旗上由衷地写到"教育扶贫显真情,助力发展暖人心",感谢与 4 位支教老师的相遇,感恩衡水十三中所有人的倾力相助。有了国家对民族地区的大力扶持,以及衡水十三中教育人的大力支持,和文中学必将在教育脱贫的路上越走越好。

支教老师为我们打开了一扇窗

四川省凉山彝族自治州会理县城关第二小学教师

2019 年金秋,当火红的会理石榴挂满枝头,来自北京朝实集团的名师,风尘仆仆踏上会理二小这片土地。2020 年,会理二小又迎来了第二批、第三批名师。是他们与二小老师们并肩奋斗,共育桃李,是他们与二小的老师们一起抗疫情、战严寒,同品春花烂漫,共赏层林尽染。

在此期间,二小老师们怀着激动和感恩的心情与支教老师们共同学习进步。支教老师们的教学理念、教学方法、教学技巧都非常新颖,能够让学生们不断提高学习英语的兴趣和充分发挥学生学习英语的潜能。在与支教老师沟通交流以及平时听课的过程中,我们充分认识到了支教老师们的教学优点并从中学到了很多东西。

在教学理念上,我们应该以学生为主体,老师主要负责指导和引领学生学习;应提倡和坚持以课堂为学堂,以学生的思维操练为主,让学生积极动口、动手、动脑质疑和寻求解答的教学理念;教师在处理教材时,要充分利用与开发英语课程资源,进一步提高灵活性、开放性、选择性;切忌生搬硬套,要联系学生的生活实际,引导、指导学生参与学习。在教学方法上,老师应该根据小学生身心发展的规律,制定一套能够激发学生学习兴趣和提高其学习效率的方法;运用灵活多变的教学手段,将教材所设置的情景生动形象地表现出来,利用投影仪、录音机、简笔画、实物、模型、动作、表情、小表演等多种直观手段,化静为动,化无声为有声,化难为易,调动学生多种感官,将其引入特定的情境,在具有游戏性、趣味性、故事性、探索性、竞争性的各种活动中获得乐趣,增长知识。

支教老师们的教学不仅对老师,对家长也有着深刻的影响。通过与学生家长的沟通交流,能够明显体会到家长对于孩子是否应该学习英语和要不要把英语当作学习重点的看法产生了巨大的改变。家长们能够深刻感受到孩子学习英语的主动性在不断提高,孩子们回家能够主动完成英语作业、朗读课文,甚至想要当一名小老师教父母认识英语单词。与此同时,得到了家长的认同后,老师的教学也更加得心应手了。家校合作的成效被体现得淋漓尽致。

作为一名老师,最大的心愿就是能够看到学生不断成长和进步,能够充分吸收老师教授的知识和学习方法。在老师们支教期间,学生们的学习兴趣和学习主动性明显提高。正如一位学生所说:"之前我一听说下节课是英语课,就会觉得很无聊、很无趣,但是在支教老师给我们上课的这一段时光里,我不仅觉得学习英语很有趣,而且也变得越来越喜欢英语了。"我们曾问她为什么会在这么短的时间里就有如此大的变化,她说:"支教老师们上课有很多游戏环节、表演环节和讨论环节,并且老师还经常鼓励我们积极参与到活动中来,在活动中我就不由自主地开口讲英语了,而且还得到了老师的认可和表扬,我也就更加喜欢英语了。"

支教老师的教学理念、教学方法、教学设计都值得我们每一位老师去学习,接下来我们将继续发现自身的不足并结合支教老师的教学不断提高自己的教学质量。作为一名老师,要热爱自己所从事的事业,要热爱自己的学生,要把自己对英语、对人生、对生活深沉的爱和理解传授给学生,要把自己最真实、最阳光、最富有独特激情的东西展现给学生,感染学生,让其产生共鸣,激起他们内心深处对语言、对生活的热爱和激情,从而转化为学习动力。我们将继续怀揣梦想,不断前行,发现更美好的自己、教育出更加优秀的学生!

那次相遇成了最美的期盼

四川省凉山彝族自治州越西县第二中学　宋宗琼

春天真的来了！

这是一个美好的春天，刚立春几天，接着下了两场春雨。来到滨河路文昌广场，惊喜地发现有几株虎刺梅已经露出了"笑脸"，拍了几张照片，突然想起去年12月份，我、朱国莲老师和教育部委派来凉山支教的孙亚灵老师周末相约爬山路过这里的情景，不由得念起孙老师这个亦师亦友的人了！

印象中的孙老师

认识孙亚灵老师，是2019年9月。那时，只要迈进校园，校门口桂花的香气就会扑鼻而来，沁人心脾。开学不久，例行会议开始了，另外一种"芬芳"吸引了我——教育部委派到越西的支教老师中，有一名心理老师——孙亚灵，被分配到了越西二中。孙

越西二中心理成长小组学习活动

老师在全体教职工会议上讲述了学校的心理健康教育发展规划,其中有一个项目是在越西二中创办一个读书会。怀着对教育部委派来的支教老师的仰慕和对读书会的好奇,我报名加入了,没想到这一年多的时间成了我过得最充实、最有意义、最有收获的一段日子。在读书会,我获得了所从事的教育专业以外的一门专业常识及常用技术——心理学知识和心理咨询常用技术。虽然教育部的帮扶任务已完成,孙亚灵老师也已经离开了越西,但她带领我们每天读书或给我们朗读心理学书籍的声音仿佛还在耳畔;每次读书会上,她给我们分享咨询案例和培训活动时带给大家的水果、小吃还令我们回味着,但更值得回味的还是她给我们带来的绵长而深远的影响。

一束光的照见

孙亚灵老师,是河南省郑州市第四中学高级老师、国家二级心理咨询师和生涯辅导老师。2019 年 9 月她来到我们越西二中后,了解到学校心理咨询室已经建了几年,却因缺乏心理老师而没有启用过,于是她迅速投入工作:制作宣传海报,向师生宣传心理辅导的重要作用和咨询室启用的消息;同时组织起读书会,并征求大家意见给读书会取名字,最后我们选了孙老师名字里的“灵”和越西古称中的“隽”(越西古称越隽)为读书会取名“灵隽读书会”,以表达她和我们越西的缘分。最早成立的还有心理学习小组,后来和读书会合并,于是我们一边学习心理学知识和心理咨询技术,一边开展读书活动。从此我们在孙老师带领下,每天轮流值读,每周三下午集中举行线下活动。在接下来的具体咨询中,孙老师发现有很多贫困生,于是通过各种途径对那些特别贫

孙亚灵老师指导学生做沙盘游戏

困或有残疾的学生进行帮助。最难忘的是孙老师一年支教期满后，临别时，孙老师拿出1000元交给班主任袁老师，委托她转交给她们班的一名彝族学生，并转告这个学生：孙老师希望她努力学习，将来考个好大学。在支教一年后，孙老师牵挂着凉山的孩子，又再次申请来越西支教。这一次，她又拿出了2000元钱作为给初三成绩优秀学生的奖学金。我听说她郑州的一些朋友、学生家长听说凉山孩子的情况后，也纷纷通过孙老师捐款表达了爱心。她的无私付出、她的大爱精神和对凉山贫困学生的关爱和牵挂之情令人动容，值得称赞，更值得我们学习！

一束光的温度虽然有限，但它可以照进人心、温暖人情。这份温暖，可以陪伴那些孤独的孩子成长，鼓励他们上进，激励他们将来也成为一个像孙老师那样有情怀、有温度的人去回馈社会。

书海领航者

孙老师犹如一个领航者，带领我们风雨无阻地遨游在知识的海洋里。即使在2020年春节疫情期间，孙老师也没有停止对大家读书的督导，仍然利用网络，线上指导大家读书学习。

从2019年9月至2021年1月，在这一年半的时间里，孙老师共为越西二中心理成长小组即"灵隽读书会"的成员（包括其他学校的老师和个别家长）进行了30期的读书和心理咨询培训。在培训中，孙老师带领越西二中"灵隽读书会"的老师们阅读了《陪孩子遇见美好的自己》，通过孙老师的讲解，我们认识了什么是叙事疗法，知道了叙事疗法中的重要技术，如：外化、重塑、改写等。为了让我们更好地运用，孙老师又为我们解读了《叙事疗法实践地图》。在学习《父母做这9件事，孩子从厌学变爱学》一书时，孙老师利用线上朗读，线下讲解，把书中的案例与她教给我们的咨询理论和技术相结合以加深我们对这些知识的理解。她把每一天的读书都抓得紧紧的，我们深深地感觉到，她是巴不得利用好支教的每分每秒，带领我们多学习一些心理常识和咨询技术，让我们可以去帮助少数民族地区更多的孩子。在读书的同时，孙老师还教会了我们运用沙盘游戏、OH卡牌以及与学生沟通的问话技术，还教了我们催眠、心理绘画等技术。

她不仅给读书会成员传授心理咨询的知识，还推荐了一些读书平台，希望大家多读书。在孙老师推荐的读书平台上，我听了180多本书，还买了几本我喜欢的心理咨询方面的书来阅读。因为有孙老师之前的讲解,这些专业书读起来似乎也不那么艰涩难懂了。阅读量的扩大和知识面的拓展,让我觉得自己再次成长、进步了,对生活、对人生有了更长远的规划和更深层次的认识。感谢孙老师精彩的心理课和推荐的书,它们陪伴我度过了一段最充实、最有意义的美好时光。感恩遇见,让我内心变得更宽广、坚韧和丰盈!

心灵的灯塔

在跟随孙亚灵老师学习咨询以及实操练习的过程中,特别是看着许多学生开始带着疑惑、忧愁、担心甚至恐惧而来,但在和孙老师交谈或在孙老师陪伴下做了沙盘游戏后,面带微笑离去,不仅让我觉得心理咨询很神奇,更让我感受到了心理咨询师的了不起。她就像一座灯塔,照亮了孩子们雾霭重重的心灵,为他们拨开了心中的重重迷雾,让他们找到了学习和生活的目标,看到了人生的希望。印象最深的是,有一天下午来了三个女生,在征得学生同意后,我也作为旁听者留在一边,学生一说起她们的家庭,就哭得稀里哗啦,孙老师耐心地安慰、疏导。当说起她们学习努力却没有成效时,孙老师给她们分别讲了语数外的有效学习方法,她的耐心和优秀再次折服了我。

孙亚灵老师不仅在学生心中点燃了希望,还在越西及周边县燃起了一把火,把心理辅导、教师的心理调适的知识播种在了越西乃至其他地区。孙老师支教期间,我聆听过她为越西二中以及其他学校的师生所作的精彩又内涵丰富的多个心理讲座,如《邂逅叙事,邂逅美好人生》《与压力共舞,和工作修行》《厘清生命关系,幸福职业人生》。她给二中学生上课,会根据不同年级、不同层次、不同班级学生的情况因人施教,课的主题包括:"我是谁""乾坤未定,你我皆是黑马""老师,您好""我们生命中的重要他人""男生 VS 女生——我的异性缘""假如生命可以重新选择""2021,我的愿望树"

喜德中学高三考前心理辅导

"跨过分水岭,远方更辽阔""高一来了,Are you ready?""生涯规划,约见更好的未来""高考超常发挥的决定因素""我拿什么献给你,我的高三?"等。这些心理辅导课的受众从初一到高三,从校内到校外,课的内容深受听课师生喜爱,并得到广泛称赞。

孙老师,如果您看到这篇文章,是否也意识到自己为凉山的师生做了许多人做不到的事呢?多希望您能再回来,凉山需要您,特别是这里的孩子们需要您!欢迎您再回来,我在越西等您哦!

我与吴彩凤老师

四川省凉山彝族自治州会东县第三小学　张天海

迎着教育部送教的春风，我们迎来了来自广东佛山的支教老师吴彩凤。成为她结对的 7 位"徒弟"中的一员，我感到无比幸运。因为在这弹指一挥间的一年里，我从"师傅"吴老师处学到了很多很多在教学方法、管理学生以及教研科研方面的知识，使我在各方面有了较大的提高。下面，我就谈谈我的收获。

我作为一名青年教师，教学经验不足，只有不断学习，才能跟上课改的步伐，才能以全新的思想、观念指导自己的教育实践。因此，在吴老师的精心指导下，我坚持课课写教学反思，平时及时充电，不断更新自己的教育观念，每天都生活在紧张与充实之中。通过这样长期认真实践、及时总结，我的教学水平不断地进步。在吴老师的支持鼓励下，我参加了三次校级和县级的教师赛课活动，并取得优异的成绩。

吴老师一有时间就会来听我的课。每次听课之后"师傅"都会给我评课，指出很多我自己没有意识到的缺点，比如：在某个教学环节上，我可能觉得没有任何问题，而我的"师傅"在听课时从旁观者的角度看出了许多不足之处，吴老师会在评课时及时地反馈给我，让我在教学中不断进步。

我听"师傅"的课也有很大收获。吴老师的课最大的特点就是严谨，她会在课前准备很多东西，比如充分准备教具、在课前写好课题等；她在课堂上也是很严谨的，比如在黑板上写一个等式的等号都要用直尺比着写。在多次听"师傅"的课的过程中，我慢慢体味到她的教学风格，她的课虽然严谨但并不缺乏活力，她总是很相信学生，认为学生能行并经常这样鼓励他们。她的这些教育理念使我受益匪浅。

有了"师傅"的陪伴，我少走了许多弯路。从她的身上，我不仅学到了教育教学经验，也看到了务实的工作态度，这深深地影响着我。而她对我生活上的关心更让我倍感温暖,所以在生活中我觉得她就像妈妈一样。作为"徒弟",我诚挚地感谢"师傅"对我的关心和爱护,也感谢学校为我提供了这个学习成长的机会。在以后的工作中,我会将"师傅"的关心和帮助转化为教育教学上的动力,争取在工作中更快地成长,不辜负学校的期望!不辜负"师傅"的期望!

给宋青园长工作室支教老师的一封信

四川省凉山彝族自治州州级机关第二幼儿园全体小朋友和教职工

亲爱的支教老师：

你们好！时光翩跹中，我们相遇了。我们不是在最好的时光中遇见，而是遇见了你们，才赋予了我们这段值得感动、深思的最好时光！

还记得在凉山州机关二幼的那些事儿吗？那些充满欢笑、承载希望、记录奉献的日历，那些如星的眸光、咧开的嘴角、甜蜜的相拥……让我们翻开那本我们的专属回忆录，细细讲述我们的故事吧！

不远千里，只为教育

也许是凉山热情好客的风土人情化解了你们远离家庭，不远千里来到凉山的疲惫，也许是对教育事业的挚爱让你们焕发出了勃勃生机，我们看到了你们的满心欢喜、昂扬志气！二幼这个充满魅力的游戏王国、充满欢声笑语的童趣世界、充满正能量的教育基地也因为你们的到来而更具活力！教育将我们紧紧相连，欢迎你们加入凉山州机关二幼这个温暖的大家庭，我们深厚的情谊至此开启。

二幼鲁华园长和远道而来的上海荷花池幼儿园的宋青园长签署的《姐妹园友好协议书》让我们的情谊更进一步。在数次深度的参访与互动交流学习中，我们愈发了解彼此、欣赏彼此，不断深化对教育的理解，不断优化教育过程，开启了启迪思维、升华思想、引领专业的盛宴。

守望相助，教学相长

求知是一种快乐，我们渴求知识的盛宴。那些生动有趣、寓教于乐的专题讲座是我们的精神食粮。先进的教育理念，深入浅出的讲解，让我们收获满满，丰富了我们的专业储备，扩展了我们思想的宽度和深度。现场调研分析，设计活动方案，解读幼儿行为，现代信息技术运用……你们都反复研磨、细细品味，只为让专业引领积蓄更多的能量。

"授人以鱼不如授人以渔"，感恩你们的倾囊相授。你们针对自身擅长的领域，运用与青年教师"师徒"结对，个别化指导的持续化带教模式，引领我们的青年老师用理论与实践去建构优质教学，使得有情怀、有温度的教育应运而生。"授人者"与"被授者"教学相长，为新时代学前教育优质发展注入了原动力。

崭露头角，精彩相随

"纸上得来终觉浅，绝知此事要躬行"，让我们一起来盘点那些理论与实践的"邂逅"。你们拿出看家本领，一次次地为我们呈现出精彩纷呈的教学游戏活动：陈小梦老师的户外体育活动"士兵出击"，让孩子们在快乐的游戏中掌握投掷的动作要领；徐文晶老师的音乐活动"十个印第安人"，让孩子们在声音"躲猫猫"游戏中习得默唱的本领；刘一凡老师以多媒体课件为支持开展的音乐活动"这就是我"让孩子们在猜猜、说说、做做、玩玩中学唱歌曲，充分展现了师幼互动的教育智慧；黎海波老师的体育集教活动"篮球小子"充分利用场地和器械，通过趣味的情景设置、游戏化的教学，完成枯燥的基本动作及体能训练；徐钦佳老师的区角游戏"我是中国人"在区角设置、材料投放如何与主题活动相关联方面给了我们很好的启发……

在持续的智慧碰撞中，我们合作共赢。我园青年教师也展现了出色的风采：姜雪茹老师的户外体育活动"白猫警士"结合故事情景与幼儿园阳光体育大循环，让幼儿乐此不疲地在保护粮食的小型循环关卡中掌握蹲走的动作技能；伍思秋老师的数学活动"佩奇的生日会"，用生动的多媒体课件、趣味的环节设置、有效的师幼互动，紧紧抓住孩子们的心，让孩子们在趣味盎然中探寻着物体排列的规律……

在相知相识中我们的"教育秘籍"持续诞生，教育教学水平持续提升；在共同的启迪感悟中我们逐步实现从"定势教育"向"无限教育"的成功蜕变。

默默奉献，甘为人梯

2019 年我园七十周年园庆的前夜，为确保音控设备的万无一失，让舞台呈现出最佳的效果，深夜 11 点，音控室依旧灯火通明。追寻着光亮，一个专注、忙碌、投入工作的身影映入眼帘,那是陈小梦老师在为活动做最后的音视频调试和检查。

在我园《快乐口语》原创动画视频的制作中,陈小梦老师认真细致地查找资料,不厌其烦地反复修改,运用娴熟的多媒体技术为我们提供了专业的支撑,在执教期结束后仍然提供远程协助。

暮色四起,二幼传来《彩云追月》的美妙琴声,清扬优雅。循声而去,刘一凡老师敲击黑白琴键勾勒出的背影陶醉在余音缭绕的琴声中。"三日不弹,手生荆棘",你们毫不松懈地提升自身专业技能,用行动诠释对教育事业的热爱。

那黑暗中的灯光、那认真做事的模样,温暖而难忘,如一树繁花抖落进我们每一个二幼人的心房。

一言一行总关情,一点一滴凝结爱。2019年的暖冬计划留下了我们共同的"爱的教育"的足迹。我们一起跋山涉水,不计辛苦,忘却疲惫,深入村幼教学点开展"山区教育梦,扶贫在行动"活动,将优质课堂和先进的教育理念送给求知若渴的村幼孩子,用行动践行教育大爱,为彝区孩子带去希望与期盼,为凉山学前教育事业贡献力量。

时间如白驹过隙,没有因为依依留恋而停下前行的脚步。一年半的支教时光,弹指一挥间,匆匆流过。在你们出色完成支教任务的离别之际,许多难忘而美好的瞬间在我们心头绽放。教研活动时的心灵碰撞、促膝谈心时的惺惺相惜、依依惜别时的千言万语,漫过离别的墙,凝结成祝福,酝酿成希望,照亮了未来教育之路,幸福而美好。

离别不等于结束,我们的教育故事仍在继续,我们也将把我们的故事永远珍藏。我们相见,我们相识,我们相知,我们同属一个欢乐的大家庭。感恩相遇、感恩领航,希望我们的情谊历久弥新,希望我们不负韶华,保持对教育的热爱,共同奋进,逐光而行!

叶校长记事

四川省凉山彝族自治州喜德县民族小学　熊华阳　刘青

心若向阳,则遍地花开。一个内心充满阳光的人,他的言行犹如缕缕阳光,即使照射在贫瘠的土地上,也会促使无数的鲜花盛开。

——题记

2019 年 9 月,喜德县民族小学的校园里比以前多了一个忙碌的身影:40 岁左右,一头寸发,显得特别精神。

校门口、操场上、教室里、走廊间……

工作中的他,常常给我们带来许多惊喜……

在他的周围,总能听到老师和同学们这样说:"原来可以这样……"

他就是广西师范大学名校长培养基地郑惠懋校长工作室成员、福建省泉州市丰泽区第五实验小学教师叶连城。

叶校长的普通话

走出教室的叶校长,打电话回家时,一口的闽南语总是让人摸不着头脑。走到教室,走到老师中间,走到学生中间,他立马换成一口流利的普通话。学生们私下说:"哈,哈,哈……叶校长的语音模式转换得真快……"

为了和叶连城校长交流,无论老师还是同学,餐桌旁、乒乓球台边、篮球场上,他们都努力地说普通话。

渐渐地,在民族小学的校园里,师生们对普通话从不适应到适应,从说得结结巴巴到清晰流利地自然讲出……

喜德县民族小学的阿牛八津校长曾经开玩笑地说:"叶连城校长让普通话从教室

走到了操场,走到了喜德县民族小学的每一个角落。普通话的校园推广原来可以这样。"

叶校长的书法班

2019 年 9 月 6 日,喜德县民族小学成立了一个书法班,执教老师就是叶校长。

"每天 20 分钟!让每个孩子爱上书法,受益终身!"叶连城校长说。

一个"以点带面"的计划在叶连城校长的脑海里浮现出来。每天下午 1 点,喜德县民族小学玛薇楼二楼的书法室,叶连城校长引进的书法软件的画面和语音准时出现,教室外,全校的老师和学生知道书法班又开始上课了;教室内,书法班的 38 个孩子不知不觉中认识了书法、爱上了书法。

到了 2020 年 3 月,喜德县民族小学书法班的学生由 38 个变成了 1 026 个,书法班由 1 个变成了 19 个,老师由叶连城校长一个人变成了全校所有老师。

时光荏苒。2021 年 2 月 24 日,喜德县民族小学"开学第一课——百万师生森林草原防灭火、疫情防控暨校园安全主题教育活动"的会场上,全校师生正在举行活动。一个个同学排着队,走到签名墙前签名。

四年级二班的队列中,每个同学都在"签名墙"上认真地写着自己的名字。

"你看!叶校长教过书法的学生——毛敏和江丽。他们这些最早学习书法的同学就是技高一筹,真的是横平竖直,间架结构也很好。"站在"签名墙"边的吉克约古老师笑着对旁边的熊华阳老师说。

他俩的对话,一下引发了许多老师的议论:

"是啊!叶校长在喜德县民族小学,一年多的时间让好多孩子的书写有了巨大的进步。"

"我们学校现在让每个孩子每天花 20 分钟时间练书法,叶校长的这个主意真的很好。"

"原来教书法也可以这样!"

……

叶校长的笑容

"你们学校有个学生得了白塞氏病,需要什么帮助吗?你们要多关心啊!"教育局局长的一个电话打到了喜德县民族小学。

黑莫阿牛——喜德县民族小学六年级（1）班，一个得了白塞氏病的孩子。疾病的压力不只压在她的身上，也压在学校许多老师的心上。这个平时沉默寡言的孩子，总是让大家很心疼。

叶校长家访的时候知道了这个情况。在一次工作汇报会的时候和局长聊到了这个孩子。

2020年1月1日，通过直播的方式，喜德县民族小学和福建省泉州市丰泽区第五实验小学"云端上的元旦联欢会"热热闹闹地开始了。

大山彝家的孩子和海边城市的孩子，他们的心因为"云平台"，因为叶校长紧紧地贴在了一起：

他们互相表演节目：彝家娃娃见识到了探戈的优雅、领略到了芭蕾的灵动、欣赏到了汉服的魅力；海边的孩子见到了彝族达体舞的动感、听到了月琴声的曼妙、欣赏到了彝家盛装的优雅……

大山的孩子听到了来自城市的祝福：新年快乐，万事如意！

海边的孩子听到了来自大山的祈祷：孜莫格尼，库史木萨！

孩子们笑了！老师们笑了！身患白塞氏病的黑莫阿牛也笑了！因为，今天她代表喜德县民族小学1026个同学，给2000公里外的福建省丰泽区第五实验小学的同学们送祝福。

看到平时沉默寡言的黑莫阿牛笑了，为了这台迎新会，一直忙忙碌碌的叶连城校长似乎觉得自己这段时间的累都值得了，他也笑了！

叶校长的脚步

"叶校，今天周末了，你在哪里？"

"哦，我在山上……"

一年多的时间，叶连城利用周末、假期走遍了喜德县的山山水水、犄角旮旯。

黑日伍且住在哪里，马海医生生病了，谢文英的爷爷很辛苦……喜德县民族小学1026个孩子的情况，他说起来如数家珍。

一个土生土长的喜德人对叶校长说："我在喜德县44年了，去过的地方比你少多了。"

工作时,叶校长的脚步遍布喜德县民族小学的每一个地方;工作之余,叶校长的脚步遍布喜德县的俄尔则俄、玛果梁子、小相岭的茶马古道、沙马拉达的长长隧道……

他说他只想做一缕阳光,在这贫瘠的土地上促使无数的鲜花盛开。

一年多的时间,叶校长的确做了很多,为学校,也为了孩子们。

2021年1月1日,元旦汇演成功,要放假了,叶校长也要回泉州了。那天,我看见叶校长醉了,不知道他是开心,还是不舍呢?

这里,已经有无数的鲜花在盛开。

孩子新变化

最美的相遇，永远的怀念

四川省凉山彝族自治州西昌市第一小学学生

　　这个冬天，西昌的阳光遍洒大地，这座阳光之城为我们带来无限温暖与安逸。是的，也是在这样阳光明媚的日子里，我和美丽的李老师第一次相遇……

　　那是 8 月 30 日，我们怀着愉快的心情，迈着轻盈的步伐回到阔别已久的校园。黄老师让我把成长记录册抱到办公室去时，我见到了一位温婉美丽的老师。她安静地坐在桌前，见我进来便温柔地笑了起来。我快步跑回教室，凑到黄老师跟前，"黄老师，办公室里坐着的是谁呀？她好漂亮！"黄老师看我一脸惊讶的表情，轻声答道："那是我们学校远道而来的支教教师——李老师。还有另外一位是杜老师……"我点了点头，只在心里默默记下了。

　　有一天，我和我的伙伴们蹑手蹑脚地来到办公室，一群人挤在办公室不说话，只是盯着她们看。李老师和杜老师一脸愕然，抬起头来满脸疑惑地看着我们，我们脱口而出："李老师和杜老师，你们辛苦了！"话音刚落，我们深深鞠了一躬便箭步回了教室，开心地蹦啊跳啊。

　　我们常常以这样的方式"问候"李老师和杜老师，一来二去我们便熟悉了。我们一有空就围在她们身边，对于她们的一切都很好奇，比如，内蒙大不大？大草原长什么样子？真的牛马成群吗？蒙古包长什么样子？那里都吃什么美食？等等。她们十分亲切，总是耐心地回答我们的问题。我们也逐渐喜欢上了这两位美丽可爱的老师。但真正拉近我们距离的是那一次……

　　那是一个周二，黄老师告诉我们，李老师要来给我们班上一节课——"秋天的雨"。我们欢呼雀跃，个个一蹦三尺高。毫无疑问，我们满怀期待，无比认真地做好预习。

　　时钟滴答，终于到了 9 月 25 日。我们个个精神抖擞，心怀忐忑地走进教室。李老师不紧不慢，带领我们从秋天的色彩学到秋天的味道，学会了文章中的多种修辞手法。

李老师和我们亲切地交流，发现我们的理解不对就立刻给我们讲解。特别是最后李老师让我们做小练笔的时候，全班同学埋头书写着秋天的美。我又是第一个完成并举手发言的：

"秋天的雨，它是彩色的。你看，它滴到枫叶上，枫叶立刻变红了；它滴到田野上，田野立刻变成金黄的了……"

教室里响起了热烈的掌声，我知道那掌声既是给我的，也是给美丽的李老师的。

李月杰老师在上课

这一堂课不仅拉近了我们的距离，更加深了我们之间的师生之情。我们不再羞怯地问候两位老师，而是大方表达我们的喜欢。即使她们只是经过我们的教室之外，我们也能扬起笑脸大声向两位老师问好，或是向李老师和杜老师继续我们的提问。这以后不再是问关于她们的家乡，而是：你们去了西昌哪里玩了？邛海去过没？湿地去了没？泸山爬了没？醉虾吃了没？炸土豆呢？……面对一连串的提问，她们相视而笑，很明显被我们的天真可爱萌到了，又或是被我们的贴心温暖到了。对，到了西昌，你们就是我们的家人。

有一天，我特地带上笔记本跑到办公室请教李老师写作。李老师摸摸我的小脑袋，笑着对我说："好孩子，真好学！我来告诉你吧。一是多阅读一些比较有美感的小散文，以及一些有趣的故事书；作文必须是脑子里面真正有东西，才能言之有物，写出好文章。二是多启发自己，多整理思路。三是记笔记……"这一刻，我想提升自己的写作水平，将来做个和李老师一样出口成章、妙语连珠的人。

我每天照着李老师的话去做。终于，功夫不负有心人，我已经能自编故事《黄小娇奇遇记》了，总共八页作文纸，那是多少篇作文的总和呀！作品一出手，便得到同学们的热烈追捧，她们都追着吵着要看我的小小故事书。那一刻，我觉得自己成了"班级宠儿"，别提多得意了！当然，我最想得到的是李老师的认可和表扬。于是我拿着我的"杰作"兴冲冲找到了李老师。她连连称赞、点头微笑的样子就是我最想的看到的啊！是啊，我迈出的第一步成功了，离我的"偶像"更进一步了！

时间总是飞快如流沙。凌冽的寒风吹走了凉爽的秋季，却也吹来了离别的时刻。那是1月7日，黄老师得到消息说李老师和杜老师即将离开西昌，明天将举行欢送会，而我们班很荣幸成为参与欢送的班级。黄老师的话音刚落，我们全班便发出"啊？哎！"的声音，我们的脸上都写满了失落与不舍。

黄老师哽咽了一会说："天下没有不散的筵席，孩子们，我们为亲爱的李老师和杜老师饯行吧！"我们也收拾好悲伤的情绪，点头答应。说干就干，马上老师们就为我们策划了两个节目，一个是现代诗朗诵《谢谢，再见》，另一个是手势舞《听我说，谢谢你》。于是我们开始了紧张的排练，而排练的时间只有一天，我们全班同学都拼尽了全力，把下课的时间留出来，练队形、记台词，互相提醒和监督着，每个人都像在打最后一场仗一样。

杜津老师在批改学生作业

欢送会有条不紊地举行着。看着大屏幕里两位老师来到一小的点滴视频，我们纷纷落下泪来。我忍不住偷偷瞥了一眼两位老师，只见她们眼里泛着泪光，不住地擦拭着掉落的闪着光的泪珠。我哭得更厉害了！"现在有请三年级（2）班的小朋友们为亲爱的李老师和杜老师带来离别前的祝福。"我们擦擦眼泪，迅速起身走到舞台中央。全班站定，祝福开启：

有这样两位可爱的老师，

她们从祖国的北方走到南方，

从雪地走到南国，走进一小的校园。

她们身披晨曦与朝露，在一小绽放教育之花。

她们是可爱的李老师和杜老师。

今天，

你们即将远走，回到美丽的北国。

我们心怀感恩，千言万语想对你们说：

你们的一颦一笑，

你们的举手投足，

时常展现在我们的眼前；

你们的关心、爱护，一直萦绕在我们的脑海里；

你们的循循善诱，谆谆教导，至今铭记在我们心中；

你们和我们一起时的一切，如同昨日，历历在目。

亲爱的李老师和杜老师，

我们想对你们说：

假如你们是园丁，

我们就是那温室里的花朵，

在你们的浇灌下慢慢成长。

假如你们是白云，

我们就是天空，

天空没了白云就会失去光彩。

亲爱的李老师和杜老师，

我们想对你们说：

你们为一小传递教育的热情；

你们为一小撒下灿烂的阳光；

你们为一小学子播种希望的种子。

真的很感谢你们，

谢谢你们陪伴我们的美好日子。

我们将永远铭记！

请允许我们代表一小为可爱的你们敬上最标准的队礼吧！

学生欢送李月杰、杜津老师

我们用最洪亮的声音和最标准的队礼回敬最可爱的你们！

接下来，我们用手势舞传达最真挚的谢意。每个同学都无比认真，双手跟着节拍比划，眼睛却紧盯两位亲爱的老师。这一次，我们真的要分别了！

欢送会还在继续，两位老师却哭红了眼……

天黑了，欢送会也落下帷幕，我们眼里含泪，心怀不舍却不得不迈着沉重的步伐离开。在操场上再次见到两位老师时，大家声泪俱下，抱着两位老师止不住地哭起来。

纵使有千般不舍，依然还是要道别，那我们约定在大草原相见好不好？如果有机会，我一定要去内蒙古大草原找美丽的李老师和杜老师。

我再也不怕上英语课了

四川省凉山彝族自治州会理县城关镇第二小学 2016 级(8)班　陈俊杰

去年我们班发生了一件大喜事。曾经在我看来,"北京"这个词离我们是如此遥远,当班主任黄老师告诉我们有北京的老师来给我们班上课时,班里顿时炸开了锅,同学们脸上洋溢着无比灿烂的笑容,我们都觉得自己太幸运了!我们很感激支教老师来到我们这个偏远的小县城,他们不畏路途的颠簸和生活的艰苦千里迢迢赶来。有时我在想:他们到底是为什么呢?老师告诉我,他们是为了我们的幸福、我们的成长、我们的学习而赶来的。

给我留下深刻印象的是党杰老师,据说他是朝阳区实验小学三里屯分校的副校长。原本以为当校长的人会特别严肃,但是她颠覆了我的猜测。第一堂课,她并没有教授新课,而是先流利地用英语介绍自己,让我们听得目瞪口呆;她纯正地道的普通话同样让我们大为赞叹!她温柔地说道:"孩子们,我是你们的英语老师,也是你们的知心大姐姐哦,希望在未来的日子里我们的生活和学习都很快乐哦……"原来这是一个慈祥和善的老师呀!

在这之前我们都把英语当成了"副科""耍耍课",从不要求自己学多少,至于能考多少分数,我们也从来不曾关注过。党老师殷切地说道:"孩子们,马上要上中学了,英语这个学科弱了会特别影响你的整体成绩。我知道你们对英语有畏难的情绪,不怕,我们一起努力,没有过不去的坎!"党老师上课的方式也很特别,总是让我们大胆地展示自己,在她的课堂上我们俨然成了小主人,不管我们口语说得多不流利、发音多不标准,她都从来不批评我们,而我们一丁点的进步,党老师都看在眼里。永远忘不了党老师送我们的巧克力,那甜蜜的味道还在心里流淌!在她的帮助下,我们班的英语成绩有了质的飞跃,同学们都很喜欢她的课堂。

离别是那样匆匆,暑期将至,党老师要离开我们学校!听到这个消息,我们是那般依依不舍,可是天下没有不散的筵席。但她渊博的知识、超凡的人格魅力,在我心里扎下了根。我要对党老师说:衷心感谢您的付出,感谢您的谆谆教诲。我们一定努力学习,用自己的劳动换来美好的生活,用自己的努力来建设我们的国家!

我一定能行

四川省凉山彝族自治州会东县中学高三(11)班 · 周定艳

衡水,离我们真的感觉好远好远。第一次知道这个名字应该是在书店看到的《衡水金卷》。那是一片高考的"圣地",虽然人们对她褒贬不一,但那里有着和我一样奋战在高考线上的"运动健儿"们,还有与我们同甘共苦的老师们。

我是一名学生,一名又一次站上赛道的高三补习生。去年我们学校来了两位北京教育学院派出的支教老师,一位是教美术的来自于云南滇池度假村学校的王鹏老师,另一位是教语文的张永胜老师,老师们都称其张主任。今年又来了一位年轻帅气的数学王宁老师,张主任和王老师都来自于衡水十三中。听我们数学老师说,这位王老师可厉害了,在十三中带的都是清北班,学生都是一顶一的牛,有这样的优秀老师让人羡慕不已。

去年来的两个支教教师来到我校后,学校便开启了"改革模式",开始有了翻天覆地的变化,先是改革大课间,然后是改革课堂,再随其后的是高三的"楼道辅导"。每一项改革的背后都是规范性的动作,高标准,高要求,关键的是班主任还是动真格的,缓慢舒适的生活学习节奏被打破,取而代之的是紧张的学习氛围。

自此,感觉周围的人好像一下子都变了一样,都在学习,班上的氛围也随着隔壁班的安静变得有些小紧张。感觉他们都开始学习了,自己一个人不学习都有点不好意思。没有一起说笑打闹的场面,也就没有了随意玩耍的人,我开始沉淀下一颗向学的心。虽然心理开始时有些不情愿,但时间长了,也慢慢习惯了。

今年来学校支教的王宁老师,随时在学校、教室里"转悠",和同学们、老师们及领导交流,他今年带来的重大变化之一就是时间规划,在这样的规划下,感觉自己总有干不完的事。还记得去年张主任来支教时,经常一大早就见他开始在学校里面转悠,随时都在和学校老师、领导交流,甚至听说他和学校的其他领导亲自去学生家里进行家访。支教老师做的这些事情令我真心敬佩,因为他们是真的在做实事,学校的这些变化是真实发生在我的身边的。

2020 年 7 月高考后,成绩不太理想的我毅然决然选择回来补习,因为感觉自己后期还是很努力的,但就差一点,有一点不甘心。当然还有一点,那就是想要再花一年时间,在这所经过支教老师指导、帮扶后,已经"很不一样"的母校——会东中学,真"干"一次! 这是一种执拗,但更多的是一种不服输,我相信我一定能行。

给许朝文老师的一封信

四川省凉山彝族自治州越西县邮电贝尔小学　海来车古莫

亲爱的许老师:

　　您好!

　　当您收到这封信时,我想您一定已回到了云南昭通。记得您为我补课的时候,我总想每天和您待在一起,其实您上课教的知识我都学会了,但我故意写错,因为我想和您多待一会儿。

　　记得您刚到我们班时,便担任我们班的班主任和数学老师。开学第一课上,您用幽默而真诚的语言向我们介绍您工作的地方,还有您是一名体育老师,我们心里都在偷笑,体育老师能教数学吗?您介绍了您的家乡是黑颈鹤的故乡,每年都有好多黑颈鹤到昭通大山包越冬,让我们内心无比向往大山包的神奇风景。您仿佛猜到了我们的心思,熟练地打开电脑,将您手机里储存的照片展示给我们看,那一幅幅人与鹤共融的"仙境圣地"的画面,让寂静的草原、清澈的湖泊和美丽的鹤跃然眼前。您那特别的开学第一课深深地吸引了我们大家,从此我们都渴望上您的课,即使是下课也总想和您黏在一起。

　　还记得第一次您"出丑"的场面,让我深深记在心里。那是您的第一节课,不知不觉已时至中午,您和我们挥手告别后,便急匆匆地走出教室。我的心里直纳闷,中午的营养餐谁为我们"买单"呢?正在疑惑之际,您转身笑眯眯地走进教室,请求我们原谅,因为您之前所在的是城区学校,放学铃声响起,就意味着半天的工作结束。但机智的您立即向隔壁班的老师请教学习,瞬间,我们大家"咕咕"抗议的肚子便被您娴熟的操作征服。第一次参与学生营养餐安排活动的您,让我无比佩服。

　　让我深深折服的还有您的朴素品质。远道而来的您,放弃了学校安排的校外宽敞舒适的住宿,搬进简陋的学生宿舍,只为全天陪伴我们。清晨,红红的太阳慢慢地从山尖冒出来，不一会儿朝霞就撒满了大地，宁静的校园也渐渐苏醒。当我们走进教室时，总能看到您忙碌的身影，把桌子摆整齐，向我们问好，指导我们晨读，打扫教室卫生，检查作业……

课堂上，您总是视我们为小主人，引导我们自学，主动辅导我们。那时，您的脸上总会露出灿烂的笑容，嘴里还不停地夸赞：这个问题有水平，这个问题有价值……您给我们分析讲解疑难问题时，方法十分灵活，有时是直观演示教学，有时是启发式教学……总之，您总是鼓励我们大胆猜想，开动脑筋，互帮互助。在您的引导下，无论我们遇到怎样的难题总能迎刃而解，豁然开朗。以前，面对四十分钟的课，我们总觉得无比漫长，而您的课堂让我们感觉时间犹如白驹过隙，稍纵即逝。下课后我们总喜欢围着您问这问那，您总是不厌其烦地一一回答，课间十分钟您带给我们无穷的乐趣与无限的期待。而我就是常常故意不写作业，看您生气的样子好"开心"，知道您又要给我补课，认真辅导我，可我好想和您认错，又怕您不理我。

周末对于绝大多数学生而言，是从周一盼到周五的"星星"和"月亮"，而我却最讨厌周末，因为周末我就要与您短暂离别了。虽然短暂，心里却有太多的不舍。一个周末，您放弃休息的机会，不辞辛劳亲临我家家访。我家有五兄妹，我是老四，爸爸、妈妈在外省打工，每年的彝族年才回家几天，我们五兄妹由爷爷照顾。那天，太阳在鸡鸣的催促声下，慵懒地伸伸胳膊，微笑着射出第一缕光辉，那道金灿灿的光，暖暖地照进房间，把整个房间映成金色。我在爷爷的叫唤声中，没精打采地从床上爬起来，失魂落魄地走出房门，来到院子里。忽然一个熟悉的身影映入眼帘，是您！是您！激动不已的我拉着您的手，大步跑进家门，告诉爷爷，您是我们的支教老师。刚落座，您便从背包里拿出我渴望已久的书籍——《淘气包马小跳》全集递给我，我高兴得忘乎所以，接过来打开，便走进马小跳的世界。至今我仍十分内疚，当时竟忘了与您道一声谢谢。您与爷爷交谈甚欢，直至太阳西沉，您才伴着落日的余晖离去。

时光飞逝，转眼已是学期末。期末考试我成绩优异，看着您发给我的进步奖状和学习用品，心里特别开心。虽然我们班取得了优异的成绩，但是大家却无法沉浸于成功的喜悦之中，因为您的支教生涯也随着期末而结束。

散学典礼那天，您向我们讲了许多安慰的话，然而我们一句也未听进去，内心的离别之苦无法排解。您告诉我们，天下没有不散的筵席，您回去后会努力争取支教的机会，再次与我们重逢。整个假期我都用等待来"疗伤"。

盼望着,盼望着,春天来了,新学期来临了,然而您的脚步却未近。

希望您早日回到我们身边,陪伴我们快乐成长!

您的学生

2021 年 3 月 5 日

写给舒珊老师的话

四川省凉山彝族自治州西昌市宁远学校七（1）班全体学生

半年前,您肩负重任,远离亲人朋友,义无反顾地来到我们学校。您克服了生活上的不便,把一颗火热的心扑在支教事业上,感谢您为我们的教育教学发展作出的贡献——重庆市人民小学的舒珊老师。

回顾一学期的光阴,那些点点滴滴,犹如电影般浮现脑海,令我们心潮澎湃、百感交集。此刻,任何语言都变得苍白,因为没有文字能确切表达我们心中的恋恋不舍,以及那份离别的失落……

忘不了您工作的日日夜夜:当您认真钻研教材,甚至备课到深夜的时候,我们知道了什么叫敬业;当您穿梭于各年级听课的时候,我们懂得了什么叫勤奋;当您在教研会上发表见解的时候,我们知道了什么叫坦诚。期末复习时,由于课多、天冷,再加上讲课声音大,您一个星期喉咙一直沙哑,严重时几乎失声。这样反复的日日夜夜,让我们更加珍惜学习的机会,努力向上。

课堂上,我们争先恐后地发言,兴趣盎然,您生动活泼的教学,让我们走进丰富多彩的语文世界,对语文产生了浓厚的兴趣。您常常用一些小故事和资料链接去结合我们的课堂,还选取合适的素材让我们对课文有更深的理解。"植树的牧羊人"一课,您就选取了杨善洲书记的故事,让我们对课文有更深的了解。您为班级的教育注入了新鲜的血液,让我们享受到有趣的教学。您的语言总是风趣幽默,常常在我们纪律不好时微笑地说:"今天是不给我舒某人面子咯?"相比那些严厉的说教,您时常亲切得如同一阵春风。让我们心存感激的不只是您提高了教学质量,更让人敬佩的是您那高尚的品德,把班级的每一个孩子当成自己的孩子。课后您和家长亲切交谈,关注我们的成长环境,用您的工资为我们添置各种学习和生活用品,无私地伸出援手、奉献爱心,真真切切把您的爱播撒在我们的心坎里。

除了教学,在学生运动会时,您与我们打成一片,互相交流,我们都不约而同地称您为"知心大姐姐"。因为年纪差距不大,周末放假时,我们常常向您倾诉自己的心事,您不仅认真地聆听,还会给我们发语音,给出建议。您在要离开的时候哭着与我们相约重庆,并承诺等我们初三时一定回来看我们,我们都期待着。

我们发现您是一个很注意细节的老师,发现班上的比布同学没有水杯,一直用塑料瓶接水,您心疼极了,悄悄地为他买了一个杯子;您会发现班上的同学在闹小脾气、小矛盾,于是暗中去调解,让他们冰释前嫌。

"天下没有不散的筵席",既然挡不住我们离别的脚步,就让这难忘的半年多的日子,成为您我永恒的记忆! 让江河般的情感永远澎湃在您我的心田!

我真心希望并完全相信老师回到自己的工作岗位后仍然会一如既往地关心和支持宁远学校的教育事业,希望您记得宁远学校是您第二个故乡,希望您永远记得这片土地上有想念您的最忠实的学生们。

轻轻地,您要走了,正如您轻轻地来。此刻千言万语只化成两个字——珍重。期待您常回家看看,宁远学校的大门为您敞开! 随时欢迎您的到来!

写给美丽的许老师

在您的课堂上不仅能学到课本上的东西,还可以学到许多课外知识;同时我们也经过您对外面世界的描述,开阔了眼界,知道了外面的世界是多么丰富多彩,更想好好读书,走出大山,去看外面的世界。只有读书才能改变我们的命运,也是我们走出大凉山的捷径。

我们从您和您的朋友身上感受到了来自社会的温暖。我记忆最深的就是 2020 年端午节时,知道父母都没有在我们身边,我们都没有吃到粽子,下课以后,您就在网上下单给我们买了粽子。

那原本是一个普通的端午节,但因为有您,这个端午节成为了我们过得最特别的一个。您对我们就像对您的孩子一样。我们不仅得到了您和朋友的物质帮助,也从您身上学到了很多精神。

上学期结束的时候您要走了,我们非常舍不得,但终究要离别。暑假有一天,看见您发的"朋友圈"说,还要申请继续当支教老师,我当时心里特开心,可也有很多疑问:还在我们学校吗?在我们班吗?于是马上给您发信息,您说不确定,顿时心里有了小小的失落。这学期开学,如我所愿,您还是在我们学校,在我们班,我非常开心。我们会好好学习,将来去广东找您。

(邓佳雨)

多亏了这次支教才能让我们相遇,也许这就是老天的"恩赐"。

许老师,记得您刚来不久的时候就给了我们全班人一个承诺,您的承诺就是:"我能实现你们每一个人的一个小愿望"。某一天,您兴高采烈地走进了教室,手中提着一袋沉甸甸的礼物,有玩偶、腕力球、耳机、学习用品等。我的礼物是一个泰迪熊,它的皮肤是棕色的,还有一件绿色的外衣,这是我读书生涯中第一次收到老师赠送的礼物,非常感谢许老师。

许老师知道我们这里是山区,害怕我们放学回家时没有课外书阅读,于是自己为我们班买了几百本书和一个书架。因为是网购的,书架到的时候还需要自己安装,有的同学拿起了扳手,有的同学拿起板子,有的同学拿起螺丝,就这样,他们忙活了一个中午,我们的书架终于安装好了,但同学们的那种高兴劲儿已经让他们忘记了疲惫。

今年的冬天不知为何比去年的还要寒冷,不过我们一点都不觉得这个冬天寒冷,反而还觉得暖和。因为老师怕我们冷,我们缺什么您就给我们带什么。就是许老师的这份爱心才让我们不惧怕寒冬的到来,十分感谢您给我们带来厚厚的棉被、袜子和手套,让我们有了与寒冬对抗的资本。许老师您和您朋友们的爱心,让我们过了一个温暖的冬天。

在许老师您的身上有一样东西我非常非常想学习——坚持。如果不是您的坚持,您就不可能会持续在我们身上奉献您的爱心,可能您对您的孩子都没有这么上心过,我们与您非亲非故,您又何必对我们好呢?甚至您陪伴我们的时间比陪伴您家人的时间还要多,唯一能给出的答案就是您的坚持。

而我更喜欢的就是许老师上课的样子和说话的声音。您给我们分享外面的世界,而这些都是课本上没有的,听到您在我们晚修的时候给我们介绍广东美食,您不知我们有多高兴!我记得生鱼片和双皮奶,生鱼片要切得非常非常薄,碗里放一点冰块再把鱼片放上去。

人生的岁月是一串珍珠,漫长的生活是一本书。敬爱的许老师,愿您有其中最璀璨的一颗、最迷人的一页。

(王嘉欣)

在初二上学期的后半段时间里,我基本是属于自我放弃的状态,觉得没啥好继续的了,同学们也基本上都是这样。

但是,唯一让我支持下去的就是许玲老师。"眼里是阳光,笑里是坦荡",这句话说的就是我心目中的许老师,她善良、美丽、大方、自信、勇敢,是一个充满正能量的人。当然许老师的朋友以及那些通过许老师的社交应用空间认识我们的陌生人也是一样令人佩服的。

她让我们知道了原来我们也被那么多的人关心着，让我们懂得了分享与感恩，也懂得了"坚持，不管怎样都要坚持。坚持自己喜欢的东西，坚持自己认定的事，坚持不管遇到怎样的困难都一定会战胜它！"

这学期快结束了，按理说我应该是开心到"起飞"的样子，可是不知道为什么就是觉得不开心，或许是因为许老师要回去了……上次许老师开玩笑说"我要走了，哭一个"时，我真的要哭了，因为想到了我们与许老师美好的时光，还有许老师相信我说的话，不会像别人那样我说什么都不信。我有问过别人我像不像一个说谎的人，别人都说不像，可是就是不相信我。同样的话别人说就是对的，就是无条件相信，换作我说就是说什么也不相信。这样真的让我很难受，但是又不想给别人说，因为我不想让别人觉得我是一个很脆弱的人……我真的很想哭，但是我忍住了，因为我知道我哭的话我们班的那些同学一定也会哭的，我不想看到他们哭，所以我没有哭。

最近我想开了：离别是为了更好的相遇，这次是您为我（们）而来，下次就是我为您（您们）而来。所以为了我们的再次相遇，放心，我一定会努力的！

（骆伍呷）

其实你没有来之前我上英语课都是无精打采的样子，但在你来了之后，我上课时腰也挺直了，也认真听讲了，相信我们班不止我有这样的改变。

你才来的时候，觉得你要支教几个月，很长很长，但一转眼一个学期就过去了，我们给你开了欢送会，真的真的很舍不得你，还希望你一直给我们支教下去。第二个学期你真的又来了，但眼看着这个学期也要结束了，你真的要走了。我真的真的很希望你能一直支教下去，但是你也有自己的学校，也有自己的班级，所以你下个学期就真的不来了，但就算你不来了，你也给我们讲了外面世界的精彩，也让我对外面的事物有了憧憬和向往。

所以"天下没有不散的筵席"，今天的分别是为了明天更好的遇见。

许老师，你等我，我以后挣了钱，我去找你玩，请你吃东西。

（马方舟）

许老师，您用一个人小小的身躯，传播着爱的力量，您让我感受到原来世界也可以这么美好。您和您的朋友们为我们所做的，让我很感动，让我明白了原来世界上真的有跟你非亲非故,却一直帮助你的人存在。许老师,我会努力,长大有能力了,会代替您继续将爱传递下去,我想这应该才是最好的报答方式吧。您和我们在一起的日子,会成为我生命中最珍贵、美好的记忆。凉山有一群孩子会一直记得您,想念您。

(廖宗霞)

大事记

四川省凉山彝族自治州教育帮扶行动大事记

四川省凉山彝族自治州教育帮扶行动调研活动

2019 年 6 月 10 日至 13 日，教育部教师工作司黄伟副司长、教育部全国中小学幼儿园教师校园长培训专家工作组黄贵珍秘书长、教育部中小学校长和幼儿园园长国家级培训项目办郭垒主任和名校长领航班各培养基地负责人赴凉山州开展了教育现状考察和调研工作，深入各帮扶县了解教育现状及教师缺口情况，了解支教教师未来的生活及工作环境，并通过调研，进一步确定了支教帮扶方案，保障后续帮扶行动的顺利开展。

教育部教师工作司印发《关于开展四川省凉山彝族自治州教育帮扶行动的通知》

2019 年 6 月 25 日，教育部教师工作司印发《关于开展四川省凉山彝族自治州教育帮扶行动的通知》(教师司函〔2019〕41 号)，校长国培项目办认真执行落实。教育部中学校长培训中心(华东师范大学)、教育部小学校长培训中心(北京师范大学)、教育部幼儿园园长培训中心(东北师范大学)、北京大学、清华大学、北京教育学院、中国人民大学附属中学联合学校总校、江苏教育行政干部培训中心(江苏第二师范学院)、华南师范大学、广东省中小学校长培训中心(广东第二师范学院)、杭州师范大学、山东省中小学师训干训中心(齐鲁师范学院)、河南师范大学、广西师范大学等培养基地及名校长领航班学员参加教育帮扶行动。

首批凉山支教教师研修班暨凉山教育帮扶行动动员会

2019 年 8 月 31 日至 9 月 2 日，教育部教师工作司、中共凉山州委、凉山州人民政府共同召开首批凉山支教教师研修班暨凉山教育帮扶行动动员会，首批全体支教教师及各省级教育行政部门、有关院校、"国培计划"专家团队、凉山州各县市等单位共 600 余人参加会议。教育部教师工作司黄伟副司长、教育部全国中小学幼儿园教师校园长培训专家工作组黄贵珍秘书长、凉山州党委陈忠义副书记、凉山州教育和体育局廖虎局长等出席会议并作重要讲话。本次研修班通过讲座报告、交流研讨等方式,帮助支教教师快速了解凉山州教情社情,加强学科引领、课堂教学、学校管理等方面的能力。研修班结束后,教育部教师工作司与培养基地、凉山州教体局将 325 名支教教师送至各帮扶县,确保教师在支教期间的各项工作、生活保障到位。

首期教育部帮扶凉山送教援培活动

2019 年 10 月 11 日至 14 日,教育部帮扶凉山送教援培活动在凉山彝族自治州举行,教育部全国中小学幼儿园教师校园长培训专家工作组黄贵珍秘书长、凉山彝族自治州教育和体育局廖虎局长、国家教育行政学院教务部郭垒主任以及来自全国各地的专家、支教教师等参与了本次活动。黄贵珍秘书长作《新时代教师的责任使命与担当》专题报告,鼓励支教教师们以不忘初心和追求卓越人生理想之志,克服困难、不负众望、踏实工作,以期实现既定目标。

教育部全国中小学幼儿园教师校园长培训专家工作组及教育部首期名师领航工程名师赴凉山州开展送教援培活动

2019 年 10 月 11 日至 14 日,教育部全国中小学幼儿园教师校园长培训专家工作组及教育部首期名师领航工程名师赴凉山州开展专家名师专题报告、示范课点评、公开课点评、教师及学生座谈会等送教援培活动。首期凉山送教援培行动在西昌市、德昌县、宁南县、昭觉县、越西县等地开展了涵盖各学段的校长和教师专题培训,共举办名师报告、同课异构、观摩点评、分组座谈等 22 个场次的教研和培训活动。

凉山州各县市挂职副局长视频会议

2020 年 3 月 10 日,在教育部教师工作司的指导下,校长国培项目办组织各帮扶县市挂职副局长围绕"各基地在疫情期间持续开展支教工作的意见与建议""疫情期间凉山州支教工作安排部署"等议题召开视频会议。

第二批赴四川省凉山彝族自治州支教教师工作会

2020 年 5 月 23 日,教育部教师工作司以网络会议的形式,召开了第二批赴四川省凉山彝族自治州支教教师工作会。第二批赴凉山彝族自治州支教教师,各支教受援学校有关领导和教师,各校长领航工程培养基地支教负责人和名校长学员,教育部教师工作司、四川省教育厅、凉山彝族自治州教育和体育局和有关县教育局、校长国培项目办、教育部全国中小学幼儿园教师校园长培训专家工作组秘书处相关人员等近300名同志参加会议。

凉山支教帮扶团队被中宣部、教育部授予"最美教师团队"称号

2020年9月10日,在第36个教师节,凉山支教帮扶团队被中宣部、教育部授予"最美教师团队"称号。

教育部全国中小学幼儿园教师校园长培训专家工作组对未脱帽国家级贫困县进行"一对一"精准帮扶

2020年9月10日至12日,在教育部教师工作司和四川省教育厅的组织下,教育部全国中小学幼儿园教师校园长培训专家工作组23人,联合四川省7所师范院校和省教科院,会聚60多名专家分赴凉山州布拖县、昭觉县、美姑县、金阳县、普格县、喜德县、越西县共7个未脱帽国家级贫困县进行"一对一"精准帮扶。

第三批赴四川省凉山彝族自治州支教教师工作视频会议

2020年9月13日,校长国培项目办与凉山彝族自治州教育和体育局联合举办凉山彝族自治州教育帮扶行动第三批支教教师相关工作视频会议。

附　录

附录 1

挂职凉山州和各县市政府相关部门名录

郭垒，教育部中小学校长和幼儿园园长国家级培训项目办主任，挂职四川省凉山彝族自治州教育和体育局政府教育督学

杨全印，教育部中学校长培训中心主任助理、培训部主任，挂职四川省凉山彝族自治州西昌市教育体育和科学技术局副局长

徐志勇，教育部小学校长培训中心，挂职四川省凉山彝族自治州盐源县教育体育和科学技术局副局长，西昌市教育体育和科学技术局党组成员、政府教育督学

吴楚，教育部幼儿园园长培训中心发展研究部主任，挂职四川省凉山彝族自治州西昌市教育体育和科学技术局副局长

范皑皑，北京大学教育学院培训办主任，挂职四川省凉山彝族自治州甘洛县教育体育和科学技术局副局长

李锋亮，清华大学教育研究院，长聘副教授，挂职四川省凉山彝族自治州越西县教育体育和科学技术局副局长

郑璐，北京教育学院教育管理与心理学院名校长项目办副主任，挂职四川省凉山彝族自治州会东县教育体育和科学技术局副局长

杜祥，中国人民大学附属中学联合学校总校新闻中心主任，挂职四川省凉山彝族自治州冕宁县教育体育和科学技术局副局长

回俊松，江苏第二师范学院江苏省师干训中心校长发展部主任，挂职四川省凉山彝族自治州昭觉县、布拖县教育体育和科学技术局副局长

谈心，广东第二师范学院广东省中小学校长培训中心办公室副主任，挂职四川省凉山彝族自治州宁南县教育体育和科学技术局副局长

李楚，杭州师范大学继续教育学院培训部主任，挂职四川省凉山彝族自治州会理县教育体育和科学技术局副局长

黄雯,齐鲁师范学院山东省中小学师训干训中心干训部主任,挂职四川省凉山彝族自治州金阳县教育体育和科学技术局副局长

彭小洪,河南师范大学教育学部教师教育办公室主任,挂职四川省凉山彝族自治州普格县教育体育和科学技术局副局长

欧阳修俊,广西师范大学教育学部,挂职四川省凉山彝族自治州喜德县教育体育和科技局副局长

黄道鸣,华南师范大学教师教育学部副部长,挂职四川省凉山彝族自治州德昌县教育体育和科学技术局副局长

附录 2

凉山州支教指南（试行）

按照教育部教师工作司、凉山州委州政府的支教精神，校长国培项目办梳理各相关主体职责，形成《凉山州支教指南（试行）》，以供参考。本指南将根据支教工作实际情况进行修订。

一、挂职副局长职责

1. 做好日常管理。建立健全支教教师临时党支部和党小组。规范开展党支部活动，做好支教教师日常管理和服务。

2. 协调对口帮扶。代表所在培养基地，统筹协调对口县市教育局、名校长领航班校长、支教教师的教育帮扶工作。协调和组织本基地专家、名校长领航班校长，每学期至少一次深入对口帮扶县市和学校看望支教教师，开展教育帮扶活动。

3. 建立月报制度。密切掌握支教动态，及时发现和解决问题，总结典型经验，做到每周一总结，每月一报送。每月支教动态月底前报送县市教育局、校长国培项目办。

4. 开展调查研究。组织支教教师，围绕当地教师队伍建设和区域教育改革发展，开展调查研究，准确把握当地教育发展状况，为当地教育改革发展和支教工作建言献策。

5. 关爱支教教师。与有关方面保持顺畅沟通和协调，在专业上指导、工作上支持、生活上帮助支教教师开展支教活动，解决支教教师工作和生活的后顾之忧。

二、支教教师职责

1. 爱岗敬业，教书育人。服从帮扶县市教育局和学校安排，主动承担一定的课堂教学任务。

2. 教研带动，示范引领。帮助支教学校的教师队伍提升教研水平；通过教学示范帮助支教学校的教师队伍提升课堂教学水平。

3. 帮扶纽带,建言献策。了解支教学校实际需求,为名校长领航班校长与对口学校建立长期专业指导性帮扶机制提供咨询建议,并根据实际情况,起到联系纽带的作用。

4. 遵守纪律,服从管理。自觉遵守职业道德规范、支教纪律和支教学校规章制度,既要接受支教学校的垂直领导,又要接受名校长领航班培养基地和名校长领航班校长的统筹管理。

5. 静心锻造,成就自我。在支教过程中,通过教书育人、示范引领,锻造自我,提升思想境界和专业能力。

三、 领航班校长职责

1. 按照教育部教育帮扶工作的要求和凉山州的实际需求,每学期遴选三名优秀教师参加支教活动,并为支教教师在对口学校开展示范引领性的支教工作提供专业支持和指导。

2. 协助所在基地开展调研,制定有针对性的教育帮扶和支教方案。

3. 在基地组织下,面向对口县市及学校,开展专业指导。每学期至少一次面向对口县市及学校开展支教帮扶活动,并看望支教教师。

4. 面向对口学校,以本次支教活动为契机,建立较长期的专业指导性教育帮扶机制。

5. 面向对口学校,在支教模式、文化营造、制度建设、办学品质、校长和教师队伍建设等方面,形成专业性成果。

四、 培养基地职责

1. 面向对口县市,负责本基地支教工作的统筹、协调、管理,为支教工作提供专业支持和指导。

2. 开展调研,拟订本基地支教工作规划、方案,督促实施,协同帮扶县市和学校对支教教师进行考核。

3. 面向对口县市及学校,开展专业指导。组织本基地领航班校长每学期至少一次深入对口帮扶学校,看望支教教师并开展帮扶活动。

4. 面向对口县市,以本次教育帮扶活动为契机,发挥各基地资源优势,建立较长期的专业指导性教育帮扶机制。

5. 各培养基地要在工作量、工作条件、工作时间等方面给予挂职副局长适当照顾,为他们履行职责创造良好环境和条件。

五、 校长国培项目办职责

1. 日常管理。在教师司领导下,面向各培养基地和全凉山州统筹协调教育帮扶工作,负责各培养基地挂职教育副局长与州及县市教育局的协调联络工作。

2. 统筹资源。统筹各培养基地,组织专家开展专业指导,并以本次支教活动为契机,面向全凉山州,建立较长期的专业指导性教育帮扶机制。

3. 总结汇总。汇总各培养基地的支教月报,掌握支教动态,及时发现解决问题,总结典型经验,凝练支教成果,创新教育帮扶模式,定期向教师司汇报。

4. 服务支持。为各培养基地、名校长工作室、支教教师教育帮扶创造良好环境和条件。

5. 宣传报道。联系有关媒体,宣传报道教育帮扶和支教工作。

中小学校长和幼儿园园长

国家级培训项目管理办公室

2019 年 9 月 16 日

附录3

培养基地结对县市及帮扶学校名单

培养基地	对接县市	帮扶学校
教育部中学校长培训中心 （华东师范大学）	西昌市	西昌市 12 所中学 木里县 3 所中学
教育部小学校长培训中心 （北京师范大学）	盐源县 西昌市	盐源县 3 所小学 西昌市 9 所小学
教育部幼儿园园长培训中心 （东北师范大学）	西昌市	西昌市辖区 7 所幼儿园
北京大学	甘洛县	甘洛县 3 所中学、2 所小学
清华大学	越西县	越西县 2 所中学、3 所小学 冕宁县 2 所小学
北京教育学院	会东县 雷波县	会东县 4 所中学、2 所小学 雷波县 1 所中学、1 所小学
中国人民大学附属中学 联合学校总校	冕宁县	冕宁县 4 所中学、1 所小学 越西县 3 所中学
江苏教育行政干部培训中心 （江苏第二师范学院）	昭觉县 布拖县	昭觉县 4 所中学、4 所小学 布拖县 1 所中学、2 所小学
华南师范大学	德昌县	德昌县 3 所中学、2 所小学
广东省中小学校长培训中心 （广东第二师范学院）	宁南县 美姑县	宁南县 4 所中学、2 所小学 美姑县 2 所中学、1 所小学
杭州师范大学	会理县	会理县 2 所中学、4 所小学
山东省中小学师训干训中心 （齐鲁师范学院）	金阳县	金阳县 2 所中学、2 所小学
河南师范大学	普格县	普格县 3 所中学、2 所小学
广西师范大学	喜德县	喜德县 1 所中学、3 所小学

附录 4

凉山教育帮扶行动名校长领航班学员名单

序号	地区	学员姓名	入选领航班时任职学校
1	北京市	刘金玉	北京市第一幼儿园
2		杨刚	北京市海淀区中关村第二小学
3		张文凤	北京小学翡翠城分校
4		徐华	北京市通州区潞河中学
5		陈立华	北京市朝阳区实验小学
6		王蕾	北京市第一六六中学
7	天津市	王洪花	天津市第四中学
8		侯立岷	天津师范学校附属小学
9		刘浩	天津南开中学
10		华联	南开区中营小学
11		张福宾	天津市静海一中
12		褚新红	天津市和平区岳阳道小学
13	河北省	刘秀红	唐山市第四幼儿园
14		张秋妮	秦皇岛市海港区建设路小学
15		白祥友	衡水市第十三中学
16		贺宇良	北京市八一学校保定分校
17		周庆	河北正定中学
18	山西省	史凤山	太原市实验小学
19		宁致义	运城市新绛中学
20		郭长安	晋中师范高等专科学校附属学校
21		贾嵘	山西省实验小学
22		田雪梅	吕梁市离石区城内小学

序号	地区	学员姓名	入选领航班时任职学校
23	内蒙古自治区	闫华英	包头市昆区钢铁大街第三小学
24		郭彩霞	鄂尔多斯市东胜区第一小学
25	辽宁省	靳海霞	开原市民主教育集团
26		李欣欣	沈阳市铁西区启工二校建北教育集团
27		丁延才	大连市第八中学
28		吴献新	盘锦市魏书生中学
29		张忠宝	锦州市第八中学
30		范勇	昌图县实验小学
31	吉林省	张彤	长春市实验中学
32		姜国富	吉林市毓文中学
33		陈福	吉林亚桥小学
34		张洁	辽源市龙山区多寿路小学
35		李丽辉	延边州珲春市第四中学
36	黑龙江省	费聿玲	黑河市黑河小学
37		刘景菲	鸡西市第九中学
38		刘艳伟	哈尔滨市第十七中学
39		赵红	佳木斯市第二十小学
40		谭彩英	哈尔滨市东风小学
41	上海市	徐向东	上海交通大学附属中学
42		宋青	黄浦区荷花池幼儿园
43		沈珺	上海中医药大学附属闵行蔷薇小学
44		张悦颖	上海市世界外国语小学
45		杨荣	上海市实验小学
46		金卫东	上海市进才中学北校
47	江苏省	滕玉英	海门市东洲中学
48		管晓蓉	江苏省淮安市周恩来红军小学
49		周颖	江苏苏州第十中学
50		陈文艳	扬州市梅岭小学

序号	地区	学员姓名	入选领航班时任职学校
51		周艳	江苏省海州高级中学
52	浙江省	张晓萍	嘉兴市实验小学
53		严忠俊	浙江省湖州市吴兴高级中学
54		林建锋	绍兴市上虞区城东小学
55		程誉技	浙江省临海市哲商小学
56		邵迎春	宁波中学
57	安徽省	苗维爱	阜阳市第五中学
58		汪炜杰	池州市第十一中学
59		费广海	合肥市南门小学
60		赵玲	芜湖市师范学校附属小学
61	福建省	邵东生	福建省福州第三中学
62		林启福	三明学院附属小学
63		夏金	福清市城关小学
64		郑惠懋	泉州市丰泽区第三中心小学
65	江西省	余卫	南昌大学附属小学
66		梁明	九江市第六中学
67		朱毛智	南昌市第十九中学
68		熊绮	南昌市第一中学
69	山东省	白刚勋	山东省青岛第三十九中学
70		赵桂霞	山东省潍坊市歌尔国际学校
71		王翠霞	山东省淄博市实验幼儿园
72		孙飞	枣庄市实验学校
73		孙镜峰	淄博市临淄区晏婴小学
74		孙正军	临淄区第一中学
75		李新生	济南市历城第二中学
76	河南省	李明	河南省淮滨高级中学
77		叶小耀	郑州市第四十七中学
78		杜伟强	许昌实验小学

序号	地区	学员姓名	入选领航班时任职学校
79		寇爽	郑州师范学院附属小学
80		闫培新	郑州市第四中学
81		郭勤学	郑州市第十一中学
82	湖北省	郭茂荣	黄石市第八中学
83		万玉霞	武汉市常青树实验学校
84		张基广	湖北省武昌实验小学
85		张德兰	襄阳市恒大名都小学
86		皮建明	黄冈实验中学
87	湖南省	左鹏	长沙高新区明华小学
88		谢英	常德市武陵区常蒿路小学
89		刘维朝	长沙市雅礼中学
90		燕立国	湖南省桃源县第一中学
91		周大战	长沙高新技术产业开发区东方红小学
92		夏忠育	岳阳市第十六中学
93	广东省	柯中明	广州市番禺区市桥实验小学
94		彭娅	广州市越秀区东风东路小学
95		黄新古	佛山市南海外国语学校
96		彭志洪	茂名市祥和中学
97	广西壮族自治区	文国韬	广西师范大学附属外国语学校
98		陈菁	玉林市玉东小学
99		黄健明	柳州市前茅中学
100		龙桂丽	桂林市榕湖小学
101		蔡东云	广西博白县中学
102	海南省	马向阳	海南中学
103		李琴	海南省军区幼儿园
104		叶丽敏	海口市琼山第三小学
105		吕锐	海南省三亚市第九小学

序号	地区	学员姓名	入选领航班时任职学校
106	重庆市	杨浪浪	重庆市人民小学
107		马宏	重庆市巴蜀小学
108		刘希娅	重庆市九龙坡区谢家湾小学
109		肖方明	重庆市渝中区人和街小学
110		陈后林	渝北区实验中学
111	四川省	田间	成都市石室中学
112		易国栋	成都市第七中学
113		李佳	蓬溪县机关幼儿园
114		李维兵	泸州师范附属小学
115		唐江林	四川省绵阳南山中学
116		魏东	绵阳中学
117		文莉	成都师范银都小学
118	贵州省	段丽英	贵阳市第二中学
119		王羽	北京师范大学贵阳附属小学
120		陈冲	贵阳市师范学校附属实验小学
121		王琦	遵义市道真自治县民族中学
122	云南省	李晶	曲靖市第一中学
123		徐伟	昭通市昭阳区第三小学
124		杨立雄	昆明市滇池度假区实验学校
125		任慧	昆明市五华区武成小学
126	陕西省	宋盈	渭南市临渭区北塘实验小学
127		兀静	西安交通大学幼儿园
128		高杨杰	西安高新第一、第二学校
129		刘玲	陕西省西安师范附属小学
130		辛军锋	西安高级中学
131		庆群	西安市铁一中学
132		刘岚	西安新知小学

序号	地区	学员姓名	入选领航班时任职学校
133	甘肃省	窦继红	西北师范大学第二附属中学
134		金艳	兰州市城关区水车园小学
135		杨德科	秦安县兴国第三小学
136	青海省	于大伟	西宁二十一中
137		张元邦	海东市平安区第二中学
138	宁夏回族自治区	冯爱华	银川市西夏区第十八小学
139		王晓川	金凤区第三小学
140		王力争	银川市三沙源上游学校
141		王骋	银川市第六中学
142		黄莉	银川市兴庆区回民第二小学
143		杨永宏	吴忠市利通街第一小学